陰謀論からの救出法

大切な人が「ウサギ穴」にはまったら

ミック・ウェスト / 著

ナカイサヤカ / 訳

ESCAPING THE RABBIT HOLE
How to Debunk Conspiracy Theories
Using Facts, Logic, and Respect

mick west

Skyhorse Publishing

『陰謀論からの救出法　大切な人が「ウサギ穴」にはまったら』　●目次

日本版への序 … 5
謝辞 … 13
プロローグ　ウィリー ──ウサギ穴脱出者── … 15
序 … 21
概要 … 31

第1部
第1章　「陰謀論」陰謀説 … 36
第2章　陰謀論スペクトラム … 45
第3章　工作員 … 59
第4章　ウサギ穴：状況と理由 … 70
第5章　デバンキングの基礎技術 … 80
第6章　スティーブの場合──ウサギ穴を抜ける旅── … 107

第2部
第7章　ケムトレイル … 116
第8章　シュテファニー ──元ケムトレイル信奉者── … 162
第9章　911　制御爆破解体 … 168
第10章　カール ── 一時的な真相解明運動家── … 196
第11章　偽旗作戦 … 201
第12章　リチャード ──サンディー・フック小学校銃撃事件で
　　　　　限度を知る── … 228
第13章　平面地球 … 234
第14章　ボブ ──平面地球からの脱出─ … 253

第3部
第15章　活発に進化中の新陰謀論 … 260
第16章　選挙不正 … 275
第17章　Ｑアノン … 292
第18章　コロナウイルス … 311
第19章　UFOｓ … 330

第4部

第20章　デバンキングに潜む複雑さ …354

第21章　デマとデバンキングの未来 …367

結論 …384

用語集 …386
訳者あとがき …391
文末脚注 …395
索引 …415

日本版への序

ミック・ウェスト

　2007年の日本旅行で尋ねた東京の靖国神社遊就館には忘れられない思い出がある。入館当初は、日本の戦争の歴史について、古代の鎧から20世紀の戦車や戦闘機までを展示している、よくある戦争博物館だと思った。

　だが、展示を辿っているうちに第二次世界大戦の開始についてのコーナーに来た。シンプルに年表といくつかの写真と説明板があるだけだったが、私は説明を読んで非常に驚いた。日本は防衛のために戦争に追い込まれた。石油禁輸などの米国の行動が日本の生存を脅かし、こうした米国の敵対的行為に対して真珠湾攻撃を戦略として取らざるを得なくなったと書いてあったからだ。

　私は1930年代、40年代の地政学に特に詳しいわけではないが、この説明は非常に奇妙に思われた。私は英国育ちだが、こうした説を聞いたことはなかった。写真を撮って、あとでこの主張について調べたいと思ったが、写真撮影は禁止されていた。

　私たちは初めての日本旅行プランに山のように観光名所を詰め込んでいて、その一つとしてここを訪れただけだったのだが、困惑感はずっと後を引いた。
2か月後、偶然にも真逆の旅をすることになった。真珠湾とワイキキ海岸のあるハワイのオアフ島を訪れたのだ。この旅で日本での体験がさらに深く記憶に刻まれることになった。

　私たちはパールハーバー（真珠湾）国立記念館に行った。ここでは小さなボートに乗って、アリゾナ記念館に行ける。記念館は沈没した戦艦アリゾナの残骸の上につくられた飾り気のない部屋だ。ボートの順番を待つ間、本館の展示を見た。

　私は真っ先に真珠湾攻撃に至るこの地域の出来事を論じているセクションに向かった。遊就館で見たのと同じような出来事が取り上げられていた。もちろん展示内容は大きく異なっていた。遊就館は日本の中国に対する行動を地域の安定を図り日本の国益を守るためのものとして描いていたが、アメリカの博物館では拡張主義による侵略行為として描いていた。

　その中でも私が衝撃を受けたのは、盧溝橋事件の説明だった。短い動画が繰り返し流されていて、アメリカ人ナレーターが冷笑的で嫌悪感に満ちた調子で、

日本語版への序　5

「盧溝橋における（日本軍の）卑怯な攻撃」と解説していた。だが私は遊就館で見たばかりの臆病な中国兵の攻撃を勇敢に退け、橋を防衛した日本軍という解説を思い出していた。

　私は本書を米国カリフォルニア州に住むイギリス人としての視点から書いた。取材対象は全員アメリカ人で、取り上げた陰謀論もケムトレイル、911、選挙不正、そしてUFOでさえ、主にアメリカの流行だ。

　そういうわけで、私は当初、この本の内容を日本の読者に向けてうまく翻訳できるのだろうかと懐疑的だった。アメリカと日本は非常に異なった国だ。アメリカ合衆国は比較的若い国で、独立戦争によって生まれ、いまだに南北戦争の残響に苦しめられている。多くのアメリカ人は独立戦争の反抗の伝統を引き継いでいて、権威の否定と個人の自由を熱烈に信じている。これが、権力の座についている人々への疑いを育てる温床となってそこから陰謀論も生まれる。

　対照的に、日本には米国とはまったく異なった文化と歴史的背景がある。古代から続く深く根付いた伝統を持つ国である日本は、和と調和性と権威の尊重を重要視する。日本に普遍的な意識は個人主義よりも社会的な結束を優先するので、政府や権威団体への疑いは薄れがちだ。集団の合意と安定性に重きを置く日本社会の環境では、広範囲で陰謀論を受け入れるのは難しいはずだ。

　国としてみれば日本と米国は大きく異なっている。だが、人類学によれば2つの集団の差は、その集団内の個々人の差より小さいことも多い。言葉の問題を別にすれば、ニューヨーク市のティーンと京都のティーンの二人の差は、保守的なアイオワの農場の少年とサンフランシスコのドラーグ・クィーンとの大きな差と比べればずっと小さいだろう。

　本書のテーマの一つは、陰謀論は信じるか信じないかと白黒付けられるようなものではないということだ。大変広いグレーの領域があって、濃いから薄いに至る連続体になっている。個人は（陰謀論者であってもなくても）、誰もがこの連続体のどこかに位置している。遊就館と真珠湾記念館の展示の解説は2つの国の信念の両極ではない。どちらの国でも第二次世界大戦についての信念には大きな振れ幅があるのだ。

　日本では遊就館博物館は論議の的で、私が見た展示解説は、現在はむしろ少数派のものだろう。だが、日本の軍事行動が侵略行為だったか、必要な防衛行為だったかについて人々が信じているところは、現在も多様な意見が連続体として存在する。

6

米国では、退役軍人は一般に尊敬される存在だが、過去と現在の両方の戦争について、多様な意見がある。よく論じられるのはベトナム戦争。近代以降、米国が国土を侵略されたことは無いが、ベトナム戦争の敗北は癒えない傷であり、正当化を求める故に異説が発生する。

　陰謀論的思考はその国の文化を反映していることが多いが、ここで我々が関わろうとしているのは国ではなく、個人だ。日本でも多くの人が陰謀論を信じている。国産のものもあるが、他の国から輸入されたものもあり、ＵＦＯのように国境を越えているものもある。

　日本に輸入された陰謀論の一つが、本書でも最も多くのページを費やしたケムトレイルだ。飛行機の後ろに生じる白いものは、科学が言うような飛行機雲ではなくて、邪悪な政府が天候、あるいは人口をコントロールしようとして噴霧している化学物質か何かだと説くものだ。

　この陰謀論は米国で 1990 年代に始まったが、単純な説でどこでも通用する（空の飛行機雲が見られればいい）ため世界中に広がった。日本版も基本的にはアメリカと同じで、米国の情報源を根拠としていて、日本語でもケムトレイルと呼ばれている。

　例えば日本ファクトチェックセンターのページは日本語のケムトレイルについてのツィートを例に引き、北海道大学の航跡雲についての論文（「飛行機雲の偏波ライダー観測」北海道大学地球物理学研究報告 , 66, 11-31）を参考文献としてあげている。だが同時に米国環境保護庁、英国航空パイロット協会や 本書でも取り上げたデイビッド・ケイス教授など西欧の情報源にも大きく依存している。

　これから考えるに、本書のケムトレイルの各章の事実解説はすべて日本にも該当する。同じ主張に対してのデバンキングとしては、同じ解説が有効であるはずだ。

　日米で大きく重複が見られるもう一つのテーマは UFO だ。最近は UAP（未確認異常現象）と呼ばれているが、UFO はアメリカ文化の一部だ。そのルーツは 1948 年にニューメキシコ州ロズウェルで起こった事件にあり、これは UFO コミュニティでは異星人の宇宙船の墜落事故だったと信じられている。その後 1950 年代は全米で空とぶ円盤ブームが起こった。この時期は米国とソ連との間で緊張が高まり、人々は空からの攻撃がいつ起こるだろうかとピリピリしていた。

　UFO 人気は盛衰を繰り返してきた。70 年代と 80 年代には『未知との遭遇』の公開や、『X ファイル』のようなテレビドラマの影響でブームが再来した。最近

では米国のUFO研究を目的とした秘密計画についての話と、これに関連するという一連の公式動画によって、再び一般の興味が高まっている。

こうした米国のUFO事情は日本のUFO学にも直接影響している。ロズウェルは基本的な事件としてよく知られていて、「アンビリーバボー世界の何だこれ⁉ ミステリ」や「TVチャンピオン」などの番組にも取り上げられている。荒井欣一などの日本のUFO研究家はこの事件についてよく引用しているし、ポップカルチャー、映画、アニメ、漫画のテーマとしても登場している。

日本には独自の地方色豊かなUFO事件もある。甲府市は1975年に二人の子どもが「宇宙人」を見た事件（甲府事件）やほかの最近のUFO目撃事件をアピールしていて、日本のロズウェルになろうとしているかのようだ。

さらに最近の米国の出来事についても、日本で同様の動きがある。2022年7月、米国政府は防衛省にAARO（the All-domain Anomaly Resolution Office：全領域異常解決局）というUFO調査部門を設置した。呼応するように米国の政治家たちの中からUFO調査を一般に広げ、政府へ隠蔽中止を働きかけようとするUFO議員グループが出現している。

2024年に浜田保一元防衛大臣を初めとする日本の政治家たちもよく似たグループを立ち上げた。このUFO議連の目的は政府にUFO調査をするように働きかけ、米国のUFO調査に協力するためにAAROのような組織をつくるように求めることだ。

UFOはパイロットが空に確認できないモノを見ることがあるという点では現実の問題だ。人々が政府は事実を隠蔽していると考え始めた時に、これは陰謀論になる。UFOの章で書いたように、政府が真実を隠蔽しているという証拠は、ほぼない。だがかなり多くのUFO愛好家が、自分の個人的体験に基づいてUFOは異星人のものだと信じている。これは日本でも同じなので、UFOの章の私のアドバイスは日本人にも同様に役に立つだろう。

UFOは異星人の宇宙船だと信じていても、ちょっとばかり馬鹿げた趣味だというだけで、無害そうに思える。だが、この説は政府による隠蔽を必須の前提としているので、政府への不信感を産む。そこから選挙結果への不信感やワクチンなどの「公的な」科学への不信に繋がっていくこともある。

本書で扱ったテーマの中には、さらにアメリカ特有のものもある。一番わかりやすいのは選挙不正だろう。ドナルド・トランプは、候補者の勝敗とは無関係に米国の選挙には不正があったと考える人々の大幅な増加に大きな責任がある。これは間違いなく2024年、そしてそれ以降の選挙に大きな影響を及ぼすだろう。

日本では選挙不正があったとする主張ははるかに少ない。一般に選挙システムは平等でしっかりしていると考えられているからだ。しかし、陰謀論は加速度的に世界化していて、米国の選挙に不正があったと信じる意見は日本の読者の友人家族の世界の仕組みへの理解を大きく左右する可能性があり、また自国の政府を見る目に影響するかもしれない。

　アメリカの選挙不正陰謀論は複雑であることが多く、説明の試みはさらに複雑になってしまう。日本の読者にとって、アメリカの陰謀論の詳細はそれほど興味を引かないかもしれないが、この手の陰謀論の大きな枠組みを理解し、その説明も存在することを理解するのは、それでも大切だろう。もし、将来日本で選挙不正陰謀論が発生することがあれば、このドナルド・トランプの誤った主張の一部を真似たものになるだろう。一度は上手く行った実績があるからだ。

　すでに日本人に向けに転用されているアメリカの陰謀論と言えばQアノンだ。Qアノンは米国の極右陰謀論で2017年に出現した。この説によれば、悪魔崇拝で小児性愛者の秘密結社が米国政府とメディアを含む世界中の組織をコントロールしているという。信者はトランプ元大統領がこの秘密結社と戦っていると信じている。この陰謀論は主にSNSを通じて広がり、トランプ在任中の期間目覚ましい求心力をみせた。Qアノンは、詳細に至るまでデバンクされているにもかかわらず、現実世界での動きに影響を与えている。最も大きなものは、2021年1月6日の米国議会乱入事件だ。政府と主流メディアへの不信の広がりを反映し、反権力思想を持つ個人に訴えかける事件となった。

　Qアノンは日本のある種の極端な考えを持つ人々、特に反権威的な人々の共感を得た。2018年頃から注目され始めた日本のQアノンは、Jアノンと呼ばれることもある。

　奇妙な悪魔絡みの説に立脚しているQアノンだが、政府に疑惑の目を向ける人々すべての受け皿になってきている。Qアノン信者は、政府を悪の存在として提示する陰謀論であれば何でも簡単に信じる傾向がある。このため、すべてのQアノン信者は、ワクチンは政府が提供するからという理由で強硬な反ワクチン主義となる。

　これは日本でも同様だ。2022年4月、神真都Q（やまと）というQアノン系グループが渋谷でコロナワクチンを提供していたクリニックに乱入した。ワクチンは人々をコントロールしようとする政府の計画の一部だと主張しており、またコロナ感染症は存在しないとも主張していた。

　日本のQアノン信者数は米国よりも少ないが、ウサギ穴に吸い込まれた人が

日本語版への序　9

受ける悪影響の深刻さは同じだ。2023年3月19日付けの朝日新聞の記事「陰謀論信じる父、息子の苦悩 『ワクチンの話、ケンカになるだけ』 逮捕後も考え変えず…（日本では2月28日付け）」はニューヨークタイムズやほかの（米国の）新聞に載っている記事とまったくく同じだった。

息子は父親がコロナ禍の最初の1年で孤立し、Qアノン（その後、神真都Q）に魅入られて行った過程を語っている。父親は、コロナはでっち上げだ、アメリカの選挙は不正だった、邪悪な秘密集団が世界を操っていると確信するようになっていった。

父親はその後、神真都Qグループのクリニックへの抗議に加わり逮捕された。家族はそれによって法的、金銭的に大きな影響を受けた。

記事はウサギ穴の奥深くに落ちてしまった家族と接触を続けることの重要さを告げ、また救出の特効薬—誰にでも使える万能の方法はないと知っておくべきだとしている。

日本には、もちろん日本で発生した陰謀論もある。遊就館の説明板に影響を与えた説のように、古くからあるものもある。例えば、右派は第2次世界大戦中の南京大虐殺を否定したり、矮小化したりする。報告されている残虐行為は中国や西側諸国によって誇張され、あるいは捏造されたと考えられると言うのだ。

欧米の陰謀論や、出来事をなぞるようなものもある。様々な「731部隊」陰謀論は戦時中の部隊によって行われた人体実験の真実は隠蔽され、同様の人体実験は現在も続いていると主張している。これはアメリカの陰謀論信者の一部がタスキギー梅毒実験という歴史的事実が、ケムトレイル陰謀論の証拠だと信じるのと似ている。

大きな出来事、特に死や健康に広範囲で影響するものは、なんであれ陰謀論を生む。これは日本でも真実だ。2011年の東北大震災はアメリカのHAARPが起こした地震だとされている。大きな台風はケムトレイルのせいだと言われる。

幸いにも日本ではアメリカに比べて無差別銃撃や他の攻撃的な事件はめったに起こっていないが、事件が非日常性的であればあるほど極端な印象と疑惑に繋がりやすい。オウム真理教の地下鉄テロはボストン・マラソン事件と似た陰謀論を生んでいて、やらせだったとか、事実が隠蔽されているとか、対応が早すぎで政府が関与していたに違いないとか言う人がいる。

2011年の福島第一原発事故はチュルノーブリ以後最も深刻な原発事故だった。事故後の健康被害への恐怖は陰謀論の豊かな土壌となっている。

米国や中国が何かの目的で人工地震を起こしたという説に加えて、最大の陰謀論は事故の本当の規模が隠蔽されているというものだ。事故後数か月に渡って、核物質が漏れ出して、世界中で大量の死者が出るだろうという荒唐無稽な説がいくつも唱えられた。

　これは米国には似たものはなく、911テロで崩壊したビルの塵芥が毒を含んでいるというものがかろうじて類似している。したがってこれは日本から米国に輸出された陰謀論の希少な例かもしれない。

　日本と米国（あるいは英国）は異なっている。国によって生まれる陰謀論も異なっている。Qアノンのように両国に同じ陰謀論がある場合でもローカル版が出てくる。

　だが非常に似通っている面もある。我々はすべて同じ懸念に繰られるのだ。健康を心配し、政治家や大企業が非道な行いをしているのではないか、自分たちは搾取されているのではないかと疑念を持つ。世界がなぜこうなるかはいつも不明で、この不確実さに駆り立てられて説明のないところに説明を求めようとしてしまう。

　国民は個人の集まりだ。ウサギ穴に落ちてしまった人を上手く救出するためには、国別の統計は役に立たない。平均と流行から「こういうわけでこの人はこうなった」と言うことはできない。

　私は本書で人と陰謀論は連続体として存在することを説明し、誰かを救い出すためには本物の会話が必要だと説いている。この会話をするためには、相手が陰謀論スペクトラムのどこに位置するかを知らなくてはならない。神真都Qが何を信じているか、遊就館の展示が何を言っているかではなく、その人が何を信じているかを知らなくてはならないのだ。

　同時に重要なのは、相手が何を信じていないかを知ることだ。境界線をどこに引いているか。推測は無用だ。相手に尋ねよう。話をしよう。本物の会話は共通認識の上に成り立つ。相手を理解する必要があるし、相手もあなたを理解しなくてはならない。

　本書で取り上げた例は米国のものではあるが、読者が類似性を、特に脱出経験者の体験談から類似性を読み取ってくれることを願っている。あなたの大切な人は、それぞれが独自の道を辿って今のような陰謀者になった。地域的な要因もあるだろうし、外国からの影響もあるかもしれないが、人生経験そのものが陰謀論へと導くこともある。

日本語版への序　11

助け出してほしくなんかない人を助けようとするのは、エネルギーを奪われ、苛立ちも募る仕事で、何の進展も感じられないことも多いだろう。だが、人は脱出する。思ったよりも長くかかることもあるだろうが、誰でも脱出して現実に戻ってくることが出来る。脱出した人には片足であっても現実に足がかりを持つ助けをしてくれた友人、家族がいることが多い。どの国の人であっても、誰であってもウサギ穴からの脱出は可能で、あなたはその手助けができるのだ。

謝辞

　本書の中心となっているのは、ウサギ穴から脱出した人々の体験談だ。私に体験を語るために時間を取ってくれて、辛抱強く話をしてくれた人々に心から感謝している。ウィリー、マーチン・ビアード、スティーブ、シュテファニー・ウィッチャー、カール、リチャード、ボブ、ありがとう。またインタビューを受けてくれたみなさん、オンラインでチャットしたみんなにも感謝している。全員の話は載せられなかったが、語ってくれた内容は本書の大事な情報となった。インターネットのハンドルネームでしか知らない人も多いし、匿名希望の人もいる。なので、ファーストネームだけを挙げて感謝したい。ネイサン、エリオット、スクーター、マイケル、アダム、ジュリー、デビッド、エド、マーティ、フランク、ジョニー、DJ、ジョシュア。ありがとう。

　私のホームグラウンドともいうべきインターネット・フォーラムとなっているメタバンクのメンバーにも感謝したい。なかでもとくにデルドレーには、私のコミュニケーション・スタイルに役に立つフィードバックをしてくれて、本書の執筆中にメタバンクの運営に関して計り知れない助力をしてくれたことの両方に深く感謝している。

　また、トレイルブレイザー、ピート・タール、ランドル、トレイルスポッター、ティージェイ、J・F・ディー、エフタップ、ジェイレイノルズ、T・W・コブラ、マイク・C・ノーパーティー、ロス・マーズデン、スコンビッド、ホワイトビアード、マイク・G、そして他の大勢のみんな、ありがとう。

　ベンジャミン・ラドフォードは、多くの著書を執筆している懐疑系の著者で、時間をとって初期の原稿を読み、多くの提案と指摘をしてくれた。感謝したい。もっと早く読んでもらえばよかったと思うばかりだ。

　ジョー・ローガンにも感謝したい。自身もウサギ穴脱出者で、自分の番組に私をゲストとして招いてくれた。最初にケムトレイルの解説をさせてもらった。その後平面地球とほかの陰謀論についても話し、それを元にして本書の構成ができあがった。

　エージェントのジル・マーと編集担当のアンドリュー・ゲラーは、本書の出版に至るまでのすべての過程で支え導いてくれた。イギリス英語とアメリカ英語の

謝辞　13

間で揺れ動いてしまった私の原稿を何とか一貫性のあるものにしてくれた、アンドリューにはとくに感謝しなくてはならない。

　そして、何年もいつか本を書くと漠然と言い続けた私を否定せずに支えてくれた妻、ホリーに何よりも深い感謝を捧げる。こうやってようやく何かを生み出せたのは妻が励まし、建設的な提案をし、時にはやる気を起こさせるように叱ってくれたからだ。出版経験の豊富な著者として、妻は執筆と出版の障害や落とし穴をうまく切り抜けられるように助けてくれた。仕事と人生のパートナーでいてくれてありがとう、ホリー。

プロローグ
ウィリー ——ウサギ穴脱出者——

　アメリカ合衆国北西部、太平洋に面した町に暮らす若い男性、ウィリーは、ある日、陰謀論のウサギ穴を発見してしまった。ウイリー曰く、自分が住む町は「すごくリベラルでヒッピーっぽい感じのコミュニティーだ」。ウィリーは短波ラジオでアート・ベルという終末論陰謀論者の番組を聞いて、「毎朝、世界が終わるんだと思いながら起きるようになった」

　外の世界で起こっていることについて、ウィリーは様々な情報源から情報を得ていた。中心になっていたのは、「政府があなたに知ってほしくない歴史」と銘打った　ホワット・リアリー・ハプンド（訳注：【真相解明】と訳しておく）というサイトだった。ウィリーはこう話している。

　　　僕は、毎朝、まず【真相解明】の「ニュース」を読んでいた。ここのニュースはまさに陰謀論ってやつで、何回かに1回は（大物陰謀論者の）アレックス・ジョーンズのインフォウォーとか、ああいう別のサイトにリンクしていた。それで、みんなと同じように、僕も「すげえ！　今まで誰も知らなかったニュースだらけだぜ。僕はそういうのを見てるんだ！」ってなっていた。

　ウィリーはこの特別なタイプのニュースの熱烈な消費者で、およそあらゆる種類の陰謀論を読み続けた。TWA800便はミサイルで打ち落とされたという説を読み、ウェイコ事件（新興宗教ブランチ・ダビディアンの本部をFBIが包囲して銃撃戦となり、集団自決などで大量の死者を出した事件）とオクラホマシティ連邦政府ビル爆破事件についての陰謀論も読んだ。政府がいかに人々を強制収容所に向かわせようとしているかについて、そして我々が弱いままでいるように水道水にフッ素を混ぜているという説も読んだ。ジョン・F・ケネディー（JFK）の暗殺がCIAの仕組んだことだという説を読み、911の同時多発テロが「内部犯行」だという説も読んだ。ウサギ穴の底で過ごした数年の間、ウィリーはこうした陰謀論を多数読んで、信じていた。

プロローグ　15

ウィリーは早い時期にケムトレイルについても聞いていたはずだが、注意を向けていなかった。ケムトレイル陰謀論は一般的には、飛行機が空に残す航跡は科学的に説明されているように水蒸気が凝結してできる飛行機雲ではなく、故意に噴霧している毒性のある何かだとする。この陰謀論は1997年に遡って発生していて、当時はもっぱら、撒かれているという化学物質の健康への影響が取り沙汰されていた。健康な若者であるウィリーには健康問題はあまり響かなかったので、興味を引かれなかったのだ。

ウィリーがケムトレイル陰謀論のウサギ穴にはまってしまうきっかけになったのは、飛行機の「ケムトレイルタンク」の写真だった。配管チューブが出ている怪しげな金属製の円筒形タンクが飛行機に搭載されている写真で、ケムトレイル陰謀論支持者に証拠として人気の事例だ。この写真は、単にテスト用飛行機の内部を撮影したもので、タンクには水が入っている。テスト飛行で乗客の重さを再現するためのバラストなのだ。だが知識がなければ、簡単に何らかの噴霧作戦の証拠だと思い込んでしまうだろう。

ウィリーは言う。

> ケムトレイル陰謀論は、地味だけどかなり長い期間存在してる。僕は「やつら」つまり政府か誰かがそういうことをするのはありだと信じていた。でも「化学物質で健康被害を受けている感じがする」とかいったことはない。間違いない証拠だと思ったのはタンクのやつだった。あれを見たときに「おっと、こいつで決定だな、ひでえな」ってなった。ケムトレイルが真実だったと証明された（と思った）ので、結構衝撃だった。

ウィリーは何年もウサギ穴の中に引き込まれたままだった。陰謀論関係のものを見つけると貪るように消費して、折りにつけては、地元紙サイトのコメント欄にこうした情報を投稿したりしていた。陰謀論者は自分が正しいと信じることを熱心に説いて回ると考えられがちだ。人を改宗させようとする宣教師で、自分たちの常識はずれの考えを、誰彼かまわずつかまえて、いつまでも話し続ける連中のように思われている。だが、実際の陰謀論者の多くは、どちらかと言えば自分の中に考えを秘めたままでいる。

ウィリー自身の言葉はこうだ。

> 僕は考えを広げて仲間を増やそうとは思わなかったけど、地元紙のウェブ

サイトのコメント欄に911について　あれは内部犯行だという短いコメント
は書き込んだ。でも拡声器を持って立ち上がるとかそういうのじゃなかっ
た。僕はバンドをやっていたけど、ステージからファンに向かって呼びか
けるとかそういうのはやらなかった。

　ウィリーに、周囲の人が陰謀論をやめさせようとしたときにはどう対応して
いたのかと聞いてみた。そういう状況になることは、めったになかったらしい。
ウィリーは一種の情報バブルの中で暮らしていたのだ。
　ウィリーの言葉によれば、

　　いや、誰とも議論になってない！　ここら辺にはそういうのを信じている
　人が多いんだ。それって、たぶん、つまり、僕の友だちとかそういう付き
　合いが限られていたってことかもしれないけど。でも、本当に無理矢理に
　でもやめさせようとした人はいなかった。ちょっと激しいことになったと
　したら、オンラインでのことだ。
　　誰かが僕の発言に挑むようなことを言ってきたとしたら、僕は「そうだ
　ね、政府はいつも真実を語る」と（皮肉な）返答をする。すると相手は「違
　う、そうじゃない。確かに政府はウソをつくが、この場合、君が言ってる
　ことを信じさせるに足りるエビデンスがない」と言ってくる。地元紙サイ
　トのコメント欄でいつも僕にコメントしてくる人たち、あの人たちはちょっ
　と論理的すぎると思ってた。「感性」が足りないって？　わかる？　データに
　こだわりすぎで、ディオニソス型じゃなくて、アポロ型ばっかりだなって、
　わかる？

　アポロ型とディオニソス型は、ギリシャ神話の2人の神に因る。アポロは論理
的な考え、賢明さ、混じりけのない純潔の神だ。ディオニソスはその真逆で、非
論理的で混沌、あえて危険を冒し、感情と衝動に身を任せる。ディオニソスは愉
快な男だ。向こう見ずのディオニソス型世界観の方がウィリーの住む町のヒッ
ピー文化に馴染んでいたのだ。
　ウィリーは周囲の人から反対されなかっただけではなく、自分のお気に入りの
ニュースサイトが流していた陰謀論に対抗する情報を入手できるような場所があ
ることに気がついていなかった。
　ウィリーは言う。

プロローグ　17

ああ、最初はウェブのデバンキング・サイトに気がついていなかった。
はじめは地元ニュースサイトを見てて、そこの人がツイート世界について
議論しようと熱くなってたんだ。でもスノープス（ファクト・チェックサイ
ト）とか、ほかにも何かあるよね、そういうのがあるのは知らなかった。

　だが、何年もあとになって、ウィリーをウサギ穴に引っ張り込んだ同じエビデ
ンスが、彼の脱出のきっかけになった。バラストタンクだ。
　ウィリーの話はこうだ。

　　ある日アバーブ・トップ・シークレット（「超マル秘」の意味。陰謀論フォー
ラム）を見ていたら、バラストタンクのやつをデバンクしていた人がいたん
だ。僕が知らなかった情報とあの写真の引用元の航空サイトへのリンクが
あって、それを見たときに「うわー、こっちの考えは間違った考えだった
んだ」って思った。僕はすぐにこのデバンキングをやっている人は僕より
ずっと頭が良くて、僕よりずっと知識があって、この問題については僕よ
りずっと専門家に近いレベルだとわかったんだ。あれは「アハ！体験」の
瞬間だった。「おい、ちょっと待ってくれ！」ってね。ケムトレイルのあれ
全部が本物に見えるように、バラストタンクについてずっとウソをついて
いたヤツがいるんだって。

　オンラインの友好的な投稿者によってもたらされた この「アハ！」の瞬間が、
ウィリーを私の運営するデバンキング・フォーラム、メタバンクへと導いた。メ
タバンクには、私が立てた長いスレッドがあって、ケムトレイルタンクだとして
拡散されていたされていたバラストタンクの写真に関して議論し説明している。
この体験後徐々に、ウィリーの「ニュース」の投稿記事をすべて信じるような態
度が変わってきた。今までより懐疑的になって、耳にした話を両面から検討し
てみるアポロ型の道をたどり始めたのだ。ケムトレイルが虚構だと見極めた後、
ウィリーは今まで本当だと信じていたほかの陰謀論に疑問を持つようになった。
たとえば、世界貿易センターは爆薬を使って解体されたという説だ。

　　僕は2003年ごろあたりからこういう妙なことを信じ始めて、2012年ごろ
まで続けてた。長い間ああいうのにどっぷりだった。今は新しいことがな

いか見るために、いつもメタバンクをチェックしている。友だち向けには Facebook に投稿してる。何か見るときの懐疑的な考え方は、すっかり身についている。僕は本当に……すっかり人生変わったよ。

　僕はどんな陰謀論でも本当にもっともらしいのはないと考えている。「ケネディ暗殺の真相」とかでも、新しく発表された文書でも、真犯人の疑いもない証拠はないわけで、もう時間もエネルギーも使いたくない。公式の話で十分満足だ。謎や妙な話はある。でも追求しようとは思わない。地球温暖化は嘘だという話もそんなに僕の興味をひかない。要はこういうことだ。昔は陰謀論が楽しかった。今は陰謀論のデバンキングを見るのが楽しみなんだ。

　僕の周囲の人たちは、混乱しているみたいだ。「今は共和党支持なのか？」って聞いてくる。僕が911は内部犯行だと信じなくなったので、僕をどう扱っていいかわからないみたいだ。

ウィリーが911は内部犯行だと考えるのをやめると「今は共和党支持なのか？」と、友だちたちが聞いてくる。陰謀論にはしばしば、党派性がつきまとう。この点についてもあとで論じようと思う。

再びウィリーの話。

　それで、メタバンクが礼儀正しさを大事にしてるのは、すごく有り難いよ。人を見下して、バカとか呼ぶデバンキングサイトはたくさんあるから。

　僕にとって陰謀論は世界観だった。その世界観を試してみていたんだ。面白かった。ほかの人が知らない真実を知ってると考えてたから気分が良いというのもあった。僕の場合はそうだった。そしてある日……バラストタンクが、「超マル秘」サイトに投稿したのはマイク、君だったのかな？　あれが僕の人生を変えたんだ。ありがとう。

「超マル秘」に正しい情報を投稿した人は私以外にも何人もいる。あの当時、「超マル秘」には、ケムトレイルをデバンクしている懐疑主義者タイプの投稿者はたくさんいたが、陰謀論側が見せていなかった情報を投稿することで、自分が誰かの人生を変えているなんて誰も気がついていなかっただろう。

　ウィリーの物語はウサギ穴の底近くまで落ちてしまった人でも脱出が可能であることを見せてくれている。だが同時にウサギ穴の底にある世界がなんと奇妙な

のかも見せてくれる。ウィリーは単に常識的な説明を拒否していたわけではない。彼は抽象的な論理的すぎるウソだと考えて意図的に避けていたもののほかに、常識的な説明が存在していることに気がついていなかったのだ。ウィリーにとっての最初の一歩は、あなたは間違っていると説得されたことではなく、自分とは違うほかの立ち位置が存在していて、善良な知性的な人々がその立ち位置を真摯に受け止めている現実を目にしたことだった。

　ウィリーは同類の人々に囲まれていたため、陰謀論のウサギ穴の中で長く過ごすことになった。その世界には欠けていた情報に接することで、ウィリーの世界の見方は徐々に変化して、彼の脱出を助けることになった。ウィリーの場合、この欠けていた情報をオンライン上のやりとりで一つずつ見つけたのだが、インターネット上の赤の他人ではなくて、新しい展望へ導いてくれる友だちがいれば、人はもっと早く脱出することができる。

序

　もちろん陰謀は現実に存在する。権力者が一般大衆を犠牲にする秘密の計画を立てていても、誰も驚かないだろう。ニクソンはウォーターゲートを隠蔽しようと陰謀を巡らした。CIA は 1953 年にイラン政府を打倒するための「偽旗」作戦を実行した。レーガン政権の有力者たちはイランと違法な武器取引をしてニカラグアのコントラに資金提供をする陰謀を企んだ。エンロンは電気代を値上げするために発電所を閉鎖した。アーチャー・ダニエルズ・ミッドランドの経営陣は家畜飼料の値段を操作すべく陰謀を巡らせた[*1]。第 2 次ブッシュ政権の閣僚はイラク侵攻を正当化する大量破壊兵器の決定的な根拠としてあやふやな証拠を提示するという陰謀を謀った。政治家は暗黙のうちに（そして時には公然と）裕福な個人や企業と共謀し、選挙資金、時には単なる賄賂と引き換えに自分たちにとって有利な法律を可決するのに助力する[*2]。民営刑務所業界は、こうした政治家と一緒になって利益を最大化するために、より多くの人々を投獄させるための陰謀を巡らせている[*3]。こうした陰謀が起こったのを否定する常識的な人はいないだろう。十分な文書記録に裏付けられた議論の余地のない事実なのだ。陰謀は明らかに今まで起こってきて、これからも起こり続けるだろう。権力者がいつも一般の人々に最大の利益をもたらすように心がけていると信用するべきだなどと言っている人はいない。権力者がそんなことをしないのは明らかだからだ。盲目的に政府を、あるいは巨大製薬会社、あるいは他の権力、富、影響力が集中した存在を信じるべきだと言っている人もいない。民主主義がうまく機能するためには、政府が厳しい審査の対象であることが必須だ。

　陰謀は現実に存在する。だがこうした本物の実在した陰謀及び、存在した可能性のある陰謀すべてと並んで、多くのウソ陰謀論が存在する。

　虚構の陰謀論は陰謀を想定することで、出来事や状況を説明しようとするものだ。そして、だいたい、通常の説明よりも優れた説明になるのに必要な優れた証拠がないか、率直に言って、見るからにあり得ないかのどちらかだ。

　世界貿易センタービルが事前に仕掛けられた爆薬で破壊された、あるいは 1960 年代の月面着陸は捏造だった、あるいは飛行機が徐々に気候を改造しようと毒性のある薬物を噴射しているなどの陰謀論がある。これほど極端ではない

序　21

が、それでも間違っているものもある。たとえば製薬業界はホメオパシー薬がどれほどよく効くかを隠している（実際には効かない）、あるいは自動車業界は水で動くモーターがあることを隠している（実際は動かない）などだ。

　陰謀論スペクトラムの極地には、地球は平らだという主張がある（これは違う）。そして政府は何とかそれを隠しているのだという（どうやったら可能だというのだろう？）。ユダヤ人銀行家が世界を支配しているなどの古い陰謀論もあり、政府が銃規制を進めるために小学校での銃撃事件を捏造したなどの新しい陰謀論もある。

　本書の前提は非常にシンプルだ。こうした虚構に基づく陰謀論は問題だ。こうした陰謀論は人の人生に影響して害となる。金、健康、社会的交流が傷つけられるのだ。本物の腐敗の問題から目をそらされてしまい、民主主義に本気で関わろうとする市民が減っていくことで、社会も傷ついている。ウソ陰謀論の中身は虚構だが、陰謀論自体の問題は本物だ。我々はこれを何とかできるし、すべきなのだ。本書はこの問題の本質について論じ、なぜ人々は引き込まれてしまうのか、どうやって脱出するかを論じ、そして個人が陰謀論のウサギ穴から脱出する助けとなるような実用的な事柄について論じている。

　本書の要となっているテーマは：
　　・陰謀論のウサギ穴を理解する。
　　・陰謀論者は普通の人々だと知る。
　　・陰謀論者は何を考え、なぜそう考えているのかに対して明快な理解を深める。
　　・人を尊重する自然な態度を養う。
　　・陰謀論者と同意できる共通の基盤を理解し、彼らの本当の心配を見つけ出す。
　　・陰謀論者の信条の中の間違い、または情報が欠落している分野を見つけ出す。
　　・陰謀論者を新しい情報に触れさせて、もっと事実に基づいた視点を得る手助けをする。
　　・すべてを正直に隠し事も否定もせずに行う。
　　・時間をかける。

　本書で私は3つの情報源を上げている。第1に、そして基本となるのは、私の個人的な経験だ。私はメタバンクというサイトを運営していて、このサイトは幅広く多様な種類の陰謀論、そして一般的に信じられている事柄について議論し、調査し、デバンクする目的で設けられている。私が以前運営していたケムトレイ

ルに特化したサイトである飛行機雲の科学（Contrail Science）とほかのサイトと
ともに私は趣味としてデバンキングを15年以上やってきた。この間に塀の両側
の何百人という人たちに会って、彼らの話を聞き、彼らが何年もかけて変わって
いくのを見てきた。私は通常は、間接的に彼らを助けてきた。たとえばウィリー
とケムトレイルのタンクだ。だが直接手を差し伸べたこともある。そうした人々
の話も後半に載せている。

　2つ目に、ほかの同じような活動をしている懐疑主義の人々の著作を引用して
いる。地球温暖化陰謀論から911陰謀論までの分野で、私と同じような活動をし
ている人たちがいて、なぜ人々は陰謀論を信じるのか、そしてどうすれば救出で
きるのかを調査している。多くの人が、どのデバンク法とコミュニケーション戦
略が結果を出し、どれが失敗したかについての経験と考えを公開しているのだ。

　3つ目に、陰謀論分野に関する学術研究を引用することにする。1950年代以
降、極右の陰謀論と、1960年代のジョン・F・ケネディー、ロバート・F・ケネ
ディー、キング牧師暗殺事件、そしてとくに2001年の911テロ事件後、なぜ人々
が根拠のない信条を持つようになるのか、また現実的に世界を見られる視点へと
彼らを連れ帰るにはどういった戦略が科学的に効果があるのかといった関心が生
まれて、研究分野として確実に成長してきた。

　ここで述べた概要の基本的な技術は、効果のあるコミュニケーションを続ける
こと、陰謀論者の友だちに彼らが知らない情報を見せること、それを彼らがあな
たをバカだとか政府の工作員だかと拒否しないようなやり方で情報を見るように
促すことだ。時間の経過につれ、この情報は彼らに本物の視点を与えることにな
り、知っていたと思い込んでいたことについて疑問を持ち、ウサギ穴から脱出す
る旅を始めることになる。

ウサギ穴とは何か？

　通常の意味での「ウサギ穴」で比喩されるのは、以下のようなものだ。

　　　*奇妙な異世界、抜け出すのにやたらと時間がかかる脇道や迂回路、自力
　　で抜け出すのが難しい事象。[*4]

　現代の陰謀論文化ではこのウサギ穴とは、世界の隠された真実を明らかにする
と称する奇妙な本、ウェブ・サイト、YouTube動画の世界に取り込まれてしま

序　23

うことを意味している。普通の暮らしから逃れてしまった脇道で、入り込んでしまうと時間を無駄に消費し、自分の力だけで抜け出すのは難しい。

ウサギ穴はルイス・キャロルの『不思議の国のアリス』に由来する言葉だ。アリスは白ウサギを追って穴を下って奇妙な不思議の国に入る。

どうやって戻ろうと一度も考えることなく、アリスは（白ウサギを）追いかけて穴を進んだ。ウサギ穴はしばらくまっすぐ続いて、それから突然下向きになった。あまりに突然で、落ちないようにしようと一瞬でも考える前に、アリスはとても急な井戸のような穴を落ちている自分に気がついたのだった。[*5]

最近は1999年の映画「マトリックス」から、もっと限定した使い方が生じている。モーフィアス（ローレンス・フィッシュバーン）がネオ（キアヌ・リーブス）に選択を与える重要なポイントで、青い薬を飲んで普通の暮らしに戻るか、赤い薬を飲んで「ウサギ穴がどこまで続いているかを確かめてみる」かを選べる。

ネオはもちろん「赤い薬を飲む」そして「ウサギ穴」に導かれて世界の真の姿を発見するのだ。ネオは快適でまったく代わり映えのしないプログラムされた幻覚から「目覚め」、残酷だが本当の生存を賭け、邪悪で人を操る支配者との救世主的な戦いを始める。

この用語はそのまま様々な陰謀論界隈で採用されて使われてきた。陰謀論者にとって、ウサギ穴はたどり着くべき良い場所で、世界の実像が明らかになる場所だ。彼らにとっての赤い薬となるのは、最初に見たYouTube動画や友だちとの会話や本になるのかもしれない。目覚めた彼らは赤い薬を飲んで自発的にウサギ穴を下っていき、彼らのいう素晴らしい真実の不思議の国に入っていく。

私も人々に世界の実像に気がついて目覚めてほしい。だが陰謀論のウサギ穴は真実を知る方法ではない。陰謀論のウサギ穴は魅惑的なナンセンスな論説で満ちている。時間を浪費させ、害をなすウソだらけの不思議の国で、現実から人々を遠ざけこそすれ近づけはしない。

青い薬でも赤い薬でもなく毒薬なのだ。

この本は人々を陰謀論のウサギ穴から助け出すために書いた。もっと詳しく言えば、あなたが友だちを助け出すための本だ。

友だち

この本は、読者であるあなたがウサギ穴に落ちた人をもっと理解しよう、救出しようとしていると想定して書かれている。その人は親戚かもしれず、あなたの

配偶者、子ども、親、兄弟かもしれない。友だち、とても親しい友だち、単なる知り合い、隣に座っている職場の同僚、いや、オンライン上の知り合いかもしれない。そうしたことを考えながら、本書ではこうした人、あなたが気にかけて心配しているその人を「友だち」と呼ぶことにする。

　もちろん、今は友だちではないかもしれない。とくに家族の場合、家族の誰かが自分にとっては突拍子もないことを強く信じ込んでしまうと、イライラや腹立ち、さらにはどうにも許しがたい怒りや嫌悪を感じてしまうことがある。友だちの方はあなたが人類は月に行ったと考えているのはバカバカしいと思っているかもしれない。または、(JFK を暗殺した) リー・ハーベイ・オズワルドは誰の指示も受けていなかったと信じているあなたは狂人一歩手前だと考えているかもしれない。さらには自分が勧める4時間にわたる長編ドキュメンタリー「911：21世紀の真珠湾攻撃」を観るのを拒否すると怒ってしまい、空を横切る白い線は飛行機雲だと言うと口をきかなくなってしまうかもしれない。

　しかし、あなたが敵に負けないための本や議論で相手を論破するためのトリック、相手をバカみたいに見せられるものを求めているなら、別の本を探してほしい。私は人々を助けたいのだ。バカにしたり、見下したりしたくはない。あなたが論破に次ぐ論破で相手をバカみたいに見せることでしか、誰かを救う手立てはないと考えているなら、謹んで反対する。友だちに向かって間違いを指摘するのは、ウサギ穴からの救出過程のほんの一部に過ぎない。そしてそんななまくら刀を敵に突きつければ、狙いとは真逆の結果しか得られない。相手をウサギ穴のさらに奥深くに追い込み、頑なにさせ、事実から目を背けさせるようになるだけだろう。

　なので、相手が実際には自分に敵対するような行動を取っていたとしても、ここでは友だちと呼び続けたい。相手は善意を持った良い人なのだと考えるようにしよう。ただ、何かについて間違っているだけの人で、ちょっと頑固なだけなのだ。このあと見ていくように、ウサギ穴からの救出の第一歩は相手を理解することで、次は信頼を得ることだ。論争を吹きかけていては、これはできない。

　これからこの本の中で繰り返し言及していくが、重大な危険が存在する。「友だちとして扱うように」「信頼を得るように」というようなアドバイスは、洗脳マニュアルから借りてきたアドバイスのように見られがちだという危険だ。陰謀論者は、陰謀論を調査したり、異議を唱えたりするのに時間を費やす私のような人間には、もれなく疑いの目を向ける。政府の秘密機関に雇われた、情報操作の訓練を受け、誤情報を人々の頭に植え付ける技術を持った人間に違いないと非難

序　25

されたこともある。本書と私の活動の場である「メタバンク（Metabunk）」を見て、私がウソつきで、人々を真実から遠くへおびき寄せていると決めつけるかもしれない。

　これに対する最善の防衛策は、できるかぎり隠し事をせずに正直でいることだ。誰かを友だちのように扱うことで、彼らは自分の間違いを認めやすくなる。だが相手が私に対して敵であるように振る舞うのは、ただ相手が間違った信条をもっているからだ。私がその人に興味を持つのは、ウサギ穴に落ちてしまった良い人なのだと考えているからだ。相手が私を敵だと考え、敵対的な態度を取るとしても、相手は友だちで、単に道に迷ってしまっているだけなのだと考えよう。

　最後に、友だちはあなた自身である場合だ。あなたはウサギ穴に落ちたのに気がついているけど、道に迷ってしまって、抜け出し方のヒントが欲しくて、少なくとも外を見たくて、本書を読んでいるかもしれない。自分がウサギ穴に落ちているとは思っていないかもしれない。あるいは自分は目覚めて真実を知ったと考えているかもしれない。ひょっとすると私が政府の手先だと信じてこの政府の工作員が書いた本の真相を見抜いて、仲間をトリックから救おうと考えているかもしれない。あるいは友だちから、自分のためにこの本を読んでほしいと頼まれて、友だちの頼みなのでしぶしぶ読むことにしたのかもしれない。

　もし、あなたが実際に陰謀論者だとしたら、「友だち」とは2つのうちの1つだと考えたらいい。1つは、人は自分自身の友だちであるということだ。私がいったい何を企んでいるのか知りたくてこの本を読み始めたとしたら、読み終わるときには、私の立ち位置と世界の仕組みについてのあなたの考え方の両方について少しでも良い見通しを持つようになっていてほしい。どこかで何かを間違っていたと気がついてくれるかもしれない。少なくとも自分の考えをもう少しうまく説明できるようになってくれるかもしれない。もう知っていることを裏付けるだけかもしれないが、なんにせよ、私はこの本があなたにとっても役立つと良いと願っている。

　この本があなたの役に立つであろう2つ目の理由は、陰謀論は白から黒へと連続して色合いが変化するスペクトラムとして存在するからだ。あなたが陰謀論者だとしても（誰もがある程度の差はあるがある意味では陰謀論者だ）、自分は理にかなった考え方をする人間だと考えていて、十分な証拠があって、常識的に信じるに足りると思う陰謀論だけを信じている。その陰謀論の真相を私が暴こうとするのには賛同できないと思うかもしれないが、あなたから見ても奇妙な陰謀論に取り込まれてしまっている人を助けたいという思いは同じかもしれない。何人か

の911真相究明論者が私のケムトレイルのデバンキングに手を貸したことに感謝していると言ってくれたし、平面地球を信じている友だちになぜ地球は平面ではないのかを説明してくれて感謝していると言ってくれたケムトレイル信奉者もいる。より深くてさらに暗いウサギ穴に落ちてしまった友だちをどうやって救出したらいいかを考えるためにこの本を読んでほしい。なるほどと思えたら、自分自身についても当てはまることがあると気がつく時が来るかもしれない。

　あるいは、政府の工作員の洗脳マニュアルだと考えて、トリックを暴いてやろうと試みてくれてもかまわない。私は読者を洗脳しようとはしていないが、そう思うことでこの本を読んでくれるならどうぞそのまま読み進んでほしい。が、また後で、もう一度その考えが合っていたか考えてもらえたら嬉しい。

何が悪いのか？

　「なぜ、わざわざ関わろうとするのか？」とよく聞かれる。なぜ陰謀論を信じてしまっている人を気にかけて、助けようとするのか？ なぜそうすべきなのか？ この質問はそのままなぜ本書を書いたのかという理由に繋がってくる。私は陰謀論のウサギ穴から人々を助け出したい。なぜならウソ陰謀論は有害だからだ。例をあげて説明しよう。

　おそらく一番問題なのは、個人レベル、友だちのレベルでの有害さだ。自然療法のレメディー（ホメオパシー）が効くのに、大手の製薬会社が隠していると信じてしまうと、標準医療を避けて、代わりに効き目の不確かなハーブを使おうとするかもしれない。下手をすればそれで死んでしまったりもする。[*6]飛行機が空から毒を撒いていると考えてしまうと、ケムトレイル解毒剤に無駄なお金を使ってしまう。[*7]

　個人の人間関係にも害がある。ウソ陰謀論を信じると、だいたい無視され、孤立することになる。[*8]ウサギ穴がすべてを支配するようになり、パートナーがこの世界を共有できなければ、問題が大きくなって場合によっては離婚も起こるだろう。[*9]家族や友人に対しても、そして職場でも同じ問題が起こる。[*10]

　ウソ陰謀論を信じてしまうと、個人とその周囲のレベルで有害なだけでなく、もっと大きな害も発生しかねない。地球温暖化陰謀論を信じて気候変動を調査研究している科学者に向かって陰謀を隠蔽しているのだろうと嫌がらせをする陰謀論信奉者がいる。時には殺害するぞと脅すところまでエスカレートすることもある。[*11]政治家は、911は政府の陰謀だとする陰謀者に野次られてきた。[*12]学校銃撃

序　27

事件で殺された子どもたちの親は、事件はでっち上げで、親もやらせに加担していると信じる人々につけ回されている。[13] ヒラリー・クリントンが大統領候補だったころ、クリントン夫妻は児童性愛者組織の一員で、熱心な民主党支持者の経営する首都ワシントンのピザ屋に誘拐された子どもたちが捉えられていると信じた男性が店で発砲事件を起こした。[14]

さらに、陰謀論者は国内外での大きなテロを起こしかねない。オクラホマシティ連邦政府ビル爆破事件の犯人ティモシー・マクベイは陰謀論者で、国際的なユダヤ人銀行家の秘密組織がアメリカを支配していると信じていた。[15] ボストン・マラソン爆弾テロ事件の犯人タメルラン・ツァルナエフは、若いイスラム教徒の間で起こっていた過激化の波に飲れていて、この波は、オンライン動画で広がる陰謀論によって大きく煽られていた。[16]

実際の有害さは間違いなく現実的で実在する。同時に陰謀論の影響は別種の問題も起こしている。社会では真実は大切な存在だ。人々の対話内容が誤った情報に基づけば基づくほど、建設的に前に進むのは難しくなる。何百万人という人が科学者は腐った企業の手先だと考えるようになれば、科学は害を受ける。人々が陰謀論を信じて投票するようになれば、民主主義の仕組みが傷つく。政治が一部でも誤った主張に基づくようになれば、国が困難に陥ることになる。国民の多くが陰謀論を信じてしまうと、国の国際的な地位が損なわれてしまう。

だから、私はわざわざ関わろうとし、真相を暴き、この有害さが人々に及ぶのを防ぎ、人々を守ろうとしている。そして、自分の友だちを助け出している。大海への一滴かも知れないが、世界を良くするために、みんなにも私と同じようにやってほしい。

人は変われるのか？

そもそも人の考えを変えるのは可能なのか？ 私がウソ陰謀論の真相を暴いていると話すと、「でも、あの人たちは絶対に考えを変えないでしょう」と言われることがある。確かに陰謀論者が頑固に自分の信じるところに立てこもり、論理的な反論に1インチも譲らずに何時間であろうと耐え抜くのはよくある光景だ。

陰謀論者も自分をそう評価している。私は「911真相解明運動」というFacebookグループに参加し、元911真相解明運動家を探していると書き込んだ。返事をくれた実際の元運動家もわずかながらいたが、多数の返事は次のようなものだった。

28

言っておくが、「元運動家」なんて一人も見つけられないで終わると断言できる。絶対だ。名乗り出たやつはウソつきだ。終わり。このような犯罪の実行、隠蔽をなかったことにするなどあり得ない。ほかの考え方をするのは知能指数が室温以下のやつしかいないが、そもそもそんなレベルのやつは公式発表を一度たりとも疑ったことがないはずだ。

最初に「見つかるはずがない」と言い、それから、見つけたとしたら、その人物は嘘をついていると言う。そして、真相究明運動をやめるのは本当のバカだけだと言い、そもそも本物のバカは真相究明運動家にならないので、活動家をやめた人を探すのは不可能だと言う。このグループのメンバーは驚くほど同じ反応を見せた。本物の信奉者にとっては、考えを変えるような本物の信奉者はいないのだ。文字通り存在不能なのだ。考えを変えた人もいると、公の場で指摘して議論しようとすれば、信奉者は、そいつらは政府の犬か「ゲートキーパー」に決まっている、とけなすか、そもそも最初から本気で信じていなかったのだと言うのだ。

だが人は変われるし、私は考えを変えた人々を探し出した（あるいは、彼らが私を探し出した）ここ数年に渡って、私は多数の現役の信奉者と、多数の元信奉者と交流し、話し、実際に会ってきた。私がウサギ穴からの脱出に手を貸した人も何人かいる。陰謀論者は自分が変わる可能性などないと考えているかも知れないが、最も強く信じ込んでいる人であっても、変われる。ウサギ穴に深くはまってしまっていた人でも抜け出せると例示する最良の方法は、経験者の物語を検討することだ。ウサギ穴の最深部まで落ちて行ってしまった人も抜け出している。

この本を、人は変われるという最初の事例としてウィリーの話で始めた。ほかの脱出者とはこのあと出会っていくことになる。

なぜデバンクするのか？

本書での「デバンク」という言葉は陰謀論にしっかりしたエビデンスがないことを、信じる人々が理解できるように手助けする課程を指す。だが「デバンク」という言葉は、時としてデバンカー（デバンクする人）が問題に対して偏った先入観を持っていて、どんな方法であっても、周囲の人々を説き伏せることだけに興味があるという意味にとられてしまうことがある。それなのに、なぜネガティ

序　29

ブに受け取られかねない用語を使うのか？

　私はこの問題について、プロの懐疑主義者ジェイムズ・ランディとベテラン超常現象研究家のジョー・ニッケルと議論したことがある。ランディは、「デバンカー」という用語は問題となっている主張がきっと間違っているだろうという推測の下に議論を進めているという印象が強すぎると考えているので、自分は科学的調査研究家と名乗るようにしていると話してくれた。同じようにニッケルも、自分が毎回新しい調査をするにあたっては、幽霊ではないと証明するためではなく、それよりも状況を把握して、実際に何が起こったのかを突き止め、説明するための調査なのだと、説得力に満ちた話を聞かせてくれた。

　だが私は2つの理由から「デバンク」という言葉を使う。1つは、デバンクは調査と説明の2つの過程から成り立っていると考えているからだ。「デバンクする」という言葉は、思考や信条の過ちを暴露することだと定義されている[*17]。過ちを暴露するには、最初に過ちを見つけ、そして次になぜ間違っているのかを説明しなくてはならない。「911同時多発テロ事件でペンタゴン（米国防省）に突入した飛行機はなかった」というような主張に直面したときに、まずこの主張の根拠となっているというエビデンスを見て、それから事実の正確さを調査する。そこで不正確さを発見したら、それを人々に説明することができる。

　2つ目は、陰謀論者を含めてほとんどの人は、この言葉を「Xという主張はデバンク済みだ」というように使うことになんの抵抗も持っていない。デバンク済みとは、ある主張が検証され、その結果間違っていることがわかったという意味だと広く理解されているのだ。

　だが本書で注目するのは検証ではなく、説明だ。人々が出会う陰謀論の多くはこれから新たな検証が必要な主張ではない。ほとんどが検証済みの古い説で、友だちのような人たちは最も論理的な説明を知らないか、その説明を十分に理解するのに必要な情報をもっていないから、信じ込んでしまっているのだ。こうした説明と欠落している情報を友だちに届けるのが、私の言うデバンキングだ。

　　訳注：バンク（bunk）という言葉は、棚のようなベッドを指す言葉と同じスペルだが、19世紀アメリカのバンカムという場所での選挙演説を揶揄した言葉が語源で、選挙前の政治家の演説のような現実離れしたくだらない話を指す。デバンクはそのホラ話の真相を暴露する行為である。

概要

　陰謀論からの救出は3部構成になっている。**第1部**では陰謀論のウサギ穴を詳しく見ていく。なぜ陰謀論は存在するのか？　なぜ人々は陰謀論に吸い込まれるのか？　どうやれば助け出せるのか？

　第1章「陰謀論陰謀説」は、議論の多い陰謀論という用語をその歴史から見ていく。この言葉は、1963年のケネディ暗殺以前から使われていて、一部否定的なニュアンスを内包しているものの（完全にではないが）よく理解されているので、私はこれを使っている。

　第2章「陰謀論スペクトラム」では、説得力のあるものから、バカバカしいものまで、多様な陰謀論の種類を見ていく。私はここで、人が自分の陰謀論スペクトラムに線引きする陰謀論の「境界線」という概念を提示している。この線の一方には彼らにとって「まともな」説があり、もう一方には「くだらない」説と「誤情報」がある。友だちを助けるための鍵は、この線を理解し、発見することにある。

　第3章「工作員」は、ウソ陰謀論をデバンクしようとする人がよく出会う、「工作員」という誹りを取り上げる。この誹りと戦う最も良い方法は、できる限り正直に自分が何をしているのかを公表することだ。その実践として、この章で私がどうしてネット上の陰謀論のデバンクをするようになったのか、なぜやっているのか、なぜ続けられるのかの詳しい説明をしている。

　第4章「ウサギ穴：状況と理由」では、人々がどのようにウサギ穴に吸い込まれるのかを検証している。心理学的要因はどのように作用しているのか？　陰謀論スパイラルの中で、人はどうなってしまうのか？　陰謀論に関わる研究の現在とネット動画の果たす特記すべき役割を見ていく。

　第5章、「デバンキングの基礎技術」は、実際のデバンキングに使えるツールとガイドラインのセットを提示している。この技術の要となるのは欠落情報の効果的なコミュニケーションだ。

　第6章「スティーブの場合——ウサギ穴を抜ける旅——」は、1970年代からの陰謀論者スティーブがいかにウサギ穴から脱出したかの物語で、その内容はここまでの章で扱ってきたコンセプトの多くの例示となっている。

概要　31

第2部は本書の実用的な中心部だ。4つの異なった陰謀論について、深く掘り下げていく。よく見られる間違った主張の根拠を説明し、友だちに対してどのようにこの説明を伝えるのが一番良いのかを解説している。それぞれの陰謀論のウサギ穴に落ちていき、最後には脱出した人の体験も含まれている。

第7章「ケムトレイル」は、飛行機が空に残していく白い筋はただの雲ではなく、気候を変えようとする秘密の計画の一部なのだという、驚くほど信じる人が多い考えを取り上げる。飛行機雲の科学（これが白い筋の正体なのだが）を取り上げ、よく言われる「飛行機雲はすぐに消える」、「雨にはアルミが含まれている」、「気候エンジニアリング特許」などについても説明している。個人的にこの陰謀論が私の最も得意とするところなので、この章が一番長くなっている。

第8章「シュテファニー──元ケムトレイル信奉者──」は友だちの助けでウサギ穴を脱することができたドイツのケムトレイル信奉者シュテファニーの物語だ。

第9章「911　制御爆破解体」では多様な911陰謀論のうち、最も人気のある世界貿易センタービルの倒壊は飛行機の衝突と火事だけでは起こりえない、事前に仕込まれた爆薬が使われたに違いないという説を見ていく。1つの章で十分で完全な評価を示すには大きすぎるテーマなので、ここでは、友だちが知らないであろう、鍵となる部分の情報に焦点を置いた。具体例をあげれば、911の真実を求める建築家とエンジニアというグループについて、ナノテルミット、国防省に激突した飛行機、失われた（わけではない）2兆3億ドルとなる。

第10章「カール──一時的な真相解明運動家──」は、危うく911のウサギ穴の奥底深くまで落ち込むところだったが、友だちの救出が間に合った人の話だ。

第11章「偽旗」は、「サンディー・フック小学校銃撃事件はやらせだった」のようにしばしば感情的になりがちな主張の問題を扱う。歴史上の偽旗の例としてよく引用される事例、とくにノースウッズ作戦とトンキン湾事件について詳しく検討した。私はここでこのタイプのウサギ穴に落ちた人に、なんとか大局的な見方をしてもらえるようにする方法を探っている。

第12章「リチャード──サンディー・フック小学校銃撃事件で限度を知る──」はサンディー・フック事件はやらせ説をきっかけに陰謀論的思考から遠ざかることができた若い男性の話だ。

第13章「平面地球」は、ほとんどの人がどう見てもバカバカしい説だと考えている地球は平らなのを政府が隠蔽しているという説を取り上げている。この説

の信奉者だという人の多くはただの荒しだが、もし本気で信じている人に出会ったらどうするか？ この章では、この説の歴史、最もよく見かける主張、そして直球で地球は平面ではないと証明する方法について書いている。

第14章「ボブ——平面地球からの脱出——」は、地球は平らだと信じただけでなく、家族にも信奉者がいた人の話だ。

第3部はこの本の初版が発行されて以降目立つようになった活動中の陰謀論に焦点を当てている。これらの陰謀論は複雑で変化が激しいのが特徴で、信奉者との会話は簡単にはいかないし、我々のメソッドも対応できるように調整し、新しいツールも必要になる。

第15章「変化の激しい陰謀論」は選挙不正説、Qアノン、コロナウイルス、UFOの4つの陰謀論の概要を述べ、こうした変化の激しい陰謀論についていくために必要となるだろう調査のためのツールと情報源について解説している。

第16章「選挙不正説」では2020年米国大統領選を巡る陰謀論を見ていく。最初は2016年の選挙でトランプによって知られるようになった陰謀論だが、2020年にトランプが敗北してその選挙結果を認めなかったときに主流化した。何百万人というトランプ信奉者もトランプの拒絶を受け入れ、選挙不正に関する陰謀論増殖の基盤をつくり、これが、2021年1月6日の議事堂乱入事件へと繋がっていった。ここではいくつかの特徴的な事例を詳しく検証し、この話題で話をするときの全般的なアドバイスを提供している。

第17章「Qアノン」で取り上げているQアノン陰謀論は、歴史上最もめまぐるしく変化する陰謀論かもしれない。Qアノンは子どもを誘拐する秘密組織が世界を支配していて、ドナルド・トランプが謎の人物「Q」の援助によって、それを雄々しく止めようとしているという奇妙な設定の陰謀論だ。この章ではまず最初にファクトチェックに対して免疫を持っている人々と話をするときの実用的なアドバイスを提示した。またこの説の起源を追うと、何百年も昔の反ユダヤプロパガンダまで遡れることがわかった。

第18章「コロナウイルス」はCovid-19の発生源を巡る陰謀論と政府の対応、とくにワクチンについての説も取り上げている。150年以上に渡るワクチン懐疑を概観した。これは今後も消えそうにないが、一方で、この話題についてより良い会話をする方法もある。また突然死、コロナウイルスは研究所で発生した説、増加しているコロナに関しての「ディスインフォーメンタリー」についても取り上げている。

概要 33

第19章「UFO」は、驚くことに、政府が宇宙人とのコンタクトについての知識、空とぶ円盤のビデオ、宇宙人の死体などを隠蔽していると信じる人々が復活している状況を取り上げ、2017年のニューヨークタイムズの記事に始まるこの変化の背景を探っている。証拠としてあげられているもののお粗末さを理解するための手がかりとして、私が行った調査事例をあげている。UFO研究家の「信心」は非常に深く個人的なものであることが多く、これについて話すときの視点とアドバイスも記している。

第4部では友人の救出中に直面する可能性のあるさらに複雑で困難な事態について見ていて、最後はデバンキングの未来について述べている。

第20章「デバンキングに潜む複雑さ」では最初に複雑な問題について、（本人に責任があるわけではないが）飲み込みの悪い人に説明するというよくある問題について検証している。友人が自分とは違った方向に動いている親密な家族の一員で、今後長期的に重大な変化が起こる可能性がある場合はさらなるやっかいさが持ち上がる。ここではモルゲロンズ病説によって起こる問題を取り上げて、メンタルの病気に対応する場合の簡潔なアドバイスを提供している。最後に陰謀論の世界にも関与している政治的な意見の相違にどう対処するかの考察とガイドで締めくくっている。

第21章「デマとデバンキングの未来」は、一部は推測を含むが、2016年の大統領選におけるディスインフォメーションの影響の背景と現在まで続く反響にしっかりと基づいている。ネット荒しとボットがいかに陰謀論を広げ、今後も改善される前にさらに悪化していくだろうことを検討している。

結論ではオンラインの誤情報と戦うために開発中のツールと、これが陰謀論主義の流れを変える可能性に希望を託している。

第1部

第 1 章
「陰謀論」陰謀説

　私は長らく「陰謀論」という言葉に様々な意味を持たせて使ってきた。だが最初は扱いに困って、何か別の言葉はないものかとずっと探し続けている。

　問題は、「陰謀論」（と、陰謀論者）は、意図的に見下されていると考える人が多いことだ。本書の表紙に「陰謀論」という文字があるだけで、陰謀論を信じる人々をバカにしたり、軽視したりしているのだろうと、手に取るのをやめる人もいるだろう。だが辞書を引けば「ある出来事や状況が権力集団による秘密の陰謀計画によって引き起こされたと説明する説」とあるし、陰謀論者とは単に陰謀論を信じる人と定義されている。これは、911真相解明運動家の信じるところ、ケネディ暗殺陰謀論者が信じるところ、ケムトレイル信奉者、アポロは月へ行っていない説信奉者、サンディー・フック小学校銃撃事件偽旗論者、エイリアンUFOの政府による隠蔽論者が信じるところにぴったりの、適切で完璧に筋の通った定義だ。彼らは事件の背後には秘密の計画が存在するか、さらに／また秘密の隠蔽工作もあったと考えている。

　だが、いくら真実だとしても、この言葉が持つ陰謀論者に対しての攻撃的なニュアンスが中和されるわけではない。多数の陰謀論者は、もっと極端な説に対する評価が自分たちに向けられると不快だと感じるのだ。CIAがケネディを暗殺したと考えているだけの人は、自分は普通のまともな人間で、英国のエリザベス女王が変身能力を持ったトカゲだと考えているような可笑しな連中とは一緒にされたくない。同様に911テロ真相解明運動家は、米国安全保障局が電波で脳にメッセージを送ってきていると信じて、アルミホイルの帽子をつくって被るようなタイプの陰謀論者と同じだとは思われたくないのだ。

　だが、陰謀論者が陰謀論者と呼ばれることを嫌うのは、この単純な連想だけが理由ではない。それ自体が陰謀論だと言って良い深い理由がある。陰謀論という言葉は1967年にCIAが陰謀論者を貶めるためにつくりだしたという説だ。

　この「陰謀論」陰謀説は1976年にニューヨークタイムズが情報公開を求めた結果明らかになった1967年のCIA文書を指している。文書は「ウォーレン報告

書批判対策」との題で、当時を驚くほど鮮やかに切り取って見せている。CIA は様々な理由から、湧き上がりつつある根拠のない陰謀論が CIA と政府の評価を傷つけることを懸念していた。この文書には複数の対策が提示されているが、そこでは陰謀論という言葉は使用されていない。

だが、この文書を読んだ陰謀論者と呼ばれていたかも知れない人々（世界貿易センタービルは爆破解体されたと考えているような人々のことだが）は、CIA はバカにして排除する意図で自分たちを陰謀論者と決めつけているに違いないと感じた。この説を支持して広げている一人が『アメリカの陰謀論』（未邦訳）という著書の中心的テーマとしてこの説を論じているランス・デヘブン - スミス博士だ。博士はこの本で「したがって陰謀論レッテルは論理と文明、民主主義の名において公の場での開示を回避し、意見の不一致を解消するよりも増強し、権力の乱用に対する一般の人々の監視を弱体化させるための強力な中傷となったのだ。1967年に CIA によって採用されて以来、この言葉はアメリカの政治における有害な暴力であり続けている」と書いている[*1]。

デヘブン - スミスは、文書はこの言葉を使うようにとくに促すものではないことは認めていて、この問題を回避するために CIA 文書の秘められた意味を探査しようと、ここでウルトラ C 的思考による解釈を繰り出している。文書を一行ごと、時には一語ごとに分析し、自分の解釈を投影しているのだ。

博士によれば、この CIA 文書 1035-960 は、一見、明確な言葉遣いと筋の通った動機で書かれた率直な覚え書きなのだが、実は間接表現と隠喩を用いてメッセージを伝えている巧妙な文書なのだ。文のニュアンスを把握するには、注意深く精読する必要がある。一部の文は、一般の読み手向けの表面的な意味合いと同時にあたかも第 2 周波のように、隠された意味を聞き取ろうとする読み手に向けた深く見えにくい意味を持っている。様々な表現によって多数のレベルの意味が生じているのだ。

CIA 文書 1035-960 は、哲学的問答ではないが、スパイがほかのスパイに向けて書いた文書で、スパイたちは文書である以上、敵の手に落ちる可能性があることを知っていた。そして実際、情報公開法に基づく請求の結果、敵の手に落ちたのだった。だから、文書には隠された意味があると推測すべきなのだ。

デヘブン - スミスは「陰謀論」レッテルは 1967 年に CIA が使い始めたと主張しているが、この言葉は実際には、それよりも数十年前から使われている。最初の使用例は 1870 年の精神病院に収容された精神障害犯罪者に身体的虐待を仕掛ける陰謀があるという説までさかのぼる[*2]。

第 1 章　陰謀論陰謀説　37

この言葉は、合衆国では南部11州の連邦脱退に関するある説の説明として定着し、CIA文書の70年以上前の1895年頃出版された何冊かの本に使用例がある[3]。その後20世紀初頭まで使われ続けていて、たとえば1930年の論文に「憲法第14修正条項の陰謀論」というのがある[4]。

CIAの覚え書きの10年前、JFK暗殺の数年前には、この言葉は合衆国で今と同じような意味合い——出来事の説明を邪悪な陰謀に求めようとする、はっきりとした根拠を概ね欠く仮説——で、使われるようになっていた。この当時、このような陰謀論の主要な出所は「急進派右翼」——KKK（クークラックスクラン）やジョン・バーチ協会のような、宗教的保守派の国粋主義団体——だった。1960年、ウイリアム・バウムは、論文「合衆国における急進派右翼の陰謀論政略」で次のように書いている。

> 万能で残酷な陰謀の実態を受け入れることが、現代アメリカの極右、あるいは急進派右翼の最も特徴的で独特のイデオロギー的な性格である[5]。

バウムの論文は大きな影響力を持ち、いくつかの本や論文で繰り返し取り上げられている。1962年、ケネディ大統領暗殺の1年前、（カリフォルニア大学の）ウォルター・ウイルコックスは「急進派右翼の報道」と題した論文を書いている[6]。論文では様々なタイプの陰謀論を数量化しようと試みており、いくつかの事例として、

> 全米黒人地位向上協会は、表向き黒人組織だが、ニューヨークのユダヤ人が運営している。
> 水道水へのフッ素添加は虫歯予防ではなく、人々を麻薬中毒にして支配するのが目的だ。
> 合衆国の失業者の増加は貿易が国際的カルトに握られているからだ。
> ユダヤ人組織が映画ベン・ハーで聖書のメッセージを破壊しようとしている。
> カリフォルニア州の知能テストでは、答えの選択肢の両方ともが邪悪だったが、これでは一つが正しいと思われてしまう。

これらの陰謀論は、現在見かけるものとひどく似ていると言っていいだろう。水道水へのフッ素添加に関する説は今も現役だし、ケムトレイル信奉者のような

極端な説を信じている人たちにとっての常識となっている。ウイルコックスは、おそらく、最初の陰謀論者スペクトラムとなる、0から7までの「陰謀傾倒」スケールを提案している。これは、ある急進派右翼の報道記事がどの程度まで陰謀論に傾倒しているかを測定しているものだ。

陰謀関与スケール
7　陰謀に深く傾倒している。
5　陰謀が顕著。
3　陰謀が存在。
1　陰謀が少量。
0　はっきりした陰謀の存在の証拠なし。

ウィルコックスは非合理性スケールも提示している。この説明は現在のネットの書き込みの多くにも使えそうだ。

非合理性スケール
7　偏執狂的に大げさで混乱しており、信頼できる事実はあってもわずか。
5　攻撃的で理不尽で執拗。信頼できる事実はほとんどなく、自分が有利になるように細工済み。
3　激しく一方的で、信頼できる事実は存在。
1　やや一方的で信頼できる事実は少し細工されている。
0　はっきりした非合理性の証拠はない。

ウイルコックスは陰謀論の非合理性の程度と著者がどの程度その論に傾倒しているかの関連性を引き出している。

たとえば、論理的に考えて、非合理性は陰謀論に付けられたスケールの数値と相互に関係していると推測される……。

明らかに CIA がこの言葉を発明したのではない。それに、この言葉を使うことで人の評価を落とせるとも言っていない。CIA 文書には陰謀論と陰謀論者という言葉は1回ずつしか使われていないのだ。

このような真面目さを嫌みにあてこする行為は、関係する個人のみならずアメリカ政府全体の評価に影響する。そもそも我々の組織は直接に関与しているのだ。何を置いても捜査上の情報を提供したのは我々だ。陰謀論は我々の組織にしばしば嫌疑を投げかけている。たとえば、リー・ハーベイ・オズワルドは CIA に使われていたとする誤った主張だ。この文書の目的は陰謀論者の根拠を欠く主張に対抗し、信用に足らないことを知らしめるための情報を提供することであり、そして、結果としてそのような主張の他国での流通を抑制することである。

　この言葉は単に記述語として使われているだけだ。CIA は、どんな反政府組織であれ、熟知しているはずだから、当然ながら、反政府急進派右翼についてもよく知っていたのだろう。急進派右翼に関する学術論文と陰謀論という言葉の使われ方も知っていたはずだ。

　この話を友だちに伝えるときには、まずこの言葉が CIA 文書と JFK 暗殺以前に存在していたのを見せるところから始めよう。そして、もっと詳しい説明が必要なら、ウィルコックの論文や、ほかの文書で JFK 暗殺以前にも現在と変わらない意味で使われていたのを見せよう。それでも納得しないようなら、CIA 文書全体の検討が必要になるかもしれない。

　次のステップとしては、JFK 暗殺後と CIA が例の文書で「陰謀論」という言葉を使ったあとに、この言葉に何が起こったのかを見ていこう。私はオンラインの新聞記事データベースを使って、1960 年から 2011 年（この年の分までは、多数の記事がデータベース化されていた）までの毎年の「陰謀論」という言葉の使用数を集計した。その年に印刷された単語総数に対する使用数の割合を算出してグラフにした。

　もし CIA が 1967 年にこの言葉を広げようとしていたのだったら、失敗は明らかだ。これまでに述べてきたように、1963 年以前にもすでに、ごくわずかな使用例が見られるが、最初に山が現れるのは、1964 年で、1963 年 11 月 22 日の JFK 暗殺の直後だ。その翌年 1965 年は ちょっと下がり、その後は引き続き増えていく。使用を推進したとされる CIA 文書（1967 年）の年には、言葉の使用例はすでに 十分増えていて、人気上昇中だった。1968 年のロバート・F・ケネディとキング牧師の暗殺によって、使用頻度が急上昇しただろうと思われるかもしれないが、1969 年以降は落ち着いた様子だ。

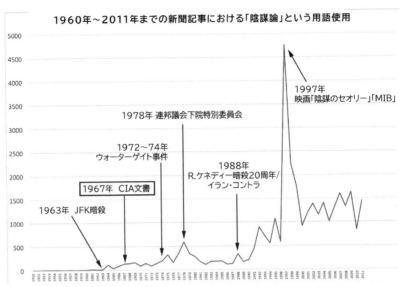

図1 新聞記事データベースにおける、陰謀論の使用頻度

　その後の使用数の山は、1972年のウォーターゲート侵入事件から1974年のニクソン大統領の辞任までの期間に緩やかな増加が見られる。1978年に連邦議会下院特別調査委員会が「ケネディ大統領はおそらく陰謀の結果暗殺された」という一行を含む結論を出すと、使用数は跳ね上がって山をつくった。1980年代はロバート・ケネディ暗殺20周年で、イラン・コントラ・スキャンダルがあった1988年の小さな山を除いて、以前の水準に戻った。

　1990年代は陰謀論という言葉の使用が本当の意味で始まった時代だ。冷戦が終わり、湾岸戦争が始まり、ロサンゼルス暴動、ウェイコ事件、Xファイルシリーズの放映開始、オクラホマシティ爆弾事件が起こった1990年から1995年に使用例は500％増加した。

　1997年に映画「陰謀のセオリー」と「MIB」が公開された年に大きな山が見られる。映画は2本とも、陰謀論を扱った映画の定石通り、陰謀論が正しかったことが判明する。明らかにハリウッドにはこの言葉を使って人々を軽んじようとする動きはない。実際、肯定的な使い方なのだ。とくに「陰謀のセオリー」では、主役のジェリー・フレッチャー（メル・ギブソン）が最初は頭がおかしい奇人と見られていて、体よくあしらわれている。ストーリーが進むと、ジェリーが実は正しかったことがはっきりしてくる。彼はCIAのエージェントに見張られ

第1章　陰謀論陰謀説　41

ていて、彼のセオリーは正しく、ジェリーはやがてヒーローになっていく。

　映画が公開されたあと、陰謀論という言葉はアメリカの文化にしっかりと定着し、さらに英語圏にも広がっていった。その後の陰謀論の発展は、端的に言ってこれを土台としている。ケムトレイル陰謀論が発明されたのが1988年、2001年には世界貿易センターと防衛省ビルが攻撃され。すぐに大量の陰謀論が発生した。

　映画のヒットよりも、911テロよりも、もっと重要な出来事だったのは1990年代後半から2000年代前半のインターネットのめざましく急激な成長だったかもしれない。新聞記事記録は2011年までだが、それ以降は、たとえばグーグル・トレンドなどのほかの方法で用語の人気観測を続けることができる。

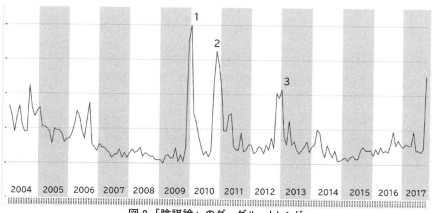

図2 「陰謀論」のグーグル・トレンド

　こちらでは、「陰謀論」に対する興味に関してもっと細かい見方が可能だ。そして、新聞記事に取り上げられた言葉の総数が一般の人々の興味の間接的な反映なのに対して、こちらは人々の直接的な興味と能動的に何を情報検索していたのかという数値を得ることができる。この言葉の人気は2009年12月まで下がり続けていたが、テレビシリーズ「ジェシィ・ベントゥラ★陰謀のセオリー」が放送されると、グラフの山1のようになり、2010年に第2シーズン、2012年に第3が始まると、徐々に低くはなってはいるものの、同じような山ができた。

　この番組はジェシー・ベントュラ（俳優／元ミネソタ州知事）がホストを務め、これもまた、陰謀論を非常に肯定的に捉えており、番組で取り上げた陰謀論のほとんどは、正しいか、少なくとも疑いを抱くのももっともなのだと強く論じて

いる。番組終了後、興味は2009年以前の水準に戻り、2016年の大統領選前後に
わずかに増加するのみだった。最後に山が見られるのは2017年10月のラスベガ
ス無差別銃撃事件への反応だ。

　陰謀論という言葉の使用の歴史では、大衆メディアにおける肯定的な扱いが圧
倒的に強い影響力を持ってきたのが見て取れる。「Xファイル」やメル・ギブソ
ンの「陰謀のセオリー」では、最初は陰謀論者を変わり者だとする一般の人々の
考えを正直に反映して、そして、ほとんどの場合、実は彼らは正しい人々だった
と描く。陰謀論者は、ヒーローで、世界の裏側の内密な動きの一端を正確に推測
し、この秘密を暴露する道を求めていた人だったのだ。メディアに潜む陰謀論者
を貶めるプログラムどころか、過去20年、この言葉は名誉回復とPRの方向で
使われてきたようにさえ思われる。

　陰謀論という言葉にはたしかに否定的な意味合いがあるが、陰謀論文化に一
定の正当性を与えてきたのは、メディアの扱い以外にないだろう。この言葉が広
まる以前、陰謀論について最も強い影響を与えたリチャード・ホフスタッター
の1964年の著作『アメリカ政治におけるパラノイド・スタイル（〝The Paranoid
Style in American Politics,〟未訳）』で、すべての出来事を陰謀の結果だと説明し
がちな人々に対して「パラノイド（偏執狂）」というかなり直接的な中傷の言葉
を使っていたことを考えるべきだ。

> 　新しくもなく、とくに極右的でもない思考のスタイルが確かにあると私
> は考えている。私はこれをパラノイド的思考と呼んでいるが、私が考える
> ような激しい誇張と猜疑、陰謀に関するファンタジーを適切に説明できる
> 言葉がほかにないからにすぎない。[*7]

　もし、陰謀論者という言葉がなかったら、今、陰謀論者と呼ばれている人々は
「偏執狂」あるいはもっと直接的に見下した表現で呼ばれていたかもしれない。
対して現状は、比較的中立的だ。

　ここにあるのは非対称的な認識だ。陰謀論者は自分たちに対する正確な呼称
を、見下す意図があると拒絶する。自分たちの常なる嫌疑が通常のレベルを超え
ているとは考えもしない（羊のように従順な大衆よりは強いとは考えているが）。だ
が彼らの嫌疑は全般的に根拠がなく、主流の意見からは外れているので、どのよ
うなものだろうと陰謀論者を指す言葉はいずれ軽蔑的だと受けとめられるように
なる。

第1章　陰謀論陰謀説　43

デヘブン - スミスはこの非対称性の一つの例だ。デヘブン - スミスは、陰謀論という言葉のネガティブな意味合いは、根拠を欠く、根も葉もない主張が多いことと関係してる、という見解を拒絶する。そして陰謀論者ではなく、陰謀現実論者、陰謀論ではなく「民主主義に対する国家犯罪（state crime against democracy〟；SCAD）」と言うべきだというのだ。

論点はそこではない。あるグループがなんとかレッテルを貼り替えることができてきたとしても、一般の認識はそんなことでは変わらない。

陰謀論者は「陰謀論者」と呼ばれる人々だから、少数派のキワモノ、変わり者だと思われているわけではない。根拠のない、非現実的な、あるいは過剰に推測を重ねた主張をするので、キワモノ扱いされるのだ。レッテルがその集団の受け止められ方を決めているわけではない。レッテルは認識を受けて決まる。イギリスの脳性麻痺協会は1994年にスコープ（Scope）と改称したが、遊び場で動きが鈍い子どもが「麻痺っ子」といじめられていたのが、「スコーパー」といじめられるようになっただけだった。[*8] もしデヘブン - スミスが奇跡的に〝SCAD〟という言葉を広めることができたとしても、陰謀論者がスキャッド派かスキャダーと呼ばれるようになるだけだろう。

私は辞書にも載っていて、私がオンラインで出会って、インタビューしたり、実際に対面したりした人々を的確に表しているので、今後も陰謀論者という言葉を使い続ける。実際、彼らは世界で起きているすべての大事件の説明として陰謀論を信じ「がち」な人々なのだ。見下す意図でそう言っているわけではない。ポップ・カルチャーとの前向きな関わりも指摘していくつもりだ。みんなにとってわかりやすい言葉だから使っているのだ。

第2章
陰謀論スペクトラム

　もし人々がどのように陰謀論に落ち込んでしまうかを理解したいのなら、そして、もし、そうした人々を助けたいなら、まず陰謀論の世界を理解しなければいけないだろう。もっと具体的に言うなら、相手のお気に入りの陰謀論が広い陰謀論スペクトラムのどこに位置しているかを知る必要がある。

　どんなタイプの人が陰謀論に落ち込んでしまうのだろう？　どんなタイプの人が世界貿易センタービルは爆破解体だった、あるいは飛行機が秘密裏に化学物質をまき散らして気候を改造しようとしている、あるいはサンディー・フック小学校銃撃事件では誰も死んでいない、あるいは地球は平面だと信じるのだろう？頭がおかしい人たちなのか？　ただの何でも信じてしまう人たちなのか？　若くて感化されやすいのか？　答えはノーだ。現実の陰謀論を信じる人々はごく普通の人たちから無作為に切り出されたグループにすぎない。

　陰謀論者は頭のおかしい連中、あるいはバカな連中、さらには頭のおかしいバカな連中だと片付けられがちだ。だが、陰謀論を信じることは様々な意味で、アメリカの象徴のように言われるアップルパイのようなものだ。そして様々なタイプのアップルパイがあるように、陰謀論も多様で、普通のまともな人たちも喜んで消費しているのだ。

　私のすぐ近所の人も陰謀論者だ。エンジニアとして立派なキャリアを積んだあとで、引退した人でもある。夕食に招かれたこともあるが、彼はケムトレイル信奉者、私はケムトレイルのデバンカーで、奇妙な感じだった。一緒にワインを飲んだ後、彼は、あなたはお金をもらってデバンクしているんだと思っていたと打ち明けた。私の名前をグーグルで検索して、私がお金をもらっている工作員だと書いたページを見つけたから、そう思っていたというのだ。陰謀論者である彼は、主流メディアの情報よりも陰謀論系の情報を信じる傾向があるので、今回もそうしたわけだ。

　私はあらゆる種類の陰謀論者に会ってきた。以前出席したケムトレイル大会では、濃い人から薄い人まで、陰謀論スペクトラムのすべてに当てはまる人がいた。賢明で知的な大人で、自らが信じる陰謀論を数か月前に発見したばかりの

人、あるいは数十年前に発見して信じ続けている人。急進的な人は年代を問わずいて、ある高齢の男性は自分のオートバイにピラミッドを取り付けていた（訳注：ピラミッドパワーでバイクの性能や燃費を向上させようとする信仰だろうか？）。

　エイリアンとチャネリング（訳注：霊的な交信）している人たちもいた。そして、チャネラーが参加していることに怒っている人たちもいた。革命をしたくてうずうずしている若者たちもいた。夜のニュースには巧妙に報道内容を信じ込ませるシステムが組み込まれていると信じているインテリも、そして、本気でこの世はコンピューターの作り出した仮想現実だと信じている人たちもいた。

　陰謀論を信じる人々は非常に多様だ。陰謀論それ自体のスペクトラムの幅がとても広いからだ。誰にとっても信じたくなるような各種の陰謀論が存在しているので、陰謀論に影響されない人はほとんどいないと言ってよい。

主流とキワモノ

　「陰謀論」という言葉には説明が雑だという残念な問題が一つある。人々を単純に「陰謀論者」と「普通の人々」に分けて、一方に電波を怖がってアルミホイルの帽子をかぶっているような妄想に取り憑かれた人を、もう一方に良識的な人を置きたくなる気持ちはわかる。だが現実には、我々は全員何らかの形で陰謀論者なのだ。陰謀が存在することは、誰でも知っている。権力の座についている人たちは、いろいろな陰謀に関与しているだろうと誰もが疑っている。ある種の法案に対してある種の票を投じたことに対して法案成立に貢献してくれたと評価されるというようなありふれた政治活動であっても、それは陰謀の一種なのだ。

　「主流」か「キワモノ／非主流」かで陰謀論にレッテルを貼って二分するのもついやりたくなる。ジャーナリストのポール・マスグレイブは、ワシントンポスト紙の記事でこの二分法を使っている。

　　　政権について2か月足らず、危険はもはや、トランプが陰謀論的思考を
　　　主流に持ち込むかではなくなっている。それはもう起こってしまっている。[*1]

　もちろんマスグレイブは、変身するは虫類人の支配者が主流になったというような話をしているのではない。平面地球、ケムトレイル、さらには911真相解明運動が主流だと言っているのでもない。彼がここで言わんとしているのは、陰謀論スペクトラムの中での比較的小さな線引きの変更だ。キワモノ陰謀論の多く

は、キワモノのままで終わり、主流陰謀論はずっと主流の位置にとどまる。だが、マスグレイブは、すでに変化が起こっていて、結果としてキワモノの最下層が主流に加わったと、論じているのだ。オバマがケニア人だというのはバカバカしい陰謀論だと多くの人が考えていただろう。これは陰謀論としてもキワモノだと。だが合衆国大統領（トランプ）が、繰り返し持ち出せば、これも徐々に主流入りしてくるのだ。

陰謀論も陰謀論者も境界の曖昧な連続体（スペクトラム）として存在している。陰謀論思考の友だちと効果的に話をしようとするなら、このスペクトラム全体と自分の友だちの個人的な思考がどのあたりにはまり込んでいるのかを総合的に見ていく必要があるだろう。

陰謀論の分類にはいくつかの方法がある。どの程度科学的か？　どの程度の人数の信奉者がいるのか？　どの程度説得力があるのか？　だがここではいくぶん主観的な評価である「どの程度極端か？」を使おう。1から10のランクで、1が堂々の主流、10が考え得る限り最も極端なキワモノ説だ。

この極論スペクトラムは、単なる「理にかなっている度合い」や「科学的な説得力」スペクトラムではない。極論であることはキワモノであることであり、キワモノであることは変わった理論であることを示していて、信奉者は少数に限られる。

実際の陰謀論の簡単なリストから始めよう。ご覧のように最も代表的な信条の極端さによってランクを付けているのだが、スケール上のいくつかのポイントに渡っていたり、スケール全体に及んでいたりするという実例の代表ともなっている。

1. **大製薬会社陰謀論**：大手製薬会社は、実際には不要な薬を人々に売ることで利益を最大化させようと陰謀を巡らせているという説。
2. **地球温暖化はウソ陰謀論**：この説は気候変動の原因は人間が放出した二酸化炭素ではないと主張し、温暖化の原因が二酸化炭素だと喧伝される裏には何か別の意図が潜んでいるとする。
3. **JFK暗殺陰謀論**：犯人のリー・ハーベイ・オズワルドだけではなく、ほかの人々もジョン・F・ケネディの暗殺に関与していたという説。
4. **911内部犯行陰謀論**：911同時多発テロ事件の事件はアメリカ政府の工作員によって準備実行されたという説
5. **ケムトレイル陰謀論**：飛行機の航跡雲は秘密の散布プログラムの一部だとい

う説。

6. **偽旗銃撃事件陰謀論**：サンディー・フック小学校銃撃事件やラスベガス銃撃事件のような無差別銃撃事件は実際には起こっていないか、権力者が準備させたものだという説。

7. **月着陸捏造陰謀論**：アポロの月着陸は映画スタジオで撮影された特撮画像だという説

8. **UFO隠蔽陰謀論**：アメリカ政府は宇宙人と、あるいは墜落した宇宙人の宇宙船と接触しているが、隠蔽しているという説。

9. **平面地球陰謀論**：地球は平たいのに、政府、企業、科学者が揃って球形だと装っているという説。

10. **は虫類人の支配者陰謀論**：支配階級は次元を超えて移動できる変身能力のあるは虫類のエイリアン種族だという説

　こうした陰謀論の一つに友だちが賛同しているとしても、最も極端な説を信じていると考えてはいけない。説の広がりのどこかである可能性が高い。この分類は大まかでかつ複雑で、ごく狭く限定的であるものもあれば、様々な異説が含まれていて、それだけでランク1から10まで及んでいるようなものもある。これに対して、キワモノ陰謀論スペクトラムは、陰謀論の信じる内容の概要を把握するために中心となっている説の大まかな位置を示している。

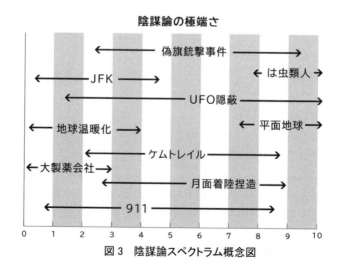

図3　陰謀論スペクトラム概念図

図3は極端な陰謀論としてリストにあげたものの範囲（これも主観的なものだが）の概念図だ。範囲が非常に狭いものもある。平面地球とは虫類人支配者は、スペクトラムの極端な一端にしか存在しない説の例。単純に考えても地球は事実として球体なので、平面地球に常識的な説はあり得ない。

同じようにスペクトラムの現実的な一端に限って存在する説もある。大きな利益を上げようと企む大製薬会社説を極端にするのは、（不可能ではないが）難しい。

ほかの陰謀論はもっと範囲が広い。

911内部犯行説は古典的な例で、「（テロリストによる）攻撃が起こるようにわざと警戒を緩めた」から、「飛行機はホログラムだった。貿易センタービルは核兵器で破壊された」に至るまで様々な説がある。ケムトレイルも「ジェット燃料の添加物が消えにくい飛行機雲をつくる」から「人口削減を目的としたナノマシンがばらまかれている」まで、広い範囲に及ぶ諸説がある。

陰謀論同士が重なり合っていることもある。ケムトレイルは製薬会社がもっと薬を売るために毒を撒いているのかも知れない。JFKはUFOが存在すると発表しようとして暗殺されたのかも知れない。銃撃事件は人々のほかの陰謀への興味をそらそうとして捏造されたのかもしれない。陰謀論のスペクトラムは境界なく連続していて、多次元に及んでいるのだ。

もし、友だちが広範囲に及んでいる説の、とある面についていくばくかの懐疑を表明したとしたら、すぐに決めつけてはいけない。たとえば、（アポロの）月着陸映像についていくつかの疑問を持ったからといって、人類は月に行ってないと考えているわけではない。この映像の一部がプロパガンダを目的として創作されたと考えているだけかも知れない。同じように、「我々は911同時多発テロ事件について疑問を持つべきだ」と言われても、高層ビルが爆薬で解体されたと信じているというわけではなく、CIA内部の工作員が何らかの方法でハイジャック犯を手助けしたと考えているだけかも知れない。

陰謀論スペクトラムのどこに友だちがいるかを理解するとは、どの説に興味があるかについてではない。相手がどこに境界線を引いているかについてなのだ。

限界との境界線

陰謀論者は911やケムトレイルなどの特定の説一つに集中していることもあるが、一つの陰謀論だけ信じている陰謀論者はきわめて希な存在だ。通常、お気に

入りの説よりも極端ではない陰謀論すべてを信じる傾向にある。

現実的な意味合いで言えば、たとえばケムトレイル説を信じている人はだいたい、911テロは制御爆破解体に関係する自作自演だ、リー・ハーベイ・オズワルドはJFKを狙う複数の狙撃者の一人に過ぎず、地球温暖化は大規模詐欺だと信じるということだ。

全般的な陰謀論スペクトラムは複雑だ。それぞれの説のカテゴリーは多方面に広がっている。だが一人の人間である友だちには、自分だけのもっと単純なスケールがある。個人の場合、陰謀論スペクトラムは2タイプに分かれている。常識的なものとバカバカしいものだ。陰謀論者で、とくに比較的長い間陰謀論をやっている人々は、自分がどこに線を引いているかをどんどん細かく述べるようになっていく。

こうやって線引きをすることを「境界画定」という。哲学には古典的な問題として「線引き問題」があり、基本的には科学と非科学の間の線をどこに引くかというものだ。陰謀論者は自分の陰謀論スペクトラム上でこの線引きをする。線の一方には彼らがおそらくは正しいだろうと感じる科学的で論理的、常識的な説がある。線の向こう側は非科学、戯言、プロパガンダ、ウソ、誤情報だ。

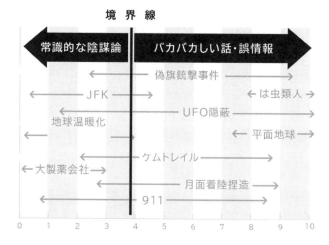

図4 境界確定の線引き線からこちらは常識的で、あちらはバカバカしい。どこに線を引く？

私にも境界線はある（だいたい1.5あたり）あなたにもあるだろうし、友だちも線を引いている。我々は全員違う場所に線を引くのだ。しかしながら、誰もが極

端な側の説については驚くほど同じ評価を下す。驚くことが多いのだが、極端さの少ない陰謀論（素朴な911陰謀論など）を主張する人々が、私のサイトを、ケムトレイルや平面地球説をデバンクするのに使っていて、気に入っているというのだ。さらに（911などの）彼らが信じる説のうちで、境界線のギリギリ向こう側の説をデバンクしたときにも、この人たちは喜んでいた。私が政府の工作員か何かだと確信していた人々、たとえばFacebookのかなり大きな911陰謀論グループの管理人、ケン・ドックのような人までそうだった。

> （ミック）ウェストは政府の工作員で、陰謀論や政府の腐敗などないと信じている。彼は誤情報や真相解明運動の異説の素晴らしいデバンクを行う。だが、911の科学と物理になると、認知の不調和に苦しむことになる。[*2]

　この発言は境界画定の2つの問題の良い実例となっている。まず、ケンは心中にはっきりとした線引きを持っていて、その一方には（ビルの倒壊は）制御解体だったと証明する根拠になるはずの「科学と物理」があり、もう一方には彼が行きすぎだと考えるすべての「誤情報異説」がある。ケンはたとえば911真相解明界隈を2つに割っている問題について線引きをしている。国防省に突っ込んだ飛行機の問題だ。

　2つ目、境界線に近い問題はあちら側にあったとしても議論を呼びやすい。911真相解明運動界隈には、国防省に突っ込んだのがミサイルだったのは、科学と物理学に基づけば疑う余地もなく明らかだと考える人が大勢いる。

　彼らは、穴の大きさ、瓦礫に飛行機の部品が含まれていなかった点をあげるだろう。こうした人々が、ケンと同じように世界貿易センタービルは爆破解体されたと考えるのは明白だ。ケンの境界線はこうした問題のすぐあちら側に引かれている。ケンは「国防省ミサイル」説は、明らかに間違った「誤情報」で、もっと極端な911陰謀論、たとえば、「地下で核爆発が起こった」「宇宙からのエネルギー光線」あるいは「すべての映像はCGだ」などと一緒にデバンキングが必要だと考えている。彼の境界線の向こう側の事柄について私があれこれ言うのは歓迎なのだ。

　ケンは、911事件は自作自演で、ビルの崩壊は制御爆破解体だったとする自説に関して詳しく述べるウェブサイトを運営している。[*3]しかし、このサイトでは、「911誤情報」のセクションで、どこに境界線があるかをはっきりと定義している。

> 誤情報は論理的な議論を退けるために用いられる誤った情報である。このスレッドにあげられているのは911真相究明運動を分断し、誤誘導し、および（または）貶めようとする目的で意図的に広められた多数の誤情報および（または）推論の例である

　誰にでも自分の境界線があり、線の向こう側の極端な主張については単に間違った情報だと考える。なぜ間違っていると考えるかについては意見の相違もあるだろうが、誰もが線の向こうの極端な説は間違っていると考える。

　このため、単に極端さのスペクトラム上のその境界線を徐々に動かすだけで、人々を陰謀論のウサギ穴から救出することも可能だ。だが、境界線を動かすには、相手の境界線がどこにあるのかを、正確に把握していなくてはならない。

　線引き問題は陰謀論スペクトラムのそこら中で起こり、陰謀論者はこの問題についてみんな同じように感じている。線引きのこちら側はまともで、あちら側はバカバカしい。これはコミュニケーションにおいて重大な問題を引き起こす。誰だってバカバカしい側だと判断されたくない。陰謀論者はバカバカしい側の話を持ち出す人は自分たちの信用を傷つけようとしていると考えがちだ。911真相究明運動家ケン・ドックは、ケムトレイル陰謀論となんであれ繋がりがあると思われれば憤慨する。JFK陰謀論者は911陰謀論者と比較されるのをひどく嫌がる。ケムトレイル信奉者は平面地球信奉者と比較されると腹を立てる。

　911真相究明界隈の目立たない一派は「飛行機はなかった説」支持者だ。彼らはすべてのテレビの映像は作り物で、高層ビルに突っ込んだものは何もなかったと考えている。マンハッタンと周辺で何千人、何万人という人々が現場を見ているのだから、この説が本当である可能性はまったくないと言ってよい。だが、今も活発に議論が続いている　クルーズ・フォーラム（the Clues Forum）というサイトがあり、この一派の人々が自分たちの調査で集めたわずかな「証拠」を持ち寄って意見を交換している。

　これほどに極端だということは、この人たちはケムトレイルや月面着陸捏造説のような別の高次陰謀論を信じやすいということだ。だが、彼らの多くは平面地球論とは境界線を引く。「かかわったら信用を失う」という意味でDBAと呼び、NASAが故意に広めたウソだと考えているのだ。クルーズ・フォーラムに投稿している〝サイモンシャック（simonshack）〟というハンドルの人はこう説明している。

NASA は口コミで拡散するように注意深く計画して調整した DBA を出してきた。平面地球説ミームを中心に据えた便乗キャンペーンだ。（本気でこうした宇宙観を持っている人がいればもちろん尊重するというのを表明しておくが）この事実は、自分たちが暮らしているのは球体の上だ、いや、立方体の上だ、それともパンケーキの上、あるいはウインナーの上だと考えていようと、誰にとっても明白で火を見るよりも明らかなのだ。この点において、今や痛々しいほど明らかになっているのは、NASA のキャンペーンの目的は、一般の人々に NASA に疑問を持つのは、精神障害者か、完全な狂人と等しいと考えさせることなのだ。

ここには、宇宙計画全部がでっちあげだと考える人々がいる。彼らは、人類は月に行っていない、国際宇宙ステーションの映像はどこかの映像スタジオで撮影されていると考えている。それなのに彼らは平面地球説が暴論で、ゆえに彼らの信用を失わせる目的でつくられたに違いないと考えているのだ。

それだけではない。このサイモンシャック氏が「自分たちが暮らしているのは球体の上だ……と考えていようと」と述べているところに注目しよう。彼は角を矯めて牛を殺すようなことはしていない。彼は平面地球説全部が誤情報だとは考えていない。平面地球説の中でも信じがたいほどバカげたものこそが NASA のつくったものだ。彼は地球が平面である可能性を探ろうとする常識的な人々を内包するように線引きをしているのだ。

友だちも境界線をつくっている。線引き問題には注意を払わなくてはならないが、同時に線引きは役に立つツールともなる。最初に、「一緒にされると信用が損なわれる」という問題を十分意識してほしい。境界の向こう側の人々と一緒にしようとはしていないとはっきり告げよう。正直に「あちら側に引き込まれていなくて良かった」と言おう。あちら側の人々との比較に踏み込みすぎてはいけない。「少なくとも平面地球信者ではないからな！」というような発言を「からかってる」と取られることもあるからだ。代わりに境界線ギリギリの問題に焦点を定めよう。911真相究明運動なら、たとえば国防省で何が起こったかだ。ケムトレイル信奉者なら、普通の飛行機雲は本当にすぐに消えるのか？ だろう。

相手がどこに境界線を引いているかを意識できると、これを使って、「権威に頼った」論証を解除させることができる。多くの人の「考え」は、大部分が信頼できると考える情報発信者の情報に基づいている。911陰謀論では「911の真実

を求める建築家とエンジニアたち」グループのような人々であることが多い。もし、こうした信頼を置いてきた情報発信者が自分の境界線の向こう側の何かを信じていることを示すことができれば、ひょっとするとこの発信奉者の言うことは、思っていたよりも信頼できないのかも知れないと疑いを持つきっかけになるかも知れない。私の友人、スティーブは自分の体験をこう語っている。

> ザ・ウイアー・チェンジ・ピープル (911真相解明運動のグループ) は本気でケムトレイルを信じていた。そこで「飛行機雲」という単語を調べてみたところ、すぐに消えるものと、なかなか消えずに広がっていくものがあり、それには理由があると解説されていた。これをグループの人たちに説明しようとしたところ、一時的にグループから追い出された。それで、911真相究明運動全体に疑問を持つようになった。

　自分が信頼していた情報発信者について何かを発見するだけで、実は境界線の向こう側の存在だったと認識が変わることもある。(たとえば、911陰謀論について書いているお気に入りの論者がサンディー・フック小学校乱射事件では子どもたちは殺されていないと考えているなど) あなたが情報発信奉者の主張をデバンクして、境界線の位置を少し変える手助けをした結果、認識が変わることもある。たとえば、ケムトレイルを信じる友だちが信頼する情報発信者が「ただの飛行機雲はすぐに消えてしまう」と言っているなら、そんなことはないのだという決定的証拠 (この問題を説明している何十年にもわたる書籍の数々など) を示せば、境界線は少し動き、友だちの心には情報発信者への疑問が生まれることになる。
　ここでもう一度、心すべき注意事項をあげておくべきだろう。「正直であれ、寛容であれ」友だちが陰謀論者なら、相手は疑り深い。あなたのことも、あなたが使う戦略も疑ってかかるだろう。あなたが自分のお気に入りの情報発信者を好ましくない人物のように見せて、議論に勝とうとしていると取られると、大変な逆効果になりかねない。あなたが、証拠ではなく人を攻撃している、意図的な中傷を繰り広げていると非難するかもしれない。最初から正直で、評価可能な事実だけを使うように十分気をつけてほしい。

陰謀論の分類学

　シンプルに「極端さ」をスケールに使うほかにも、陰謀論を分類する使い勝手

の良い複数の方法がある。マイケル・バカンは著書『現代アメリカの陰謀論——黙示録・秘密結社・ユダヤ人・異星人』（三交社、2004年、林和彦訳）で、陰謀論は3種類に分類できると言っている。事件陰謀論、組織陰謀論、そして超陰謀論だ。事件陰謀論はジョン・F・ケネディの暗殺事件、あるいは911同時多発テロ事件のような、ある一つの事件を巡るものだ。組織陰謀論は、長期に渡る複雑なプロットに関わるもので、たとえば水道水へのフッ素添加、ケムトレイルなどが該当する。超陰謀論は対象の連続体（スペクトラム）全体に渡る、いくつもの独立した陰謀論が相互にリンクして包括的なマスタープランを形成しているものだ。[*4]

　これらの中で、最も多く見られるのが事件陰謀論だ。現在は夜のニュースで報道されるような事件が起これば、ありふれた事件であっても、ほぼただちに事件陰謀論が出現するようになってきている。2013年、スーパーボール開催中のスタジアムで停電が起きたときも、すぐに故意に違いない、劣勢のサンフランシスコ・フォーティーナイナーズに立ち直るチャンスを与えようとするアノニマスのような謎に包まれたハッカーグループの仕業かも知れないと推測する人があらわれた。チームが試合後半、反撃に出てボルチモア・レイブンズを追い詰めたとき、こうした疑いを抱いた人々は、自分の考えにさらなる自信を持っただろう。

　もっと厄介なのが、20人の子どもと6人の大人が被害に遭ったコネチカット州ニュートンのサンディー・フック小学校での銃撃事件やほかの銃撃事件や爆弾事件直後に出現した事件陰謀論だ（訳注：2022年のテキサス州ロブ小学校銃撃事件も例外ではない）。事件陰謀論は非常に広い範囲にわたり膨大な種類がある。そこで起りうるか否かを基準にして4つの小グループに分けていこう。

　搾取された事件——事件利用陰謀説　ここでは、事件は実際に起こっていて、「陰謀側」もほかの人々と同じように事件に驚いているのだが、すぐにこの事件を搾取しはじめ、本当に起こったことについて、作り話を繰り出し、ウソをつき、歪曲して、自分たちの目的に沿って利用しようとする。たとえば911事件は多くの人が攻撃の原因はサダム・フセインだとの印象を持つように組み上げられ、イラク戦争を正当化するために使われたとなる。サンディー・フック小学校銃撃事件は銃規制を進めるために、誤った報道が行われ、搾取されたとなっている。こうした陰謀論はしばしば、非常にもっともらしい。

　容認された事件——事件を防がなかった説　ここでも、事件は見かけ通りに起こっている。911同時多発テロは飛行機をハイジャックしたテロリストによって

起こった。JFK はリー・ハーベイ・オズワルドに銃撃された。だがこの説によれば、事前に事件の計画に気がついて、警告していれば事件を未然に防げていたはずの秘密の陰謀者グループ（通常は政府高官や政府情報機関の担当者など）がいる。だが、彼らは沈黙を続け、自分たちの利益になるであろう事件が起こるに任せたのだ。この説によれば、ジョージ・W・ブッシュはイラク侵攻を正当化する理由となるので、911テロ事件を起こるにまかせた。アメリカ政府及び／あるいはイギリス政府は真珠湾攻撃を事前に知っていたはずだが、アメリカの第二次世界大戦参入に国民の支持を得るために、起こるに任せたとなる。

故意の事件—起こされた事件説　ここでも事件は本当に起こっているが、陰謀の背後にいる人々が仕掛けたり、命じたりしている。この説では世界貿易センタービルはリモートコントロールされた飛行機が突っ込み、ビルは制御爆破解体で崩壊したことになっている。JFK は CIA の狙撃手が撃ったことになっていて、サンディー・フック小学校の子どもたちを撃ったのは修道女に扮した複数の銃撃犯で、罪のない人々を殺した後に犯人だとされる薬物を摂取したアダム・ランザの射殺死体を残していったとされる。

捏造された事件—実際に起こっていない説　ここでは、事件はまるごと政府とメディアのでっち上げだとされる。この世界観では、我々はつくられた現実に生きている。コンピューターがつくった仮想現実の世界だというわけではないが、メディアが伝える出来事はほぼすべてがでっちあげだ。月面着陸も、世界貿易センターに突っ込んだ飛行機も存在せず、サンディー・フック小学校で殺された子どももいない。こうした事件はすべて何かを正当化するために演出されている。911事件の映像は特撮アニメーションで、ビデオはすべて捏造、道を走って逃げている人々は全員俳優だ。

　どのような事件陰謀論も上記の4つのラベルを使って分類できるが、一つのカテゴリーにきれいに収まるものは非常にまれだ。たとえば事件の搾取は、事件容認であろうと、故意の事件であろうと、（なかでもとくに）捏造事件であろうともなされている。「容認」と「故意」の中間に位置する事件もあり、サンディー・フック小学校事件の容疑者アダム・レンザはサイコパスであることがわかっていたが、銃を入手でき、暴力的になる薬を投与されていた、あるいは、毎夜脳に声を送り込まれて洗脳されていたことになっている。これは、事件は「起こるように仕向けられた」説の一種だ。

　友だちと話すときには、あなたがどのタイプの陰謀論の話をしているのかを明

確にしておくのが重要だ。ほとんどの人が、ブッシュ政権に911テロ事件を搾取した要素があるのには賛成するだろう。数としてはそれよりも少ないが、多くの人がブッシュは十分な警戒は怠ったが何らかのテロ攻撃が行われるだろうという事前情報を得ていたと考えている。それより少ない数の人々が、ブッシュはこの攻撃があるだろうことを事前に知っていたと考えている。そして、一握りの人々がブッシュと他の権力者がテロリストを使って、故意にテロ攻撃を画策したと考えている。もっとわずかな割合の人々がテロ攻撃はあったが、テロリストが実行したのではなく、リモートコントロールされた飛行機と故意の制御爆破解体によるものだと考えていて、本当にわずかな一つまみの人々が、攻撃は起こっていなくて、すべてがでっちあげだと考えている。

だがそうであっても、風変わりな陰謀論（たとえば世界貿易センタービルの制御解体説など）を売り込む人々は、もっと常識的な（ブッシュがテロ事件をイラク侵略に利用したなどの）疑いを抱く多数の人々を自説の支えとして利用する。こんなに多くの人々が911テロ事件に関係する政府の行動に当然のように疑問を持っているという事実を持ち出して、この多数を乗っ取って自分たちの奇妙な制御爆破解体説が非常に広い支持を得ているかのように思わせるのだ。

しかし、911テロ事件の再調査と情報公開を求める嘆願書に多くの人々が署名したからといって、こうした人々全員がビルはブッシュ政権の工作員によって、故意に仕掛けられた爆弾で制御解体されたと信じているわけではないし、熱烈な支持者がいたとしても、重要なグループでさえないだろう。

911真相究明運動家たちには独自の内部分類がある。IHOP（意図的出来事／It Happened On Purpose）を基準とするもので、事件の背後にある意図の度合いに基づく分類だ。前出の事件陰謀論の分類のもっと微妙なバージョンだとも言える。LIHOP と MIHOP は、元々911陰謀論スペクトラムのそれほど極端ではない説を説明するための用語だった。ブッシュ政権は意図的に事件が起こるに任せたのか（let it happen on purpose；LIHOP）それとも事件が起こるように実際に手を貸したのか（make it happen on purpose；MIHOP）。

現在は更新が止まってしまっている911事件真相解明ウェブページ、「真実の夏」に記事を投稿していたニコラス・リーバイスは10点からなる HOP スケールを考案した。最初の5点は起こるに任せた度合いで、いわば、まったくの不用心。そして、ビン・ラディンにとっての障害をブッシュ政権が取り除いた第5レベルの「LIHOP PLUS」に至る。リーバイスはこの LIHOP PLUS 説を採用している。

さらに続くリーバイスの MIHOP スケールは911陰謀論で最もよくあると一般に思われている説から始まる。事件はアメリカ政府が計画し、ビルは事前に仕込まれた爆弾をリモートコントロールで爆発させて破壊され、飛行機もリモートコントロールだったのだろうというものだ。このあとのスケールは MIHOP 度の増加に沿うというよりは、誰が事件の背後にいるかという多様なシナリオに沿っている——ワールドニューオーダー、ならず者ネオコン、イスラエル、中国、ロシアなどのならず者国家などだ。

LIHOP 支持者グループはとくに活発に活動しているわけではない。ほとんどの911真相解明運動家は、このスケールの LIHOP PLUS に分類されるだろう。そしてほかの分類基準、たとえば飛行機はあった／なかった、建物の破壊に使われたのは、テルミット／DEW（指向性エネルギー兵器）／核兵器かなどによって、さらに細かいグループをつくっている。

この複雑な分類学上のどこに相手が位置しているかを見きわめて、効果的に語りかけるのが、友だちを救出するための鍵となる。相手のお気に入りの陰謀論は何だ？ その陰謀論内部で、どのような線引きをしている？ ほかの陰謀論についてはどう感じている？ 相手にとって、納得がいく説とはどれで、非科学的な戯言で誤情報はどれか？

友だちについて理解するのと同時に、自分についても理解してもらおう。その問題とそれを取り巻くコンテクストについての自分の知識をわかち合うこともそうだが、自分にはなんの隠すところもなく、純粋に友だちに関心を持っていて「役に立つ愚か者」でも工作員でもないと証明することでもある。

第3章
工作員

　工作員レッテル（やらせ呼ばわり）とは誤情報を拡散する人々がその情報の誤りを指摘する人々の信用を下げる目的で使う戦略だ。指摘に答える代わりに、ただ「その情報は政府のやらせだ」と主張する。古めかしい戦略で一般に「ポイズンウェル（井戸に毒を盛る）」と呼ばれるファラシー（誤謬／論理的な不正）の一種だ。

　ファクトチェックサイトのスノープスやファクトチェック・コムや、政治家のメディアやデバンカーに対して陰謀論者が使う。

　一回レッテルを貼られてしまうと、剥がすのは難しい。たとえば飛行機雲について、ウィキペディアの解説を引用して説明しようとすると、「ウィキ（笑）」というような反応や「ウィキがデバンクされたぞ」というような反応が返ってくることも多い。ほぼ中立的な情報を発信している非常に良い情報源が突然まったく信用できないと見なされてしまう。それだけではない。ウィキペディア（スノープス、あるいはメタバンク）に掲載された事実が（陰謀論者や政治的に極端な人々によって）まったく反対の「真実」の証拠として解釈されたりもすることもよくあるのだ。

　もし、ウィキペディアなどのサイトを引用したときに、こうした非難に遭遇したら、「汚されてしまった」サイトを避けて、引用先の元情報を提示するのが最も良い方法だ（とくにウィキペディアは、ほぼ必ず複数の情報源を参照している）。だが、あなた自身が工作員呼ばわりされた場合はどうしたらいいだろう？

　私は何度もこうした目に遭っているし、私の書いた記事を引用した人々が同じ目に遭うのも見てきた。「ウィキペディアか（笑）」と同じような反応で、この平面地球説の信奉者からの反応が一例だ。

　　メタバンクの嘘っぱちを信じる奴は真実を知るに値しない。ミック・ウエスト（笑）。聞いて呆れるよ。奴は基本的な物理学に関してはまったくのド素人だぜ。[*1]

あるいは、ケムトレイル信奉者はこうだ。

> ウソつきのウソがバレたとき、今までのウソをごまかす唯一の方法はさらにウソをつくことだ。だから史上最も悪名高いインターネット荒しのミック・ウエストは絶対に真実を語らないのだ。[*2]

あるいは911制御爆破解体説の信奉者からは、

> ミック・ウエストは政府の工作員で、「陰謀論」や「政府の腐敗」などは存在していないと信じている。911の科学と物理学については、こいつは認知の不一致に苦しんでいるのだ。[*3]

　SNSで、ある問題について私に似た意見を述べる人が出てきた場合（たとえば、飛行機の航跡は昔からずっと存在してきたなど）この人の正体はミック・ウエストなんじゃないか？　と非難され、ひどく遠回しにこの引用された証拠は信用できないとされるのも見てきた。

　これに対抗するために、私は隠し事なく、正直に、相手を尊重する姿勢を取ってきた。私がどういう人間かを話す。自分が何を考えているかを説明する。現実に陰謀、政府の腐敗は多く存在する、そして権力の座にいる人間を無条件で信じてはいけないと考えていると説明する。私がなぜ「誤った」陰謀論をデバンクし、なぜそうすることが重要だと考えているかと解く。私の過去について話し、いかに現在に至ったかを説明し、私の実績を開示し、（私に実績などないことを説明することの方が多いが）飛行機雲についてこんなに詳しくなったのはなぜか、メタバンクを個人で運営できているのはなぜかを説明する。

私の半生

　手短に言うなら、私はテレビゲームのプログラマーで、いまは仕事から引退していて誰かに雇われているわけではない。デバンキングは以前から興味があったので趣味としてやっている。メタバンクはランニングコストがとても安い出来合いのウェブフォーラムで、手間はかかるが私には時間はたっぷりある。

　長い話をするなら、以下のようになる。ここで私個人の話をするのは 私について知っている人が増えて、関係が深まるにつれ、コミュニケーションの効果が

あがっていくからだ。たとえこちらの言うことを信じてくれなくても、工作員だという決めつけを乗り越える役には立つ。私は事実として誰に雇われているわけでもないと、私が純粋にウソ陰謀論のデバンクをやる価値があると考えていると、人々に伝えられれば、陰謀論者も私がウソを広めるために誰かに雇われているという考えから（願わくは）遠ざかり、私が単に誤解されていて、彼らとは正直に違う考えなのだと信じるようになってくれるだろう。そういう見解に立てば、もっと生産性の高い議論ができる。

　私は1960年代に英国イングランド地方北部の小さな町ビングリーで生まれた。両親と子ども4人（女の子2人と男の子2人）は、元は近くの毛織工場の労働者住宅だった小さな石造りのテラスハウスで暮らしていた。貧乏で何年も電話もテレビもなかった。私は父が集めていたマーベルコミックスで字を覚え、その後、父の蔵書の大量のSFを読みふけった。本好きだが成績は中ぐらい、ただ数学は得意だった。数学の問題を解くのは大好きで、なかでも物理の速度や加速度、エネルギー、運動量などの計算が好きだった。

　祖父は私が数学好きなのを喜んで、カシオのプログラム電卓を買ってくれた。そしてプログラムしてみろと言った。やってみるとできたし、プログラムできるだけでなく、とても楽しかった。凍える冬の間、新聞配達をして初めてのコンピューターを買うためにお金を貯め、プログラミングを学び始めた。プログラムとコンピューターゲーム（当時はまだシンプルなものだった）に夢中になった。

　もう一つ夢中になったのは読書だった。SFをたくさん読んだが、1980年代前半に発行されていた「アンエクスプレインド」という季刊雑誌も読んでいた。この雑誌は（本当にあると銘打った）UFO、幽霊、魔術やUMAや不思議な人々の説明不可能な話を載せていた。

　こうした話は何年にもわたって私の恐怖の元になっていた。10代になったばかりのころは、夜ベッドに横になったまま眠れずに、この部屋にエイリアンがやってきて、人体実験のために攫われたとか、幽霊がそこら中に浮かんで、今にも悲鳴をあげようとしていたらとか、暗闇の中から肉体のない手を伸ばして顔をすっとなでたらと考えては、本当にガタガタ震えたりしていた。

　なかでも子ども向けの薄い本が本当に怖かった。一冊は、ホプキンスビル宇宙人事件について詳しく書いてあった。小さな緑色の宇宙人に襲われた農場の一軒家についての「本当にあった話」だ。後ろを見たら鍵爪の生えた手がこちらに迫ってきたのを見たというのだ。

　だが成長するにつれ、科学と現実の世界の仕組みを学び、こういう恐怖は感じ

第3章　工作員　61

なくなっていった。ホプキンスビルの「宇宙人」はほぼ間違いなくフクロウだったと知り、自分が感じていた恐怖を思い返すとバカバカしく恥ずかしくなる。こうしたオカルトっぽい話への興味はその後も続いていて、ますます夢中になり、とくに奇妙な出来事の論理的な解明を探るようになった。正直なところ、すべての恐怖を振り払えたわけではない。今でも暗闇では緊張する。恐怖は幻覚だと知っているし、論理的に説明もできるが、恐怖は確かに存在する。

　子どもの時に刷り込まれたこの恐怖に対する怒りが、今、デバンクする（そして今もときおり幽霊の話に取り組む）理由のごく小さな部分を占めている。子どもが暗闇を怖がるのは止められないことかもしれないが、こういう話のホラを批判すれば、誰かの恐怖を少しだけ和らげられるかも知れない。こういう話を本当のことだと語り広げるのを止められるかも知れない。小さな積み重ねが何かの助けになるかもしれない。

　その後も学校では数学と物理が得意で、加えて製図技師だった祖父の足跡を追うように上級製図法も学んだ。大学は近くのマンチェスターの大学に進学してコンピューターサイエンスを専攻した。自分のコンピューターで遊んで、SF ばかり読んでいたが、なんとか卒業にこぎ着けた。

　大学の最終学年の時、IT の未来について論じる全国コンテスト[*4]に参加した。1週間講義をさぼって、今のインターネットのような「ストリーム」というものを説明している未来っぽい体裁の新聞をつくりあげた。これでコンテストに優勝して数か月分のアパートの家賃を払ってモデムを買えるぐらいの賞金をもらった。

　まだインターネットはない時代だったが、個人が運営する小さな BBS（電子掲示板）はいくつかあった。接続スピードはビット／秒で今の数百万倍ゆっくりだった。誰もがアクセスできるインターネットに近い物といえば、モデムで繋がれた電子掲示板同士を繋ぎ、夜にお互いを呼び出して情報を交換する FidoNet だった。当然ながらやりとりは遅く1日に1つだけメッセージのやりとりができればいい方だった。

　しかし、この限られたオンライン空間で私は趣味としてのデバンキングの楽しみを体験したのだ。私はまだアンエクスプレインド誌を読んでいたが、興味の中心は事件の解明に移っていた。人体発火現象の記事を目にして、自分が突然燃え上がったらどうしようと恐怖することはなくなっていて、死体が燃えるという不気味な事実に、空気が十分に供給され、衣服が導火線になれば身体の脂肪が炎となることに、驚異を覚えるようになっていた。この情報を友だちたちに、いや、誰であっても人体発火現象が超常現象だと思っている人に語りたかった。

コンテストの賞金は数か月で尽きたので、就職せざるを得なくなった。幸いにも数学の技能とコンピューター好きと問題解決能力はテレビゲーム業界で働くのに理想的で、私は業界で求められる、どんぴしゃの求職者だった。当時のゲームはずっと制作が簡単で、多くのプログラマーも正規の教育を受けずに10代で業界に入ってきていた。私はスヌーカー（ビリヤード／玉突き）ゲームを書くという仕事を得て、テレビゲーム・プログラマーとしてのキャリアをスタートした。

1993年にカリフォルニア州ロサンゼルスに引っ越し、マリブ・インタラクティブで1年間、ロボット戦争ゲームを書いた。業界が急速に発展している時期で、とくにロサンゼルスは発展していた。私はまたしてもおあつらえのときに、おあつらえの場所に居合わせた。ジョエル・ジェウエットとクリス・ワードと一緒にマリブをやめて、自分たちで恐れ知らずにも「ネバーソフト」と名付けた会社を始めた。数年は経営も不安定だったが、徐々に安定してきて「トニー・ホークプロ・スケーター」シリーズで成功を収めた。

その後10年は仕事で大忙しになり、デバンキングはほとんどが仕事に関するものになった。1996年ごろにEメールが普及するとEメールが回ってくるようになり、私は間違いがあればすぐに指摘し、書き手にSnopes（1995年設立）を見るように勧めた。

牛の脳に感染し、ときおり人間にも感染してクロイツフェルト・ヤコブ病（CJD）になる病気である狂牛病のパニック（1995年頃）を巡るある話を覚えている。10年以内に（私を含め）イギリス人の50％がCJDで死亡するという話だった。もう20年以上前のことで、99.9999％のイギリス人がなんの影響も受けていないのは明らかだ。 だがメディアが煽った恐怖症の影響は今も残っていて、私はまだ今でもアメリカで献血ができない[*5]。

私はこれぞトンデモ科学の悪影響の絶好の事例だとずっと思っている。英国におけるCJD流行の予測は大げさすぎて、恐怖煽りが始まってからの20年で、輸血によるCJDの発症は一つも確認されていない。

2003年にネバーソフトの株を現金化してからは、また趣味のデバンキングに力を注ぐようになった。トニー・ホーク・シリーズで入ってきたお金は早期引退しても大丈夫な額で、自分が好きなことだけしていられる自由を得ることになったのだ。まず、ゲーム・ディベロッパー誌のパートタイム・ライターになった。ゲーム開発技術の興味のあるテーマについてだけ記事を書いた。2005年ごろにはウィキペディア編集者にもなった（これは雇われたわけじゃなくて、誰でも参加できる編集作業に参加したということだ）。最初はホメオパシーやオーディオマ

ニアというような怪しげなトピックの小さな目立たない間違いを編集していた。そして「聖書の科学的予見」というセクションに大量のデバンキングの対象を見つけた（その後「聖典の科学的予見」と名称が変化し、さらに2022年現在は項目の存在は確認できない）。これはどちらかといえばマイナーな異説で、聖書の中には当時の人類が知っていたはずがない科学的真実が書かれており、これは聖書は神によって書かれたことを証明しているというものだ。私は古代エジプトの医薬、聖書の注釈、植物薬理学、草食ライオンなどの難解な事象について調べまくった。

こうやってウィキペディア編集をしているうちに「モルゲロンズ病」という医療的状態についての、少し怪しげに見えた項目を見つけた。皮膚から繊維が出てくると言っている人たちがいるのだが、私にはとくに変わったところのない衣服の繊維であるように見えた。2006年の3月と4月に少し項目を編集した。数週間後、これが非常に興味深い題材であることを発見して、初めてのテーマを絞った懐疑主義ブログを開始した（最初はブロガー・コム・プラットフォームで、その後ワード・プレスに切り替えた。どちらも無料だった）。

3年ほど仕事の傍らの趣味としてモルゲロンズ・ウォッチ・コムを続けた。100本以上の記事を書いて、12000以上のコメントが来た。最初の1年はメディアにも何本かモルゲロンズを取り上げた記事が掲載され、私にも取材の問い合わせが来た。匿名でいたかったので断った。この奇妙な趣味にエネルギーを注ぎ込みすぎているのではないかと、少し心配になっていて、誰ともこの話をしたくなかったのだ。

モルゲロンズ・ウォッチを運営することで多くの教訓を得た。最も重要だったのは、自分と意見を異なる人に礼儀正しく、尊重する態度を取ることだった。たとえ、意図的ではなくても、誰かを侮辱して何も良いことはない。

モルゲロンズ病に対する人々の興味は2008年頃には低下して2012年にCDCが調査研究を行って何も奇妙なことはないと結論づけると、ほとんどの人が去って行った。なので、私も記事を投稿するのをやめ、別の話題に移った。

ネバーソフトをやめたあと、真っ先にやったのはサンタモニカ空港で飛行訓練を受けることだった。飛行機の操縦は想像していたよりもだいぶストレスが多かった。サンタモニカ空港は飛行機の発着数も多い国際標準クラスBのロサンゼルス国際空港の隣に位置していて、どこに向かうにも注意深く計画する必要があって、航行もだいたいいつも複雑だった。単独飛行の許可を得て、何度か長距離単独飛行をしたが、自分は飛ぶのには向いていないと決めた。

だが、その間に飛行機、航空交通、大気について多くを学んだ。そして、この

新しい知識とデバンキングの興味が重なったところにある問題を発見した。ケムトレイルだ。はるか上空を飛ぶ飛行機によって発生する長い白い航跡はただの飛行機雲ではなくて、違法な目的ないしは邪悪な意図で噴射された人工的な航跡なのだという根拠のない信念だ。

　私はウィキペディアのあちこちでケムトレイルの話題に出くわして、たちどころに魅了されてしまった。とくに人々が「普通の」飛行機雲はすぐ消えると誤って思っているのが興味を引いた。そのころには（2007年）ウィキペディアにだいぶ幻滅してきていた。そこでウィキペディアの記事（すぐにケムトレイル信奉者に書き直されてしまうことも多かった）に時間を費やすよりも新しいブログ、「飛行機雲の科学／コントレイル・サイエンス・コム（Contrailscience.com）」を始めた。

　当初は、ケムトレイルはモルゲロンズ病よりも地盤がしっかりしているように見えた。モルゲロンズ病のようにメンタルな病気の問題ではなく、大気の物理学に関する誤った理解が大半を占めていると思われたからだ。だが、ここでも人々が自分の考えについて厳しい批判を受けると、感情を害して建設的な議論が不可能になるといういつもの問題があった。そこで対策として、サイトでのやりとりがどんどん厳しくなってくるにつれて、礼儀正しくあろうという方針を打ち立てた。

　このころ私はまだ現役引退モードに落ちつこうとしていた。ネバーソフトをやめたあと、いくつかコンサルティングの仕事をした。ポーカーゲームのコンピューター・プレイヤーとなる AI を書いた。流体力学シミュレーションやテレビゲームのラグの分析というような記事を書いた。大手の会社の請負もした。テレビゲーム・コントローラーの反応速度に影響する様々な要因をテストするロボットをつくる仕事だ。英単語ゲームのスクラブルで使える iPhone アプリもつくった（アップルストアがスタートしたときにダウンロードできた初期のアプリのうちの一つだ）妻と一緒に世界中を旅した。インターネットに時間を費やして、「飛行機雲の科学」に匿名でケムトレイルの解説を投稿し続けた。だが、だんだんとこの暮らしにも飽きてきて、サイトを閉じて、もっとプログラミングをしようかと考えるようになってきていた。

　そして 2009 年 12 月、「ミステリー・ミサイル」の事件——ハワイからアメリカ本土に向かって飛行していた飛行機が地平線にちょっとミサイルの航跡のように見える航跡を残した——が起こり、私の記事が大きな注目を集めることになった。ロサンゼルスのニュースメディアのヘリがこの航跡を見つけて、その夜に報道し、話はたちまち広がった。私はこれをデバンクする記事（飛行機雲を変わっ

第 3 章　工作員　65

た角度から見るとこうなるだけだと説明した）をいくつか書いたが、最終的にはメディアのインタビューの要請に応えて仕事として請け負うことになった。この時はまだ匿名だったが、正直に自分がどういう人間かを公表した方が、デバンキングを真剣に受け止めてもらえるに違いないと決断した。匿名のままいて、すっと逃げ出すか、この知名度を使って真実と科学について自分の意見をみんなに伝えるようにするかという一大転換点だった。私は「覆面を外して」CNN と CBS イブニングニュースに出演して、航跡の正体について説明した。

　ネットでの反応は大きかった。「飛行機雲の科学」には１週間で100万人以上が訪れた。この機会に少し分岐するのがいいように思えた。「飛行機雲の科学」では、ブログのコメント欄で活発な議論が行われていたが、ブログ形式は効率が悪く、話題はしばしば航跡の話題を外れてもっと広い範囲の陰謀論や奇妙な現象の方に彷徨い出てしまっていた。

　私はもっと広い範囲の話題をカバーするフォーラムをつくろうと決めた。

　メタバンクは2010年の12月に誕生した。メタバンクという名はデバンキングするだけでなく、デバンキングについて考えることを伝えるという意味だ。「デバンクとは何か」を考えるのは、いかにより良いデバンクをするか、なぜデバンクするかを考え、本当に目指しているのは何かを考えることに繋がる。

　私は最初のページに掲載する長めの記事を書いたが、メタバンクは実際には多様なサブフォーラムを持つ多数のユーザーによるフォーラムとなるように準備されていた。サブフォーラムの中には「実用デバンキング」や「ウサギ穴からの脱出」のような、よりメタな主題のものもある。だが、さかんに意見交換が行われているのは、「飛行機雲とケムトレイル」（ここは飛行機雲の科学に関する議論が行われる場所になっている）「911」や「平面地球」だ。また空を飛んでいる奇妙なもの（たいていが飛行機と飛行機雲だが）を追いかける人々の小さなコミュニティーが活発に活動する「空の確認」というフォーラムもある。

　ケムトレイル陰謀論が今も最も人気のあるテーマだが、私はもっと広範囲の問題を扱っている。写真分析も非常に多い。幽霊、UFO、湖のモンスター、そしてアンエクスプレインド誌に載っていたような、そのほかの写真だ。911フォーラムもそれなりの閲覧者を集めている。だが最も人気があるのは燃えない雪や平面地球というような十分な知識がないと難解なものに関する投稿だ。

　ケムトレイルについて詳しい記事を書いている人間があまりいないので、メディアがこの話題を取り上げるときには私に声がかかることが多い。こうした問い合わせの一つが「ジョー・ローガン・クエスチョンズ・エブリシング」という

番組から来た。番組 MC のジョー・ローガンについて、私はサバイバルゲーム・ショーのフィアー・ファクターの元 MC としか知らなかった。ジョーは UFO や陰謀論といった奇妙なものを信じるタイプだったが、様々な信奉者と懐疑論者に出会ううちに徐々に深く考えるようになってきていた。

　番組放映後、ジョーは私を彼の大人気ポッドキャスト「ジョー・ローガン・エクスピアリアンス」にもケムトレイルを論じるために招いてくれた。これはメタバンクの良い広報になったが、同時に私とジョーは政府の工作員だと確信する人も出てきてしまった。だが、それでも多くの人には良い影響を与えたと最近受け取った E メールで伝えてくれた人もいる。

　　　あなたがローガン氏のポッドキャストに出演してくれたおかげで、多くの陰謀論者一般と、そして私が知っている陰謀論者が苦しむ原因となっていると私が考えているようなよくある考え方を破れたと思います。彼らは陰謀論を論理的に否定したりデバンクしたりしようとする人は誰でも隠された動機を持っている（通常デバンカーを工作員と呼ぶ傾向や、この人は買収されて報酬を受け取っていると疑う）と考えがちです。

　　　私の友だちは以前からローガンさんのファンで、当然ながら彼は誠実な男だと信じていました。このおかげで、あなたが、政府の裏にいる世界的陰謀組織の工作員だからデバンクをしているという彼らがよくほのめかす信条を手放すことができました。信頼するローガンさんがそんなことをするとは考えられないと思ったからです。そこであなたが工作員だという理由を付けて聞いた端から解説を否定したりせずに、素直に耳を傾けたのです。彼らはそもそも頭の良い人たちなので、本気で聞くことで、彼らがあなたの論理的で証拠に基づいた解明法に納得したのは驚くようなことではなかったと思います。

　その後数年にわたって、私はテレビ番組や様々なポッドキャストに小物の「コメンテーター」としての出演を続けた。そして 2016 年に平面地球陰謀論がかなりの人気を集めるようになった。ジョーの友だちにまさにそのウサギ穴に落ち込んでしまった人がいて、私はその件でまたポッドキャストのゲストとして招かれた。このポッドキャスト出演に備えて、平面地球に関する記事をメタバンクにいくつも投稿したので、メタバンクの話題の中心は一時的に変化することになった。メタバンクは短い間だが、平面地球論のデバンキングの中枢と化した。

第 3 章　工作員　67

ジョーの健康状態のため、平面地球の回はいつもより短かったが、それでも反響は大きかった。私は「丸い地球ウマシカ工作員」と呼ばれた。ジョーは「球体地球工作員」と大書したＴシャツを着てきたぐらいで、工作員呼ばわりを楽しんでいた。私も着るように勧められたが辞退した。だがそれでも良い結果もあって、本書を書いている私の現在に繋がっている。ポッドキャストに出演している私を見た出版社が、これは本になると考えて連絡してきたのだ。そして、出版に至ったわけだ。

　工作員と呼ばれること幾歳月、本書が書店に並ぶと、私は初めてデバンキングでお金を得ることになる。私は「飛行機雲の科学」にも「メタバンク」にも（一度だけ，ほんの短期間実験してみた時を除いて）広告を掲載したことはない。誰からもお金を受け取ったことはない。サイトは自分のお金で運営していて、それも月に50ドルぐらいの出費だ。

　私は工作員ではない。真実は大切だと考えている人間、真実を見いだすことを楽しみにしていて、そして自分以外の人々がまた真実を見いだす手助けをしている人間に過ぎない。

　これが私についての話だ。このページ数で可能な限り正直に記述した。お前は工作員だろうという問いへの答えとしてここに書き記した。人々は私は工作員だと言い続けるだろう。彼らは、自分たちと意見が異なる人を工作員と呼ぶからだ。だが私の過去、収入、この問題に関する個人的な歴史、なぜこんなことをしているかを書き記したことで、私が工作員ではないかもしれないと考える人がいくばくかでも出てきてくれるのを希望している。私はただ、彼らとは違う現実を信じてしている人間に過ぎない。願わくば彼らが、「なぜ」私が、地球が丸く、飛行機雲は無害で、世界貿易センタービルが火事と重力によって崩壊し、世界の裏側で世界のすべてを支配している邪悪な組織が存在しないこの現実を選んだのかと聞いてくれると良いのだが。彼らが私を誠実な信念を持つ誠実な男だとわかってくれれば、私はようやくなぜ私が信じていることの説明にかかることができる。

　これをあなたと友だちの場合にどのように使えばいいのだろう？ 2つある。まずこの章に書いた私のデバンカーとしての半生はあなたが同じ轍を踏まないように参考にできる。あなたが友だちに話そうと考えている新しい情報（とくにケムトレイルに関するもの）は、私のサイトの記事をソースにしているかもしれない。さらに、あなたは隠し事はやめようと考えて、友だちにこの本を読んだことを話し、そのうえ、これを読ませようとするかもしれない。もし、私が報酬を得てい

る工作員ではない証拠を見せることができれば、そうした試みが少し楽になるかもしれない。

　次に、私は友だちに対してあなたが同じように正直に話をしてほしいと願っている。子どものころの悪夢の話までする必要はないが、なぜ個人的に誤った主張をデバンクすることが重要だと考えるに至ったかを説明してほしい。相手がたとえわずかでも、あなたが工作員ではないかと考えていると、コミュニケーションは本当にうまくいかなくなる。だから、なぜあなたが相手の考えに同意しないのかを誠実な努力のもとに説明してほしい。

第4章
ウサギ穴：状況と理由

　21世紀の現代、ウサギ穴に落ちて陰謀論の国に向う旅の最初のステップとしてもっともありふれているのは動画視聴だ。人々がなぜそもそも動画ビデオを観たのかという理由は様々だ。まったくの偶然だったり、友だちから陰謀論について聞いてだったり、SNSの議論を見てだったりする。興味を掻き立てられて、最初は強く疑いつつ、自分で少し調べてみようと決め、オンラインで動画を探したり、あるいは友だちのお勧めの動画を観る。現在ではYouTubeの動画が多いだろう。だが、古手の陰謀論者の場合は回ってきたDVDだったろう。コペンハーゲンの大学教授で化学者のニールズ・ハリットの場合はそうだった。

　　インタビュアー：911という我々の時代で最も議論を呼んでいる問題である事件に関してどのように態度を決めたかを教えていただけますか？
　　ハリット：これは本質的に私に与えられた灯火、運命で、するべきことだったのです。私のたどってきた道は他の何百万という人々と変わりません。なぜなら、あの日、そしてあの日以降の日々私はあの事件についてあまり深く考えていませんでした。私も、旅客機をハイジャックできるテロリストがいて、貿易センタービルに突っ込んだなどというのを受け入れていたのかも知れません。けれども2006年にたまたま第7棟についてのDVDを観たのです。自然科学者にとってショッキングな内容でした。自分が見ているものがまったく理解できなかったんです。[*1]

　多くの元信奉者（そして現役の信奉者）から同じような話を聞く。たとえば、かつてイギリスのケムトレイル信奉者グループの非常に活発なメンバーだったマーチン・ビアードだ。

　　話は私が20代後半で、独身で金もなくパブに入り浸りで、別に理由もなく毎週末（と、だいたい毎晩）酔い潰れていた2007年にさかのぼる。

当時は世界でも有数の大製薬会社イーライリリーに務めていたんだが、南アフリカから来たひげ面の大男に紹介されて、そいつが「ツァイトガイスト」という映画を見ないか？　と言ってきたんだ。そしてすべてが始まった。

　私は我々の住む世界が何から何までウソだという絶対的な証明を見たと思って、驚愕してしまった。そこからは雪玉が転がっていくような具合だった。アレックス・ジョーンズ、デイビッド・アイク、エッジTV、UKコラム……数か月で私の世界はすっかり変わり、あっというまに世間を捨て当時住んでいたアパートに引きこもって、この真実という奴で傷つけられた心を癒やそうと酒を飲み続けるようになった。[*2]

　一つの共通項は時間のゆとりがあることのように思われる。彼らが見たビデオは、たまたま昼休みにちょっと観るような短い動画ではない。「ツァイトガイスト」はビアードやほかの多数の人々をウサギ穴に引きずり込んだ映画だが2時間以上の長編だ。「ツァイトガイスト」は911制御解体説を詳しく説く前に、イエス・キリストについての思索と世界的なユダヤ人銀行家と人を奴隷化すべく強制的に埋め込まれるマイクロチップについての話から始まる奇妙な映画だ。ハリット教授が観たDVDはおそらくもっと従来型の911陰謀論ビデオの「ルース・チェンジ」だったと思われる。こちらはバージョンによって違うが最長は130分だ。一度陰謀論ビデオにはまってしまうと、人々は貪るように陰謀論ビデオを観ることが多い。時には同じビデオを何度も繰り返し観る。その状態の人と話をするとなにか麻薬依存に近い印象を受ける。ビデオの中の「真実」が脳の中の何かのスイッチを入れ、共鳴し、欲求を満たしているようなのだ。

　根拠のない陰謀論を信じ込みやすい傾向と関係する特定の人格的、心理学的様相というようなものは現実に存在してる。

　自分がほかと違う存在だと感じたい欲求、物事の中に過度にパターンを見つけてしまう傾向、ほかの要因としては、新しい考え方を受け入れやすいか、同意しやすいか、知的な問題があるか、権威に対しての態度などもある。研究者たちは、こうした様々な要因と陰謀論の結びつきを大雑把にだが見いだしてきている。

　だが、こうした要因は誰もが大なり小なり持っている。そして因果関係は通常非常に弱く、性格的な要因をいくつか持っている陰謀論者はそこら中にいるという結果になるだけだ。こうした傾向が陰謀論的思考の原因だというわけではない

第4章　ウサギ穴：状況と理由　71

のだ。

　ビアードが陰謀論者になったのは自分が特別だと思いたかったからでも支持している政党が選挙に負けたからでもない。彼が陰謀論者になったのは孤独で毎晩酒浸りだった時期に「ツァイトガイスト」を観たからだ。ウサギ穴への落下スピードを加速させ、より深いところまで落ちるようにしたのはビアードの性格的な要因かも知れないが、「ツァイトガイスト」を観なければ、ウサギ穴に落ちずにすんだのではないだろうか。

　ジャーナリスト、活動家、アーティストの肩書きを持つアビー・マーティンは911テロ攻撃が起こったとき17歳だった。高校時代のボーイフレンドが高層ビル倒壊後に軍に志願して入隊したのをきっかけに、早くからジャーナリズムに興味を持った。彼女は政府がイラク戦争を正当化していくことに対して懐疑を募らせ、そうした懐疑を反映した記事を書き、非主流情報源を待っていたかのように受け入れ、早々に911陰謀論に遭遇して洗礼を受けることになった。

　あるYouTube動画でインタビューを受けたマーティンは自分がウサギ穴に落ちて深い穴の底に至るまでの経過について述べている。ちょうど2008年のサンタモニカの街路での911真相究明運動デモの時期で、彼女は穴の底深くにいた。当時24歳のマーティンはサンディエゴ911真相究明オフライン・グループのオーガナイザーで、多岐にわたる911真相究明界隈の活発なメンバーだった。「今こそ911真相解明を！」と書いたプラカードを掲げてウィルシャー通りをデモ行進しながら、マーティンは動画取材者から911が「仕組まれた内部の犯行」だと考えているか？　なぜそう思うのかと質問を受けた。

　　　もちろんそうですとも！　私は3年にわたって調査してきて、見つけた証
　　拠は、どれもあの事件は仕組まれた内部の犯行で、我が国の政府が共謀し
　　たという私の信条を強固にするものだった……国防省ビルに対するテロを
　　見て起こったことが理解できずに混乱し、さらに調査をし、（崩壊した）7号
　　ビルを見て、ツインタワーの解体を目の当たりにして、これって、リンゴ
　　をオレンジだと言っているようなもので、頭を柔らかくして自分が自分の
　　目で見ているものが真実だと認識しなくては。[*3]

　マーティンはここで「自作自演」の最も有力な証拠とは何かと聞かれる。

　　　もちろん疑いの余地もなく第7棟です。第7棟、確信しています。第7棟

は制御爆破解体されたのです。誰が見てもわかります。すごく奇妙で白黒ついています。あのビルを見て火事で崩壊したと言う人はいません。何も残っていない。残骸すらない。2棟の世界貿易センタービル高層棟でさえ、現場のグラウンドゼロを見ると何もありません。粉だけになっています。あの巨大な110階建てのビルはどこにいってしまったの？

　マーティンはここから話の内容を全体的な世界観に繋げていく。権力者たちがメディアに対して強力なコントロールを加え、すべてがそもそもウソだという世界で、人々には彼女に見えているものが見えていないのだ。

　　ただただショックなことです。そして、あれが白昼堂々と行われたのが本当に腹立たしいです。それに人々がわかっていないことも。なぜならナチのプロパガンダが言うように「人々は十分に大きな嘘は見抜けないし、目前であっても大きすぎるので信じない」からです。
　　この私は911真相究明活動家となって3年ほどたちます。これが暴かれねばならない最も重要な問題だと考えて活動してきました。あの人たちは911の真相に関してどんなものであっても証拠が見つかってほしくないのです。なぜなら証拠が出てくれば彼らのシステムのすべてが崩壊してしまうからです。あの人たちはゾンビみたいにテレビを観てテレビに映ることを全部信じている人々全員を囲い込んでいます。一片の証拠であってもうっかり外に出してしまったらこの囲いが全部崩れてしまうのです。

　2014年までには、マーティンは極端な制御爆破解体の主張からは歩み去り、ただ政府の911テロへの即時の反応とその後これを利用したことを批判するもっと論理的な立場を取るようになった。アビーがジェシー・ベントゥラの番組「オフ・ザ・グリッド」に出演した時（当時、ベントゥラはまだ複雑な制御爆破解体説を支持していたのだが）2人がこの説について話すことはなかった。[*4]
　なんとも奇妙な光景だったが、アビー・マーティンは制御爆破解体論をベントゥラが（とくに第7棟に関しては）そのまま主張し続けているのをまるで知らないかのように、自分が以前信じていたあれは中傷キャンペーンだったと言ったのだ。[*5]
　しかし、マーティンが「国防省ビルに対するテロを見て起こったことが理解できずに混乱し、（2005年に）さらに調査をし、第7棟を見て」と言っていたのは

第4章　ウサギ穴：状況と理由　73

どういう意味だったのだろう？　私には単に911真相究明のウェブサイトと「ルース・チェンジ（2005）」のような911真相究明ビデオを観たという意味であるように思われる。なぜなら、「リンゴをオレンジだと言っている」は、第7棟と通常のよく似たビルの制御爆破解体の様子を比較しているアンソニー・ローソンの2007年の人気YouTube動画に出てくる表現なのだ。[*6]また高層ビルが「粉だけ」というアビーの言葉はあの当時（そして現在）のビルは正体不明の「ナノマイト」や宇宙からのエネルギー光線など何らかの方法で粉々にされてしまったと主張する多数の動画からの引用だろう。彼女の「大きなウソ」についての話でさえ、「ルース・チェンジ」や2007年の映画「ツァイトガイスト」の同じような主張の影響だろう。

アビー・マーティンのウサギ穴落下の道筋はマーチン・ビアードの場合よりもずっと自発的に見えるが、2人とも魅惑的なビデオを観たことがきっかけで、さらに落下スピードが速くなったという重要な共通要因がある。

あなたの友だちも間違いなく同じような初期の経験をどこかでしているはずだ。動画やビデオを見て、そこから次のビデオを観ることになって、そしてウサギ穴に落ちたのだ。いかにウサギ穴に落ちるのかといえば、これが一番ありふれた「いかに」の部分だ。次に探らねばならないのは「なぜ？」の部分だ。なぜかくも簡単に吸い込まれてしまうのか？　そして「いかに」と「なぜ」が判明したならば何ができるだろうか？　だ。

欺されやすい傾向

陰謀論と陰謀論者についての最もよくある疑問は「なぜ陰謀論を信じるのか？」だろう。性格的なタイプがあるのか？　脳に何か障害があるのか？　過去の体験が引き金を引くのか？　知的な問題なのか？　精神病？　育ち方？　進化の過程で脳にそういうものが組み込まれているのか？　教育の失敗？　友人の影響？

「人はXだから陰謀論を信じるのだ」という答えがほしくなるのは理解できるが、あなたの友だちのような一個人に関しては、簡単な答えなどないというのが真実だ。もっと多数の人々を対象に考えても陰謀論的考えとはっきりした結びつきがある決定的な要因（知能など）はないのだ。

ある意味この疑問はそれほど重要ではない。私が自分の経験から得た認識と本書を書くにあたっての調査でさらに確信したように、誰でもウサギ穴に落ちるのだ。何かの要因があれば落ちやすい、または落ちにくいように見えるのは間違い

ないが、個人の性格のタイプ、あるいはメンタルな状態ではなく、ビデオのような確信を得やすい情報に触れるか否かが鍵を握っている。

　元々この要因があったから、あるいは一連の要因を持っていたから、この人は新しい情報に最初に触れたときに、陰謀論に取り込まれてしまったのだというような形で原因を指摘することはまずできない。陰謀論者は私やあなたと同じような普通の人なのだ。彼らはウサギ穴に落ちてしまった普通の人たちで、私やあなたは幸運にも地上に残っている普通の人なだけだ。

　とはいえ、ウサギ穴を落ちていくスピードや抵抗力の弱さに性格タイプや特性がどのように影響するかを理解するのは、誰であれ陰謀論に落ちる個人の全体像を理解する上で役に立つ事項だ。ひょっとするとあなたの友だちも特定の精神的なゆがみと陰謀論的思考が結びついている人たちの一人なのかもしれない。もしかすると過去の体験や現在の感情的な状況が偏った調査や無意識な権威への不信を引き起こしているのかも知れない。

　精神的なゆがみ、心理的不全は全体像の一部に過ぎない。精神的なゆがみは誰にだってあるが、同時に我々は多くの人たちと共有する正常な考え方も持っている。自分の能力を過大に評価してしまうダニング - クルーガー効果のようなよくある認知バイアスもある。自分の考えを支持してくれるようなエビデンスばかり集め、反対のエビデンスは拒否しがちだという確証バイアスもある。情報が多すぎて起こるバイアスもあり、選択的記憶によるバイアスもあり、判断を下さなければならないプレッシャーや、情報のギャップを正しく埋められないことで起こるバイアスもある。[*7] こうしたものは精神的な異常ではなく、脳の働きの自然な機能なのだ。人間の思考にはバイアスがついて回るので、どんな人も誠実に考えようとするのであればバイアスを避けて考え、同時に他人の思考の中に潜むバイアスを見い出す努力をしなくてはならない。

　現代の学術的研究の概観は我々に非常に有用な視点を与えてくれる。心理的なゆがみは直接の原因ではないにしろ、魅惑的な新情報の影響を強める要因にはなるだろう。こうした新情報を提供する情報源（たとえばジオエンジニアリングウォッチのようなサイトやオリバー・ストーン監督の映画「JFK」、「セプテンバー 11──新真珠湾──」のようなビデオ）が、なぜあれほど人々に影響を与えるのかを理解する助けにもなる。どんなボタンを押しているのだろう？　どんなタイプの人に一番アピールするのだろう？　誰もが持っているバイアスの何を利用しているのだろう？

　心理的要因の理解で、有益な視点だけでなく、陰謀論を信じる友だちと話すと

第4章　ウサギ穴：状況と理由　75

きにも役立つツールが手に入る。友だちに心理的なゆがみの話をしてしまうと自分のメンタルに問題があると思っているのか？ と受け取られかねないので、注意しよう。だが、認知バイアスの話はできるだろう。誰にでもあることだからだ。これを使えば即時に共通認識を持つことができる。たとえばバーダー・マインホフ現象（何かを知ると急に身近に多数存在していたことに気がつく）を自分の体験を例にして話せば（新しい車を買ったら急に同じ車が目に入るようになった）、この言葉を今まで聞いたことがなくても、自分も同じ体験があると思う人が多いはずだ。相手も体験を話してくれるようなら、ケムトレイル陰謀論に興味を持つ前には、空にケムトレイルを見た記憶がなかったのではないか？ と話を進めることもできるかも知れない。

　陰謀論主義の原因についての学術的な研究はすでに何十年も続いている。アメリカではアメリカ史上の衝撃的な事件に対する陰謀論者たちの反応がきっかけとなった。1963年のJFK暗殺事件、1993年のブランチ・ダビディアン事件、1995年のオクラホマ連邦ビル爆破テロ、そして最も大きなものが2001年の911同時多発テロだ。

　こうした事件はただ存在しているだけで、人々が陰謀論を信じる要因の一つとなっている一方で、事件の裏に政府の陰謀があると疑う人たちについて探る研究の枠組みも提供したのだ。

陰謀論的思考についての学術研究

　よく参照される最近の研究論文は2014年に発表されたロバート・ブラザートン、クリストファー・フレンチ、アラン・ピッカーリング共著の『陰謀論信奉の計測：一般陰謀論者信条尺度（〝Measuring Belief in Conspiracy Theories: The Generic Conspiracist Beliefs Scale〟）』だろう。論文は、

　　　陰謀論の原因について、どのような論文や一般向け記事を読むにあたっても、私を含めて、専門家だという人の話を聞くにあたっても、陰謀論信奉者の心理はまだ十分に解明されていないことを心に留め置いておくのが賢明だろう。

という記述で始まっている。

　この記述が正しい理由のかなりの部分は人の脳の働きである心理自体が未だに

十分に理解されていないからだ。車のエンジンを理解するようには人間の脳は理解できない。あるいは複雑なコンピュータープログラムを理解するように理解することも不可能だ。個人の事件の説明や感情はその人に特有で（様々な人の911事件体験や、人生での体験を考えてみればいい）特別で代替えはない。一人ひとりが違う一方で科学は様々な統計処理できる観察と推測を使う。その結果は多数の人々の統計的な集合体だ。特定の個人に適用することができることもあるが、できないことも多い。

　1990年代から2000年代にかけて発展した陰謀論の心理学的研究分野では、もう一つ別の問題があった。陰謀論者の明確な定義が欠落していたのだ。陰謀論者とは何かというはっきりした定義がないのに、陰謀論者が大衆一般と比較してどれほど違うかを計ることができるだろうか？　さらに、製薬会社、または地球温暖化に関する陰謀論を信じている軽度の陰謀論者についての研究結果を同じようなタイプの軽度のケムトレイル陰謀論者や平面地球陰謀論者などに適用することができるのか？

　ブラザートンは陰謀論スペクトラムにおける個人の位置を計る方法をつくりだすことで、これを解決する手がかりをつくろうとした。これが「一般陰謀論者信念尺度（GCB）」で、個人がどの程度陰謀論者かの比較的シンプルな尺度を出すものだ。同様の尺度はほかにもあったが、GCBは多くの研究者が使う人気の尺度となった。

　こうした研究の多くは元々存在する要因（たとえば社会不安、知能、人格タイプなど）とその後に起こる陰謀主義の発展との間にGCBで計れるような統計的に有意な関係性が存在するのかを探ろうとしている。多くの事例で、小さいが重要な関係性が発見されている。残念なことにこの手の研究の結果は一般向けのメディアではこれが陰謀論主義の背後にある唯一の要因であるように報道されて、以下のような見出しになってしまう（見出し原文は実例）。

・特別さへの欲求が陰謀論信奉と関係すると研究で判明[8]
・陰謀論者は基礎的な認知の問題（幻想的パターン知覚）を持っていると科学者が表明[9]
・敗北側は陰謀論を信じる傾向が強いと研究で判明[10]
・陰謀論を信じる人々はストレスに苦しんでいる傾向があると研究で判明[11]
・ナルシズムと低い自己肯定感が予測する陰謀論信奉[12]
・陰謀論：なぜ高学歴者は信じないのか[13]

第4章　ウサギ穴：状況と理由　77

・研究：不確実性解消を求める個人的ニーズが予測する陰謀論信奉[*14]
・陰謀論は主に政治的スペクトラムの極左、極右に位置する人々に信じられている[*15]

ズバリ言い切っている！ 友だちが陰謀論者なのは、ナルシストで、ストレスに苦しみ、自己肯定感が低いからだ。自分は特別だと感じたくて、不確実性を消し去りたい。現実にはないパターンを見る傾向があり、教育程度が低く、極左か極右で、最近の選挙では敗北側だった。

明らかに、これは複雑化しすぎで（こうした要因が一人の個人の中にすべて顕著に存在しているというのはまずない）同時に単純化しすぎだ。ここで本当に問題なのは単純化しすぎの方だ。こうした見出しの一つだけを取り上げれば（とくに大衆向けメディアのもの）人々が陰謀論を信じる唯一の理由を科学者が発見したように見えてしまう。

元の論文を読み込んだとしても、その内容から知りたいことを汲み出すのはそもそも難しい作業だ。研究は非常に複雑な事例を対象にしながら、非常に単純で狭い様相だけを見ているのだ。対象になっているのはあなたが興味を持っている陰謀論者グループを代表するような人々ではなく、友だち個人ととくに共通する面などないのが普通だ。研究対象は時には外国の社会で生きている人で、この研究結果を、自信を持って自分の事例に使うことができない。統計的な相関が理解が難しい数学の言葉で表されていることも多い。

こうしたことをすべて踏まえて、人気のある研究2つを詳しく見て、使えるものはあるかを見ていこう。

特別さへの欲求

フランス人研究者、ロンチャン、ムレア、ヌーハー、ダグラスは論文「私は彼らが知らないことを知っている！（I Know Things They Don't Know!）」で、陰謀論を信奉する動機に繋がるのが単に自分は特別だと思いたい欲求なのかどうかを探っている。最初に人々の陰謀論信奉と人が知らない知識を持っているという意識との間に単純な相関があるかを調査している。被験者（ほとんどが20代のフランス人）は、陰謀論スペクトラムのどこに位置するかを評価する目録検査を（GCBスケールに似たもの。目録検査は様々な陰謀論の主張、たとえば「リー・ハーベイ・オズワルドは単独犯ではない」にどの程度合意するかを聞くだけのテスト）を受ける。

その次にこの質問に答えるために利用した情報はどの程度特別だったか、そして、情報を自分で探したのか、誰かから聞いたのかを聞かれる。予想通り、陰謀論スペクトラムのスコアが高いほど自分の知識は特別だと考える程度が高く、自分で探し出したと考える傾向がある。ロンチャンはこれを陰謀論が特別さへの欲求を満たす証拠だと考えたが、因果関係があるとはしなかった。

2つ目の研究は特別でありたいという欲求を長年持ってきた人は陰謀論スペクトラムで高く評価されるのか否かという問いに答えるために行われた。この2つ目の研究はアメリカの被験者に対してアマゾンのメカニカル・ターク・システムを使って実施された。（トルコ人の姿をした）自動チェス人形にたとえられるこのシステムは人口統計学的に特定のグループと見なされる多数の人々に比較的低コスト（この場合は1人あたり30セント）で、一連の質問を投げかけることができる。前出の研究と同様に、まず被験者の陰謀論スペクトラム上の位置を測る（こちらはブラザートンのGCB尺度を使っている）。さらに類似した質問法を使って、「特別さへの欲求」の尺度も測られる。

調査の結果は以下のようになった。「特別さへの欲求の高さは陰謀論信奉の程度の高さと関連している」。だが、どの程度？ 手短に言えば「それほど強くない」著者グループは相関係数「r」を0.17としている。相関係数は、2つのものがどの程度統計的に関係しているかを計る尺度で、1.0に近いほど結びつきが強くなる。逆に相関関数が0.0に近いほど結びつきは弱くなる。この数字は、特別さへの欲求の変数が、陰謀論信奉の変数の約3％と関連していたことを意味する。[16]

あまり印象的な話には思えない。そしてこの研究についての見出しとはだいぶかけ離れている。一般向け科学サイトのIFLサイエンスは「陰謀論を信じる人々はただ特別になりたいだけだと心理学者は言う」とぶち上げたのだ。[17]

まるで論文をまったく読んでいないかのようで、別のサイト「サイポスト」の見出し「研究で明らかに。特別さへの欲求が陰謀論信奉と関連」を、語句を入れ替えただけで使っているようにさえ見える。[18]

ロンチャンの論文は単なる因果関係を確立する以上の域に達している。次の2つの研究では人々が陰謀論を信じる可能性を操作しようと試みている。3つ目の研究は結論が出ずに終わっているが、4つ目では陰謀論信奉と特別さへの欲求との間に因果関係がある可能性を示すことができたように見受けられる。

これはすなわち、特別であることを良いことだとして人に勧めればその人は、常識的ではみ出さないこと、あるいは、同じ目的のために戦うことがいいことだと言われてきた人よりも陰謀論を信じやすくなるということになる。

第4章　ウサギ穴：状況と理由　79

因果関係は、現実に何が起こっているのかの理解に近づけてくれるので重要だ。単に特別さへの欲求が陰謀論信奉に関連しているのがわかったというだけで、特別さへの欲求が実際に陰謀論信奉を引き起こしている、そうでなくとも信じるに至る何らかの役割を果たしているとなるわけではない。友だちは誰も知らない知識を得たという特別な体験をして陰謀論を信じるようになったのかも知れないが、その体験を楽しむうちに、また同じ体験を求めるようになったのかもしれない。相関関係は因果関係ではない。

　だが、ロンチャンの研究の最後の部分は、この事例では本当の因果関係があると示唆している。人々の陰謀論的考えを特別さへの欲求を変えることで操作できるなら、特別さへの欲求がわずかであっても陰謀論的思考に繋がっていることになるのだ。

　だが再び、どのくらい？ となる。ここで使われている尺度はまだ間接的なものなので、程度を表すのは難しい。数年にわたって特別になりたい欲求がいかに陰謀論思考になるのかを計測しているわけではないのだ。この尺度は特別感をさらに持つように示唆する質問を提示された直後の5分間に、個人の陰謀論信奉傾向がどの程度変化したかを測っているだけだ。ある人工的につくられた瞬間での話なのだ。

　だが、もし特別さへの欲求についてのこの考えを研究の世界からもっと主観的な観察が可能な現実に持ってくれば、ここには一考に値する何かがある。陰謀論に取り込まれる以前の人々の特別さへの欲求像がはっきりしていない一方で、ウサギ穴に飛び込んでその後脱出した大勢の人々の場合には特別でありたい欲求はきわめてはっきりしている。ウサギ穴の中に留まりたい動機、もっと調査をして掘り進み、さらに穴の深いところに入っていきたいという欲求が起こったのは、ほとんどの場合、特別さを感じるのがとても気分が良く、その気分を楽しんでいたからだ。

　もし友だちがまさにそうであるなら、なんであれ、普通に感じさせるようなことは避けた方が良い。真実を求める精神を持つのは、まったく事実に即して素晴らしいことなのだ。友だちが疑問を持ち、言われたことをすべて盲目的に受け入れずにいるのはまさに特別なことだ。これを伝えて、納得してもらおう。ただし、事実は正しく認識する必要があることも同時に伝えよう。

　特別さへの欲求は科学と論理の支持者となることでも満たされる可能性がある。本書で取り上げた人々は（全員ではないが）実際にウサギ穴脱出後に別の種類の特別な知識を楽しんでいる。彼らは以前信じていたことがどのように間違っ

ているかを今は知っていて、世界についてもっと詳しくなっている。たとえば
ウィリーは、

> ぼくは以前は陰謀論が楽しみでしたが、今は陰謀論がデバンクされるの
> を見るのが楽しみです。

彼らはまだ「自分は人が知らないことを知っている」をちょっとした話題にし
ているが、今はその中身が実際に正しいものになっているので良くなっている。

「負け犬」

陰謀論研究を巡る見出しの最近の情けない例をもう1つ。「陰謀論は負け犬の
ため」。これは、一種の言葉遊びで、ここで引用されている実際の研究論文の
題は「選挙不正に対する信条における陰謀論思考と動機づけられた推論の影響
(The Effect of Conspiratorial Thinking and Motivated Reasoning on Belief in Election
Fraud)」で著者はエデルソンほかだ[19]。この研究は「負け犬」という言葉が通常示
す（能力が足りずに人生に失敗した）人々についてではなく、主流ではない政治勢
力（たとえば最近の選挙で負けた方）を支持する人々は勝った側が何らかの陰謀を
実行したと信じる傾向があるという、あまり意外ではない結果に関するものだ。
もっとシンプルに言えば、保守派はオバマがケニア人だという話を信じやすく、
リベラルはトランプがロシアと結託していると信じやすいということだ。

もっと具体的に言えば、エデルソンの論文は、投票不正を扱っている。ここで
も意外ではないことに、選挙が何らかの方法で操作された、または不当な影響
を受けたと考える傾向のある人々は選挙で負けた側を支持していた人々だ。よっ
て、見出しが「陰謀論は負け犬のため」となる。

この侮辱的な表現は論文執筆者の一人、ジョセフ・E・ユージンスキーの著
作から取られている。ユージンスキーは2011年に、1897年から2010年までの
ニューヨークタイムズに掲載された投書を研究した論文をこの題で発表してこの
言葉を生み出した[20]。この論文でユージンスキーと共著者は米国で陰謀論がいつ、
そしてなぜ共鳴を引き起こすのかに影響を与えているのは、国際的紛争や国内の
対立が示しているような権力の非対称性だと論じている。戦略的論理に準拠し、
脆弱なグループが脅威を管理するのに役立つのが陰謀論だと考えているのだ。さ
らに、判明したのは、国内で対立し、互いを攻撃する両陣営はともに、陰謀論化

に交互に平等に関与しており、外国の脅威が高まっている間は外国陰謀論が国内陰謀論を圧倒してしまうということだという。

ここで明らかになっているのは要するに、人々が自分を脅かすもの、外国の脅威や反対票を投じたのに当選した政治家などについて、陰謀論を信じる傾向があることだ。

ユージンスキーはこのテーマを2014年のジョセフ・M・ペアレントとの共著『アメリカの陰謀論（American Conspiracy Theories, 未訳）』でも扱い、陰謀論における政治的二極化の最も重要な要因は大統領の政党であり、したがって個々の陰謀論の人気は誰が政治的な権力を握っているかによって薄くなって消えると論じている。

個人的体験談だが、これは911陰謀論でも起こっている。911事件は共和党のジョージ・W・ブッシュ大統領の任期中に起こったので、右翼の秘密の陰謀のせいだとする傾向があった。たとえばウィリーのリベラルな友人たちのこの考えは彼らの世界観にあまりにも深く根付いていたので、ウィリーが自分はもう911事件は政府の自作自演だと信じていないと告げたとき、友人たちはまず「これからは共和党支持？」と聞いてきた。

これから登場する元陰謀論者のスティーブも初期の911真相究明運動とティーパーティー運動（茶会運動）で、左翼の政治的バイアスに気がついている。

911真相究明運動の初期はブッシュ政権下だった。不気味な雰囲気を漂わせるチェイニーなどの閣僚は、陰謀論に真実味を与えた。そしてブッシュ政権からオバマ政権になり、真相解明グループの多数がリベラルだったので、陰謀論信奉者はある程度まで減少した。

ティーパーティー（茶会党）は当初カリフォルニア州サンタモニカに根拠を置いていて、かなりのリベラルなメンバーがいた。（ウォールストリート占拠運動家のような）反銀行タイプと911真相解明運動家もいて、保守派は半分程度という奇妙な混合体だった。

当初の主張は、911事件の背後にいる人々が環境保護法をつくっていて、これによって政府が人々の家を押収し、人生を台無しにするというものだった。ティーパーティーは、現在は保守派の集まりになっている。これは陰謀論者の多くがたどる道でもある。

この陰謀論が政治的に両極化するというのは役に立つ観察だろうか？　第1に「陰謀論は負け犬のため」という表現を、冗談であっても、言った直後に説明するとしても使うのは避けるべきだろう。陰謀論者は陰謀論者と呼ばれるだけです

でに気分を害しているので、彼らに関して負け犬というレッテルを出してくれば
さらに問題が起こり、バリアが上がって何を言っても耳を傾けようとしなくなる
だろう。

この話をしたいのであれば、文一つで全部を説明するべきだ。「選挙で敗北側
を支持していた人々の方が、勝利した側が選挙を操作していたという陰謀論を信
じやすい」

しかし、つまるところ、負け犬論を陰謀論者と論じても、彼らがウサギ穴から
脱出しつつある状態でない限り、あまり有益な結果にはならないだろう。ウサギ
穴の奥深くに落ち込んでいる陰謀論者にとっては、この論は問題だと感じている
事柄を矮小化する試みにしか見えないからだ。

あなたが過去に同じような体験をした（そして、そこから立ち直った）のではな
い限り、これは使わない方がよい。

一方、友だちがウサギ穴から抜け出そうとしているとき、とくにもうほとんど
脱出し終わろうとしているならば、ある程度の健康的な内省は、相手の新しい立
ち位置の足場を固める役に立つ。今まで信じていた陰謀論が対立する政治勢力に
焦点を当てたものであれば（たとえば911とブッシュ政権、銃規制と偽旗作戦とオバ
マ政権）、負けた側でいることで、陰謀論の誘惑が拡大されることを理解すると、
魅惑が純粋に事実に基づいていなかったとの認識を裏付ける役に立つだろう。

決めつけてはいけない

結局、この興味深い学術的研究は「学術的に興味深い」だけだ。特別への欲求
を持つ人々がわずかながら陰謀論を信じやすい傾向にあるのは事実かもしれな
い。だが、そういう要求がある人なのだと少し配慮する以外は、とくに有用な情
報ではない。

そのほかの研究は個人レベルではもっと実用性が低い。公平に評価しよう。こ
うした研究は物事を全体的に見るのが目的で、ここから導き出される結論は、大
規模な、たとえば教育政策のようなものに、あるいはデバンキングの本を書くの
に使おうとするならば使えるかもしれない。だが個人とのやりとりでは、使おう
とする以前に、相手がこうした分類に当てはまるのかさえ判別できない。

たとえば、「フェイク・ニュース：誤っているが、訂正は困難（Fake News:
Incorrect, but Hard to Correct.）」という論文で、（共著者の）デ・キアシュマーカー
とローツは3つの発見を書き記している。

1. 人々は自分の意見が誤った情報に基づいていることを知ると、調整しようとする。

2. 認知能力が低い人々は（高い人々に比べて）、より少ない程度調整する。

3. 調整されたあとも、認知能力の低い人々では偏ったままだった。[21]

これは、つまり「デバンクで人の考えを変えることはできるが、相手が愚かであるほど難しくなる」ということだ。さて、最初の部分は心強い。少なくとも欠落している情報を示すのは効果があるのだ。だが、認知能力が低い人々に対してはより難しいと言われては、実際に役に立つとは言えない。もし友だちが低い認知能力の持ち主なら、どうすれば良いのだ。諦めろと？（友だちの認知能力を高めるようにするという方法は、現実的なアプローチだとは言えないだろう）

同じように「自己愛または自己嫌悪は陰謀論信奉を予測できるか？ ナルシシズム、自尊心、陰謀論の支持（Does Self-Love or Self-Hate Predict Conspiracy Beliefs? Narcissism, Self-Esteem, and the Endorsement of Conspiracy Theories）」のような論文は、個人レベルではほとんど役に立たない。[22]相関性の程度は通常小さく、取り上げられている要因を友だちがどの程度持っているかを測るのは難しい。友だちが少しばかりナルシスティックだなと思ったら対応法を真逆にすればいいのか？ そして、自尊心が低いのが原因だと気づいたらどうすれば良いのだろう？ ただ時間の無駄に終わるのではないか？

本書では学術研究は置いておいて、無理な分類を避け、実用的な方法を見ていこう。現実に人々はどうやってウサギ穴から出てきたのだろう？

ウサギ穴からの脱出ルート

元911真相究明活動家との話し合いから、ウサギ穴からの脱出ルート発見にはかなりはっきりとした2つのタイプがあるのが見えてきた。徐々にゆっくり認知が変化するか、自分の立場の根本的な欠陥を突然悟るかだ。時には2つが一緒に起こることもある。

認知の変化による脱出は、しばしば一粒の疑いの種から始まる。

まず信じる陰謀論の基本的なコマが誤っていることを発見し、そして真実だと信じていたほかの部分についても見直すようなる。だが、世界の仕組みを学ん

で、人生経験を重ねただけで変化が起こることもある。ゆっくりと新しい事柄を学びながら少しずつ穴の外に出てきて、いつの間にか絶対に越えられないと思っていた線の反対側にいる自分を見いだすのだ。

突然の悟りによる脱出は、当初は拒絶していた新しい情報が積み重ねられたあとにしか起こらない。陰謀論者は新しい事柄を誤情報だと拒絶し続けるのだが、徐々に自分が信じる陰謀論に反する証拠についての知識が蓄積されていき、やがて突然、ダムが崩壊するように自分が間違っていたと悟り、一気に自らの境界線を越える。

だが、どちらのルートにも共通する最も重要な推進力がある。新しい情報に触れることだ。陰謀論者は高い壁に囲い込まれた庭園で育つ植物だ。ニュースの情報源を問われると、アレックス・ジョーンズの「インフォ・ウォーズ」のような非主流のキワモノのサイトやもっと理解しがたい陰謀論サイトのレンズ・ドット・コムをあげることが多く、時にはデイビッド・アイクのは虫類人イルミナティのサイトまであげるのだ。

キャス・サンスタインとエイドリアン・フェルミュールはこれを「不自由な認識論」と表現し、シンプルに「関連する情報源数が著しく限定されている」と定義している。[*23]あなた自身が友だちの新しい情報源になることもできるが、それと同じくらい重要なのは、相手にほかの関連する情報源を教える、あるいは情報源の扱い方のリハビリを手助けすることだ。

2人の911真相究明運動家、アビー・マーティンとチャーリー・ヴェイチの事例を通じて人々をウサギ穴から救出する助けになる新しい情報、そして情報源に触れるための2つの主な方法を見ていこう。

アビー・マーティンは新しい視点を得ることで911についての考え方を徐々に変えていったように見える。2008年、アビーは911真相究明運動支持者でカリフォルニア州サンタモニカでの911真実究明デモに参加した際、911テロ事件を自作自演だと解説していた。2012年にニューステレビ局ロシア・トゥデイ・アメリカで働くためにワシントンDCに移ると、アビーは今までより多くの様々な権力を持つ地位にある人々と会うようになり、「現実に政府が動く仕組み」を観察できるようになった。アビーはワシントン政府が不正は横行しているものの、腰抜けの官僚制からなっているのを発見したのだが、これは、自分が主張していた異様に有能で万能の力を持った邪悪な存在がいなければ成功させることができないだろう911陰謀論とはまったく矛盾していた。アビーの脱出は、以前信じていたものが，今自分が理解するようになった世界のあり方の中では意味をなさな

いのを認識するにしたがってゆっくりと起こっていったように見える。

チャーリー・ヴェイッチは数年の間、エネルギッシュで率直な911真相解明運動家だった。彼はアレックス・ジョーンズの映画「テラーストーム」を入り口として911のウサギ穴の奥深くに落ち込んでしまっているように見えた。

ヴェイッチはBBCの番組「陰謀論者の旅（Conspiracy Road Trip）」の出演者となって体験した数日間の旅で突然新しい情報に晒されることになった。世界貿易センター高層棟の建築家から、現場に駆けつけた救急隊員、犠牲者の家族まで、911事件に密接に関わっている多くの人々に会い、直接、何が起こったのかという体験、彼らが知っていること、何が起こったと彼らが考えていることを聞くことになった。ヴェイッチは自分が信じている説が一般に反対されていることは知っていたが、ここで聞いたのは、初めて触れた情報ばかりだった。人々の話の内容はもっともだと思われるものばかりで、最初は激しい抵抗感を感じたが、すぐに自分の以前の意見が間違っていたと認めるようになった。ヴィエッチのウサギ穴からの脱出は素早くほぼ数日で完璧に終わったのだった。

脱出ルートは様々だが、新しい情報に触れること、そして新しい視点によって考えが変わるのは間違いないのだ。

最後にたどり着く場所

ウサギ穴へと至る入り口と出口へのルートが様々であるように、人々がようやく脱出した後にどこに落ち着くかも様々だ。180度反転して信奉者から懐疑論者になる人々もいる。陰謀論を楽しんでいたウィリーは今はデバンキングを楽しんでいる。このあとの第6章で、ガチガチの陰謀論者で911制御解体説の信奉者だったスティーブの話をするのだが、スティーブは比較的短期間に変化して、陰謀論デモ参加者から転じて、昔なじみのデモ参加者に攻撃すべき敵が違うと説得しに行く人になった。禁煙に成功した人や宗教団体から脱会した人のように、新しい真理を発見したスティーブの反応は、かつて信じていた「真相」に対するのと同じように情熱的な真理の伝道者になるというものだった。

こんな極端な変化をする人ばかりではない。片足はウサギ穴に突っ込んだままの人もいる。911陰謀論者なら防衛省ビルには（飛行機ではなく）ミサイルが突っ込んだのは間違いないと考えるところから変化して、公式の説明には誤ったところがたくさんあると考えるだけになっているだけかもしれない。

元陰謀論者たちは、もちろん、世界貿易センター高層棟は、あらかじめ仕込ま

れた爆薬で破壊されたのではないと考えているが、ハイジャック犯が発表通りの人間だったか、911を計画した張本人は誰か、そして、資金源はどこかについてまだ数多くの疑問を持っている。確信は消えても疑い、そして時には調査への熱意が残る。境界線の位置が動いただけなのだ。

ウサギ穴を無事脱出した多くの人は、単に興味を失う。日々の生活で陰謀論の話をするのをやめて、次に行く。たとえばBBCの番組のUFOの回の出演者だったスコットがそうだ。数日間、新しい情報に浸ったあと、

> 参加したのは、何か事実や答えが返ってくるかもしれないと思ったからだけど、何も得られていないので、答えはないのではないかと考えるようになった。もう座わりこんで何が真実で何が真実ではないのかを考えたくない。むしろそれを忘れて、ほかのことに集中したい。[24]

自分が考えていたUFO情報隠蔽に関する説が穴だらけだったことを認識したスコットも現実は複雑で単純ですっきりした説明にいつも従うとは限らないと認識しているようだ。

これもある意味、嘘偽りのない自覚だと言える。我々はすべてを説明できない。すべての出来事の背後にある科学と数学を理解することはできないし、政府上層部の密室で何が起こっているのかを知ることも同じくらい不可避だ。

科学にもっと興味を持つことは素晴らしいが、それはまた完璧にまっとうな立ち位置に立つことでもある。異なったテーマを追求する科学者たちもこの立場を共有している。誰もすべてに対する答えを知ることはできないのだ。

政治と政治的不正に興味を持ち続ける人もいるが多くはない。自分ができることをしよう、だが自分の限界を知ろう、自分の人生を生きよう。

いかに入り、いかに脱出したか、そしてどこに落ち着いたかに関わらず、ウサギ穴からの脱出は非常に前向きで人生が変わるような体験であったのは共通している。私はいくつものEメールを受け取っている。本書に体験談を乗せた人たちからの、陰謀論的な考えから救ってくれたことに対する感謝のメールもある。

次の段階に進もう。具体的にどのようにウサギ穴からの脱出を手助けするのか？ 最良の方法と実際のステップはどのようなものなのか？

第4章　ウサギ穴：状況と理由　87

第5章
デバンキングの基礎技術

　魔法の銃弾は存在しない。陰謀論のウサギ穴は複雑な場所で、人間は複雑な存在だ。なぜウサギ穴に落ちてしまったのかは人によって異なる。落ちた後に、もっと深いところへ落ちていく道筋と速さの種類は無限と言っていい。同様にウサギ穴からの脱出路も一人ひとり違う。真実だと信じていたものがウソであったことを見せられると、単に自分の間違いを認めて自分の人生を続ける人たちもいる。証拠の間違いの指摘を自分たちがずっと正しかった証拠だと受け止めるという、まったく逆の反応を見せる人々もいる。

　素早く脱出する人も、何年も抵抗していたのにいきなり飛び出してくる人、見ていてもわからないほどゆっくりと出てくる人もいる。

　友だちをウサギ穴から救出するために使える成功が保証されたわかりやすい段階的なテクニックなどは存在しない。だが多くの人に対して有効だったものはないわけではない。まとめれば3つだ。

　　1．効果のある会話を続けよう。
　　2．役に立つ情報を提供しよう。
　　3．時間を与えよう。

　これをさらにまとめれば、「話をしよう、知らなかったものを見せよう、だが焦らずに」となる。3つのそれぞれはさらに細分化できる。

　まず、効果のある会話については、
　　　相手が何を考えているのかとそしてなぜそう考えているのか？　を理解しよう。
　　　敬意を払い、正直に、オープンで、礼儀正しくあるようにしよう。
　　　共通点を見つけよう。
　　　相手が本当に懸念しているのは何かを考察しよう。

逆効果を避けよう

有用な情報提供に関しては、
　　間違った判断をしていたことを示す。
　　情報源になっていたものが犯した間違いを示す。
　　問題に関して無視していたこと、見落としていたことを示す。
　　新たな視点を得るのに役立つほかの情報を提示する。

　最後の「時間を与えよう」については、文字通りそのままの意味だ。こうした変化は時間がかかる。人間はめったに深く信じていたことをいきなり翻したりしない。

　たとえば911事件の制御爆破解体説のすべての様相について、信奉者とかなり広範囲に及ぶ議論をしたとしよう。なんの進展もなく、場合によっては後退しているように思えるかもしれない。数日後、また話をして、まだなんの変化もない。何週間もこれを続けているかもしれない。みんながみんな耳を傾けてくれるわけではないが、ウサギ穴から脱出した人々はほとんどが脱出プロセスは長期にわたったと説明している。そしてその過程で、脱出に向かって本当に動き出す少し前と脱出中、そして脱出後の期間、友だちやほかの役に立つ情報源が重要な役割を果たしたという。時間を与えよう。
　この効果的なコミュニケーションと有用な情報の提供というシンプルな方法は、私がメタバンクにこの8年間書き込みをする間に（そしてそれ以前の10年間様々なサイトに書き込むことで）学んだことに基づいている。だがとくに目新しいわけでも、独自のメソッドだというわけでもない。このメソッドの多くの様相はほかの情報源から来ている。これは長い時の流れの中で検証されてきた何か強固な信条を持った人々と効果的なコミュニケーションを取るための方法なのだ。
　このメソッドは、ステップ・バイ・ステップで進めるのではなく、どれかをする前に何かをしておかなくてはならないということはない。友だちの状態、信奉する陰謀論のどのあたりにいるのか、批判にどう反応するかによってするべきことは変わってくる。ある種の人々にとっては、信条への直接的な否定は激しい拒絶反応の引き金になりかねない。そうした傾向が見て取れたら、もっとデリケートなやり方で、共通基盤の確立や視野を広げ、中立的な情報を提供するなどの働きかけをする方がいいだろう。

第5章　デバンキングの基礎技術　89

陰謀論は多種多様だ。それぞれの陰謀論に、変異したバージョンとも言える諸説があり、それぞれのやり方で信じている多くの人々がいる。あなたの友だちは、ほかの人たちとは違う。一般的な経験則はあてはまらないかもしれず、それどころか逆効果になってしまう可能性もある。

　メタバンク・メソッドは非常に緩やかな構造を持った、技法、ガイドライン、情報からなるツールボックスで、この中から作業に適したツールを見つけて、友だちの特別なウサギ穴の環境にあわせた調整をして使ってほしい。

理解を深める

　人がいったい何を信じているかを実際に理解していない限り、どこでどう間違ったのかを示そうというのは無理な相談だ。効果的なデバンキングの基礎は、デバンキングの対象をいかに把握するかにかかっている。本書の多くの部分は、良いコミュニケーションに役立つ、陰謀論に対する理解をいかに得るかをわかりやすく説明している。人々をバカな陰謀論者だと見下して、本当の事実を見せつけて、陰謀論を解説すれば問題は解決すると考えるのはあまりにも安易な物事の片付け方だ。

　現実はもっと複雑だ。私は何年間も陰謀論者たちと対話を続けてきたが、いまだに様々な説の新しい変異種に出くわしている。理由の一つは、陰謀論は最初から異なったレベルの様々な説からなるスペクトラムだからだが、論説が進化し続けるからでもある。たとえば、多様多種の911制御爆破解体説も何年もたつうちに様々な段階を通過してきている。最初は単純な「自由落下」と「物理法則」についての議論（崩壊が不自然に見えたというのが元だった）、次に塵の量や発生した土煙の形などが奇妙だという議論が始まった。その後、解けた金属のプールの話や、ナノマイトの証拠を求めて塵を分析したという話が出てきた。過去数年にわたって、第7棟の崩壊の細部に渡る詳細が注目の的になってきている。

　ある桁を支えていた金具幅は12インチだったか11インチだったか？　この金具はコンクリートに接続していたのか？　金属の構造材はいったい何度まで加熱されたのか？　その時間は（事故後の火災の期間の）いつだったのか？

　あなたの友だちが正確には何を信じているのかを理解するための第一歩は聞くことだ。次は、断定に繋がらない質問をする。するとだいたい2つの方向のどちらかにすすむことになる。相手は自分が権威があると考えている情報源（911真実究明を求める建築家とエンジニアのサイトや「911: 新真珠湾攻撃」のようなビデオ）

を観るように言うか、説得力があると感じている様々な証拠を端からあげていくかだ。

　どちらにしても、相手が語ることに耳を傾けよう。ビデオやウェブサイトを勧めてきたら、その中で一番説得力がある証拠はなんだったかを尋ねる。最初にこの説に興味を持ったきっかけとなったのは何かを訪ねてみよう。他人に話すトップ5リストがあるとしたら何か？　トップ2だとどうなるか？　時間があれば一緒にビデオを観て、ウェブサイトの記事を読もう。こうした行動によって相手が信じているものの概要が理解できるし、信頼を得るための有効な投資になるだろう。

　効果的にコミュニケーションするためには、相手が陰謀論スペクトラムのどこにいるのかを知る必要もある。相手が信じている説だけを見ていてはいけない。陰謀論の様々な変異説を検討しよう。目指すのは境界線の発見だ。極端過ぎて、相手がさすがにバカバカしいと思うようなものはどれか？　境界線ギリギリだが「こちら側」で受容されている説は？　ギリギリで「あちら側」だと判断されているものは？

　相手が気に入っている陰謀論の種類を見極めるだけでなく、相手がより広い世界をどう理解しているかを見極めた方が良いだろう。理解に欠落はあるか？　相手が自分よりも詳しい分野はどれか？　911やケムトレイルのような陰謀論が相手の広い世界がいかに機能しているかのイメージにどう収まっているかを理解するようにしよう。相手は陰謀論の背後にいるのは誰だと考えているのか？　その説によれば誰が得をするのか？　その恩恵の仕組みは？　批判的にならないように、相手の世界観を純粋に理解しようとして、聞いてみてほしい。

　これらすべてを理解することは、メタバンク・メソッドのうち2つのステップである「効果的なコミュニケーション」と「有用な情報の提供」の両方にとって不可欠だ。効果的なコミュニケーションのためには、コミュニケーションを受信する文脈である相手のメンタルマップを知る必要がある。有用な情報を提供するには、彼らの世界に関する知識と陰謀論の中の知的欠落が何であるかを知る必要がある。さらに見いだすべきことは、相手が自分の世界観を基本的に否定するかもしれない情報を受け入れて検討するようになるのに必要となるのは何か？　だ。

信頼と尊敬を宿せ

　友だちが陰謀論の何を信じているのかについての理解は、コミュニケーション

をするうえでの鍵となるが、同じくらい重要なのは友だちがあなたをどういう人間だと思っているかを理解することだ。思いがけないことかもしれないが、相手もあなたのことをあなたが最初に思っていたのと同じような見方で見ているかも知れない。悪い情報に惑わされてあり得ない物語（洞窟に潜むカッターナイフを持ったアラブ人がアメリカを打ち負かしたり、政府が我々に毒を投与していたり、地球が丸くなったりするなど）を信じ込んでしまった人だと考えているだろう。このまるで鏡に映ったような反転したイメージは彼らの方が合理的なデバンカーで、混乱した友だちであるあなたに道理を説いているのだというところまで行くかもしれない。

　こう思われても逆らわないことが重要だ。相手の考えを尊重しよう。あなたを改宗させようとしてきたら、会話を続ける絶好の状況だ。陰謀論を本当は信じていないのだ、と最初からはっきり言える。とはいえ、説得力のある証拠があれば、（口先だけでなく）もちろん真面目に考えてみると言える。相手にあなたを説得するチャンスをあげよう。これで相手は心の扉を開けて自分がなぜ信じているかを説明するので、あなたが本気で耳を傾ければ非常に有益な視点を手に入れ、またあとで、相手に本気で耳を傾けさせることができる確率を増やせるだろう。相手を尊重して、相手の説くことを理解しようとすれば、相手は感謝するし、結果的にあなたをもっと尊重するようになる。相手は今までに頭から否定されたり笑われたりする状況を何度も体験しているはずだ。だから敬意を持って扱うことは、信頼関係をつくるための第一歩なのだ。

　偏見のない双方向の議論が最良のシナリオなのだが、相手があなたを単なる勉強不足の人ではない、個人的な利益のためにフェイクの公式の話を押しつけようとしている工作員だと考える可能性もある。

　私は趣味として長年デバンキングを続けてきて、この反応にも数多くであってきた。今まで述べてきたように、できるだけ率直に一貫性を持った態度を取ることで対応してきた。礼儀正しく、相手を尊重した姿勢を保ち、正直な情報交換に基づいて、彼らと良い関係を築けるように務めてきた。こうした姿勢で彼らと長期にわたって会話を続けるにしたがって、工作員認定されることも減っていくようだ。一貫して正直であることが、信頼と尊敬を培うための最良の方法なのだ。

共通点を発見しよう

　どんな主張であっても個人が唱える論説はその人の知識と信条が編み上げた巨

大で複雑な網の上につくられている。知識と信条はどちらも真実であったり虚偽であったりの両方だ。あなたは大きな網を持っていて、友だちは別の網を持っている。

あなたの知識の網に、友だちの知識の網と重なる部分が存在しなければ、意味のある議論はできないだろう。

1対1の状況で何かをデバンクしようとする場合、最もよくある間違いは共通項がないのにあると想定してしまうことではないだろうか。あなたは無意識のうちに友だちがこんなことを考えているだろうと仮定してしまっている。その中身は相手の知識の過大評価（たとえば相手は化学物質について知っているだろうと考えてしまっている）と知識の過小評価（たとえばホメオパシーのレメディーがとてつもなく薄められていると知らないだろうと推測する）の混合物だ。ここからは効果のないコミュニケーションが始まり、過小評価した場合は侮辱されて見くびられたとの感情が起こって、その結果相手は守りに入ってしまい、猜疑心を募らせるだろう。

真の共通の場をつくり、実際にどこから違いが始まっているのかを双方が理解するのはきわめて重要だ。ダニエル・デネットは著書『思考の技法：直観ポンプと77の思考術（Intuition Pumps and Other Tools for Thinking）』（阿部文彦、木島泰三訳、青土社、2015年）の中で、この理想的な状態へとぶれずに確実に達するために設計された3段階のプロセスを提示している。

- *相手が表明しているよりも、うまく相手の立場を表現し直す。*
- *お互いに合意に達した点をリストアップして、とくに相違点を列挙する。*
- *相手から学んだことを何であれ表明する。*

ステップ1は、友だちの立ち位置を相手が言うよりもうまく表現することだ。

これは2つの効果がある。友だちはまず、あなたが相手の言わんとすることを理解していて、本気で議論しようとしていること、そして相手を見下したり、バカにしようとしたりしていないことを見てとるだろう。相手の主張を相手よりもわかりやすく表現することで、あなたは一目置かれるようになり、相手の主張に対する反論の妥当性もさらに評価されるようになる。友だちの考えを本人よりもよく理解しているからだ。

この議論の方法は好意の原則／善意解釈の原理と呼ばれる。ウィキペディアで記述内容についての意見の相違を巡る議論では「善意にとる」のを原則とする

が、これも関連する考え方だ。友だちの主張を最も好意的に解釈してみせることで、自分の中にあったバイアスを批判的に見て、時には笑い飛ばすこともできる。相手の主張にできる限り沿って、相手の根拠も効果的に使ってみる。こうすることで、論理的な問題が明らかになったときに、打撃が大きく、共通の理解の上で論を検証してきた友だちも真剣に向き合わざるを得なくなる。

ステップ2　合意点をリストアップしよう

これはゆっくりと手探りしていく過程になる可能性もある。合意点が何かがいつも最初から明らかになっているとは限らないからだ。どこに意見が分かれる境界線があるかについては、少しばかり探索をする必要があるかもしれない。まず、議論の余地がなく、かつ今扱っている話題に直接関連しているものから始めると良いだろう。たとえばケムトレイルなら空港周辺の大気汚染が気がかりかどうか聞いてみよう。気にしていると言われたら、自分も心配しているのだと問題意識を共有しよう（気にしているのなら、だが）。

私は以前ロサンゼルス国際空港から10マイル（16キロ）ほどのところ、そしてサンタモニカ空港からちょうど1マイル（1.6キロ）のところに住んでいた。2つの空港からの騒音に悩まされたし、ジェット機の排気が大気汚染に繋がらないかと心配もしていた。

激しい議論になりそうな話題であれば、一般的な議論のパラメータの感触を探るために最初は関連のない話題で話すのが良いだろう。これであなたも相手もお互いの考えを少しばかり知ることができる。たとえば、私が有名なケムトレイル論者と会ったとき、最初は製薬業界の話をした。それから人々の幸福よりも利益を優先している分野についてお互いどう考えているかについて、具体的にはわざわざ発明されたように思える慢性社会不安のような症状向けの薬の販売戦略について話した。この話題について話し、いくつかの意見の相違があることがわかったことで、初対面の緊張がほどけ、双方が相手の意見に耳を傾ける意思があること、反対意見には悪意がないのがわかった。

ステップ3　友だちから学んだものがあれば、すべて述べる。

これがもたらすものは一つではない。まず親密さが増す。友だちがあなたとコミュニケーションしていると実感するからだ。さらに友だちはあなたの知っていること、理解していることの全体像をよりはっきりと描けるようになる。つまりこれで、共通の地盤が固まることになる。あなたが相手から学ぶことが、相手が

あなたから学ぶ基礎をつくることになるのだ。

本当の関心事は何かを知って受け入れよう

　陰謀論者には実は本当に懸念していることがあると言われると直感に反すると感じてしまうかもしれない。実際、極端な陰謀論のあまりにもバカバカしい性質を見ると、陰謀論者をすぐさま退けたくなるのも無理はない。だが、ここで言う友だちの本当の関心事は陰謀論の極端な主張のことではない。そうではなく、陰謀論の領域に関連した現実世界の懸念のことだ。

　ケムトレイルについて考えてみよう。一見バカバカしい説が主張しているのは何十年も前からのもので、気候改変の秘密計画があり、飛行機から何かをまき散らしているというのだが、この間誰にも気づかれることなく、誰も問題を指摘していない。とはいえ、これは現実に懸念がある分野だ。飛行機はほかの乗り物と同じように大気汚染を起こす。飛行機が残す飛行機雲の成分はただの水だが、飛行機の排気は大気の上層に汚染物質をまき散らしている。飛行機は少量だが毒性のある化合物と大量の二酸化炭素を排出して大気汚染に加担している。晴れた日の青空が飛行機雲が原因で白っぽい雲に被われてしまうこともある。これは光景への公害だ。飛行機雲で空が被われると夜間、熱が閉じ込められて、温暖化に加担してしまうこともある。

　惑星工学自体にも実際に懸念される問題がある。気候と人間の健康に対する潜在的な副作用に加え、大規模な気候への働きかけを実施したら、そしてその後停止したら何が起こるかは予測不能だ。科学政策研究者のローズ・ケアンズは、ケムトレイルは惑星改造を現実に実施する秘密の方法だと信じるケムトレイル陰謀論信奉者について、惑星改造に関して懸念を抱くのは間違っていないと述べている。ただ、現実に惑星改造が始まっていると考えるのは間違いなのだが。

　懸念と恐怖は同様の論理で、ケムトレイルについての議論ともっと広い気候変動についての議論の両方の原動力になっている。ケムトレイル陰謀論の物語には惑星改造を実用化したいという新興の科学政策に対する重要な洞察と影響への懸念がいくつも含まれていて、これらを「妄想的だ」「病的だ」と一蹴してしまうことはできない[*1]。

　もし、911真相究明論者がテロ事件はイラク戦争の口実として使われたと言ったり、ケムトレイル信奉者が惑星改造は危険すぎて早急に実施するべきではないと言ったり、平面地球論者が我々は科学の権威に盲目的な信頼を置きすぎている

と言ったりしたら、その通りだ、主張は理解できる、と言ってほしい。そして、うまくいけば、ここからいくつかの共通の地盤を見つけることができるかもしれない。

ここではあなたが個人的にこれが問題だと考えているかどうかは関係ない。相手は飛行機雲が空を被ってしまうことがあるのが気に入らないのかも知れない。あなたはまったく気にならなくても、気になる人がいるのだというのはわかるだろう。考えたこともない問題かもしれない。どちらにしろ、相手が問題だと考えていることだけはわかったと伝えることはできる。懸念を共有しているわけではない。これを共通の地盤とは呼べないかもしれないが、相互の視点を理解し合ったという意味では共通の地盤だろう。

もっと広いレベルでは、ほとんどの陰謀論の根底に横たわるのは権力者への根強い不信感だ。あなた自身がどれだけ同様の不信感を共有しているかを説明するのは非常に重要だ。ここでは嘘偽りなく正直に信頼しているのは誰で、信頼していないのは誰か、なぜどれほど信頼しているかとその理由を伝えよう。権威への不信、少なくとも疑念は持つべき健全な性質だ。

懸念を共有しているというところまできたら、その懸念を検証しよう。同程度の懸念を共有していない場合は、相手がなぜそこまで心配しているのかを理解しようと試みて、その理解を相手に話そう。基本的に意見が相違する場合は、少なくともその不信感と意見の不一致を認めて議論し、状況についての共有理解を使って、実際の証拠に対して建設的な探査を積み重ねていこう。

ウサギ穴に光を

ウサギ穴からの脱出に必要なのは自分の現在位置を見極め、このままだとどこへ行くのかを考え、そして位置を変える方法をと知ることだ。カール・セーガンが著書の『悪霊にさいなまれる世界』の副題で科学を「知の闇を照らす灯」と表現したのは有名だ。

どの国でも我々大人は子どもたちに科学の方法と人権について教えなくてはならない。それがあるから、一定の良識、謙虚さ、共同体意識が生まれる。我々はこうした人間としての徳を持つことで 悪霊にさいなまれる世界に暮らしているのだが、周囲の暗闇を遠ざけているのはこの科学という灯火だけだと言える[*2]。

灯火は偉大だが、十分ではない。懐中電灯、スポットライト、投光器も必要だ。非常口用照明、暗視ゴーグル、照明弾、ストロボフラッシュ、松明もいる。

ウサギ穴は大規模で、多くの人が落ち込んでいて、蝋燭の火だけではとても足りない。ここまででウィリーのような人々がどうやって 方向を変えるための中心軸を見いだしたかを見てきた。重要な情報が与えられた結果、真実だと思い込んでいたことに疑問を持つようになったのだ。ほかの人々、たとえばアビー・マーティンはゆっくりと現実社会について学ぶことで、徐々に変化した。

　私はこの2つの事例を、それぞれ、ウサギ穴の闇を照らすスポットライトと投光器と呼んでいる。

スポットライト・デバンキング

　スポットライト法は主張中の一つのエビデンス、あるいは一つの主張にだけ光を投げかける。どの陰謀論にもほとんどの信奉者が共有している核心となる事象がある。ケムトレイルの場合、ただの飛行機雲は数分間しか持たないというのが最も広く共有されている核となる信条だ。これは過ちで、多くの雲についての古い本が飛行機雲を取り上げて、条件によっては飛行機雲はなかなか消えないと述べているのが非常に強力なスポットライトとなってくれる。

　私の個人蔵書には20冊ほどこうした本がある。2014年にはこれらの本を使って4分ほどの動画をYouTubeに投稿した。この動画で私は、飛行機雲はすぐに消えるが、ケムトレイルは消えないと言われているのは間違いだと述べた後、雲についての70年前の本から順に出版された年代を言って、飛行機雲がどの程度消えずに残るかについて述べている部分を読み上げた。

　これは陰謀論の核心に強い光を投げかけた。信奉者がこれを利用してケムトレイルの噴射は何十年も続いてきたということは可能だが、飛行機雲はすぐ消えると言っている人たちの多くは、そう言われればケムトレイル陰謀論に出合う前は、飛行機雲を気にしたことなどなかったという個人的な記憶とこの指摘を合致させるだろう。少なくとも、このスポットライトは陰謀論の問題を浮かび上がらせる。飛行機雲がすぐに消えないのなら、なぜケムトレイル陰謀論を広めている人は消えるというのだろう？　そしてすぐに消えるのなら過去70年にわたる「雲の本」は消えないと書いているのだろう？

　イギリスの新聞ザ・ガーディアン紙の記者キャリー・ダンは北カリフォルニアに住むケムトレイル信奉者カップルにこのスポットライトを投げかけた。

　私はタミとロブに陰謀論を暴くブログ「メタバンク」を運営するミック・

ウェストの YouTube ビデオを観せた。ウェストは、70年間に渡る雲の科学の本を使って、なぜ大気条件に応じて、飛行機雲は急速に蒸発するか、持続して広く薄い巻層雲（薄雲）に成長するどちらかになるのかという理由を説明している。

　この動画による説明を観た後も、ロブは「何も（彼の）考えを変えることはない」と主張しているが、タミは動画が彼女を「塀の上に置いた」と言う。*3

　動画を観ただけですぐに境界線上に立ったというのは、心強いように思えるかも知れないが、本当の問題はこの効果が時の試練にどれだけ耐えられるかだ。ダンは2か月後に2人を再訪した。最初の言葉通りロブは考えを変えていなかったが、タミは可能性を受け入れるようになっている、少なくとも知的な可能性は否定していないと見えた。

　しかしタミは、

　　疑問を持つようになった。農作業が忙しくなければもっと調べていただろうと言う。もっと情報が必要だけど、空の太い飛行機雲を見ると、絶対ケムトレイルにしか見えないと思っちゃう。子どもの頃あんな雲は見たことがない「何かが進行中だ」と直感が言ってる。

という。

　部分的な失敗の要因は2つある。1つは説明が腑に落ちるまでスポットライトを十分長く当て続けなかったことだ。だがもっと大きな要因としてあるのはカップルが意見を変えるのは難しいという事実だ。パートナーはお互いを支えたいと思うものなので、自分の大切な相手の信条を否定するように自分の考えを変えるのは抵抗があって当然だ。パートナーを守りたい人は、スポットライトに背を向けて光を遮るのだ。

　ケムトレイル陰謀論には、ほかにもいくつか予想とは違うかも知れないが核となる主張がある。私はバラストタンク問題（試作機のバラストタンクが「ケムトレイル用の薬品タンク」だと誤解されているもの）を簡単に修正可能な単なる小さな間違いだと認識していた。私は長い原稿を書き、間違って引用されている飛行機のタンクの画像の例をたくさん載せてメタバンクに投稿した。実のところ大きな反響があるとは予想していなかった。簡単で面白い調査というだけだった。

そういうわけで、このバラストタンク問題がウィリーがウサギ穴に落ちるきっかけだっただけでなく、抜け出すきっかけにもなった（「これで人生が変わった」）と聞いて非常に驚いたのだった。こんなに簡単に真相がわかるものにウィリーが「何年も」騙されていたのなら、ほかにも彼が騙されていた何かがあるはずだし、ウソをつかれていたのに気がついていない何かがあるはずだ。ウィリーが本当に心を開いてこうした何かを探すようになるや否や、騙されていたあれこれが明らかになり始めた。

　スポットライトは目もくらむように明るく輝かなくてもいい。その人にとっての肝心な場所を照らせば良いだけだ。チャンスはそれほど多くないかも知れない。なので、スポットライトを当てようと考えているなら、相手が信じることがらのどこに光を投げかけるべきかを探り当てるために十分な時間をかけるようにしよう。

フラッドライト（投光器）・デバンキング

　消えない飛行機雲や飛行機のバラストタンクなどの鍵となる一片の情報を得て、方向転換することで、ウサギ穴に落ち込み、また、脱出への旅を始める人もいる。しかし証拠の圧倒的な重さが確信につながっている人たちもいる。陰謀論には、しばしば「証明」と呼ばれる陰謀論を支える膨大な量の証拠があり、これに対応する証拠が存在しないように見えるので、彼らはウサギ穴にはまったままなのだ。

　こうした信条の基盤が広い人々は、サンシュタインとフェルミュールが「不自由な認識論」と呼んだもの、つまり狭くて限定された一セットの情報源を持っている。

　多くの陰謀論者にとって、ある一つの「証明」が間違っていると言われるのはなんの問題にもならない。そもそも彼らはあなたの説明を本当には信じていないのだが、信じていたとしても、すべての「証明」は一つひとつがそれ自体でほぼ絶対的な証明なので、（一つ欠けても）信条とは無関係だ。つまり一つでも「証明」があれば彼らの信念は揺らがないのだ。

　フラッドライト（投光器）・デバンキングはすべてに光を投げかける方法だ。もし陰謀論者が平面地球の200の「証明」をリストアップしているなら、最も良いのは200すべてを検証することだろう。あるいは少なくともすでに検証している人を見つけることだ。911陰謀論ならまずはドキュメンタリーフィルム「ルー

ス・チェンジ」のかなりの部分について論破するか、911の真実を求める建築家
とエンジニアたち（AE911Truth）のあげる高層棟に関する「10のキーポイント」
の10項目すべてと「NIST WTC報告のとくに疑いの残る25のポイント」すべ
てに答えない限り何も始まらない。

　フラッドライト・デバンキングには見通しをもたらすという意味合いもある。
陰謀論者は世界と権力と政府が現実にどう機能しているのかについて歪んだ見方
をしていることが多い。それならば実際に日常的に起こっている政府の腐敗を検
討してみよう。たとえば選挙資金やロビーイング（陳情活動）についてだ。911
に関しては実際の陰謀、現実の偽旗イベント、ノースウッズ作戦のような偽旗作
戦の疑いのあった作戦の実際を見てみよう。こうした実例を友だちが世界貿易セン
ター高層棟に起こったと考えている内容と比較してみよう。ケムトレイルに関
しては実際の気候工学研究の現状を示して、これを彼らの説に当てはめてみるよ
うに問いを投げかけよう。惑星工学で何をどうするべきなのかもわかっていない
のに、惑星工学を実施することなどできるだろうか？　平面地球論なら海岸に行っ
て、地球が丸いがゆえに地平線に隠れる遠くの島々を観察することができる。

　最も有益な視点は、単に社会がどう機能しているかを理解することだ。富は
どうやって生み出されている？　法律はどうつくられる？　選挙はどういう仕組み
になっている？　フォーブス誌の億万長者リストに載っている人は現実には誰と
誰？　科学の基礎はどうやってつくられる？　科学者と科学を学ぶ学生は何人い
る？　戦争はなぜ起こる？　ロシアのオリガルヒはどのように権力を得た？　ほかの
国々はアメリカについてどう考えている？　ダボスについては何が話題になって
いる？

　最初は、こうした話をするのは難しいと感じるかも知れない。友だちがそもそ
も自分はあなたよりはるかによく世界の本当の動きを理解していると感じている
からだ。部分的にはそうかもしれないが、そうではない部分もある。一緒に世界
を発見する旅に出ているのだというアプローチを試してほしい。あなたが学ぶこ
ともあるはずだ。この学びを受け入れれば、友だちもあなたから学ぼうという姿
勢に転じていくはずだ。双方の視点が広がっていけば、ウサギ穴の出口は少し近
づいてくる。

礼儀正しく尊重の姿勢で

　効果的なコミュニケーションが目指すゴールなら、礼儀正しく、友だちを尊重

した方がいい。

　人間は攻撃されたと感じると抵抗してくる。話をしている相手の、あるいは読んでいる記事の、観ている動画の、意図するところが何であれ、自分を何らかの形で侮辱していると感じると、話や記事や動画の内容が妥当だと考えてみる可能性は非常に低くなる。

　フィルは私のケムトレイル・デバンキングサイトの「飛行機雲の科学」の訪問者だったが、私のこの方針には賛同していなかった。フィルは聡明で、飛行機雲の科学に詳しく、ケムトレイル陰謀論の問題点のほとんどを理解していた。ほかの投稿者の主張に対して簡潔な説明で反論し、理解の助けとなる実際の科学に基づいた全体像を述べた。

　だが、フィルはいつも自分の投稿の最後を「もっと勉強しろ」「学校でやり直せ」あるいは「ただの、無知だな」といった言葉で締めくくるクセがあった。時にはもっと侮辱的に「勉強不足のケムトレバカ」「勉強不足の単純野郎」さらに「メンヘラー」とまで言い、「偏執狂は専門家に見てもらえ」と促した。

　これは2つの反応を引き起こした。まず、フィルとコミュニケーションすることになったケムトレイル信奉者がフォーラムからいなくなるか、あるいは即座に話が炎上して元の話題そっちのけの侮辱の応酬になる中で、コミュニケーションの成果があるどころではなくなってしまった。

　次にサイトが荒れて雰囲気が悪くなった。この環境の悪化はほかのデバンカーにも波及して、彼らの評判を落とした。フィルは熱心で多数の記事を投稿していたので、サイトを訪れた人はフィルの意見がこのサイトの意見だと思いやすかった。ほかの訪問者からは、フィルは知的俗物で、傲慢で、反対意見を軽蔑しているという意見が出てきた。また、フィルは陰謀論信奉者の意見に耳を傾ける気がまったくないという意見もあった。信奉者は自分たちの信じるところに感情的、知的にすべてを投じてきているので、フィルが放つ否定で横面を張り倒されたように感じた。面と向かった侮辱に等しい衝撃だった。もっと礼儀正しいデバンカーが説明しようとしても、事態はすでに取り返しがつかなくなっていた。守りを固め、どんな働きかけも拒絶するような状態になっていたのだ。

　私は何度もフィルに事態を説明して、説得しようとした。だが、フィルは私の批判を個人的な侮辱だと受け取ってしまった。とうとう私はフィルを出入り禁止とした。フィルは基本的には良い投稿者だったので、重い決断だった。だが、フィルの侮辱的な態度が引き起こした損害は、彼の投稿の有用さと貢献を越えてしまっていた。有用で科学的な投稿も侮辱のための序文に過ぎないように見えて

しまっていたのだ。

　フィルのようにならないでほしい。友だちがバカで勉強不足で、それどころか頭がおかしいと思ってしまっても、事実に注目する方がいい。どこで間違っているのか、足りない情報は何かを示して、情報ソースの間違いを丁寧に説明しよう。お前はバカだと言わないでほしい。礼儀正しくしてほしい。お願いだ！

逆噴射効果を避ける

　バックファイアー効果（逆噴射効果）は時折起こる現象で、誤った信条を正そうとする意図が裏目に出てより強く信じ込ませてしまう。これは、間違いを信奉する人が過ちを正そうとする働きかけと戦ってしまうので起こる。

　オンラインでデバンキングを試みる人なら、非常に論理的な反論を提示したのに、相手がさらに守りを固めてしまった経験があるのではないだろうか？

　逆噴射効果に関する研究の大半は比較的新しいもので、政治的信条が絡む気候変動などについての考えを対象にしている。2010年のナイハンとライフラーの研究では：

　　こうした誤った、あるいは根拠のない政治に関する信条を改めさせることはできるのだろうか？ ……結果から見ると、ターゲットとしたイデオロギー・グループが共有する過ちを減らそうとする修正の試みはしばしば失敗する。我々はまた逆噴射効果が実際に起こり、グループの誤解が増加したいくつかの事例を記録している。[*4]

　この研究から間もなく、レヴァンドフスキーとクックが「デバンキング・ハンドブック」（ウェブサイトで公開、2020年改訂版あり）を書いた。この本は気候変動否定論の問題に焦点を当て、逆噴射効果の影響を回避する方法を論じている。その3つの戦略とは、

　　神話（訳注：真実だと広く信じられている架空の物語）のデバンクには問題が多い。細心の注意を払わない限り、誤情報をデバンクしようとする努力は意図せずにデバンカーが正そうとしている誤情報を補強してしまう可能性を持っている。こうした「逆噴射効果」を避けるために、効果的なデバンキングに必須の3つの主要要素がある。第1は、誤情報への

反論は神話部分ではなく、中心となる事実に焦点を置く。神話部分は身近すぎるのだ。2つ目は神話に触れる場合には、この神話は誤りであることを事前に読者に告げておく。最後に反論には対象となっている元の誤情報の重要な性質について、代わりとなる説明を加えるべきだ。

このアドバイスが基づく考え方は、あるトピックを効果的にデバンクするためには、最初はトピックそのものには触れず、次に手間だが、まず間違いであることを表明してから触れ、3つ目は間違いを指摘したことで生じる精神的な空白部分を埋めるものを提供するということだ（その後、著者らは4つめのアドバイスを付け加えている。可能であれば情報を図示するというもので、これは良い考えだ）。

この噴射効果を避けるためのアドバイスは基本的に悪くない。だがしなくてもいい苦労をわざわざする必要はない。誤情報について話すときに、友だちがなんの話をしているのかわからなくなるほど遠回しに話すべきではない。事実だけに集中するのは素晴らしいが、相手がなぜ信じているのかを理解するのも重要だ。つまり誤った信条についても話し合う必要があるかもしれないのだ。空白を埋める別の説明を提供するのは、かなり有効なやり方だ。だが替わりの考えをうまく思いつけないなら、「それは間違ってる。なぜかっていうと……」というのが一番かもしれない。

たとえば友だちがHAARP（高周波活性オーロラ調査プログラム、アラスカ州にあるオーロラ研究施設）が地震を起こしていると考えているなら、単に地震が起こる仕組みであるプレート・テクトニクスについて説明すれば逆噴射効果は避けられるだろう。だが問題全体に対処しようとするなら、なぜHAARPは地震を起こすことができないのかについても説明する必要があるだろう。HAARPは低出力の無線発信装置で、何らかの影響を与えるとしてもアラスカ上空の空の1点に対してだけなのだ。

研究調査から得られた教訓を友だちの個人的な状況に適用するときには十分注意する練習をした方がいい。あなたの友だちの場合、逆噴射効果が問題になることがあるのだろうか？ 2018年にウッドとポーターは論文「捉えにくい逆噴射効果：集団的意識の不動の事実遵守（The Elusiove Effect: Mass Attitude'Steadfast Factual Adherence）」を発表した。著者らは、ナイハンとライフラーの元の研究をさらに進めようとしたのだが、逆噴射効果がまるで存在しないように見うけられるのを発見して、やや驚いた。

すべての実験を通じて、逆噴射が起こるだろう極端な問題を設定して詳細にテ

第5章　デバンキングの基礎技術　103

ストしたにもかかわらず、逆噴射の引き金になるような事実の訂正を特定することはできなかった。事実の逆噴射効果のエビデンスは先行研究が示唆しているよりもはるかに希薄だった。概して市民は、事実情報に注意を向ける。その情報が自分たちのイデオロギーの枠組みと相容れなくてもそうするのだ。[*6]

一方、逆噴射効果と事実情報の両方に注目し、チャンらが2017年に実施したメタアナリシスでは、逆噴射効果はある程度確認された。

> この分析では詳細なデバンキングのメッセージはデバンキング効果と正の相関関係があった。しかしながら、驚くべきことに詳細なデバンキングのメッセージは誤情報抵抗効果とも正の相関関係があった。[*7]

チャンらから学ぶべきは、代わりの説明をする必要よりも、説明がなぜ間違っているかについて詳細な事実にもとづく理由を説明する必要があるという点だ。注意すべきは、人々は不合理な反応をする動機があれば不合理に反応し、イデオロギーが攻撃されたとみなすと、反撃してくるということだ。だがそれと同時に、人々は事実に関する情報に強く注目する。チャンは働きかけを「詳細なデバンキング」と解説しているが、これはメタバンク・メソッドの2つ目の大項目、「有用な情報を提供しよう」と合致する。

私の経験では、逆噴射は概ねコミュニケーション法の問題の結果として生じ、提供された情報によって起こることはない。

人は軽視された、あるいは信条を笑われたと感じたときに怒るので、礼儀正しく、相手を尊重して対応しなくてはならない。本書に登場するウサギ穴脱出者の物語を読んで気がつくのは、それまで知らなかった有用な情報を得たことで脱出が可能になっていることだ。ウィリーはケムトレイルの「薬品タンク」がバラストタンクに過ぎなかったことを知った。スティーブは、飛行機雲は実はすぐには消えないことを発見した。リチャードは、鉄は融解温度に達するまで熱せられなくても脆くなることを発見した。エドワードは、NIST（米国国立標準技術研究所）が第7棟の崩壊に関する詳しい解明を行っていたことを発見した。シュテファニーはケムトレイル陰謀論を広めようとしている人たちが、旅客機にむけてレーザー光線を照射しようとしていたことを発見した。

彼らすべてが、ウサギ穴から脱出していて、それまで知らなかった有用な情報が脱出の一助となった。彼らは丁寧さと尊重とともに届けられた事実に基づく論理的な情報の影響を受けたのだ。たしかに彼らも最初は抵抗した。ある意味当初

のコミュニケーションの試みが逆噴射効果を起こしたとも言える。

だが、徐々に重みを持ったエビデンスが自然と落ち着くべきところに落ち着いた。

友だちに対して有用な情報を供給し続けよう。コミュニケーション、視点の提供、そして心の扉を開くように励ましを続けよう。抵抗は過程の必然的な部分なのだ。数か月から数年かかるかも知れないが、諦めずにがっかりせずに時間をかけてほしい。

有用な情報を提供する

コミュニケーション技術は抽象的に論じることもできるが、有用な情報の提供はきわめて具体的な問題だ。供給すべき情報は何か？ 本書の後半ではこうした鍵となる情報の例といかに伝えるべきかに焦点を当てている。提供すべき情報のタイプを以下に示した。

過ちの明示：何かについての間違いについての率直な説明はデバンキングの核となる部分で、我々が最もよく体験することだ。もし、誰かが世界貿易センタービルの火事がビル崩壊時にはほとんど消えていたと考えるなら、崩壊の数分前にグレッグ・セメンディンガーが撮影した、北棟が高さ40フィート、幅200フィートの炎の壁に包まれて炎上している写真を見せればいい。[*8]

これだけで価値判断を伴わずに間違いを伝えることができる。

説明：間違いの指摘は説明の必要がないこともあるが、何が起こっているのかについて、さらに完璧な説明を加えた方がうまく行くだろう。これによって問題の根底となっている詳細な事実を論じ、あなたが間違っていると指摘した友だちが信じる説明に代わる現実的な説明を提供することになる。わかりやすい実例を使うのが最も良いだろう。たとえば、相手が世界貿易センタービル崩壊数週間たった時点の瓦礫の山の下にある「ホットスポット」がテルミットの証拠だと主張している場合、テルミットはごく短時間で燃え尽きることを説明し、さらに埋め立て地の地下で数週間、数か月、時には数年も燃え続ける火についての記事を見せよう。[*11]

情報源を明らかにする：人身攻撃（意見ではなく意見を発した個人に向けた攻撃）はファラシー（論理誤謬）だと、しばしば指摘される。陰謀論を述べる人物を攻撃したところで、論の過ちを証明することはできない。主張そのものを対象にし

第5章　デバンキングの基礎技術　105

なくてはならない。これは一般的な良いルールなのだが、ある重要な状況にだけ
は適用できない。友だちが権威を利用しているときだ。

　友だちがAE911Truth（911の真実を求める建築家とエンジニアたち）の何千人
という専門家がそう言っているから911テロは制御爆破解体だったというなら、
AE911Truthは多くの非専門家を含む集団で、しばしば間違っていて、情報が間
違いだと証明されたあとも長期にわたって誤情報を繰り返し発信してきた歴史が
あると指摘するのは完璧に論理的だ。

　これは個人攻撃でも恨みによる攻撃でもないとはっきりわかるようにしよう。
友だちがこの団体が信頼できる権威のある情報源だと主張したら、単に友だちの
考えとは違って、信頼できない情報源で、権威もないと証明するだけでいい。

　情報源がやってしまった間違いを指摘し、さらにいつまでも嘘を繰り返してい
るのを見せるのは、友だちにもっと批判的に情報源を見ようと伝えるすごく良い
方法だ。

　視点：その説はもっともらしい？　現実世界ではどうなるだろう？　陰謀論が
人々を惹きつけるのは、人々がその主張の文脈と意味に関して真に良い視点を
持っていないからだ。子どもたちの銃撃事件を捏造して誰に現実的な益があるの
か？　1兆ドルはどれほどの額か？　世界貿易センターに使われていた鉄骨、コン
クリート、壁材の総量は何トンになるのか？　空の交通量は1980年代からどれほ
ど増大しているのか？　人間が地球は丸いことを発見したのはいつか？　構造エン
ジニアの何％が世界貿易センタービルは制御爆破解体で崩壊したと考えているの
か？　口を塞ぐ必要のある科学者の数は何百万人か？　そんなことが可能なのか？

　本書の次の部分ではこうしたタイプの欠落情報コミュニケーションについての
実用的な事例について見ていくことにしよう。

　まずスペクトラムを構成する主要な4つの陰謀論を見ていくことにする。ケム
トレイル、911制御爆破解体論、偽旗、そして平面地球だ。この4つの分野でウ
サギ穴を脱出した人々の体験談を通じて彼らと会うことになる。だが、最初に陰
謀論のウサギ穴深くで何年も過ごし、脱出後、かつてウサギ穴の奥底でともに過
ごした仲間のために、相手を尊重するコミュニケーションで有用な情報を提供す
る活動を始めた人に会うことにしよう。

第6章
スティーブの場合
—— ウサギ穴を抜ける旅 ——

　スティーブとは「飛行機雲の科学」サイトで知り合い、何度か直接会ってもいる。

　彼は古いタイプの陰謀論者で、ウサギ穴脱出後、今は自分がウサギ穴に残してきた人々を救うべく活発な試みを続けている。スティーブがウサギ穴に落ちたのはケムトレイルや911よりもずっと前で、ウォーターゲート事件（訳注：1974年）と宇宙人がきっかけだった。

　　始まりは1973年で、シカゴの美術学校でシャーマン・スコルニックという男に出合ったことだった。そのころ私はカメラマンとして働いていたんだが、あいつはワシントン発シカゴ行きでドロシー・ハント（訳注：ウィーターゲート事件に関係したCIA工作員の妻）が乗ってた飛行機553便の墜落はニクソンが設立した麻薬取締局長が仕組んだことだと主張していた。すっかり証拠が揃っていて、たとえば、パイロットの血液からは薬物と高濃度の青酸カリが発見されていると言うんだ。信じられないようなことだらけで、あいつはスピロ・アグニュー（訳注：ニクソン政権の副大統領）は辞任するだろうとも言ってて、数か月後、アグニューは辞めた。私はあいつが知っているような情報は何も知らなかった。インターネット以前だったんだ。そういうことで、頭の中に種がいくつか撒かれたわけだ。政府は腐敗してるとか、連中は事件の裏側で妙なたくらみをするとか、その類いの。それが始まりだった。

　　その後、私はザカリア・シッチンの超古代宇宙人説にすっかりはまってしまった。シッチンの本は全部読み、歌手のファンになるように、すっかり魅了された。そこからデイビッド・アイクのファンになって、彼の911についての最初の本『不思議の国のアリスと世界貿易センター事件（Alice in Wonderland and the World Trade Center Disaster）』を読んだ。世界の裏側で世界を支配している超古代の宇宙人たちの世界政府を事件の裏側の企み

すべてに結びつけている本で、私がシッチンを読んで得た知識すべてを裏付けていた。

その当時は、自分がこれを最初に知った一人だと思って興奮した。新しい秘密の奥義のような情報だったので、エゴが肥大した。突然のように、私は興味深い話ができる男になった。超古代の宇宙人と彼らの911への関与について話せるようになったのだ。誰でもそうだろうけど、ある意味では楽しくなって、これにははまっていった。

スティーブの興味はウォーターゲート陰謀論から古代宇宙人説（ピラミッドのような人類の古代文明の発展において宇宙人が非常に重要な影響を与えたとする説）へ、そして911陰謀論へとスムーズに移り変わっている。スティーブはこうした知識がもたらすエゴの高まり、すなわち特別感を楽しんでいた。それに加えて、もう一つの恩恵である友だちのコミュニティーも発見したのだった。

陰謀論者の中には孤独なタイプの人々がいるという研究を読んだことがある。そういうのは私も見てきたよ。まったくの除け者タイプもいる。変人ってヤツだ、わかるだろ。見たことがあるはずだ。そこへ突然に仲間ができるんだ。毎月1日に集まりをやって、すごく魅力的な女性もやってくるし、終わったらみんなで一杯やってもっと仲よくなるんだ。あれ以来、あんなにたくさんの仲間がいたことはないよ。みんなで世界を変えるという目標に向かって努力してた。いい動画をつくったら、みんなが拍手喝采してくれる。そこで起立してちょっとスピーチをする。あそこは素晴らしい友情で満ちていた。デモだってワクワクした。私たちは革命の先駆けとなる歴史に残る人々で、この恐ろしい政府に対して世界を目覚めさせようとしていたんだ。

刺激的だった。ファミリーだった。楽しかった。そして、今まであまり社会的な生活をしてこなかった人たちにとってはその部分を満たすものだった。

陰謀論を信じていたせいで、家族や普通の友だちと疎遠になっていた人も多かったので、その代わりにもなっていた。カルトだとは思っていなかった。世界を目覚めさせるのをゴールとした政治活動だった。愛国運動と同じだ。活動しているときには高揚していて、エンドルフィンが流れ続ける。私にとっては、また、多くの書物を長年読み続けてきたことが実を結びつ

108

つあった。私はリーダーの一人になっていた。活動は我々の世界を支配している政府と宇宙人全部と対峙する巨大なものだった。楽しくて暴力のない革命だった。

　私たちは自分たちが社会に受け入れられていないのはわかっていた。違法ギリギリの活動をしていて、それにまたゾクゾクしていた。グループでサバイバル術を習得した。トパンガ渓谷（訳注：ロサンゼルス郊外の州立公園）に行って、警察や軍隊に追われたらどうするか、どうやって森でサバイバルするかを練習した。このグループはFEMAキャンプ（陰謀論でアメリカ合衆国連邦緊急事態管理庁が取り締まりのために設立したとされる強制収容所）を探しに行ったりもして、怪しげな水道設備か何かを発見した。もう間もなく政府を倒す勢いで、本当にワクワクした。

グループの活動は楽しいファンタジー・ロールプレイング・タイプと妄想に引きずられた暴力一歩手前の革命行動への危険な転落の間を揺れ動いているように見える。

　森でのサバイバルごっこは害のないゲームのように聞こえるかも知れない。だが「FEMAキャンプ」探索は、ティモシー・マクベイがオクラホマシティー（訳注：連邦ビル爆破事件）で168人を殺害した1年ほど前にやっていたタイプの活動だ。[*1]

　陰謀論スペクトラムのうち、宇宙人世界支配陰謀論にまで及ぶ範囲をカバーしてしまった人物であるスティーブにとって、境界線となったのは、もっと中間的な陰謀論であるケムトレイルだった。

　この「ウィ・アー・チェンジ」グループの人々はケムトレイルを本当に真面目に信じていた。あるとき空にAの字を描いている飛行機雲を撮影してインタビュー動画をつくったのだが、グループの人々はそれを指して明らかにケムトレイルで政府の企みだと言った。私は頷きながら撮影を進めていったが、実のところ100％は信じていなかった。単に「航跡」という単語を調べてみようとなっただけだった。すると、短命な飛行機雲がある一方、ほかの飛行機雲は持続して広がるとあり、理由も説明されていた。私はこれを「ウィ・アー・チェンジ」グループの人々に説明しようとした。すると一時的にグループから放り出された。この体験で911真相究明の原因説明も揺るがされた。私はケムトレイルがデマだと説明してグループの

人たちを手助けしようとしていたのに、あの連中はケムトレイルに関する話全部を100％支持していた。

　彼らは自分たちがケムトレイルの企みを最初に暴いた人間だと思っていたので、本当に感情的になっていた。これは、ドキュメンタリーフィルム「飛行機雲の謎〜ケムトレイルの目的と巨大企業〜（What in the World Are They Spraying？）」が公開される直前のことだった。つまり、私にとってはそれが調べ始める契機だった。そしてあなたのサイト（飛行機雲の科学）が登場したばかりだったので、私は守備を固めるために多くの情報を使わせてもらった。私がケムトレイルを信じないので、最悪の政府の工作員だと思い込んだ一人の男性とはもう少しで喧嘩を始めるところだった。そんなことがあってグループを離れることになった。

　スティーブは「ウィ・アー・チェンジ」を離れたあと、組織がどうなるかを見守っていた。グループ内の人々の多くと友だち付き合いは続いていたし、会合やデモにも参加して「ケムトレイル」についてわかったことを説明しようとした。だがグループに気になる動きが出てきた。これに気がついたことで、スティーブはさらにウサギ穴の外に向かうことになった。

　グループメンバーは本来かなり知的で、頭のいい人々だった。だが、最近リーダー的存在になってきた連中は言ってしまえば奇妙だった。ほかの陰謀論、サンディー・フック（サンディー・フック小学校銃撃事件はやらせだったという説）とかを鵜呑みにしていて、そういうのはすべての陰謀論を汚すような行為だった。そのせいでグループは分裂して口論が起こり、権力闘争みたいになっていた。

　私は彼らに受け入れてもらえず、行く度に私に暴力を振るう寸前までになった。だから、近づかないことにした。

　グループと別れたスティーブは911陰謀論をより深く検証してみることにした。スティーブが挑んだのは、最深層であり、真相究明活動家たちが最も強力な証拠だとみなしている第7棟だった。

　グループを去ったのち、911陰謀論を本気で検証する勇気を得た。「911の神話」サイトに行ってみて、いくつか誤りはあったが、なかなか良かった。

けれども本当に自分にとって重要だったのは第7棟だった。ずばり本題に入ると、ビルが倒壊した理由を探りたかった。第7棟を巡っては山のような話がある。スプリンクラーから水が出なかった、ビルの側面の損傷、南面の動画と写真があって窓から煙が吹き出しているのが見える、すべての窓が割れていた。こういうのはすべて公開されていなくて、真相究明運動家も見たことがなかった。みんな、この情報があることさえ知らなかった。これを見たのが私にとっては鍵が開く瞬間だった。

　私は NIST（米国立標準技術研究所）がビルの崩壊過程を解明したスライドショーをプリントアウトして、それから「ウィ・アー・チェンジ」グループの911デモに行ってメンバーに説明しようとした。最初は怖かった。なぜならこれから友だちに反対することになるからだ。だが、みんなが私のまわりに集まってきて勇気が出てきた。みんな見たことがなかったんだ。その時はデモには40人から50人が集まっていた。が、その後は本当に数人になった。つまり私は影響を及ぼしたわけだ。

　それから私はグループではほぼ悪役扱いになった。あるときミーティングに行ったら、リーダーの一人で女優のケイティが拡声器で叫んでいた。「検索して！　第7棟とググって！」で、私は彼女に向かって「検索したよ。あなたは調べたの？」と言ったのを覚えている。それ以来彼女はデモに出てこなくなった。

　もう一つはここ LA でのオキュパイ運動の時だ。ジェレミー・ロスが911に関してニュースキャスターのヴァン・ジョーンズのところに押しかけようとしていた。だから言ったんだ。「ジェレミー、聞けよ。これを見て理解しなくちゃ。ビルは運動力で崩壊した。ビルの床材、あれがエネルギー源だったんだ」。自分にできる限りヤツに説明したら、この計画は中止になったみたいだった。彼に「お前は頭が良いんだから現実に即して活動するべきだ」と諭した。それ以来、911デモでヤツを見かけたことはない。実のところ、4人の設立者はもう誰もデモには行っていない。みんな、やめたんだ。

スティーブが活動をやめて10年近くたつ。その間、なぜウサギ穴にはまったのか、なぜ脱出できたのか、他の人々をどう助けるかを振り返って考える十分な時間があった。

　大部分はただの怠慢さだ。ウサギ穴に落ちて、何か新しいものを見つけ

たと思ってしまう。そして、誰も反対意見を言う人がいないので、どんど
ん深みにははまってしまう。私に起こったのはそういうことだった。911に
対する反論は一つもなくて、いつも政府がメディアを操作していると説明
されるだけだった。それで自己確証が続き、どんどん孤立していった。

　実のところ決定的なのは勇気が持てるかどうかだけだ。（グループのリー
ダーたちが）信頼を失った時、彼らの言ってることに挑む勇気が増す。911
真相解明運動は権威を信じている。AE911Truth（911の真実を求める建築家
とエンジニアたち）のうち、ほんの数人しか構造工学の専門家ではないのに、
地球上すべての建築家とエンジニアがあそこのメンバーであるかのように
思い込んでいる。

　911真相究明運動家の多くが自分たちは最新でほかの誰も知らない情報
を持っていると思っていると、私は考えている。彼らに対して私のような
元真相解明運動家は、いつも「言っていることは、もうすべて知っている。
私も昔やっていたし、デモもやっていた」と話す。ミック、君や君のよう
なデバンカーに対して、連中は自分が知っていることを君たちは知らない
と思っている。だが私の場合、私はもうウサギ穴に落ちたし、情報を知っ
ている。私はあそこにいた。デモに参加し、兵士として戦っていた。連中
の顔を見て、真っ正面から、間違っている、批判的な分析をしていない、
両面から見ていないと言えるんだ。

　連中は別の方向から見る根性がないだけのことがよくある。彼らは家族
にも親戚づきあいにもずっと不義理をしてきたので、そうした全部を取り
消してすべての友だちに対してやりなおすのはとても難しい。つまり脱出
に関する問題の一部は恥の意識なんだってことと、それを乗り越えてしっ
かり情報を見る勇気が必要だということだ。

　陰謀者に彼らが信じている陰謀論についての情報を提供しても無視さ
れがちだが、明らかなイカサマ、たとえばサンディー・フックについて、
話せばいい。そういう意味ではケムトレイルはとてもいい。目に見えるも
のだし、毎日見ることができる。人々はウサギ穴にあっという間に吸い込
まれるが、飛行機雲がどう発生するかについてちょっと情報を提供できれ
ば、彼らは見るし、そういう情報は他の事柄について疑いを持つ小さな勇
気をくれる。

　どうしても聞こうとしない人々もいる。エゴが強すぎて、不義理を重ね
すぎてきた人々だ。私はある男性に対して、主張には反論が出てくるもの

だと、そして批判的思考という凄い思考方法があるという話をした。私は
NISTの9/11のスライドを見せていていたのだが、この人は自分が間違っ
ていたのを瞬時に悟った。そして彼はなんと悲鳴をあげ始めた。家族の元
に戻って自分が間違っていたと説明しなくてはならないという思いで頭を
殴られたようになったのだ。もうノイローゼ寸前だった。

　だから、連中に時間を与えてやって、自分と向き合う勇気を持てるよう
にしてやってくれ。自分の部屋で、ネット上で静かに考えさせてやって、
それから私のところに戻ってきてほしい。私はもう彼らと対峙した。今は
私を信じられないというのはわかっている。だがNIST報告を読むだけで
いい。そうすれば、それのどこが間違っていると考えられるのかについて、
知的な議論ができるだろう。だがそれまでは、本当の意味での知的な信頼
関係は持てない。私は相手にこれを信じないでもっと情報を調べてきて次
回議論しようともちかけるのだが、だいたい誰も戻ってこない。

スティーブは今でも時折地元ロサンゼルスの集会に行くが、昔とは違う。解体
論は縮小してしまって、活動のほとんどはオンラインだ。

　ここロサンゼルスで活動中の唯一のグループは、土曜日にカフェで集会
をしている。911真相解明運動とケムトレイルが合体している、奇妙な、暗
い部屋の中の小さなグループだ。行ったことがあるが、ケムトレイル派が
私の根性を嫌っているので、少し緊張する。私は一つしか質問させてもら
えないし、司会は私の質問を無視して別の人に1時間ほど話させるんだ。

　一度退会してしまえばグループのメンバーではなくなる。911だろうが、
ケムトレイルだろうが、何だろうが、空っぽで取り残されてしまう。グルー
プに入ったときに突然できた友だちはすべて失うことになる。人見知りで
内気な人々は陰謀論グループがすべてになってしまう。グループを離れれ
ば、人生のわずかな友だちも去っていってしまう。これは深い心の傷にな
る。

　私は自分がカルトから抜け出せたことを誇りに思っている。脳内のカル
トのすべてを水で洗い流したように感じている。実際にカルト内にいると
きには、カルトのメンバーなんかではないと考えてしまう。自分はそんな
にバカじゃないと思うのだ。だがカルトの思考はゆっくり自分のまわりで
進んでいって最後には取り囲まれてしまう。

第6章　スティーブの場合──兎穴を抜ける旅──　113

エゴの働きは驚異的だ。誰でもあのワナに落ちてしまうんだ。

　あなたとそしてメタバンクに投稿しているみんなにはとても感謝している。私はあまり書き込みをしないが、最新の情報を得て、自分がアップデイトできているのを確認するために読んでいる。誰か情報を必要としている人にあった時のためにね。

　スティーブの辿ってきた道について話を聞いたのは、私にとって非常に有用だった。スティーブの体験はある意味典型的なものだが、あれだけ長期にわたる完璧な全体像を知ることができるのは希なことだ。彼はYouTube以前の時代に本やビデオによってウサギ穴に吸い込まれた。本やビデオのオカルト情報で自分は特別だと感じるようになり、さらにその特別な情報を知っていることで尊敬されるコミュニティーも見つけた。

　だが彼が信じている事柄の境界線上にある事柄を調べたいという欲求を引き起こした出来事があり、これがスティーブの個人的な境界線を越えることになった。スティーブは911真相究明運動に夢中で完全に信じていたが、コミュニティーのほかのメンバーが信じていたケムトレイル陰謀論について調べた。ケムトレイルは偽情報だとわかり、彼の境界線は動いて、少し固まってきた。彼の周囲の人はケムトレイルと911の両方を深く信じていた。だが彼はケムトレイルに対しては境界線を引いた。そのせいでグループから押し出され、これが911についてももっと詳しく検証する必要を感じるきっかけとなった。そのころには、スティーブは飛行機雲の科学、911の神話、メタバンクのようなデバンキングサイトに助けられ、一人で順調にウサギ穴を脱出していた。

　スティーブは自分が脱出に成功しただけでなく、それ以降多くの人を脱出させてきた。効果的なコミュニケーションをし、有用な情報を提供して、リーダーたちや情報源が抱える問題を暴き、時間を与えるというシンプルなやり方をしてきただけなのだ。

第 2 部

第 7 章
ケムトレイル

図5 カリフォルニア州サクラメント近く
民間航空の定期便による凝縮航路が空を網目状に覆っている
ケムトレイル陰謀論者はこれが計画的な散布の証拠だと考えている

　ケムトレイル陰謀論は高空を飛ぶ飛行機が残していく白い航跡が実は非道な目的のために計画的に散布されたものだと主張している。信じていない人たちの多くは、この陰謀論はマインドコントロールのための薬剤を撒いているという説だと論じているが、それはこの陰謀論のきわめて特殊な一説に過ぎず、実際には信じている人は少ない。
　ケムトレイル信奉者の最もよくある説明は、航跡は天候または気候をコントロールする何かの計画を実施している証拠だというものだ。
　もっと具体的には、この陰謀論の信奉者たちの多くは惑星工学という秘密の気候改造計画があるのだと主張している。この説によると飛行機が残していく、長時間消えない飛行機雲は太陽光線を遮る何かの物質で、地球温暖化に対抗して惑星の気温を下げる目的でつくられているのだという。

この説はある程度までは現実に存在する科学に基づいている。惑星工学は現実的な課題で、信頼できる科学者たちが研究に取り組んでいる。50年以上前から空気中に化学物質を散布することで地球を冷やそうと多数の方法が提案され続けている。だがこうした提案は一つとして仮説検証段階以上に至っていない。唯一実施された注目すべき実験もコンピューター・シミュレーションによるもので、——つまりは、少し進歩した天気予報のようなものだ。これにはもっともな理由がある。地球温暖化の影響を逆転させるための気候操作は簡単に試してみるようなものではない。気候操作は地球全体で行うもので、なぜなら気候は全地球的システムで地域的な変化は早々に地球全体に広がってしまうからだ。また、その影響がどうなるかは本当にはわかっていないし、一度始めたら安全に中止する方法も不明だ。

　ゴーサインが出たと仮定してみよう。だがその結果は中国で劇的に降水量が減り、作物が収穫できず、飢饉が広がり、数百万人が死亡し、中国政府が倒れ、その後に間髪入れず世界恐慌や戦争が起こるだけなどだったとしたら？　逆にインドやバングラデシュでモンスーンによる大洪水が起こり、破滅的で不安定な結果となるだけだったら？

　こうした間違いなく本物の重大な懸念がある以上、秘密裏に惑星工学計画を実施しようという人がいないのはなぜかは明らかだろう。結果がどうなるかわからないのに実施するだろうか？　地球の病状を改善しようというのに、治療の結果、病状がさらに悪化する可能性があるとしたら、実行に踏み切るだろうか？

　この「秘密の惑星工学説」に反論するときにとくに有効なのは、ケムトレイル陰謀論がどれほど古いかを考えてみることだ。この説は1997年前後に当時の典型的な陰謀論者の間で生まれた。「ニューワールド・オーダー」が人口削減計画を進めているとの懸念を持つ反グローバル主義者たちが、この計画に関連して人々を病気にする化学物質が撒かれていると考えたのだ。この説はウィリアム・トーマスが書いた本によって速やかに惑星工学説に変化した。友だちにとってこの説の古さがどんな意味があるか考えてみよう。

　今でさえ、最先端の惑星工学の科学者が破滅的な結果になる可能性がある副作用にどう対策するべきかわかっていないというのに、20年前に何をまき散らしていたというのだろう？

　現在も副作用がどうなるかわかっていないとしたら、20年前にいったい誰が実施するべきだと考えたのだろう？

　この主張が根拠とするエビデンスをデバンクするのと同時に（これは後半で扱

第7章　ケムトレイル　117

う）友だちをケムトレイルのウサギ穴から救出するための鍵となるのは、現実の惑星工学研究の本物の情報を提供することだ。すべての科学論文を展望するのが理想的だが、実用的とは言いがたい。惑星工学分野の実験の現状に注目しよう。自然環境の中で実際に飛行機から物質を散布して、惑星工学の技術の結果を見る試験は、（本書を書いている 2018 年現在まで）事実上ゼロだ。

2009 年ロシアの科学者ユーリ・イズラエルがヘリコプターから地上 650 フィート（約 200 m）から煙を噴射してどの程度日光を遮るかを試してみた[*2]。

世界で最も著名な惑星工学研究者のデイビッド・キースはこの実験はただの広報目的のアドバルーンだったと説明している。実際の惑星工学の手法を使ったものではなかったからだ。2 つ目の試験（現状ではこれが最後でおそらく唯一）は 2011 年にスクリップス海洋研究所が船から煙を噴霧し、飛行機からは低空の雲の上から慎重に塩を撒いて、雲の変化を観察したものだ[*3]。

この 2 つの実験のほかに、片手で数えられるぐらいの数の野外実験の提案がある。2013 年にはキースの研究チームがさまざまな試験計画を論じた論文を発表した[*4]。 2014 年に係留気球を使って散布を試みる試験が提案された[*5]。この計画（SPICE 試験）を実施する準備は始まったが、様々な抗議が寄せられて実施されることはなかった。

キースは 2018 年に多様な試験が行えればと考えている 。前回提案された気球実験を今度はできるかもしれない（訳注：計画の発表はあったが、成果の報告は確認できなかった）。これで研究者は、係留気球は効果がある方法かどうかの見極めができるだろう。さらに、様々な化学物質（二酸化硫黄、酸化アルミニウム、炭酸カルシウム）各 1 キロ弱が飛行機から高空で散布される[*6]。

現在まで、本物の野外実験が実施されていないだけではなく、惑星工学が実際に効果を顕すかどうか、どの方法を取るべきか、副作用として何が起こるか、開始してから中止する必要が出てきたら、一体何が起こるのかについても、まだ、かなりの議論が続いている。2016 年にアメリカ地球物理学連合がまとめた惑星工学研究の現状の分析ではいまだに不確かで、解明と結論が必要な 12 の異なった分野を列挙している。

ソーラー惑星工学を用いるか否か、どのように展開すべきかは、十分な情報を得たうえでの将来における決断となるが、気候に介入した場合のインパクト（意図的なものと非意図的なもの両方）と介入しなかった場合のバランスを取る必要がある。過去 10 年でめざましい進歩があったにもかかわ

ず、知識の現状はこのバランスの評価に対応するにはまだ不十分なままだ。惑星工学の手法としては最も実用的な理解が進んでいると言える成層圏エアロゾル惑星工学（SAG）でさえそうだ。

　知識の現状が気候改造計画の実行の決断に対応できると主張する人はほとんどいないに等しい。計画実行の決断は、最終的には数十年にわたる展開を意味するので、実行する、実行しないという選択それぞれに伴うリスクが混在において妥協点を探る必要が出てくる。十分な情報に基づく将来における決断に対応するためには、研究はSAGにともなう、ここにあげられているような重要な不確実さを指摘することに目的を定めなくてはならない。現在までのところ、惑星工学研究は、科学的な疑問が中心となってきたが、研究が進むにつれ、今後、重要な未解決の工学的および設計上の疑問にも対応する必要が出てくる。「惑星工学は何をするのか？」と質問する代わりに「惑星工学は我々がやってほしい何かを達成できるのか？ それは自信を持ってできることなのか？」と人々が質問しなくてはならないようになってくる。[*7]

　もし友だちが秘密の惑星工学がケムトレイルを明らかに説明していると考えているなら、実際の惑星工学研究の現段階について、可能な限りの情報を提供するようにしてみよう。この分野の世界的一流科学者が、「現在は」惑星工学の効果について、どれほど確信を持っていないかを説明しよう。この陰謀論は1997年に始まったが、現実には、現在でも高空で実際に実験するまでに至っていないと説明しよう。最新の分析でも、まだ「数十年後に」実施する仮定で論じられていることを説明しよう。

　だが、陰謀論の信じがたさと、主張への反証を調べるだけでなく、我々は陰謀論の主張の根拠とされているものも検証しなければならない。年季の入った陰謀論の常で、ケムトレイル陰謀論には幅広い異説のスペクトラムが存在している。これらはそれぞれ異なった証拠のセットを主張の根拠としている。911真相究明運動の場合と同じように、こうした異説にもそれぞれ核となる信条と根拠だとされる主張がある。

　ケムトレイル信奉者の9割がしばしば引用するウェブサイトが一つある。911の場合の、リチャード・ゲイジが運営する「911の真実を求める建築家とエンジニアたち」に相当するのは、ケムトレイルの場合、デーン・ウィギントンの運営

する「ジオエンジニアリング・ウォッチ」だ。

　かなり特殊で謎めいた異説を理解するのが友だちをウサギ穴から救出するために重要になることもあるが、ほとんどの場合、陰謀論者の信条の大部分は比較的単純な核心となる信条のセットに基づいている。ケムトレイルの場合、とくにこの傾向が強い。ケムトレイルのウサギ穴の奥深くに落ち込んでいる人の救出のために彼らの信じる陰謀論の理解を試みるときには、これらの核となる主張の根拠について、直接指摘するのが最も生産的な取り組み方となる。核となる信条はほとんどすべてが核となるウェブサイトで掲載されている。ジオエンジニアリング・ウォッチだ。

　エビデンスがこうやって集中して掲載されているのは、デバンキングの側面から「情報源を考える」うえで非常に有用だ。

　ゲージやウィギングトンのような人々が信用されるのは、性格が良くて、専門性があるように見えるからだ。友だちに対してこうした中心的な情報発信者がある特定のエビデンスについて間違っていることを示せれば、友だちは精神的に解放されて、ほかのエビデンスについても疑問を持ち始めるようになるかもしれない。また、あなた自身もほかの主張に疑問を持つうえでの余裕を持てるようになるだろう。友だちに直接聞いてみるといい。「もし、Aについて間違っているなら、Bについても間違っている可能性があるんじゃないか？」。これは、ほかの主張を全部まとめてすべて間違いだというのが目的ではなく、むしろほかの主張について、新たに検討する必要を示すためだというのを忘れないでいてほしい。

　ここから、ケムトレイルの証拠についての核となる主張を手短にあげ、それぞれについて詳しく述べ、どのように話をしていくのか、よくある否定や反論にどう対処するべきかを論じていきたい。証拠についての主張は、ほぼ友だちが持ち出すだろう順番に並べている。

　飛行機雲はすぐに消える：この説の下敷きになっているもっともありふれた誤認識は、白い航跡はただの凝結なので（寒い日に吐く白い息がすぐに消えるように）いつでもすぐに蒸発するはずだというものだ。実際は飛行機雲も雲の一種なので通常の雲と同じように長く残る。

　また歴史的に長期にわたって、航跡が残る（時には数時間も）証拠として数十年にわたる雲や天候についての本と、古い写真の広範なコレクションがある。

　気象調節は存在している：気象調節（別名人工降雨）は雲の中に雨滴の形成を進める物質を散布して雨量を増やす技術だ。多くのケムトレイル陰謀論者はまった

く聞いたこともない話なので、最初に人工降雨の実例に出合うと、これでケムトレイル説は証明されたと考える。だが人工降雨は、過去60年、何にも隠すところなく実施されてきた。これは、小さな飛行機で雨雲に対して行い、航跡は残さない。

ケムトレイル噴霧を撮影している動画がある：時折ケムトレイルの「反論不能な証拠」として提示される、飛行機がエンジンからではなく、「空気力学による航跡雲」と呼ばれる翼の上に生じる雲を後ろに残している動画がいくつかある。これが噴霧によるものだと誤って認識してしまっているのは、純粋にこのタイプの飛行機雲についての知識の欠如によるものだろう。最適の方法は知識の穴を埋める試みだ。

ケムトレイル飛行機の内部写真がある：こうした写真はバラストタンクを載せた開発中の試作機の写真か、消防用などでタンクを搭載した飛行機の写真のどちらかだ。ケムトレイルの証拠だとされてきた写真はすべてがほかの用途のものだと検証されて説明ずみだ。

化学試験がケムトレイルを証明している：この主張では友だちは空気、水、あるいは土壌の様々な化学分析の結果に何か異常に高いレベルの化学物質（アルミニウムやバリウム、ときにはストロンチウム）が検出されていると見せるだろう。こうした分析試験はほとんどがいつも、自然界にこうした化学物質がどれほどの分量が存在しているかを誤って理解した結果となっている（たとえばカリフォルニア州の土壌の平均8％はアルミニウムだ）。

またサンプル採集技術の低さの結果である場合もしばしばだ。さらに悪いのは、結果の測定単位を読み間違えている場合だ（ミリメーターとマイクロリットルを混同するなど）。

現代のジェットエンジンは航跡雲を残せない：大型機のほとんどは高バイパス・ジェットエンジンというタイプのエンジンを使っている。以前の（低バイパス）エンジンは推力（飛行機を前に押し出す力）の多くをエンジンの後ろへジェットの排気を吹き出すことで得ていた。より新しい高バイパス・エンジンはジェットエンジンタービンの力を使ってエンジンの前部にある非常に大きなファンを回転させ、空気を後方に押し出す。これによってずっと大きな推力が得られる。ケムトレイル陰謀論者は、この仕組みでは飛行機雲は発生しないと主張する。ここで問題となるのは、飛行機雲はエンジンの排気から発生するので、押し出された空気から生まれるのではないということだ。高バイパス・エンジンも低バイパス・エンジンも同じように燃料を燃焼しているので、両方とも飛行機雲を発生させる。

第7章　ケムトレイル　121

これを伝えるのは少し困難かもしれない。

特許がケムトレイルを証明している：ここでの論点は、惑星工学、天候制御、飛行機からの散布の特許が存在するので、それが現時点でケムトレイルを発生させる実効性のある秘密の惑星工学計画があるという証明になるというものだ。これを主張する陰謀論者は特許番号と名前のある長い一覧表を見せるだろう。ここで欠落している情報は特許を取得していても現実には存在していないものが多数あるということだ（たとえば、宇宙エレベーターの本物を見たことがあるか？）。そして陰謀論者の特許一覧には、惑星工学はおろか散布とまったく関係のない特許もたくさん紛れ込んでいる。

写真に飛行機雲をつくっている飛行機とつくっていない飛行機が写っている：肉眼で飛行機を観察していればこれを目撃することも非常に多い。1機は細くてすぐ消える飛行機雲を残し（まったく残していない時さえある）同じ高度を飛んでいるように見えるもう1機は太くいつまでも消えない、さらに広がっていくような飛行機雲を残している。

ここで欠落している情報はわずか数千（時には数百）フィートで大気がいかに違うかということだ。航跡雲の持続性は小さな変化に大きく左右される。たとえば水は0℃で凍るが、1℃では凍らない。このためごく近くを飛んでいても飛行機雲が発生する機と、しない機がでてくるのだ。

政府、国連、NASA、CIA が認めている：この信念を受け入れるようになる理由は様々だろうが、通常は将来の惑星工学の可能性の研究あるいは無関係の天候制御や宇宙探査ロケット（研究目的の科学装置を載せたロケット）への誤解から生じている。

ほかに、ジオエンジニアリング・ウォッチや別のサイトが主張するエビデンスがある。たとえば、ケムトレイルの紫外線レベルが目もくらむほど高い、あるいは航跡がありえない色になっている、あるいは飛行機が大気を変化させるために奇妙なパターンを描いて飛んで、そうすることで HAARP が地震を起こせるようにしているなどだ（訳注：人工地震装置とされる HAARP はアラスカ大のオーロラ観測施設にすぎない）。

こうした主張は「メタバンク」のようなサイトで指摘済みで、少し検索すれば解説を見つけることができるだろう。だが難解な主張については、避けて置く方がいい。こうした主張は信頼できない情報や主観的な価値判断を根拠にしている場合が多く、つまりは友だちがこの説の提唱者を信じているから根拠だと思って

いるだけだ。もっと基礎的な核となる信条のいくつかを説明して友だちに納得さ
せられることができれば、難解な異説への対応はもっと簡単になるだろう。友だ
ちの盲目的に信じる傾向を取り除くことができているからだ。

飛行機雲の科学

　ケムトレイル陰謀論の背後にある誤った主張のいくつかの問題を理解するに
は、飛行機雲の科学の基礎を知っておいた方がいいだろう。できるだけ簡単に
説明するつもりだが、もっと詳しく知りたい場合にはほかにも豊富な情報源があ
る。

　まず知っておくべきなのは飛行機雲については大きな混乱があるということだ
（そしてケムトレイル陰謀論もこの混乱の影響下にある）。飛行機雲（航跡雲）は雲の
一種だ。航跡雲は世界気象機関によって何10年も前から雲と分類されている。
ほかの雲と同じく、航跡雲にはラテン語の分類名がある。正式にはシーラス・ア
ヴィアティカス（航空巻雲）、もっと正確には巻雲ホモジェニタス（人工巻雲）と
いう。

　雲とは何か？　ほとんどの人が雲についてはきわめてざっくりと水蒸気だと
思っている。だが水蒸気は目に見えないガスの一種だ。雲をつくっているのは、
空気中に小さな塵が漂うように浮かんでいる何兆もの液体である水の極小の粒
（液滴）だ。雲の温度が十分低ければ（通常高空で）何兆もの極小の氷の結晶が雲
をつくる。

　航跡ならすぐに消えるという話では、航跡は凝結（結露）だからと言われる。
そして、寒い日の白い息と比較する。これは部分的には正しい。ジェットエンジ
ンの熱い排気の中に水蒸気が含まれていて飛行機雲ができるのは、息が暖かくて
水分を含んでいるのと同じだ。暖かく湿った息（あるいは熱いジェットの排気）が
冷たい空気とぶつかると、温度が下がって水蒸気が凝集する。凝集した水蒸気は
さらに凝縮して雲になる。物理的には空に浮かぶ典型的な積雲の一部で起こって
いることと、大差はない。

　だが白い息の凝集はすぐに消えてしまう。これは雲が生まれ続けるためには空
気中に十分な水分が必要だからだ。水の微小液滴からなる雲の場合、雲や霧の内
部の湿度が100％である必要がある。息を吐いて消えない雲をつくろうとするな
ら、要はすでに雲の中に立っていて、吐いた息でさらに凝集を加えなくてはなら
ない。

第7章　ケムトレイル　123

では、なぜ晴れた青空に出現した飛行機雲（の中に）はなかなか消えないものがあるのか？　航跡雲は白い息と同じ仕組の凝集雲だ。ならなぜ白い息が消えるように瞬時に消えていかないのか？　理由は飛行機雲が凍るからだ。

エンジン排気がつくる飛行機雲は吐いた息の凝集とまったく同じように、何10億もの微小液滴の雲として生まれる。だが高空の温度は非常に低い（−40℃）ので液滴は凍る。凍ってしまえば蒸発できなくなる。飛行機雲はエンジンの吐いた息が凍ったものなのだ。

湿度が非常に低い場合、雲は長くは持たない。湿度が低いと凍った氷も消える（この現象は「昇華」と呼ばれ、個体がそのまま気化するものだ）。だが氷雲の場合、雲が持続するために必要な湿度は水雲の場合に比べてずっと低い。水雲は水に対する相対湿度100％が必要だが、氷雲の場合は50％から70％あればいいのだ（実際の量は温度によって変化するが[8]）。

これでなぜほかに雲一つない空に飛行機雲が出現するのかを説明できる。氷雲（巻雲など）が発生するにはできた雲が消えずに残る条件よりも高い湿度が必要だ。空は、できた雲が生きていくためには十分豊かなのだが、雲が生まれるためには小さな湿気の塊が必要なのだ。その小さな湿気の塊を提供するのがジェット排気の中の水だ。水蒸気が凝集するのに十分な湿気が出現し、すぐに凍って、氷雲をつくる。この雲が飛行機雲で、周囲の湿度が十分に高ければ消えずに残る。

相対湿度や何兆もの微小液滴が瞬時に凍結するなど、かなり異質な概念で理解が難しいかも知れない。馴染みが出てくるまで時間がかかってもあまり心配しないでほしい。逆に、あなたにとってもう科学がお馴染みの世界である場合、あるいは、この話がすべてもっともに思える場合、十中八九、友だちにはそうは見えていないことを心に留めておいてほしい。時間を掛けよう。（次のセクションで説明する本のような）異なった方向からの多様な説明を使うのも良い方法だ。

雲を理解する上でもう一つ重要なのは、雲は2つの形で発生するということだ。一番よくあるのは、冷えて液化する温度（露点）の高空まで暖気団が昇って発生するものだ。空に浮かぶ雲のほとんどはこうやって生まれている。雲の形成を連続して観察すれば、典型的な上に向かって沸騰するような動きを見ることができるだろう。

これより一般的ではない形成の仕組みは「混合雲」だ。これは異なった温度と湿度の空気の塊が混合し、混ざった結果である冷たく湿度の高い環境で雲が生まれるのだ。排気がつくる飛行機雲はこの混合雲だ。湿った排気ガスと外気が混ざって飛行機雲が生まれる。米国気象学協会の用語集では混合雲の定義で「混合

雲の例としては航跡雲がある」としている[*9]。

　最後に、そして決定的なのは、航跡雲にも2タイプあるということだ。ここまで説明してきた排気ガスが外気と混ざってできるものは「排気航跡雲」だ。もう1つは「空力航跡雲」というタイプになる。

　ケムトレイル陰謀論を効果的にデバンクするうえで空気力学の知識がどれほど重要かは、いかに強調しても強調しすぎることはない。ケムトレイル信奉者は多数の動画や写真を散布の「動かぬ証明」として提示してくるが、そのほとんどはただの空力航跡雲だ。もし排気航跡雲がどのように生まれるかの科学的な仕組みがまだ理解できていないとしても、空力航跡雲が存在し排気航跡雲とは違うことを理解する必要がある。

　湿度の高い場所に飛行機で着陸したことがあれば、空力航跡雲の一種を目にした経験があるはずだ。翼の上面を流れる空気は気圧が低くなるので、翼の上面に凝集雲ができる。湿度が十分に高ければ、この気圧の低下で凝集が始まる。着陸時に翼の上にできた雲は、通常、どんな雲でも気圧が元に戻れば、ほぼ瞬時に消滅する。時には翼の複数の点から吹き流しのような円筒状の雲が後ろに伸びているのが見えることもある。これらは渦巻く空気が長期にわたって気圧を低く保っているので、ここから生まれた空力航跡雲はずっと長い間目に見えるが、空気の渦が消えれば翼の上の雲と同じようにすぐに消滅する。このように、空力航跡雲は地上レベルでは短命なのだ。

　高空では話はまったく別だ。気温が十分に低ければ翼の上面の気圧の低下によって、大気中の水蒸気は気体から微小な液滴へと凝集し、次に凍って細かい氷の結晶になる。この過程は、排気航跡雲と同じように、空力航跡雲を（凍結によって）空気中に固定する。だが空力航跡雲の形成過程は排気航跡雲とは異なるので、雲が生まれるために必要な大気の状態も異なっている。もちろん湿度は必要だが翼正面の気圧の減少で気温の低下が起こるので、大気が冷たい必要はない。このため、空力航跡雲は、排気航跡雲よりもずっと低い高度でも形成される。排気航跡雲はアメリカ大陸上空なら通常3万フィートほど（約1万メートル）で生じ始めるが、空力航跡雲は2万フィート付近でも発生するし、寒い気候ならもっと低い高度でも生じる。

　異なったタイプの飛行機雲は、近くで見ればまったく違って見えるのだが、地上から飛行機雲を見上げた時にはエンジンから発生していないとはわからなかったはずだ。少し訓練すれば遠くからでも違いを見分けられるようになる。空力航跡雲は通常平たくリボン状に見える。だが本当に違うのは近くで見たときだ。排

第7章　ケムトレイル　125

気航跡雲はエンジンの後方の空間にある点からいきなり生じている。発生点とエンジンとの間には（様々な大きさの）ギャップがある。一つのエンジンにつき、一つの飛行機雲が生まれるので、はっきりとした2本、または4本（場合によっては1本、3本のこともある）の飛行機雲が生まれる。これは徐々に一つに纏まっていく。

図6　2つのタイプの飛行機雲、空力航跡雲（左）排気航跡雲（右）
ケムトレイル陰謀論者は空力航跡雲を認識していないことが多いようだ

これに対してなかなか消えない空力航跡雲は翼全体に沿って生まれるので、最初から一つの幅広い布のような形状になっている。翼の部分的形状の違いで減圧効果にわずかな差が生じて、飛行機雲全体に多数の縞模様をつくることもある。こうした縞模様をケムトレイル信奉者は、散布ノズルがある証拠だと説明したりもするのだが、翼全体から生じている雲内部の変化の結果にすぎない。

薄い層からなる雲と凝集する水の粒子と太陽との相互作用で奇妙な虹色が現れることもある。ケムトレイル信奉者はこの色が化学物質が散布されている証拠だと述べることもあるのだが、これは大気中に含まれていた蒸留水だ。知識のない人にとっては、誤解に最適な条件がそろっているわけだ。

飛行機雲の持続性

ほとんどすべてのケムトレイル信奉者が持っている基礎的な信仰は、正常な飛行機雲は消えていくものだということだ。現実には飛行機雲は雲の一種なので、他の雲と同じように空に長時間ずっと浮いていることもある。ケムトレイル信奉者が信じる航跡は、ただの「凝集」ですぐに蒸発するものだ。この誤解はかなり昔からあり、1999年にウィリアム・トーマスは、次のように書いている。

> 経験豊富なパイロット、軍人、その他の専門知識のある観測者は次のように述べている……通常の飛行機雲は形成後1分以内に消散する。[*10]

トーマスはこうした「専門知識のある観測者」の名前を一つもあげていない。そしてこの記述はまったくの間違いだ。だがこの主張はなぜか消えずに今日まで残っている。

　友だちにケムトレイルに関する信条について話すなら、この誤った主張を指摘するのが第一歩だ。「どうしてそれが正しいとわかるの？」と質問して、どこで知ったのか、どんな本を読んだのかと聞こう。この質問で一種の堂々巡りが始まることもある。「ケムトレイルが消えないことは空にケムトレイルがあるのを見ると、いつまでも消えないからわかる。反面、飛行機雲はすぐに消えている」。会話を始めるためにやってみる価値はある。友だちが聞く気があって、自分が知識を得た経験について説明しようとするなら、良い糸口となる。友だちがどこで間違った知識を得たのかを知ると、誤りの説明をする時に非常に有益だ。この同じ情報源から友だちが取り入れた考えはあるだろうか？　こうした考えは今まであなたが思っていたよりも強固ではないかもしれない。ここで、第1部で説明した情報源を露出させる手法を、有用な情報を提供するために使い、信頼できない情報源への疑いの種をまいていこう。

　もう一つ話を進める方策としては、飛行機雲の持続性の科学を論じることから始めるというものもある。理想的にはこの前のセクションで説明したうちの比較的簡単な事実（たとえば、飛行機雲は雲だが、なぜ普通の雲よりも早く消えてしまうのか、温度が氷点下なのになぜ凍結するよりも蒸発すると考えるのか？　など）を指摘できるといいが、うまくいかない場合もある。友だちがいくつか新しい概念（たとえば氷の過飽和や氷核など）を学ぼうとしていない限り、この方向から話を進めようとしても混乱するだけだろう。友だちが疑念を掴めないと、自分を信じてくれと頼むだけになりかねない。しっかりとした理解がないままに、友だちを連れて科学の海に飛び込もうとするのは、最良の方法とは言えない。

　効果的な話の進め方としては、友だちに昔から飛行機雲は消えずに残ったと見せるといい。やり方はいくつもある。第2次世界大戦中の古い写真で、飛行機雲が消えずに広がっているのを見せる。ケムトレイル陰謀論の始まりは1997年なので、私はメタバンクに「1995年以前の持続している飛行機雲記録保存庫」と題した投稿スレッドをつくった。[*11] ここには1995年以前の写真や動画、約千点が

含まれていて、最も古いものは1930年代にさかのぼる。

投稿スレッドには（2012年に始まり、今も拡張され続けている）1970年代、80年代の個人的な写真でスキャンされてFlickrのようなサイトにアップロードされたものなどの多様な画像が含まれている。友だちを説得するために非常に効果的なもう一つのタイプの証拠は、「ターミネーター」（1991）、「イルマ・ラ・ドゥース（邦題「あなただけ今晩は」）」（1963）、「スパルタカス」（1960）のような古い映画やテレビ番組に写り込んでいる消えない飛行機雲の画像だ。友だちが以前に観た映画であれば、もう一度見れば、この時代に飛行機雲が写っていたのを認めざるをえない。そうでなければ、後で飛行機雲を追加するために映画がリマスターされたことになってしまう。

数百の異なったソースから集めた1000点の画像を見せられれば、友だちの信念はどんな形でも多少は揺さぶられるはずだ。だが、最も説得力のある証拠はこのうちの比較的小さな一部分になる。古い時代の雲についての本の中の、消えない航跡雲についての画像と説明だ。

航跡雲（そしてケムトレイル陰謀論）について書き始めたころ、私はNASAのページや現代の科学論文を引用元として使っていた。問題は、陰謀論者が2000年以降のものは何であれ、「隠蔽工作の一部」だと疑うことだった。私はグーグル・ブックスがスキャンしていた古い本を見つけ、使い始めた。そうすると、今度はインターネットにアップロードされているものは、おそらく「隠蔽工作の一部」として偽造されたものだろうと言われた。

私はアナログで行くことにした。インターネットを無視して、天候について、雲の仕組みについて説明している紙の書籍は何でも入手するようにした。その結果、どんな天候についての本であっても、常に雲についての一節があり、雲だけを取り上げている本も多数あることがわかった。ただきれいな写真を集めたものから、天候の物理学を論じたものまで実に様々な本があった。だが、ほぼすべての本に共通していたのは、まったく消えそうにない飛行機雲の写真で、飛行機雲の種類の説明が添えられていることも多かった（持続、非持続、持続して広がる、排気、空力など）論じられている内容がケムトレイル信奉者が疑いを持っている要因を解説してくれていることも多い。たとえば飛行機雲の中の隙間や虹色の飛行機雲などはそうだった。

やがて私は天候と雲に関する本を30冊以上集めることになった。アマゾンやイーベイやアリブリスといったネット上のあちこちの古本屋から数ドルで買えたものも多い。実店舗や図書館のセールで見つけたものもある。こうした本は新し

くても数十年前のもので、多くは新版に取って代わられ、内容は時代遅れかも知れない。だが私はこれらの本を、人々に対して事実を示す実在する証拠として使おうと考えていた。飛行機雲は何十年間も今と同じように、消えない雲として記録されてきたのだ。

実際の年月は70年間に及ぶ。スキャンされてネット上で公開されている本も含めれば、持続する飛行機雲について書いてある最も古い本は1920年代に発行されているので100年近くなる。私が入手できた古書で最も古いものは1943年発行の『飛行士のための雲の読み方（Cloud Reading for Pilots)』で、73ページに次のようにある。

> 氷晶雲にはもう一つの形態がある。航空機による人工的なもので、これにも2種類ある。1つは排気蒸気の凝縮と凍結によって生成される。これは [エンジンから] 放出されると大幅に膨張し一条の雲となり、しばらくの間空を漂い、外側に広がり、薄くなる。

これに2枚の航跡雲の写真が添えられていて、1枚のキャプションはギャップがあることを書き留めていて（これもケムトレイル陰謀論者は「正常な飛行機雲」ではあり得ないと主張している現象）解説もしている。

> 線の途切れている部分はおそらくこの箇所に関係する（大気の）層の局部的な変化によるものだろう。

これらすべてが、私がちょうど10ドルで入手した初版75年前の小さな面白い本に書いてある。ほつれて色あせた青い表紙、古びてやや黄ばんだ紙、立ち上るかび臭いインクと紙の匂い。この本が本物であることに疑いはない。これを見れば、1943年にA・C・ダグラスがこの本を書いたこと、1943年に気象学と雲形成分野の専門家が、飛行機雲は消えずに広がること、内部にギャップがある場合もあると知っていたことがわかる。

友だちがとくに疑い深い場合、古本も非常に手の込んだ偽物だと言ってくるかも知れない。できる限り多くの異なった本を参照するのがいいだろう。私は集めた本で動画をつくっている。*12 ケムトレイル信奉者にインターネットの誰か（たとえば私）を信用するなと語りかけ、それから古い本を順番に開き、飛行機雲の古い写真を見せ、飛行機雲がどうやって時に持続して広がるかについて説明してい

第7章　ケムトレイル　129

る一節を読む自分を撮影した。2002年の本から始めて1950年代の本まで（これ
がこの時に持っていた最も古い本だった）遡っている。動画は全部で4分ほどの長
さだ。

　この動画はケムトレイルのデバンキング用ツールとしては最も効果的で使い勝
手が良いという実績を誇っている。一度はケムトレイル陰謀論のウサギ穴の奥深
くに引き込まれた人の多くが、この動画で脱出への道を歩むことになったと話し
てくれた。この圧倒的な好評を受けて、私は友だちに最初に観せるならこの動画
だと強くお勧めしたい。

　声高なケムトレイル陰謀論宣教師と大多数の一般的なケムトレイル信奉者との
間には奇妙な断絶が存在している。普通のケムトレイル信奉者のほとんどは、飛
行機雲はすぐ消えると考えている。だいたいが最初の「ケムトレイル」体験のせ
いでそう考えているのだ。体験はほぼ2種類で、消えない飛行機雲を見つけて、
それからケムトレイル陰謀論による説明に遭遇するか、あるいはケムトレイル陰
謀論について耳にして（ひょっとすると動画を観たり、ラジオ番組で聞いたりして）
それからその日か翌日以降に消えない飛行機雲を見つけるかのどちらかだ。

　どちらにしろ、それ以前に飛行機雲をまじまじと見た記憶がないので、消えな
い飛行機雲は最近になって出現し、正常な飛行機雲は消えてしまうものだという
考えを受け入れている。

　ケムトレイル陰謀論宣教師は、ケムトレイルを巡ってもっと長期間議論してき
ているので、結局、自説に対する批判にも対応せざるをえなくなってしまってい
る。主張を少し弱い方向に改めて、飛行機雲は思われているほど長く持たないは
ずだとするか、ケムトレイル計画は1920年代から始まって今も継続していると
いう根拠のないバージョンを解くという大博打に出るかしかなく、その結果、世
界中でこの時代以降に書かれたすべての雲についての本が飛行機雲はすぐには消
えないと口裏を合わせているという、オーウェル小説『1984』のビッグブラザー
のような陰謀論を考えなくてはいけなくなってしまっている。

　メタバンク流デバンキング・テクニックには、情報発信者と「専門家」のどこ
が間違っているかを示そうというのがある。ケムトレイルでこれができないこと
があるのは、声高な陰謀論宣教師がこの問題に触れないようにしているからだ。
もし友だちが飛行雲の中には消えないものもあるという事実に納得できないな
ら、こういう陰謀論宣教師と同じく、地球工学特許、化学テスト、試作機のバラ
ストタンク、散布動画、そして高バイパス・ジェットエンジンについての奇妙な
説にいこうとするだろう。

130

高バイパス・ジェットエンジン

　ケムトレイル陰謀論宣教師が、消えない飛行機雲がある現実を渋々と認めるにしたがって、一種の認知不協和が生まれた。ケムトレイル陰謀論宣教師自身も、ずっと飛行機雲は速やかに消えると信じていたのが、消えない飛行機雲が、何十年にもわたって記録され、説明されてきたと古い本、写真、ビデオに教えられたのだ。疑う余地はなかった。では、すぐ消える飛行機雲を根拠にしていた自分たちの主張は全部間違いだったのか？

　この時点で陰謀論が間違っていたことに気がついて、これをきっかけに徐々にウサギ穴を脱出した人もいるだろう。だが脱出せずに、素晴らしい二重思考を発揮することで、消えない飛行機雲を陰謀論に組み込んだ人々もいる。彼らは、歴史的には古い本や写真が示しているように、飛行機雲は消えなかったが、現代ではジェットエンジンが異なっているので、飛行機雲はすぐに消えるのだと主張している。それだけでなく、現代のジェットエンジンからは絶対に飛行機雲は発生することはないというところまで行っている。

　これから解説していくが、これはまったくの間違いだ。現代のジェットエンジンは古いタイプのものよりもずっと飛行機雲をつくりやすい。だがその理由を説明する前に、まずは、この主張が「ジオエンジニアリング・ウォッチ」のようなサイトで数年間、本気で売り込まれてきたのを認識しておくべきだろう。この主張が反証ずみで、誤りが実証されているという事実は、友だちになぜこうしたサイトの主張を信用してしまうのか？　と考えさせるうえで非常に有用なツールとなる。こうした単一のテーマにスポットライトを当てるやり方は、ウィリーにとってのバラストタンクと同じように、考えを広げるための中心軸を生み出す可能性がある。

　このテーマに関する最近（2015年）のジオエンジニアリング・ウォッチの記事の一つ、「高バイパス・ターボファン・エンジン、ジオエンジニアリング、航跡の嘘」は、以下のように書いている。

　　彼らはこの「凝縮」が何時間も何日も空に浮かんで、幅を広げ、空全体に拡散して地平線まで覆ってしまうのは、まったく正常だと言うのだが……この問題に関する事実として、すべての商用ジェット機と軍用輸送機には極端な状況下をのぞいて、どのような航跡であれ発生させるのがほぼ

不可能なように設計されたタイプのジェットエンジンである高バイパス・ターボファンが装備されているのだ。[*13]

　ジェットエンジンは基本的には長い管だ。空気はエンジン前方（コンプレッサー）で圧縮される。そしてその圧縮された空気とジェット燃料がエンジンの中程で点火され、（燃焼室）そして最後に、この副産物がエンジンの後部（タービン）を通過し、ここで燃焼したガスの圧力の一部を前方のコンプレッサーで再利用する。熱い高圧の排気はこの後、後方に発射されて推力をもたらす。

　この単純なタイプのジェットエンジンは強力だが、燃費はあまり良くなくて、通常、ジェット戦闘機でのみ使われている。現在のほとんどの旅客機はエンジン前方に大きなファンを装備している。タービンがこのファンを回転させて空気をコンプレッサーに押し込むだけでなく、エンジンを通過して後方に押し出すことで推力の一部としている。これでエンジンの燃料効率がずっと良くなる。このエンジンを通過する空気がバイパス・エアと呼ばれている。

　ファンが大きいほどバイパス・エアも増え、バイパス・エアによる推力も増える。戦闘機のジェットエンジンは前部にファンはついていないので、無バイパス（ゼロバイパス）と呼ばれる。ボーイング707などに使われていた古いタイプのエンジンは非常に低バイパスのエンジンだった。ボーイング737などの以降のより新しいエンジンはほとんどすべてが高バイパス・エンジンで単に燃費が良いので採用されている。

　ジオエンジニアリング・ウォッチに登場した、より新しい高バイパス・ジェットエンジンは飛行機雲をつくることはできないという主張は、このサイトの創設者であるデイン・ウィギントンによる2015年のYouTube動画のナレーションで最もよく要約されているだろう。

　　高バイパス・ターボファン・ジェットエンジンを通る空気の8割は非燃焼だ。この種のエンジンとは要はジェット駆動プロペラなのだ。高バイパス・ジェットエンジンを通過する不燃空気の割合は、いかなる凝縮形成を起こすにも高すぎる。

　　高バイパス・ターボファン・ジェットエンジンは、設計上、極端で希少な条件のもと以外では、どのような凝縮航跡の形成も不可能なのだ。そして航跡が形成された場合でもほぼ透明で一瞬で消える。[*14]

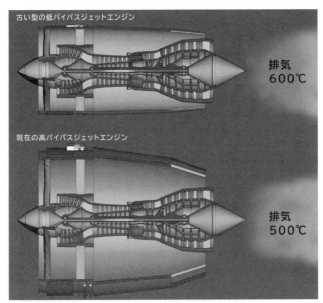

図7　古いタイプの低バイパス・エンジン（上）と新しい高バイパス・エンジン（下）は同じ中心核を使っていて、両方とも飛行機雲を生じる。現代の高バイパスエンジンの排気の方が低温なので、航跡雲が生まれやすい。

　航跡雲はバイパスエアによって生じるのではないので、ウィギントンの主張は間違いだ。したがってバイパスエアの量は問題ではない。先に述べたように、航跡雲は燃焼室とタービンから出る排気ガスから生じる。

　ジェットエンジンが効率良く燃焼するためには空気と燃料が一定の割合で混合する必要がある。燃焼室の中の混合気は、高バイパスでも低バイパスでも基本的に同じだ。混合気が同じならばどちらのエンジンの排気ガスも同じになる。

　排気航跡雲は、排気ガスが外気と混ざった時に生じる。バイパスエアがプロペラで押されてエンジンを通過した結果外気と排気ガスが混ざろうが、ただ飛行機が前進しているので、エンジン内を高速で通過する空気が生じてその結果排気ガスと外気が混ざろうが、結果は同じだ。熱くて湿った排気ガスが冷たい外気と混ざって凝縮し、凍って、飛行機雲ができる。

　ウィギントンとほかの人々は、バイパスエアが排気ガスを薄めていると考えているようだ。だがそもそも、薄まるとは混ざることで、混ざれば航跡雲が生まれる。飛行機雲は混合雲で、こういう仕組みで発生する雲なのだ。

　高低バイパス・エンジンの両方で基本的な航跡雲形成は同じであるだけではな

第7章　ケムトレイル　133

く、もう一つ予想外の展開もある。排気を使って大きなプロペラを回すことで、排気が持つエネルギーが使われて温度が下がる。低温の排気は外気と混ざった時により早く凝縮点に達するので、実際は低バイパス・エンジンが排出するもっと熱い排気よりも飛行機雲ができやすい。この仕組みを扱った詳しい科学論文ももう数十年前に発表されている。[*15]

　ここで友だちと議論できる事例はいくつもある。まずは主張されていることのとてつもない規模の大きさだ。もし、実際に新しいジェットエンジンは飛行機雲を発生させられないとなると、世界中の商用ジェット機は一機残らずこの秘密の散布を前提につくられていることになる。そうなると空の飛行機雲はほとんどすべてが本物の「ケムトレイル」だということになる。そうすると世界中のパイロットと地上勤務職員、エンジン製造企業、FAA、政府職員、FBI、CIA、当然ながらKGBも、世界各国のすべての政府機関も丸ごと陰謀に加担していることになる。

　要は、ウィギントンと彼を信じているそのほかのケムトレイル宣教師は、間違っているだけでなく、事実を逆に取り違えている。高バイパス・ジェットエンジンはより多く飛行機雲を生むのだ。

　友だちにこの情報を受け入れさせるのはとてつもなく難しいだろう。どの程度科学に馴染みがあるかによって違ってくるが、飛行機雲のでき方を解説している古い本を見るのは役立つはずだ。友だちと一緒にジェットエンジンの仕組みを理解するようにしよう。雲がどうやってできるのか、友だちと共通する理解を築くようにしよう。それができたら、友だちに飛行機雲も単なる雲の一種だと納得させるという、さらに大きなハードルとその先に挑もう。排気と外気の混合が飛行機雲をつくるという事実に重点を置き、ゆえにバイパス・エアと混ざっても雲が発生すること、排気が薄まっても雲をつくる力が弱くなることはない、混ざれば雲ができると納得させよう。

　時間がかかることは忘れないでほしい。友だちに概念を吸収するための時間を与えてやってほしい。強制しないこと。どのくらい時間がかかるのかと言えば、納得できるようになるまでだ。あなたは友だちがあなたに耳を傾けなくなるという最悪の結末は望んでいないはずだ。

　だが、友だちがついに理解して、うまくいけば、高バイパスエンジンは低バイパス・エンジンと同じように飛行機雲を発生させると受容した時には、あなたは楔を手に入れたことになる。「ジオエンジニアリング・ウォッチ」（あるいは友だちを最初にケムトレイルに引き込んだケムトレイル陰謀論宣教師が誰であっても）が

これを何年も前に間違えたという事実、加えて間違っているという圧倒的な証拠を提示されたのに、修正してこなかったという事実は、友だちがその陰謀論宣教師が主張している他の主張は正しいのだろうか？ と考え始めるきっかけになるはずだ。

　もしかすると、この陰謀論宣教師が「ケムトレイル散布の反証不能な証拠を掴んでいる」と言ったときに、友だちは、この人物が高バイパス・ジェットエンジンは反証不能な証拠だと言っていたことについて考えるかも知れない。反証は不能ではなかったのだ。

ケムトレイル動画

　「ジオエンジニアリング・ウォッチ」でもっとしばしば見かける主張は、彼らが飛行機が化学物質を散布しているという「反証不能な証明」を入手しているというものだ。

　この証明というのは、散布中の飛行機を写した動画だ。だが、ほぼいつも動画の飛行機は彼らが存在を無視しているように思えるタイプの飛行機雲である空力航跡雲を残している。どうやらここには基本的な巨大な誤解があるようだ。

　この誤解は2010年にイタリア人ケムトレイル陰謀論宣教師で、YouTube では「タンカー・エネミー」を名乗るロザリオ・マルシアノがデマ動画を投稿した時にさかのぼる。
*16

　動画に写っているのは、3つのエンジンを装備したアメリカの軍用機 KC10 で、この機体の後方と上方を飛ぶ別の飛行機から撮影されている。翼から凝縮が後ろに流れているのが見える。日光がこの凝縮を照らしていて、虹のような色の配列が飛行機の後ろにできている。映像には散布をしているはずの「ノズル」に関して様々な注釈が加えられている。もっとも笑わせてくれるのは映像撮影機の機関士と操縦士の会話だ。

　　機関士　　連中がケムトレイル散布してるのが見えるか？
　　操縦士　　見えるぜ。俺たち上空にいて良かったな。
　　機関士　　まったくだ！
　　操縦士　　でなきゃ、今頃死んでいたからな.
　　機関士　　俺、これを YouTube にあげなきゃ。
　　操縦士　　[笑い] お前、今、動画撮っているのか？ まったく。

今、動画撮るなよ！

機関士　あいつ、翼の上から散布しているみたいだぞ

操縦士　証拠集めなんかするな！

　もうわかったように、これは、ケムトレイルではない。理由はいくつかある。第1に、これは見るからに空力航跡雲だ。ノズルからは出ていないのがはっきり見えていて、翼の上の何もない空中からいきなり発生しているように見える。友だちにこれを伝える最も良い方法は、空力航跡雲についての情報を見せることだろう。図6を見せて、「飛行機の翼　飛行機雲」でイメージ検索をしてみれば、虹色の飛行機雲を含めて、同じような飛行機雲を発生している多くの画像が見つかるはずだ。こうした画像を見れば、航跡が翼全体から透明で始まっているのがはっきりわかる。つまり、空中から凝縮しているのが水だけだということだ。散布されているのが科学物質なら、翼の特定の場所から発生し、最初から目に見える太い航跡となるはずだ。

　これがでっちあげ動画だとわかる2つ目の理由は操縦士と機関士の会話だ。英語ネイティブなら誰でもこの2人が冗談を言っているだけだとわかるだろう。

　致命的で違法なケムトレイル噴霧計画の本物のメンバーが「今頃死んでいた」などと冗談を言うはずがないし、YouTubeに動画をあげると冗談を言って、実際に動画をあげたなど、あまりにもバカバカしい。

　この2つの理由のどちらであってもこの動画の証拠としての有効性を否定するに十分なのだが、2011年に、実際に動画を撮影した機関士ティム・MことUSAFFEKC10がオリジナルをネットにあげたことでこの動画は完全に封印された。

　ティムは編集されていない全尺の動画を投稿し[*17]、そのあと、自分がそこにいたことを証明するスチール写真を追加投稿した。[*18]　彼は以下のように書いている。

　これが、この騒ぎのきっかけとなった、オリジナルの無編集のビデオだ。完全な本物で、いかなるカメラのトリックも使用されていない。単に編隊飛行中の2機のKC-10で、音声は我々が「ケムトレイル」(陰謀論者)をからかっているだけだ。撮影時、私はこの動画が[陰謀論者]全員にとって「猫にマタタビ」になることを知っていた。そう、飛行機雲は奇妙な感じで「開始」して「停止」するが、物理学で簡単に説明できる。山の上のレンズ雲や、開いた冷凍庫から流れ出る霧と同じ仕組みだ。だから、みんな、そん

なに簡単に騙されないで。世界には本物の悪だくみが存在するが、こいつ
は違う！

　事件解決？　もちろんまだだ。タンカー・エネミーは「このドキュメントが嘘
だとかそういうことを言う詐欺師に耳を傾けるな」と注意書きを付けて、この動
画を「反証不能な証拠」として使い続けている。
　ジオエンジニアリング・ウォッチのデイン・ウィギントンは、この動画に早速
飛びついたが、これがジョーク動画であることは見抜けずに同じような空力航跡
雲の動画をもっと投稿し始めた。2014年には次のように書いている。

　　空に噴霧されていることを、いかに知るか？　犯罪の映像があるからだ。
　ジェット機が高空で噴霧している。この問題に関する議論や論争は、これ
　で論理的に終了だ。惑星工学は推測ではなく、理論でもなく、検証された
　事実で、映像によって確認されている。自分の目で見たものを否定する人
　は、ただ単に目を覚ます準備ができていない。実際に起きている犯罪の動
　画に（この場合、ジェット機からのエアロゾルの大気中への噴霧）もはや議論の
　余地はないというのが論理的な結論だ。[*19]

　この稿に添付されていたのは、ユナイテッド・エアラインの旅客機が空力航跡
雲を後に残している動画だった。空力航跡雲は排気航跡雲よりも周囲の大気の状
態に左右されがちなので、湿度が不均等な空域を抜けて飛ぶと、切れ切れの飛行
機雲ができがちだ。ケムトレイル信奉者はこれを噴霧のオンとオフの結果だと説
明している。だが飛行機側にはなんの変化もなく、変わっているのは飛行機が飛
んでいる大気の状態だ。
　湿度が異なる空域は、湿度が十分に高く、水蒸気が液滴に凝縮するときには雲
として現れる。相対的な湿度の量によって、一つだけ空に浮かんでいる雲がある
状態から、時には雲の列やまだらで切れ切れな雲、時には厚い雲の層が現れたり
もする。したがって、自然に雲が生まれるほど湿度が高くない場所を飛行機が飛
ぶと、雲ができる寸前だった場所にだけ、航跡雲ができる。切れ切れの雲もでき
るが、直線状で切れ切れになる。
　ここで見られるのは普通の自然現象で（空力航跡雲）仕組みが理解できないか、
存在を無視している人々が誤った説明をしているだけだ。「論理的に説明できな
い」何かどころか、この現象には完全に論理的な理由があり、数十年前の雲につ

第7章　ケムトレイル　137

いての本で説明済みだ。友だちには、最初にこれが正しいと認めないにしても、少なくとも説明可能で、論理的な説明が存在しているということは受け入れてもらわなくてはならない。

この説明が正しいと（そしてジオエンジニアリング・ウォッチの断固拒否の態度は非常に理不尽だと）友だちに認識させるには、できる限り大量の空力航跡雲を見せることだ。本、サイト、動画、写真、科学論文を総動員しよう。

空力航跡雲は、排気航跡雲と同じように現実にある雲の一種でケムトレイルではない。気候を変化させるために飛行機から噴霧されてはいない。

だが、飛行機から噴霧されているものもないわけではない。

天候調整

2017年8月24日、1機の小型機、パイパー・コマンチェ、認識番号N5526Pがテキサス州のサン・アンジェロ地域空港を離陸した[20]。

西に約80マイル飛行して、ペコス地方で、弱い悪天候の前線に遭遇した。

線状の雲に沿って飛んだ飛行士は2つの小型照明弾の電気点火スイッチを入れた。照明弾は高速道路警備隊が一時的迂回路を示すのに使うようなタイプで、厚さ約1インチ、長さ1フィート程度のボール紙製の筒に個別点火用の配線が付けられ、両翼のホルダーに複数個が配置されていた。

飛行士はもう2つ、照明弾に点火し、もう1つ別の弱い前線を越えてから、さらに2つ、合計で6つの照明弾に点火した。次の日の夜、ハリケーン・ハービーがテキサス州ガルベストンに上陸し、激しい風雨をともないながらゆっくりと内陸に進んだ。ヒューストン周辺には50インチ（1270ミリ）という記録的な降雨があり、これもまた記録的な洪水が起こった。

この2つの出来事は関連しているだろうか？ ある日奇妙な天候調整計画をテキサス州で実行していた組織があって、次に記録的な大雨が同じテキサスで起こった？ この2つは関係しているに違いない？

いや、テキサスは広大な州だ。ペコスはヒューストンから500マイル（約800キロ）離れている。そして照明弾が点火されたとき、ハリケーン・ハービーは800マイル（約1200キロ）離れた地点にあって、メキシコ湾の暖かい海水からエネルギーを集めつつあった。ペコスで照明弾6つを点火したことで1000キロ以上離れたハリケーンに目に見える影響が出るなど単純に考えてあり得ない。ペコスで実際に何か影響が出たかさえ不明だ。イギリスのロンドンで小さな照明弾を

6つ点火して、イタリアのローマの天気が変わったと言ってるような話なのだ。

　だが、陰謀論者はこれが可能だと考えている。彼らはトランス‐ペコス天候調整協会のサイトで計画報告書を見つけ、自分たちはどうやら悪意ある計画（悪だくみ）を発見したと解釈した。天候調整が実際に行われていたという事実は、陰謀論者の長年の主張の証拠だと考えたのだ。事実として飛行機から化学物質が散布された。気候を変えるケムトレイルが実在した。

　現実の人工降雨（気象種まき）の過程と根拠のないケムトレイルの混同には長い歴史がある。ケムトレイル信奉者が、ほら！ 現実に飛行機から化学物質を散布して天候を操作している！ と確認して、興奮してネットに書き込んでスレッドができるのもお馴染みの光景だ。陰謀論が証明され、デバンカーの嘘が明らかになって万々歳だ！

　問題は2つある。第1に人工降雨の実施は周知のことだ。1950年代から何も隠すことなく、公に実施されてきた。主流メディアも幾度となく取り上げている。それどころか1960年代には大衆的な話題の的となっていて、1965年には人気テレビコメディー番組「ディック・ヴァンダイク・ショー」で息子が学校の劇で雨雲役に選ばれて、衣装をつくらなくてはならないというエピソードが放送された。

　　息子　僕は良い雨雲なんだ。飛行機がやってきて僕に種を撒く。
　　メード　あなたに種を撒く？ いったい全体なんのために？
　　息子　作物の上に雨を降らせるためさ[21]

　だがここで陰謀論者は、人工降雨は飛行機からの農薬散布と同じようなもので、ケムトレイルではないという事実を見落としているように見える。たしかに飛行機が化学物質を噴射しているが、陰謀論はケムトレイルとは高空を飛ぶ大型機からの化学物質噴射に関与する秘密計画で、澄んだ青空に残された航跡が消えずに広がっていき、なにやら極悪非道の結果を産もうとしていると非常にはっきりと述べている。人工降雨は秘密ではなく、低空を飛ぶ小型機を使い、すでに存在する雨雲に働きかけ、目に見える航跡は残さない。

　信奉者は「実際に飛行機が化学物質を噴射している」という正義の神話を手放そうとしないので、こうした事実を伝えるのは簡単ではない。

　このため議論は天候調整を指して「ほらみろ、ケミカルを撒いているということは、ケムトレイルは現実なのだ」と主張する意味論的な話へと移りがちだ。

意味論的な議論にならないように気をつけて、知識のギャップに集中するようにしよう。友だちはおそらく人工降雨について耳にしたばかりなので、内容について説明してあげよう。人工降雨の歴史について語り、まったくの秘密だったことはなく、小型機を使い、低空を飛び、空に航跡は残さないと説明しよう。

友だちが空の航跡と天候が関係していると思うのだとすれば、実際に関係があるからだ。飛行機雲は雲の一種だ。もっと正確に言うなら高空の氷雲の一種で巻雲という雲の一種だ。自然の巻雲は細い形態が多く、しばしば巻いたり、縞状になったりする。薄い層状になることもあり、斑状に切れ切れになることもある。航跡雲も数分以上持続するときには正常な巻雲と同じようになっていく。これははるか昔、1921年のアメリカ陸軍航空部通信（US Air Service Newsletter）に報告が掲載されている。

> 11時50分に航空機が2万6000フィートから2万7000フィートに達すると、長い羽毛状の白い航跡が高速で動く黒い斑点の後ろに形成されていくのが観察された。端の形態から見るに雲は巻雲の一種で機の10倍から15倍の幅があった。機の後方の空は最初の部分は近くに雲一つない青空だった。航跡全体は3マイルもあったろうか。20分ほどたつと航跡は漂って広がり、ほかの目視できる巻雲と融合し、見分けがつかなくなるまでになった。[*22]

ほぼ100年間、飛行機雲は本質的に人工巻雲と認識されてきた。巻雲で天候を予知できるのは、それよりも長い間、知られてきたことだ。巻雲は曇りと雨の指標だ。暖かく湿った空気は最初に高空で巻雲を生み、それから中高度で中層雲が発生し、最後に低高度で雨を降らす積雲ができる。巻雲は温暖前線の到着を告げているのだ。飛行機雲は通常、巻雲よりも少し早く形成されるので、晴れた青空に飛行機雲ができると、すぐに雨を告げる自然の巻雲が発生することが多い。

ここで問題となるのは、偽相関だ。友だちが飛行機雲を見ると、消えないのでケムトレイルだと思い、数時間後に雲が出てきて、雨が降る。友だちは飛行機が出現する前に人々が何百年もしてきたように、このパターンを自分で発見するかも知れない。友だちがどこに住んでいるかによるが、何週間も晴れが続き、雲を一つも見ないかもしれない。そして、ある日、飛行機雲を見て、巻雲を見て、その日のうちに雨が降る。天候調整を疑いたくなっても当然だろう。

ここでもまた有効なのは、雲についての古い本を見せることだ。温暖前線が動く様子の図解があれば一番良い。自分が空で観察した雲と同じ雲の絵を見せよ

う。高高度の巻雲とその後の雨。完璧にこれと同じだ。自然に巻雲ができる条件
があれば、飛行機雲もできる。それだけのことだ。

　人工降雨は雲をつくるわけではない。すでに発生している雲に雨を降らさせ
る。一言で言えば、飛行機雲は空で巻雲ができるときにできる雲なのだ。

ケムトレイル飛行機

　一般にケムトレイルの証拠とされるもう一つのデマはバラストタンクに関する
もので、ウィリーが信じてしまった主張だ。

> 　ケムトレイルの間違いない証拠だと思ったのはタンクのやつだった。あ
> れを見たときに「おっと、こいつで決定だな、ひでえな」ってなった。ケ
> ムトレイルが真実だったと証明された（と思った）ので、結構衝撃だった。

　この興味深いまったくのウソは、新しい機種の飛行機のテスト方法が原因だ。
すべての飛行機には「飛行包絡線（フライトエンベロープ）」が設定されている。
これは飛行機の設計上の最低状態と最高状態を定めたものだ。たとえば最低速度
と最高速度や傾きの角度などだ。だが飛行包括線には乗客や荷物も含まれる。飛
行機は、空席ばかりでも満席で燃料満タンで荷物を満載していても安全に飛べな
くてはならない。

　これらの構成を試験する必要があり、実際 FAA もこれを義務づけている。試
験機に乗客役の 400 人を乗せて飛ぶのは実用的でも安全でもないので、飛行機製
造会社は水を入れたタンクで重さを再現するという方法を思いついた。ボーイン
グ社が説明している。

> 　1994年の飛行試験中、プロトタイプ 777 のキャビン内部は、最初はアル
> ミニウム製のビール樽のようなタンクで満杯だった。これらの 55 ガロンタ
> ンクには水が入っていて、前方キャビンの 2 ダースと後部セクションの同
> 数のタンクは、乗客が動き回る結果生じる重心の変化をシミュレートする
> ために内部の水が前に後にポンプで送られて移動した。[*23]

　こうした試験機についての同じような報告は航空関係の本に載っていて、1969
年のボーイング 747-10024 の最初の試験飛行や 1950 年代のボーイング 707 の試験

第 7 章　ケムトレイル　141

飛行は動画記録を観ることもできる。ほとんどの一般人はバラストタンクを知らないかもしれないが、飛行機産業では比較的よく知られている。写真家、ウィリアム・アップルトンが撮影した写真を編集した誰かは、この馴染みのなさをうまく利用したのかもしれない。2005年に撮影された元の写真はバラストタンクを乗せている飛行機の内部だ。これはボーイング777の新しい機種777-240/LRで、タンクの間にチューブが巡らしてあるのが見える。反射材付きのベストが座席の上に広げてあり、壁には小さなタイプした文字が書かれた紙が黄色と黒の虎柄テープで貼ってある。

改竄された写真はまったく同じ光景だが、この壁に貼られた紙の周囲に「噴霧機05」と「内部に危険物」の文字が付け加えられている。この改竄された写真は2007年ころに、あちこちのケムトレイル・グループのサイトに掲載された。元の写真が見つかると改竄は早々にデバンクされて、タンクの正体についての説明も加えられた。私は2007年にこの写真についての記事を「飛行機雲の科学」に書いている[*25]。

この改竄画像は、なかなか消えずにしつこく出回り続けたデマ画像だった。デマ画像だとの説明がすぐに入手できる状況にあったにもかかわらず、この写真はケムトレイルの「証明」として、共有され続けた。さらに別の飛行機のバラストタンクの写真が次々と加えられていった。

いつまでも、この写真が出回っていること（ジオエンジニアリング・ウォッチにこの写真があらわれたのは2013年でデバンクされてから6年後だった）が取りも直さず、この写真を非常に良いデバンキングのツールにしている。この写真は間違いなく試験機のバラストタンクを撮影したものだ（最近の2017年にはドナルド・トランプがこうした試験機を見学している写真もある）。また、フェイク画像からどのようにデマが始まったかを実証することもできる。最も重要なのは、「ジオエンジニアリング・ウォッチ」のようなサイトが「いまだに」こうした写真を証拠として使っていると誰にでも見せることができるということかもしれない。

人々をウサギ穴から助け出す要となるテクニックは、信頼してきた情報発信者が当初思っていたよりも信頼できないというのを見せることだ。ただ悪口を言っていると見えないように、気をつけなくてはならない。だから、このように情報発信者が反論の余地なく、何年間も間違っていたとはっきりわかるような事例があれば、友だちも情報発信者に対してより明確な視点を持てるようになり、ほかの事柄についても論理的な疑問を持てるようになってくるかもしれない。ウィリーの場合は次の通り。

ある日、アバーブ・トップ・シークレット（『超マル秘』の意味。陰謀論フォーラム）を見ていたら、バラストタンクのやつをデバンクしてた人がいたんだ。あれは「アハ！体験」の瞬間だった。「おい、ちょっと待ってくれ！」ってね。ケムトレイルのあれ全部が本当に見えるように、バラストタンクについてずっとウソをついていた奴がいるんだって。デバンカーが僕が知らなかったバラストタンクの情報とあの写真の引用元の航空サイトへのリンクを上げてくれて、それを見たときに「うわぁ、こっちの考えは間違った考えだったんだ」って思った。

化学物質テスト

　バラストタンク・デマは比較的単純で理解しやすい話なので、説明が簡単だ。そして加工前の写真を見ればひとめでわかる。反論不能とよく提示されているケムトレイルの別の「証拠」の、土壌の化学分析は、もう少し厄介だ。

　こちらの方が経験的に良い証拠だからではなく、人々が誤解しやすい化学に関わっているからだ。この誤解がケムトレイル神話のなかなか消えない部分をつくりあげている。

　基本となる主張はある化学物質（アルミニウム、バリウム、ストロンチウムなどがよく取り上げられる）が大気、水、あるいは土壌検査で検出というものだ。この話が広まったのは、ケムトレイル支持の 2010 年のドキュメンタリー「飛行機雲の謎〜ケムトレイルの目的と巨大企業〜」（略称は WITWATS）がきっかけだ。

　映画を製作したのはマイケル・Ｊ・マーフィーだが、作品中で使われた試験の多くは「ジオエンジニアリング・ウォッチ」が実施したものだ。具体的にはカリフォルニア北部のデイン・ウィギンストンの地所にある池のデータなのだが、ドキュメンタリーに登場する検査結果は次頁の通り。

　分析をしたベイシック・ラボは本物の分析機関で、分析結果は正確だ。明記された検査法（EPA 6010B）は、サンプル中の任意の元素の量を正確に計測する方法で、ウィギントンの地所の分析結果は 37 万 5000ppb のアルミニウムと、少量のバリウムとストロンチウムを検出している。この 37 万 5000 という数字は、ケムトレイル（または秘密の惑星工学サイト）信奉者界隈では、ほぼ神話になっている。これは、2016 年にジオエンジニアリング・ウォッチが 2016 年に米国政府に対して起した訴訟でも使われていた。

第 7 章　ケムトレイル　143

カリフォルニア州レディング付近のシャスタ郡での検査によると、二重に内張りした池（土壌から完全に遮断されている）には、水中に37万5000ppbのアルミニウムが含まれていた。池は内張りされていて、ゆえに降水が溜まっていた。そして、水中のアルミニウムは土壌由来ではなく、空から落ちてきたと考えられる。[*26]

　まるで「馬から落ちたから落馬だ」みたいな説明だが、この説明ででこうした試験の根本的な問題を迂回しようとしている。基本的に、アルミニウムは自然界に非常に豊富に存在する元素だ。ソーダや缶詰の缶、アルミホイルに使われている金属だと思い込んでいると、意外に思ってしまうが、自然界ではアルミニウムはごく普通に岩石に含まれている。そして土は風雨で浸食された岩石の粉を含むので、アルミは普通の土壌の成分だ。どの程度普通か？　カリフォルニア北部で表面から数インチの表土であれば、通常7％ほどの岩石アルミニウム（専門用語ではアルミノケイ酸塩）が含まれている。カリフォルニア全域では5％から15％までばらつきが見られるが、アルミニウムはどこにでもあるというのが正確だろう。[*27]

basic
laboratory

Attention:	DANE WIGINGTON					
Project:	GENERAL TESTING					
Description:	POND SEDIMENT		**Lab ID:** 7050069-01		**Sampled:**	04/29/07
Matrix:	Sludge				**Received:**	05/02/07

Metals - Total

Analyte	Units	Results	MDL	RL	Method	Analyzed	Prepared
Aluminum	ug/l	375000	300	1000	EPA 6010B	05/09/07	05/05/07
Barium	"	3090	10	50	"		"
Strontium	"	345	10	50	"		"

図8　「攪乱はない」と説明されている池の堆積泥のサンプルの検査結果

　米国疾病管理予防センター（CDC）によると、

　アルミニウムは非常に豊富で広範囲に分布している元素で、ほとんどの岩石、土壌、水、空気、および食品に含まれることに留意すべきである。

食物を食べ、水を飲み、空気を呼吸するたびに低レベルのアルミニウムを
　　摂取することになる[*28]。

　アルミニウムがどこにでもある以上、空気にも水にも土にも含まれている。浄
水済みの水にも幾ばくかのアルミニウムが入っている。これを取り除くのは難し
い。自然の渓流では通常100ppbなので[*29]、37万5000はたしかに非常に高いよう
に見える。どうなっているのか？
　問題は、そして友だちに説明するときにポイントとなるのは、検査サンプルが
水ではなく、池の底に溜まった沈殿物（堆積泥）だったことだ。これは基本的に
風に運ばれてきた土埃からなる。検査結果の票の「マトリックス」のすぐ隣に記
述してある。またWITWATSドキュメンタリーにも泥の溜まった池の底が写っ
ている。また池の場所も未舗装の道路のU字型のカーブの脇にあり、雨の少な
いカリフォルニアの夏には、道を走る車が大量の土埃を立てていたと思われる。

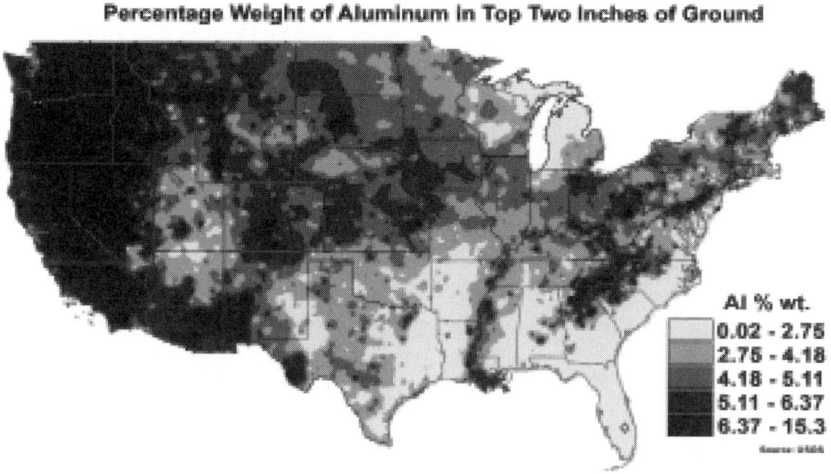

Percentage Weight of Aluminum in Top Two Inches of Ground

Al % wt.
0.02 - 2.75
2.75 - 4.18
4.18 - 5.11
5.11 - 6.37
6.37 - 15.3

図9　表面からインチ（5㎝）の土壌に含まれるアルミニウムの重量比

　土埃は控えめに言っても7%程度のアルミニウムを含んでいる。これを単純に
言い換えれば10億あたり7000万だ。37万5000ppmのアルミニウムを得るには
それほど大量の土埃を水中に投じなくてもいいだろう。──とくに「ジオエンジ
ニアリング・ウォッチ」が当時サイトに掲載した試験の手順（直リンクは切れて
いるが、今も掲載されている）を考慮すればそうだ。

第7章　ケムトレイル　145

池の検査をするときに唯一異なっているのはサンプルの採集のやり方だ。池の最も底に近い部分は元素が集まる部分だ。採集瓶を上下逆さまにして、口の部分を池の底、または水の流れがない場所につけよう。池が古いほど測定値は高くなる。瓶の上下を逆転させ水と底部の堆積物少々を採集しよう[30]。

　これは最悪の水の検査法だ。サンプルは必ずランダムな量の池の底の泥を含むことになってしまって、ランダムな（が非常に大きな値の）アルミニウムの量の検査結果が出ることになる。私は2013年にデーン・ウィギントンと討論したときに、これを説明しようとした。

　　ミック　この試験（に関しては）問題は泥には土が含まれていて、土の7%はアルミニウムだということですよ。だから試験すれば高い率でアルミニウムが検出される。そうなのに、映画では上空の噴霧の証拠とされています。

　　デーン　額面通りに受け取れば、ミック、繰り返しになるが、こういう試験でサンプルが土と何らかの形で接しているなら、どんな土とでもだよ、君の意見に全面的に賛成するよ。だがサンプルが採取された池は内側が内張材で覆われていて、しかも2重の内張りで、これはファイヤーストン社のEPDM池用内張材（ゴム製の防水シート）を使っている。生物学的に魚にも安全だ。池には流れ込む水源はなく、雨水と井戸水だけを貯めていて（水が）どのようなものでも土と接触することはない。検査値が高かったのは池の底の方の魚の糞などが溜まっている場所から取ったサンプルだったからなんだが、そういう魚の糞などがこれだけのアルミニウムを含んでいるというのは、安心できることではない。ここは絶対にどんな形状や種類のものでも土と接触していないところの試験結果なんだ[31]。

　ウィギントンは野外の空気に何年も曝されている池がなんの攪乱も受けていないと、かなり奇妙な主張をしている。この説がどう聞こえるかも実はわかっていて池の底の泥は「魚の糞やそういうもの」だと言っている。だがどんな池の底にも土は溜まる。こうした正しくなく、誤った説明をされている検査は何年も繰り返されてきていて、何年も前に解説済みなのに「ジオエンジニアリング・ウォッ

チ」の訴訟の資料に使われている。

もう一つ、こう解説されているものもある。

> シャスタ山の標高8000フィート地点で採取された汚れない白雪には6万1100ppbのアルミニウムが含まれていた。これは雪の下の土に含まれる量の4倍以上で、通常の雪のサンプルに含まれる最大量の何万倍という数値だ。サンプルには83ppbのバリウムと383ppbのストロンチウムも検出された。こうした重金属が降水システムに入り込む唯一のルートはアエロゾル化された雲からしかない。

ここでの問題はサンプル採取の時期が6月中旬だったということだ。6月でもシャスタ山には雪が残っているが、これは残雪で、土埃に覆われている。このあたりの期日にシャスタ山で撮影された写真をフリッカー（Flickr）で探してみると、まさにそのものの写真があった。赤茶色の土に覆われた雪だまりの残雪で、当然ながら自然由来のにアルミニウムが満載となっている。[*32]

元のテスト結果をケムトレイル信奉者の友だちに見せ、それから土のアルミニウム含有量の図表を見せよう。テスト結果の「堆積泥」という言葉を見せ、濁った池の写真を見せよう。未舗装の道との位置関係、それから雪を覆った土埃を見せよう。友だちにも試験結果のアルミ含有量は通常の土のそれと同じだとわかるはずだ。そして主なケムトレイル宣教師がいまだにこの泥と汚れた雪のデータを証拠として使っているのを見せ、この人たちを問題の権威として扱うべきか聞いてみよう。

ケムトレイル特許

ケムトレイル（あるいは秘密の惑星工学）に関して非常によく耳にする主張の一つは特許が存在するというものだ。きわめて単純な話で、特許は現実的なものだ。ケムトレイルの特許が存在する。したがってケムトレイルは現実的なものだ、となる。

この説には、友だちに説明できる問題が3つある。第1は非常に単純だが、ほとんどの人が考えたこともないことだ。もし、秘密の政府の計画だとしたら、なぜ特許を取ったのか、そして、なぜ公開文書として閲覧できるのか？　何十年も存在を否定してきた計画に関する技術の特許を取る実際の利益とは何だろう？

2つ目の問題はリストに上がっている特許の多くが秘密の気候改変のため飛行機から噴霧するエアゾールに関するものではないことだ。ジオエンジニアリング・ウォッチが2012年に製作した最も長い特許リストの項には以下のようにある。

　　惑星工学／天候調整が引き起こす現象の実在を疑う人は、少し時間を取ってこうした計画で使用される機器と技術手法に関するこの広範囲に及ぶ米国特許リストに目を通してほしい。証拠は明らかだ。[*33]

　その後にまさに広範な特許のリストが続く。問題はそのほとんどが、たとえば空中文字や人工降雨のようになんの問題もない技術であることだ。
　それでもこのあたりは、いくばくかはケムトレイルに関連している。そのほかに「エアゾール」や「噴霧」などのキーワードが含まれているために選択されたであろう雑多なものが多くある。「証拠」としてリストに含まれている実際の特許の例をみよう。

　　1631753– 電気温水器
　　2097581– 実験室用機器滅菌用蒸気発生器
　　2591988– 白色塗料顔料の製造方法
　　3174150– 自動焦点アンテナ
　　3300721– 宇宙専用ラジオ
　　3564253– 太陽光を地球に反射させる巨大な宇宙鏡
　　3899144– 視認性のために粉末で航跡を残す牽引空中ターゲット
　　3940060– 雲に穴を開けるための地上設置型スモークリング発生装置
　　3992628– 一時的レーザー遮断器
　　4347284– 戦車隠蔽用雪文様カモフラージュカバー
　　4415265– 化学物質分析用分光器
　　5056357– 液体用超音波測定装置
　　5327222– 流速センサー
　　5631414– 海洋放射線測定器
　　6110590– 絹製作法
　　5486900– コピー機のトナー残量計測器

当初、リストをつくった人が、熱意のあまりやや暴走気味だったのは許すべきかも知れないが、5年ほどの期間にわたって人々が間違いを指摘したあともこれが掲載され続けているのは、修正の意思がないという証拠だと見なしていいだろう。なかでも最後のトナー残量計測器は私がケムトレイル信奉者に何回か教えようとしたものだ。「メタバンク」に詳しい解説も書き[*34]、この話題になるとシェアしているし、「ジオエンジニアリング・ウォッチ」のページにコメントしたことさえあるのだが、書き込みはただちに削除された。

　事実に対するこの抵抗は、このリストがいつまでも、いつまでも話に出てくるということだから少しがっかりだ。だが同時に使えるツールだということでもある。友だちと一緒にこのリストを見て、なぜ「ジオエンジニアリング・ウォッチ」は間違いを指摘されたあとも絶対に修正しないのかと聞いてみよう。

　見当違いの特許を全部消せば、空中文字の特許、通常の人工降雨の特許、そして片手で足りるほどの惑星工学（気候調整）用の飛行機からの噴霧の特許が残る。

　ここでようやくケムトレイル宣教師の、特許があるから惑星工学は現実に存在する論、に入ることができる。

　第1に、ここで「現実に存在する」というのは、人々が研究しているという意味だ。これは言うまでもないことで、惑星工学について考えている人々がいる、それどころかどうやったら実現できるかを考えている人々がいるのは、誰も否定していない。否定されているのは、今日すでに実行している人々がいるという主張だ。そして、特許がケムトレイルは現実であるという証拠になるのかという2つ目の核となる疑問につながる。なぜ使われていないものの特許を取るのか？

　ここで示されているのは特許システムに関する根本的な誤解であり、3つの重要な鍵となる事実が欠落している。

　●特許を得るためには、その技術が現実に機能する必要はない。
　●理論上、技術が機能する場合でも、それが現実に存在する必要はない。
　●特許はしばしば投機的動機で取得される

　米国では1790年から1880年の間は、特許を取るのに、発明品がどのように動くかを説明できるようなミニチュアモデルを提供する必要があった[*35]。ただ米国の法律では、発明が定義された操作性と機能性の基準に達しなければ特許が取得できないという規定はない。現在の特許法で必要とされるのは発明品が何かに役に立つ、新しい考えで、当たり前ではなく、特許に基づいて実施できるように十分

な説明がなされていることだけだ。[*36]

　特許の中には技術的にこの説明に適合するが、そもそも常識外れで変わりすぎていて、アイディアとして劣悪か実現不能のものもある。

　最も有名なのは米国特許番号3216423号だろう。「遠心力による出産容易化装置」で、要は円型のテーブルでここに妊婦がベルトで固定される。遠心力で赤ん坊がぽんと飛び出すまでテーブルを回転させる。妊婦の足の間にはネットがぶら下がっていて、飛び出した赤ん坊を受け止めるようになっている（図10参照）。

　このアイディアは1963年に特許を取得している。だが、これが一度でもつく

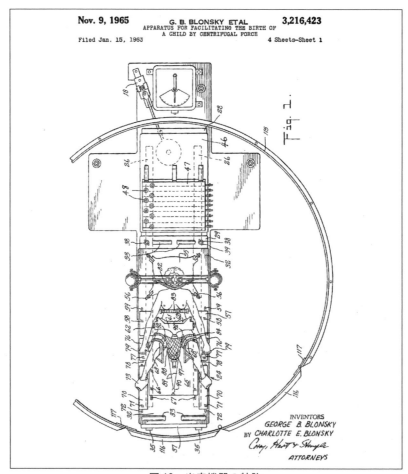

図10　出産機器の特許

られたという証拠はない。どうにも非常識だと思われるに違いない一方で、うまく行くかもしれないと考えた人々によって特許取得となっている。

もっとあり得ない特許は、US 6960975「膨張真空状態圧力推進宇宙船」だ。これは一種の空飛ぶ円盤で、時空の基本構造を歪曲して推進する。このアイディアは現存するどの技術にも基づいていない。それどころか様々な理論物理学論文に提示された考えのきわめて大雑把な推論から考え出されている。SFシリーズ「スター・トレック」のワープ・ドライブの解説と同レベルだ。このほかにも反重力エンジンや全身トランスポーテーション・システム（ハイパースペースを介してある場所から別の場所に人間をテレポートするパルス重力波ワームホール発生器システム）についての特許もたくさんある。

ワープ・ドライブに稼働するというデモンストレーションをしたのだろうか？やっていないのは明らかだ。全身テレポーテーション装置もワープ・ドライブや空飛ぶ円盤も、回る赤ん坊抽出機も存在しない。特許を取得しているからといって素晴らしいアイディアだというわけでも、ちゃんと稼働するというわけでもないし、科学的に正しいということでさえない。特許は誰かがアイディアを考えついて特許局の人が受け付ける形式で書き記したというだけのことだ。

上記の特許が明らかにあり得ない、あるいは少なくともまったく実用的ではない一方で、実際に良識的だと思われる特許もある。とはいえ、使われるべき状況として記載されているものがまだ存在していないため、使われることはなかったと判断できるものもある。

最もはっきりとした例は、有人宇宙飛行に関わるものだろう。

惑星間宇宙船、そしてほかの惑星上での人類居住地に関する特許は多い。だがこれは人類の月面での生活、あるいは火星への有人飛行が実在する証拠だとは誰も言わないだろう。1992年の月面住居の図は、常識的で実用的に思える（図11参照）。

また宇宙エレベーターに関する特許もいくつかある。物資を地球の軌道上に運び上げるための驚くほど野心的な方法で、人工衛星との間に文字どおりにエレベーターをつくろうというものだ。惑星工学と同じく、アイディアは古くからある。コンセプトとしての宇宙エレベーターは1895年にコンスタンティン・ツィオルコフスキーが発明した。全地球における惑星工学に関するアイデアも、ほぼ同じ時期にさかのぼる。スヴァンテ・アレニウスが（1905年に）最適な気候をつくりだすために大気中の温室効果ガスのレベルを制御することを提案したのだ。

上記の発明は両方とも現実世界において実証されてはいない。だがこれまでに

第7章　ケムトレイル　151

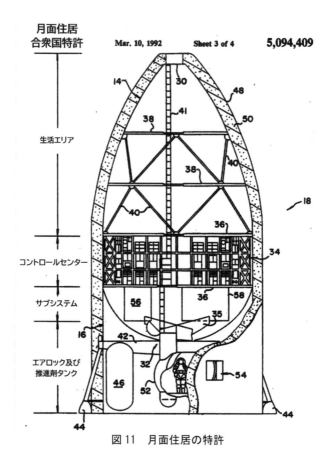

図11　月面住居の特許

提示した特許の例よりもずっと妥当で、人々がその後の数十年にわたって真剣に話し合ってきたことを示している。

　惑星工学の特許と同じく、未来において、これらを人々が実施するために考え続けてきたことがあるという証拠として使うことはできる（宇宙エレベーターの研究はすでに始まっている[*37]）。だが、現在すでに行われている証拠としては使えない。

　特許出願の要件が曖昧でどちらかと言えば主観的であるだけではなく、主要な識者は現在の特許制度はもう何年間も効果的に機能していないと考えている。ごく些細な「発明」に特許が与えられ、ワンクリックで買い物ができるとか、プッシュボタン式電話など子どもが考えつくようなアイディアに数億ドルが手渡され

るのもよくあることだ。

　人々は特許からたくさんのお金が生じることは認識している。なかには自分で技術を開発する予定がないのに誰かが将来開発する可能性があるので、そうなればライセンス供与することで数百万ドルを要求できると目論んで、特許を申請する人もいる。米国では特許の出願には数百ドルしかかからない（仮出願ならわずか65ドルだ）。

　これは特許トロールと呼ばれる行為で、安易に稼ぎたい人だけがやるわけではない。特許制度に欠陥があるため、企業は考えられるすべての事柄を特許として申請せざるを得なくなっている。そうしておけば、特許を財産目録化してほかの企業に対して対抗訴訟（あるいは取引）することが、できるからだ。2009年から2017年のスマートフォン特許戦争がいい例だろう。

　こうした大企業は毎年数千の特許を申請する。IBMは2012年に毎18件の特許を申請した。その多くは、万が一に備えて社員のアイディアを特許申請したものだ。自社の社員が将来開発する可能性のあるものを予測しただけで、現在開発しているものでも、実際に開発を終えたものではないのはほぼ確実だ。

　万が一うまく進展して、特許を使用する意図がでてきたとしても、ワイアード誌で解説されているように、特許の大半（95％）は一度も使われずに終わる。

　米国特許がもっと大きな問題に直面しているというのは、語られることのない現実だ。高額な取引コストと法的なリスクで市場が収縮し、中小企業の大多数が市場から閉め出されているし、実際に特許取得済みの発見の95％が新製品、新サービス、新しい仕事、そして経済成長を生み出すために使われていないのだ。[*38]

　たしかに惑星工学、月面住居、火星行き宇宙船の特許は存在する。だが、だから現在、惑星工学による惑星改造が実施されているというのは、火星上に人類が立つのと同程度の現実性の話だ。

　特許が意味するのは、その特許を申請した人、または企業が将来特許でお金を稼げると考えたか、特許目録に加えておいた方がいいと考えたかのどちらかでしかない。万が一、将来技術を開発しようとするか、特許を使って取引をする可能性に備えておこうと考えたのだ。

　もし友だちが以上すべてのことを無視しようとしても、特許は何かの証拠だと言い続けたとしても、「特許は証拠」論には根本的な反論がある。もし秘密裏に何かをやろうとするときに、なぜ私企業にその証拠で特許を取らせるのだろうか？

　ここでの結論は、何かの特許はそのものの実在も、それが機能することも意味

第7章　ケムトレイル　153

しないとなる。

雲がある　と　雲がない

　友だちに飛行機雲は消えないこともあると説明し、現代のジェット機は実は古い飛行機よりも飛行機雲をつくりやすいのだと説明し終わったなら、この陰謀論のもっと微妙な説が浮上してくる。今度の考えは飛行機雲が発生しないはずの時に航跡雲をつくっている飛行機があるというものだ。

　この主張には2つのバージョンがある。最初の場合は空のある部分を同時に飛ぶ2機の飛行機を見せられる（あるいは話を聞かされる）1機は濃く長く消えない飛行機雲を残していて、もう1機の後ろの飛行機雲は短く、すぐに消えてしまっている。

　このパズルの種明かしは非常に単純だ。1機はもう1機よりも高空を飛んでいる。地上から3万フィート以上の高空を飛ぶ飛行機の高さの差や機種の違いを見分けることは、まったく不可能だ。

　これを解説してみせるにはフライトレーダー24（Flightradar24）などの飛行機追跡アプリを使うといい。アプリを使って飛行機の高度を調べ、同じ高度を飛んでいるように見えた飛行機が実際は違う高度を飛んでいるのを見せよう。1000フィート以上違うこともよくある。

　次に、飛行機雲が形成されるためには、十分低温で十分な湿度もなくてはならないことを指摘しよう。1機の飛行機がある高度を飛んでいて（そして飛行機雲を残している）、そしてもう1機がそれより高いか低いかの高度の場合、飛行機雲ができないこともある。

　2つ目のバージョンは、ある飛行機が飛んでいる空域の天候状態がしっかりとした飛行機雲ができるには湿度が低すぎると主張するものだ。多様な反論の切り口があるだろうが、よく利用される計測値は気象観測気球によるもので、こういう使い方をするには正確さが不足している。

　気象観測用気球には気温計や湿度計等の計測器が取り付けてある。放出された風船は大気中を上昇しながら装着機器の計測値を無線で発信し続け、最後には風船が破裂して地上におちてくる。

　気象観測風船は、大気を垂直方向に切り取ったなかなか良い数値を提供してくれる。残念なのは風船による計測は1日2回だけで、発射基地は200から400マイル離れて設置されている。大気の状態は分単位、わずか数百フィートの差で急

154

速変化することもあり、風船の計測値はある空域の状態を把握する目的では一般的に言って役に立たない。さらに悪いことに、一部の湿度計は飛行機雲が生まれるのとほぼ同じ温度で動かなくなってしまう。[39]

　大気の湿度データとしては、気象観測用気球のデータと、地上局、航空機、および気象観測衛星からの継続的に更新される詳細なデータを組み合わせたさまざまな天気予報モデルの方がはるかに良い。このモデルでは、どの場所のどの高度についても、はるかに高い解像度の湿度表の生成が可能だ。飛行機雲の出現とこのモデルによる湿度表の雲が生まれるのに適切な湿度（60％以上）は、ほとんどいつも一致している。こうした気象情報を発表している独立機関は複数ある。[40]そうしたデータを友だちに見せ、友だちの観察したことと、ケムトレイルを売り込んでいる人たちが使っている気象観測用気球のデータと比較してもらおう。

政府の関与

　政府がケムトレイルまたは秘密の惑星工学を「認めている」という主張は2通りある。1つは天候調整（前述）を指している。この場合は、友だちに天候調整の実際を説明してほしい。雨や雪をさらに降らせるための人工降雨は60年以上公然と行われてきたことだ。

　2つ目は政府職員や学会のメンバーが将来行われるであろう惑星工学について議論していると指摘し、これは現在の惑星工学の容認だと主張するものだ。

　例をあげよう。

　　　ケムトレイルは長年「ただの頭のおかしい陰謀論の一つ」とされてきたが、元 CIA 長官（の、ジョン・ブレナン）自ら、政府が空に散布していると認めた時に、どう言い訳するのか？ 実際、空にケムトレイルをまき散らす政府の秘密計画はしばしば陰謀だと見なされているが、政府は基本的に同じ行動を隠すことなくやり始めているようだ。[41]

　この主張に対する最善の対処法は、友だちにブレナンの発言全部を読んでもらうことだ。それから実際の惑星工学研究の現状（前述）を見てもらおう。実際のブレナンの発言はこうだ。

　　　もう一つ別の例は、一連の技術でしばしば総称として地球工学と呼ばれ

第7章　ケムトレイル　155

るものだ。これは地球規模の気候変動による温暖化の影響を逆転させるのに役立つ可能性を秘めている。私が個人的に注目をしているのは、SAI（成層圏エアロゾル注入）で、太陽の熱を反射するのに役立つ粒子を成層圏に播種する方法だ。これは火山噴火とほぼ同じ原理と言える……

SAIは有望だが、同時に、これを前進させることは我々の政府と国際社会に対して多くの困難な課題を起こす可能性がある。技術面では、海洋酸性化などのほかの気候変動の影響に対処するには、SAIに加えて温室効果ガスの排出削減が必要になるだろう。SAIだけでは大気から温室効果ガスを除去することはできないからだ。[*42]

ブレナンが「だろう」という未来形を使っているのに気がついただろうか？これを前進させることは我々の政府と国際社会に対して多くの困難な課題を起こす可能性がある。温暖化の影響を逆転させるのに役立つ可能性を秘めている。これらは推測であると同時に不確実だ。惑星工学研究の現状をそのまま反映した言い方で、なぜ誰もまだ実際に試していないかの説明となっている。

政府はケムトレイルを認めていないし、惑星工学も認めていない。政府はただ、地球工学は将来実施を考えるかも知れないものだとの、誰も一度たりとも否定したことがない認識を認めただけだ。

ケムトレイルは入門用陰謀論だと言われてきた。空を見上げればそこにエビデンスがあるので、始めるのは簡単だ。魅惑的で一見権威がありそうな動画がたくさんあり、様々な「証拠」を並べた長大なリストが人々を吸い込もうと待ち構えている。だがこれは、ウサギ穴を脱出するための足がかりにもなる。この章で見てきたように、ほぼすべての「証明されているという主張」はとっくに検討済みで、いくつかはとことん論じつくされている。正直に偏見なく「証拠」を見れば、信じ続けようとするのはまず無理だろう。一番難しいのは、最初に反証を見せることだ。次の章では長期間、反証を見ることを拒否してきたシュテファニーを紹介しよう。彼女を助け出したのは友人だった。

2023年追補

2023年、グーグルで「ケムトレイル」と検索すると、この陰謀論はもはや過去の遺物だと勘違いしても仕方ないだろう。最初に出てくるのは、気候学者デイビッド・ケイスの10年前のデバンキング・ページだ。陰謀論者が今もケムトレ

イルが行われていると主張する惑星工学は未だに仮説の域を出ていないと説明している。　次のリンクはウィキペディアで正しく「ケムトレイル陰謀論は長く消えない凝集航跡は空に残された化学物質か生物的薬剤を含んでいるという誤った信念」と述べている。続くリンクはすべて科学的な説明、ファクトチェック、あるいはデバンクに飛ぶようになっている。グーグルの単純な検索で陰謀論を見つけるのはとても難しくなっている。これは他の主要な検索サイト、Facebook、X（旧 Twitter）、YouTube でも同じだ。大きな検索と SSN 運営会社は 2018年以前に始めたことを続けているので、ケムトレイルは少なくとも主流サイトでは見つけにくくなっている。この試みはうまく行っている。ほとんどの人が動画を見てケムトレイルなどのウサギ穴に落ちていることをおぼえているだろうか？　もし、たまたま動画を見つけなければ、穴にも落ちない。簡単な算数だ。この包括的抑制にはいくつもの作用がある。

　一つ残念な副作用は私が運営するようなデバンキングサイトも自動的に誤情報と判断されてしまい、検索結果に出てこないことだ。たとえば、私はデイビッド・ケイスにインタビューして、彼のケムトレイルへの見解を聞いた。2019年にウェブに挙げた直後は「ミック・ウェスト　デイビット・ケイス」で検索すると、一番にこの動画が上がってきていた。今は、この検索に危うい要素は何もないのに、YouTube で「ケムトレイル関係情報」レッテルを貼られていて、グーグルの検索結果は、「ユダヤ世界秩序」という陰謀論サイトでこの動画が取り上げられたものになっている。グーグルもこんな検索結果は望んでいないだろう。私の他のもっと無害な動画の場合は、普通にリンクが出てくる。

　抑制の 2つ目の作用は、ケムトレイル（と、ほかの類似した陰謀論）をインターネットの暗い片隅に追いやったことだ。YouTube でケムトレイルと検索してもファクトチェックや、デバンキング動画しか出てこなくなった一方で、オルタナ右翼の動画共有サイト「ランブル」で検索すると次から次へと「ケムトレイル陰謀が外交問題評議会で認められた」「ケムトレイル・パイロット人類大量殺害に関して名乗り出る」など陰謀論布教動画が出てくる。つまり、ケムトレイル宣教師は、再生されない YouTube への投稿をやめたのだ。ファクトチェッカーはランブル（のようなオルタナ右翼サイト）と関わりたくないので、ランブルには投稿しない。この明らかな 2つの陣営の線引きのせいで、ケムトレイルのウサギ穴を下り始めたばかりの人々は YouTube にケムトレイルの動画がないのは、陰謀論が真実だというしるしだと信じるようになる。

　ある陰謀論の抑圧は、その説の正当性の証拠だと思われる。この新しい問題に

第 7 章　ケムトレイル　157

対応するには、まず何よりも友だちの情報源を多様化することを目指すことだ。ランブルのようなサイトの動画だけを見ていたら、すぐに陰謀を信じてしまうだろう。ここで効果のある対策は、偏見を持たず、決め付けを避けるには？　と議論することだ。

　陰謀論者は、自分たちは偏見を持たずに、新しい考えも拒絶しないと考えている。残念なことに彼らは特定の情報生態系にはまり込んでしまって、ひょっとすると自分でも気づかないまま，拒絶しないのはあるタイプの考えだけになっている。本当の意味でどんな考えも拒絶しないようになろうよと励まして、ほかのサイトの動画も観せよう。もし必要なら、お互いに交代でおすすめの動画を観ようと提案してみよう。そして何であれ見よう。

　この5年間でケムトレイル陰謀論の基本的な部分はそれほど変わっていない。ただ、この説がどんどんQアノンやグレートリセットのような陰謀論の境界を越えたメタ陰謀論に組み込まれていっているのに気がつくだろう。ケムトレイルは新型コロナウイルス（あるいはコロナワクチン）を広げているという罪を着せられるだろうし、あるいは2020年の大統領選で、秘密のQアノン作戦が実行され、隠された票を取り戻せるように、ある地域を衛星から隠す目的で使われたとなるかもしれない。こうした陰謀論の融合には良いこともないわけではない。ケムトレイルは成熟しきった陰謀論だ。根本的な部分（飛行機雲はすぐ消える）は10年以上変化していない。だから、友だちと効果的に話せる関係をつくれたら、次のステップとして有用な情報を提供するのはかなり簡単だ。とくにQアノンなどのような動きの激しい陰謀論と比較すればやりやすい。友だちの心理的な鎧にひびを入れるだけで、すむことも多い。ケムトレイル陰謀論がデタラメだと提示するだけでは、Qアノンのウサギ穴からすぐに救出できないかもしれないが、やがて、誰を信頼すべきか、すべきではないか、そしてそれはなぜかという重要な疑問に繋がっていくだろう。

　ケムトレイル陰謀論宣教師で最も人気があるのは、今でもデイン・ウィギントンだ。この項で取り上げてデバンクしたしたことを今も熱心に説き続けている。2023年現在、ウィギントンのサイトは、まだ、新しいタイプのジェットエンジンは飛行機雲を発生させないと大々的に主張している。これが間違いだと説明するのは比較的簡単なので、ウィギントンが最初にデバンクされて以来丸8年ずっと同じことを言っているというのは、彼がいかに信頼性を欠くかを描き出すのに使える。

　2021年、ウィギントンは新作ドキュメンタリー「遮光（The Dimming）」を公

開した。このドキュメンタリーは地球規模で太陽光が遮られるという時代遅れの考えを宣伝している。これは元々初期の公害の副作用とされていたもので、先進国では大気浄化法が導入されて問題は消えている。ウィギントンはこの今は存在しない問題をケムトレイル、つまり空中散布のせいだと糾弾している。この説のエビデンスを集めるために、ドキュメンタリー制作チームは空気サンプル採取装置を取り付けたプライベートジェットを借りた。これで飛行機雲の中を飛んで、何が含まれているかを計測しようというわけだ。

計測値が示したのは普通に空気に含まれていると予想されるものだった。低レベルの塩、岩石起源の粉塵（もちろんアルミニウム）ジェットエンジンの排気に含まれる少量の微粒子（煤など）だ。

もちろん、10年以上前に土壌の通常の成分比が疑わしいと発見したのと同じように、チームはこのサンプルの分析結果は非常に疑わしいとの発見をしている。10年以上前の土壌のときにもどんな結果が出てくると予測すべきなのかが理解できなかったウィギントンのチームは、ドキュメンタリーでも同じ流れに乗っていた。この変化のなさは、突っ込み必須だ。10年前に間違っていて、5年前にも間違っていて、今も間違っている。

ウィギントンのサイトの全体的な傾向も指摘する価値がある。毎週のアップデートのうち、2023年1月14日のものでウィギントンは、

　　　海の酸素レベルが急激に減少していて、漁業は急落、生物個体数は壊滅、この傾向が続き、全滅亡するまでにこれからどれくらいの時間があるのだろう？

と書いている。この「これからどのくらいの時間（how much longer）」を以前にも見た記憶があって、検索してみた。[〝how much longer〟site: geoengineeringwatch.org] と入れて検索すると、1980回のこの言葉が検索された。もう少し調べてみると、ウィギントンは過去10年この言葉か似たようなことを言い続けていた。ケムトレイル説は、終末論カルトを中核としていたのだ。「大規模噴霧作戦」の予測される目的は、文明の終焉をなんとか食い止めるか、加速させるかのどちらかなのだ。

ウィギントンの毎週のアップデートは、古い主張をずっと繰り返しているだけだが、終末は一向にやってきていないように見える。5年前よりも、現在、この傾向はずっと明らかになってきているようだ。もう数か月、長くとも数年で気候

第7章　ケムトレイル　159

の崩壊が起こると言っていたが、何も起こらなかった。我々は日常を生きている。そして毎年、ケムトレイルの終末が来ない年がやってきて、友だちにケムトレイルの中身が最初から何もないことを示すエビデンスが増えていくのだ。

トレイル　要約と情報源

友だちに伝える要となるポイントは、

飛行機雲（航跡雲）は消えずに広がることがあり、これは 1920 年代からそうだった。

30 年前よりもはるかに多くの飛行機が空を飛んでいる。

現代のジェットエンジンは、古いものより、飛行機雲を発生させやすい。翼から生まれている航跡は空力航跡雲だ。

天候調整（人工降雨）は 1950 年代から隠すことなく行われており、航跡は残さない。

飛行機のタンクの写真は、民間旅客機の試作機のバラストタンクだ。

アルミニウムは地球上のいたるところにあるので、空気、土壌、水のすべての化学分析で検出される。

惑星工学については実際の懸念があるが、まだ試験段階にさえ達していない。

特許取得していても現実に機能する必要ない。またなぜ極秘プログラムの特許を取得するのか？

飛行機はそれぞれ異なった高度で異なった長さの航跡雲を残す。

政府は秘密の惑星工学プログラムを認めていない。

情報源

飛行機雲の科学：contrailscience.com
メタバンクのケムトレイルフォーラム：metabunk.org/Chemtrails.f9/
大気光学は、空に現れる様々な現象を解明する。ハロ（日暈）や幻日などはケムトレイルによるものだとされることもある。：atoptics.co.uk
NASA が公開している衛星画像は航跡雲と雲と天気について世界的な視点を与えてくれる。：Worldview.earthdata.nasa.gov

FlightRadar24：このアプリで飛行機を識別すれば航跡雲を残している飛行機のほとんどが通常のジェット旅客機であることがわかる。 Flightradar24.com

　アース・ウインド・マップ：地球上空の風と湿度のパターンの複雑さを確認できる。 earth.nullschool.net

第8章
シュテファニー
── 元ケムトレイル信奉者 ──

　シュテファニー・ヴィッチャーはかってケムトレイル陰謀論を固く信じていた。何年もの間、陰謀論のウサギ穴の奥深くに引き込まれていたが、徐々に友人に助け出された。現在はドイツ語でディ・ロッカ・シュラウベ（緩んだネジ）というサイトを運営して自分の体験によってほかの人々を助けている。彼女の物語は懐疑論者やウサギ穴に引き込まれてしまった友だちを持つ人々にとって、実証と励ましとなるだろう。

　彼女にどうしてケムトレイル陰謀論に興味を持ったのかと聞いた。そして、いつもどおり、動画が始まりだった。

　　ケムトレイルにはまるきっかけになった動画はアルペンパーラメント・テレビ（ドイツのニューエイジ系メディア）で見た2011年ブリギッタ・ズーバーのインタビューだった。ブリギッタ・ズーバーはケムトレイルについて話していて、普通の飛行機雲よりもずっと長い時間見られると言っていた。「飛行機雲は数秒で消える」とズーバーは言った。インタビューの後、窓から空を見て数秒で消えない飛行機雲を見た。そこに数分はあっただろうか？　そのころは気象学にも詳しくなかったので、ズーバーは正しいのかもしれない。何か問題が起こっているのだと思った。

　動画を視聴した後、空を見て消えない飛行機雲を見るというのは、驚くほどありふれている。人々は雨になるかな、日が差してくるかなと見上げる以外、空にあまり注意は向けない。消えない飛行機雲は常に空にあるのだが、指摘されるまで注目しない。飛行機雲はすぐに消えるものだと語る情報源を信じていれば、自分は異常なものを見ていると信じてしまう。実際は陰謀論としても1990年代から続いているのだが、シュテファニーも動画を観るまで気がついていなかったのだ。

　シュテファニーはズーバーが言うことをとても信じやすい傾向にあった。

162

そのころは、私は陰謀論に向かう傾向にあった。たとえばエイリアンの存在。エイリアンは過去に地球を訪れていてまたやってくるだろうと信じていた。私はまた、宇宙船と宇宙人の死体がエリア51に保管されていて、政府はそれについてウソをついていると信じていた。11歳の頃、エイリアンやそういう話の本をもらった。以来ずっと信じていた。あとから、「ビッグフット」や「ネッシー」のようなものも信じるようになり、エジプトのピラミッドはひょっとしたらエイリアンがつくった、ストーンヘンジも神秘的な謎の何かだと信じていた。でもそれはそれで、他の陰謀論には気がついていなかったし、興味を感じていなかった。

そして、2009年の末か2010年の始め、（正確にはいつ始まったか思い出せない）夫と一緒に911についてのドキュメンタリーを見た。奇妙な「事実」がいくつか提示されていたので、興味を惹かれた。そしてインターネットで911について調べた。振り返ってみると、これ以上ないほどバカなことをしたと思う。なぜなら、陰謀論について、さらにもっと発見したからだ。こういう陰謀論は十分に整理されていないので、とくにインターネット上では、調べると自動的に全部についての知識を得てしまうのだ。

それから陰謀論についてのウェブページに行った。コップ・ヴァーラグ（ドイツのニューエイジ本の出版社）アレス・シャル・ウント・ラウチ（すべての音と煙、ドイツ版「スモーク・アンド・ミラー」、総合的な陰謀論サイト）アルペンパーラメント。そしてその後すぐにいくつかのこうした陰謀論に関するオンラインフォーラムに登録した。もちろんドイツ最大の陰謀論についてのフォーラム、アルミステリーも入っていた。

シュテファニーはウサギ穴に深く、深く吸い込まれた。私と同じように、シュテファニーは子どもの頃、UFOやモンスター、エイリアンなどに興味を持っていた。彼女が、ウサギ穴に落ちたのに対して、私が落ちなかった事実は、ウサギ穴に落ちる人と落ちずにすむ人のランダムさの一つの例のように思える。突き詰めて単純に言えば、ある動画を観るか、ある本を読むかの違いなのだ。

シュテファニーは確信を得て、勇んでウサギ穴を降りていき、やがて人生が影響され始めた。

友人たちがこれについて私に疑問をぶつけ始めたとき、私は彼らに腹を

立てていたと思う。友人の一人と言い争いになったのを覚えている。それから彼女は私を友だちから外した。今なら理解できる。夫と、親族の中でも仲の良いメンバーについてはまた別の話だった。幸いなことにみんなは陰謀論は信じていなかったが、争いを避けて、私の好きにさせてくれた。もしそうしてもらえなかったら、親族全員失っていたかも知れない。陰謀論者にはそうなってしまう人も多い。信条のせいで友だちを失い、家族を失ってしまうのだ。

そして、友人と親族と縁が切れなかったことが彼女の脱出の鍵になっていくのだ。

　　陰謀論に関する私の信念に変化が起こったある出来事があった。陰謀論仲間に一人の親友がいた。同じ信念を持って同じ意見で、同じフォーラムのメンバーだった。ところがその後、突然、彼女は意見を変えた。少なくとも私は突然だと思った。実のところ彼女は何か月も調べ続けてきた末、すべての陰謀論に疑問を持つようになったのだ。
　　親友は私やほかの陰謀論者に、懐疑論者から何度も何度も聞いていたのと同じ質問をするようになった。そして、「工作員のサイト」（ドイツ語では「支払い済み誤情報」という）のウェブ・ページへのリンクをあげるようになった。彼女がなぜそんなことをするのか理解できなかった。二人で個人メッセージを交換して、なぜ懐疑論者みたいな振る舞いをするようになったのかと聞いた。私はとてもがっかりしていて、それから深刻な論争をすることになった。私の失望が怒りに変わったからだ。私は親友は、まるで裏切り者だと思った。私たちは絶交して、私は何か月も立ち直れなかった。
　　この出来事で、自分でも懐疑主義者側の主張を見にいくようになって、徐々に陰謀論に疑問を持つようになった。こういうのは、陰謀論者側からは、ある日突然意見を変えたように見えるかもしれない。実際は私の場合、何か月もかかる道のりだった。結果として、親友は正しかった。私が信じていたすべての陰謀論はバカバカしいどころじゃなかった。ショックだった。これだけの期間、自分からヘマをやらかしてたと気づいたときは、ご存じのように、とても厳しい状況となる。自分の行動が本当に恥ずかしかった。今ではなぜあんなに愚かだったのか信じられない。

この脱出は単に友だちの行動がきっかけで起こったのではない。シュテファニーのグループの中でもいくつかの出来事があり、もっとほかの考えを受け入れる方向に変わってきていた。ロサンゼルスのスティーブと同じように、仲間が明らかに自分の個人的な境界線の向こう側にあると見ていたような考えを受け入れているのを見たシュテファニーは、自分の線引きの正しさに疑問を持ったのだった。

　なかでもケムトレイルについて信じていたことについては、Facebookのケムトレイル・グループで、レーザーポインターで飛行機のパイロットの目を眩ましたいという書き込みを見た時にはショックを受けた。「そんなことは絶対にしてはいけない。飛行機のほかの乗員はどうなる？　なぜ大勢の命を犠牲にしたいのか？」と考えた。それが私のケムトレイルの現場からの解放の始まりだった。それからある計画について耳にした。グループの一人がケムトレイルには何が含まれているのかを調べたいと言った。彼は（ケムトレイルが本物かを調査する計画）に200ユーロ出したいと言って、グループ内で計画に参加したいのは誰か？　と聞いてきた。私とほか数名が参加したいと言ったが、掲示板管理者を含め、ほかのメンバーはあまり好ましいと思っていなかった。結果、スレッドは削除され、計画に参加表明したメンバーはグループから追い出された。それがケムトレイルの現場に違和感を抱いた2回目だった。そこで、懐疑主義の側の意見も読むようになって、調査を始めたのだった。

　その頃、友人がパイロットフォーラムに行って、パイロットと個人的に話をするべきだと言ってくれた。2つの出来事の後、私は、「わかった、やってみよう」と思って、パイロットフォーラムのメンバーと話した。気象学者と、最初は大嫌いだった懐疑主義者とも話した。少しずつ、ケムトレイル信奉者はバカバカしいどころではないことと自分が間違っていたことを発見した。そして、ケムトレイルの現場が実際どれほど危険かも発見した。たとえばレーザーポインター攻撃、あるいは子どもにMMS（ミラクル・ミネラル・ソリューション、正体は塩素系漂白剤）浣腸をする（ケムトレイルのデトックスのため）などだ。状況の全体像が見えてきたので、ケムトレイルの現場やほかの陰謀論と「戦う」と決めた。ほかの人々が迷い込まないように監視する必要があった。

　脱出は難しい。ほかの陰謀論者に知られると彼らは中傷キャンペーンを

第8章　シュテファニー──元ケムトレイル信者──　165

始める。侮辱から殺害の強迫まで何でもありだ。今でも殺害の強迫が届く
ことがある。そうした連中の誰も近所に住んでいなくて、自宅にやってこ
ないし、私以外の誰のところにも来ないのは、幸いだ。強迫は深刻な脅威
なのだ。

　陰謀論者は自分たちはすべてに疑問を投げかけていると考えている。事
実は、彼らはほかの陰謀論者の引用をしているか、YouTube で知識を受け
取っているだけだ。私もかつてそうだった。

　私が知っている「極端な」陰謀論者の多くは、自分たちが無意味なもの
を信じていたと発見するに至っているはずだ。だが彼らは私のようになっ
ていない。疑問を持つのをやめ、その先に背を向けて大好きな場所に戻っ
ていったのだ。自分がまぬけのような行動をしていたと認めることができ
なかったので、居心地の良い場所に戻ったのだ。懐疑的になるのは辛すぎ
て彼らには無理なのだろう。

　前に言ったように、私は調べ続けた。そうしないと精神科のお世話にな
りそうだったからだ。私は緊急ブレーキを見つけた。自分が間違っていた
と公に認め、懐疑主義者と元親友に自分が取った態度について謝罪した。
私たちは違いを乗り越えて、また友だちになった。

　私は、シュテファニーに陰謀論者とデバンカーの言葉の違いについて尋ねてみ
た。

　　私たちは「赤い薬を飲む」と言うが、これは「ウサギ穴に落ちる」と似
た意味だ。陰謀論者の中には映画「マトリックス」がフィクションではな
いと信じている人がいて、一種のドキュメンタリーで本当の現実を描いて
いるというのだ。私が使うまた別の表現は「陰謀マニア」または「陰謀の
沼」で、陰謀論の現場に深く入り込んでいる（陰謀論の沼にはまっている）
という意味で、なんでも信じてしまって、そうしたものすべてがただバカ
バカしいということが見えなくなっているので、抜け出すのはほぼ不可能
で、疑問には一切耳を傾けない状態だ。

　友だちの助けとともに、シュテファニーはほかの場所でも指針を見つけた。

　　飛行機雲の科学や**メタバンク**のようなサイトには「陰謀論の狂気」から抜

け出し、もっと現実を知る助けになってもらった。アルミステリの懐疑論者にも考える過程でとても助けてもらった。大変忍耐強く対応してくれて、ようやく彼らの答えを理解できたときにはもっと話を聞きたくなった。

　私のように時間を費やしてオンラインで説明を続けている懐疑主義者にとって、これは非常に心強い話だ。いくら説明しても陰謀論者の「証拠」の壁に跳ね返されるシシュポスの仕事のように感じてしまうこともよくあるのだが、シュテファニーの場合でよくわかるように、時間がかかり、わずかなものでもすべてが影響をおよぼしている。総合的な影響の力はその人が光の中に登場するまでわからないのだ。我々の論理的で事実に基づいた指摘は当初は拒否されるのを覚悟しなくてはならないが、重要なのは議論を続けることだ。

　もう一つ興味深いのは陰謀論フォーラムの役割だ。懐疑主義者のフォーラム、たとえば**インターナショナル・スケプティック・フォーラム**（InternationalSkeptics.com）や**メタバンク**（Metabunk.org）などですごいデバンキングが行われているのは当然だが、一方で虎穴に入って投稿をするのを好む多数の懐疑主義者がいる。アメリカでは**アバーブ・トップ・シークレット**（AboveTopSecret.com）だが、**アルミステリ**（AllMystery.de）はこれのドイツ版だと言っていい。こうしたサイトでも有用なデバンキングが行われていて、人々の人生がそれによって良い方に変化しているのだ。

第9章
911　制御爆破解体

　すべての911陰謀論は、一言にまとめることができる。「911同時多発テロ事件は内部犯行だった」。これが意味するところは世界貿易センタービルが崩壊し、ペンタゴン（防衛省ビル）が大破し、4機目の飛行機を墜落させた攻撃は外部の敵（アル・カイーダ）によるものではないということだ。テロ事件は権力上層内部で活動している陰謀分子、アメリカ政府と実際に国を動かしている軍―軍事産業―金融複合体の人々によるものだったというのだ。

　この単純な「内部犯行」というキーワードは非常に異なった陰謀論を広くカバーしている。陰謀論の中でも911陰謀論は最も範囲が広く、最も詳細な変異説のスペクトラムを持っているかもしれない。スペクトラムの一端には最も当たり前に見える「放置した」がある。これはブッシュ政権がなんらかのテロ攻撃があるという警告的予兆を単に無視したものだ。もっとも軽いバージョンではブッシュ政権の責任は単なる怠慢だとしていて、陰謀論とはとても呼べない。

　もう少しスペクトラムが濃い方にいくと、攻撃を計画したのはアル・カイーダではなく、様々なほかの関係者だというものだ。典型的なのは、サウジアラビア内部の分子だというもので、それからイスラエル、そしてさらにスペクトラムを進んで、アメリカとなる。こうした陰謀論はだいたい状況証拠に基づいていて、深く調査する人はほとんどいない。陰謀論者も「ただ疑問を投げかけるだけ」、「火のないところに煙は立たない」の領域に留まっているのが一般的な傾向だ。

　スペクトラムのもう一方の端には攻撃は実際に起こらなかったと考える人々がいる。あの日テレビで我々が見たのはCGだったというのだ。彼らは（建物に突入した）飛行機はなかった、高層ビルは爆薬で破壊された、核爆弾が使われたかもしれない、宇宙からのエネルギー光線の可能性もあると考えている。この陰謀論の証拠は全般に非常にもっともらしく、物理学を根本から誤解しており、現実から大きくかけ離れている。平均的な911トゥルーサー（真相究明運動家）はこの手の境界線の向こう側のナンセンスと一緒にされたくないと考えるため、911陰謀論界隈内部からでさえ、多くの反駁がある。

168

しかし、ど真ん中にあるのは「911は内部犯行」陰謀論の最も一般的な形態である制御爆破解体説だ。そして、友だちと話すときに最もよく遭遇するのも、この説だ。

　この説では世界貿易センター高層棟は、飛行機が突入し、それにともなう火事で崩壊したのではなく、上から下まで事前に爆薬が仕掛けられていて、これらの爆薬が自然な崩壊に見えるように慎重に順番に起爆された、とされる。

　この制御爆破解体説の背後にある根本論理は非常に単純だ。

　すなわち「崩壊の仕方が不自然だった」

　たしかに、世界貿易センターの2本の高層棟（WTC1とWTC2）の崩壊の記録映像を観れば、非常に奇妙だ。ビルの上から下まで一筋の連続した爆破が続いていくようにも見える。巨大な煙とともに横方向に建材が吹き出し、その後、この「爆破」の波が真っ直ぐに降りてきて建物が目の前で崩壊する。

　制御爆破説に対しては技術的なものから、そうではないものまで、数多くの異論と反論がある。だが、押さえておくべきなのは、911の異常な出来事は、まさに前代未聞であっただけに、限りある個人の体験を基準に「建物にあんなことは起こらない」と断言するのは簡単だということだ。友だちを911のウサギ穴から救出するうえでの難問は「建物にどうしてあんなことが起きた」のかを説明することが大半を占めると言っていいだろう。

　この道程で遭遇するだろう最初の難問は、友だちとの知覚の対称性だろう。あなたは、自分は正しいと思っている。飛行機がビルに突っ込んで大きな損傷を与え、それから火事が起きたと理解していると考えている。火事で鉄筋が弱くなり、柱が強度を失い、下の階の構造が上から加速しながら落ちてくる質量を支えられなくなったと理解している。あなたはこうしたことを説明前にあらかじめ知っているかもしれないが、説明しようとしてから知識を得るかもしれない。どちらにしろ、ある時点で自分はわかったと思い、あとは洗脳されて妙なことを信じ込んでいる友だちに説明してやるだけだと考える。

　残念ながら、友だちもまったく同じことを考えている。彼らも自分なりの調査をしている。たくさん動画を見て、いろいろなウェブページを読んでいる。この問題に関する本を数冊読んでいることだってある。科学的なのは自分たちの方だと心の奥深くから信じている。ジェット燃料を燃やしても鉄骨は溶けないと知っているので、制御爆破解体だという結論は自明で反論できないと感じていて、さらに映像で爆破が起こっているのを、コンクリートが粉砕されて数トンのビルの一部が横方向に飛び出すのを見ている。友だちにしてみたら、洗脳されているの

第9章　911　制御爆破解体　169

はあなたで、あなたに正しいことを説明するのは難問だと考えている。あなたこそが自明の真実を認めることができない思考停止状態で、自分が間違っていることに恐怖を感じているので、彼らから見たらあからさまに間違った話を押しつけてくるのだと考えている。

Facebookに投稿されていた911についての話し合いに関する、コメントにこのようなものがあった。

> この真実を知ってるという男は、ただ注目を集めたいだけだ。実は真実は知らない、その場合、この男は学習障害で、おちょくるのは良くないだろう。コンクリをここの仲間には仕事でコンクリを扱った経験がある人、手持ち削岩機でコンクリを砕いたことがある人、そして常識と仕事の経験のある大人がいる。たぶん、この男は注目を集めたくて、もっと勉強する必要があるというのが、最も妥当な推測だろう。911では多くの人が亡くなっていて、こういうウソをこいつみたいに議論しようというのは、かなり心が病んでいる。

ここで話題になっているのは陰謀論者か？　いや、このコメントは実は私に関するもので、書き手は世界貿易センタービルの高層棟の崩壊ははっきりすぎるほど明白に制御爆破解体だと信じている人だ。私は頭が悪いわけではなく、基本的な物理学を十分理解しているにもかかわらず、私が911の証拠のある部分に疑問を表明すると、ほぼ必ずバカ呼ばわりされる。

911関連に限らない。私があるケムトレイルに関するテレビ番組に出演したのは、最初に司会者の取材に応じたケムトレイル信奉者が私にも取材したらどうだと言ったからだ。この信奉者は、あとで私がとてもバカなので、きっと恥をかくだろうと思ったからだと言った。

非常に重要なのは、友だちがどこまで本気で信じているのか、どの程度批判を拒絶するのかを理解していること、そしてあなたの認識についてどう受け取っているかを実感することだ。あなたの動機について友だちはどう考えているか？　あなたが誤解しているだけだと思っているのか、それともバカだと、あるいは頭がおかしいと思っているのか、911真相究明運動界隈の中には、自分たちの説を受け入れない理由を心理的な認知の歪み、精神病だとほのめかすところまでいっている人までいる。2012年のドキュメンタリー映画「911：爆破の証拠——専門家は語る」では多くの専門家と称する人が取材され、ごく当たり前の爆薬や物理

について語っているが、ウサギ穴にはまった心理学者（誰も抵抗力は持っていない）も登場している。

心理学者のフラン・シュアの発言は、次の通り。

すべての[911制御解体説を拒否する]人に共通しているのは、恐怖の感情だ。人々は排斥されることを恐れ、疎外されることを恐れ、のけ者扱いされることを恐れている。無力で傷つきやすいと感じることを恐れており、こうした感情をコントロールできなくなることを恐れている。混乱と（そして）心理的劣化で生活が不便になることを恐れている……彼らは無力で脆弱だという感情を恐れている。[*1]

また開業心理学者ロバート・ホッパー博士は、次の通り述べる。

911真相解明運動は、我々の政府と国に対する最も基本的な信念に挑戦するものだ。信念に挑まれたり、2つの信念が矛盾したりすると認知的不協和が生じる。911真相解明運動は、国は国民を保護し、安全を保ち、アメリカは正義の味方だという（我々の）信念に異議を唱える。こういうことが起こると、恐怖と不安が生まれる。これに反応して、我々の心理的防御のスイッチが入り、こうした感情から我々を守ろうとする。否定はおそらく最も本能的な心理的防御で信念に挑むものが現れたときにスイッチが入りやすいものなのだ。

同じような感情はFacebookの書き込みにもあり[*2]、しかももっと刺激的な言葉を使っていた。

余談だが。私は、個々の懐疑バカの動機についての推測はしない。決定的な証拠なしに連中を工作員と呼んでもなんの意味もない。懐疑バカ主義は科学バカ主義としても知られているが、脳損傷の一形態であり、おそらくは自閉症に関連していて、そのせいで権威と、私たちが住んでいる現実の輪郭を定めている、実際の、めちゃくちゃで、混乱したとっ散らかった状態についての単純な説明の快適さにしがみついている。

したがって「陰謀説は不可能である」や「科学的合意は不朽の原則」などの仮説もそうだ。宗教のように、懐疑バカはあらかじめ予想した結論を

現実についての一連の基本的な仮説の箱にあわせて収めようとする。それは科学主義という名で知られており、「すべての真実は科学を通して導き出される」という信仰だ。あらゆる種類のはったりと空威張りとねじくれた推論を介して、連中は客引きをして改宗させようとする。懐疑バカは独創的な思考ができない。連中は彼ら一見安全な働き蜂のような集団思考状態で生きている。誰もがまったく同じことを言うのはそのためだ。右脳が不自由な精神機能障害だ。些細なことに集中することしかできず、点と点をつないで大きな構図を描くことができないのは辛い人生だろう。結局のところ、それは「陰謀狂の迷論（コンスピワッキー・セオウィー）」なのだ。

　この懐疑論者は「精神障害者」だという信念は、911真相究明運動活動家たちの深刻な問題、なぜ人々は信じてくれないのか？　から発生している。自分たちから見れば、陰謀は疑う余地なく明らかなのだ。証拠もあり、もちろん、その証拠もあからさまで、隠されているわけでもなく、知的な人が証拠を検証してなおかつ否定するとしたら、陰謀に与しているか、彼らの世界観を脅かす病的な潜在意識の恐怖から生じる何らかの思考障害のどちらかしか考えられない。

　救出の過程のどこかで友だちは間違いなく、あなたについてこう考えるようになってしまう。最初は、単純にあなたはどんな証拠があるかを知らないのだろう、説明を受けていないか、あなたの調査が足りないのだと推測するが、あなたが友だちをウサギ穴から助け出そうと諦めずに試み続ければ、そのうち、工作員だ、あるいは、洗脳されていて事実に直面できないのだと決めつけることになるだろう。

　この問題はすべての陰謀論に存在するが911陰謀論でとくに顕著だ。なぜそうなのかという理由の大きな部分を占めているのは、911陰謀論者たちは科学権威が自分たちの側についていると感じているからで、「911の真実を求める建築家とエンジニアたち」という組織がこれを支える大きな理由となっている。

建築家とエンジニアたちは専門家なのか？

　911の真実を求める建築家とエンジニアたち（AE911Truth）は2006年に建築士事務所を営むリチャード・ゲイジによって設立された。この組織の目標は、ウェブサイトに掲示されているところによると、「世界貿易センタービルの崩壊の徹底した科学的調査を通してより良い世界を構築すること」[*3]だ。創立の年、

2006年は NIST（アメリカ国立標準技術研究所）が 2005年に 2本の高層棟の崩壊についての報告書を出した翌年だが、2008年の第7棟（陰謀論者が非常によく証拠として出してくる）に関する報告よりはだいぶ前だ。初期（2007年）バージョンのウェブサイトには彼らの根本的な問題の最も正確な要約とも言えるものを不用意にも掲示している。

> 2001年9月11日からの6年という時間と空間を与えられて、人々はテロ攻撃のショックで陥った催眠術にかかったような茫然自失状態から立ち直り、それまでに存在した証拠と新しく使えるようになった証拠を合理的に評価することができるようになった。
> 建築家とエンジニアは問題なく、潜在的な破壊力にも耐えうるビルを設計できるように職業的な訓練を受けている。だが911で崩壊した世界貿易センターの3つの高層棟（2本の高層棟と第7棟）は、明らかに我々の訓練と経験の範囲外である膨大な証拠（すなわち、制御解体）を提示している。[*4]

AE911Truth は、世界貿易センターの3本のビルで制御解体があったと考える人々にとって非常に重要だ。そして、まさに、リチャード・ゲイジが述べている理由において重要なのだ。衝突、火事、崩壊そのものの物理学は、我々の経験において前代未聞の規模と種類の出来事だった。このような出来事の物理学を理解できるだけの科学的な学識を持った人は、きわめて少ない。だから、理解するための助けをほかの人々に求めた。ゲイジはこれを認める一方で、早々に同じパラグラフでこの目的達成は自分の訓練と経験の範囲内だと考えていると書いている。

> しかしながら、ここ数年で判明してきた、こうした「崩壊」に関する、非常に揺らがない証拠群が増加しつつあり、主流メディアにおいても足場を築いている。この新証拠群は911ビル崩壊「専門家たち」の理論、ならびに911委員会、FEMA（アメリカ合衆国連邦緊急事態管理庁）、およびNISTの公式報告に重大な疑問を投げかけている。

> これが示すのは、確かで説得力のある事例で、建築家とエンジニアは容易に世界貿易センターの3つの高層棟が古典的な、そして斬新な形態の制御解体の両方で破壊されていることを見て取るだろう。この証拠はこのウェ

第9章　911　制御爆破解体　173

ブサイトとリンク先のウェブサイトで見つけられる。どうか勇気を持って、各セクションを十分時間を取ってしっかり検討してほしい。

　AE911Truth（911の真実を求める建築家とエンジニアたち）はどこでこの証拠を得ているのだろうか？　2007年当時にリンクしていた最初の3つのウェブサイト（911Truth.org, WTC7.net　911research.wtc7.net）は、どれもジム・ホフマンのつくったものだ。ジム・ホフマンは911真相究明運動の歴史では重要な人物だが、制御爆破解体の分野で訓練を受け経験を積んだ人物とは言いがたい。

　ホフマンはSE（ソフトウエア・エンジニア）で911に関する立論に年月を費やしてきた。

　ある記事では本当に真剣に2本の高層棟の崩壊進行のスピードの速さは天井に貼られた180万枚のタイルの中に隠された薄い爆薬の層と、中核となる柱に文字通り塗りつけられた爆薬の層と、さらに消火器内部に隠された爆薬によって速やかに進んだのだとの説を披露している。

　　新しい天井用タイルには薄い爆薬フィルムと無線起爆装置が仕込まれていて、高層棟のすべての階に設置された。総計で各棟には50万の大型タイルと、40万枚の小型タイルが置かれていたことになる。
　　内装職人が1人あたり毎分2枚のペースで新しいタイルと交換するとしたら、高層棟すべてのリフォームには、40人の職人が187時間働く必要がある。作業は夜間になるので、3週間と週末働いて、毎晩トラック一杯の資材を積み下ろす。トラックは別に隠す必要なく、世界貿易センターの地下駐車場に駐まっていただろう……
　　高層棟の上部ブロックの崩落が始まれば、（天井タイル内の）薄いフィルム状の爆薬が無線コントロールシステムによって、衝突部分の下で起こっている落下崩壊の波の直前のタイミングで爆破された。落ちてくるブロックの上の部分も同じように爆破された。[*5]

　これは2つのことを示している。第1に真相解明運動家が異様なほど固執している崩壊は火事と重力だけでは起こりえないという考え。この信念があまりに強いので、ついには、ビルがまるで固体のブロックでできているかのように考えるようになって、すべての階で爆発が起きなければ崩れることなどないと思ってしまうようになっている。911陰謀論のデバンキングの大部分は、ここをどう突破

するかにかかっている。ホフマンの場合、信念が強過ぎて、彼が見た崩落が、彼が心からもっともだと思うような形で起こるためには、文字通り数百万個の独立した爆発物が必要になっている。

2つ目はAE911Truthの主な証拠の根拠の一つがホフマンであるという事実。これは権威を誇示する彼らの不備を示している。

友だちはいずれ「そんなに大勢の科学者が911は制御解体だったと考えているなどということがある？」のような質問に対してこの団体を出してくるだろう。

AE911Truthは専門家たちでしかも大勢なのだから信頼するべきだというわけだ。

だが、AE911Truthは、構造工学や高層ビルの解体の経験がある制御爆破解体の専門家から基礎的な証拠を得ているのではない。大部分がジム・ホフマン、あるいはスティーブン・ジョーンズ（引退した物理学者）、あるいはデビッド・レイ・グリフィン（神学者）のような人々による見解だ。AE911Truthを構成している人々の意見表明を見てみれば、知的で複雑な分析は見当たらない。それどころか、最初から疑念を持ってウェブサイトを読んで陰謀論動画を観た、大部分がウサギ穴に吸い込まれた普通の人々と変わらない人々だ。AE911Truthの嘆願書署名ページの代表的な声明のいくつかの例は、こうだ。

初日からビルは爆縮したと、突入した飛行機による損傷が原因で崩壊するはずがないし、崩壊したわけではないだろと私はわかっていた。

私は911事件のすべてが当局によってひどく誤って伝えられていると疑っている。これは社会的逸脱者による狡猾な欺瞞だ。我々はすべての真相を求めなくてはならない。さもなければ、我々の文化とすべての教育機関が内分泌センター（訳注：原文は endoctrination で、おそらく iendoctrination（教化）のミススペル）に変わってしまうだろう。我が国のため祈ろう。

構造の授業で解体工事の動画を見たことがない建築学科の学生がいるだろうか？ 最初の2つのビルが解体によって破壊されたことは明らかだ。断絶が起こったのは、メディアがその可能性を探らなかったためだ。第7棟について知ったとき、私は間違いなく理解した。

ビルはすべて制御解体法で崩壊した。3つのビルで火災や衝撃は大きな意

第9章　911　制御爆破解体　175

味を持っていない。3つのビルが自由落下速度で崩壊することはあり得ない。ほかの方法で証明されない限り、物理法則が911では例外になるわけではない。

　ビルは自由落下速度かそれに近い速度で、真下に落ちてきたのだ! 2機目の飛行機はビルの角を通過し、燃料のほとんどはビルの外で燃えた。しかも、構造材を直撃していない。にもかかわらず、1本目の高層棟と同じように落下したのだ!! ありえない!!

　崩壊は制御解体によって引き起こされ、航空機の衝突は原因（と見せかける）策略であったことはほとんど疑いない[*6]。

　ここに見られる根本的なファラシー（誤謬）は、「個人的不信に基づく論議」と呼ばれるものだ。ほぼすべての事例で署名者は崩壊が奇妙に見えた、そしてそのような奇妙な崩壊を爆発物なしに可能にする方法が考えられなかったという印象と体験に基づいて、制御解体だったと信じている。自分たちの専門性を問題解決に生かすどころか、まずに自分たちの第一印象からの直感と異常な出来事の視覚による認識、次に説得力のある YouTube 動画を観ての評価の確認に依存している。

　AE911Truth の情報源が本物の専門家であるように見えるときでも、こうした人々が誤った結論に肩入れしている場合は、途中でなんらかの間違いをしている可能性が高い。

　たとえばスティーブン・ジョーンズは物理学者で本物の科学者だ。2006年に崩壊現場の残骸の一部も使ってつくられた911記念碑の残渣のサンプルからテルミットの化学的特徴を見つけたと主張している。この主張は AE911Truth では事実として創立以来ずっと繰り返されている。その後、12年後の2018年に私は彼の主張の一つを検証し、その日のうちにジョーンズがグラフを読み間違えていたことを発見した。マンガンのピークがないところにピークがあるとしていて、このサンプルはおそらくはガス切断トーチで切断された梁から生じたスラグ（残滓）だった。彼が特定したと主張している元素は、実際はこの技法ではよくある間違いとして教科書に例示されているものだった。

　AE911の代表者リチャード・ゲージは、この誤った分析を10年間自分のプレゼンテーションで使ってきた。また世界貿易センターの鉄骨が斜めに切断された写真も使っている。ゲージによれば崩壊中にテルミットによる負荷で切断され

たのだという。私は鉄骨が写った写真の中から、無傷のものも切断されたものも含まれている一揃いを発見することができた。崩壊の 6 週間後に撮影されたものだった。[*8] 開業設計士の資格を持つゲージはこれも 10 年間間違ったまま使ってきたのだ。ナノテルミット仮説の提唱者スティーブン・ジョーンズもこれをずっと使ってきた。専門性は確実さを保証するものではない。とくに並外れた主張に対する場合はそうだ。

　難しいのはこの AE911Truth の誤りやすさ、間違いを起こしやすい傾向を友だちに見せることだ。 AE911Truth を最高に尊敬している同じ人たちは、ほかの科学者は全員無能で堕落していると考えていることが多いので、これは一筋縄ではいかない。友だちに AE911Truth は、まったく信頼できないと率直に話すのは避けよう。そうではなく、AE911Truth がどこで間違ったのか、そしてどこで最もバカバカしい主張をすることになりがちなのか、を友だちに見せることに集中しよう。友だちに AE911Truth の歴史を話して、どんな特別な調査をしても、911 の真相にたどり着いていないことを説明しよう。彼らは元々ホフマンやグリフィンのような非専門家陰謀論宣教師を通じて真相に迫ろうとしていた。それから所謂専門家のジョーンズやゲージが間違いを犯して 10 年以上気がついていなかったことを見せよう。

溶けた鉄鋼とナノテルミット

　911 の真実を求める建築家とエンジニアたち（AE911Truth）のような 911 真相究明運動家たちの犯した根本的すぎる間違いは、崩壊後数週間後の時点で瓦礫の山の中に溶解した鉄鋼が見つかるという考えだ。 AE911Truth のサイトにデイビッド・チャンドラーはこう書いている。

　　　第 1 号棟と第 2 号棟（南北 2 本の高層棟）そして第 7 号棟の瓦礫の山の下に
　　　溶けた鉄鋼溜りがあり、ビルの崩壊後何週間も溶けたままだった。これは
　　　継続したエネルギー源があったことを示している。[*9]

　彼はここで瓦礫の山の下には白熱した溶けた鉄鋼が、文字どおり水たまりのように溜まっていたという 911 真相究明活動家が共通に信じている話を述べている。単に赤く熱された鉄鋼の梁があったというのではない。液体状の鉄鋼だというのだ。溶けて沸騰して泡立ちながら溶岩のように流れる金属が崩壊後数週間

第 9 章　911　制御爆破解体　177

たっても見られたというのだ。

鉄鋼の融点は 1400℃ 以上と非常に高い。ビル火災によって発生した最高温度よりはるかに高く、（NIST の計算する）ビルの鉄骨が達したと見られる温度よりもはるかに上だ。ゆえに溶けた鉄鋼溜りがあったと言われても疑わざるを得ない。

第 1 の問題としては、こうした鉄鋼溜りがそもそも存在したという物理的な証拠がない。もちろん瓦礫の山の下のあちこちで溶けた何かを見たという目撃者の話はある。だが、ある時点で地下の火災で溶けていたアルミニウムか鉛かガラスだった可能性もある。だがそれはそれとして、ある時点で溶けた鋼が「水たまりのように溜まっていた」のであれば、この鋼溜りは冷えて固体化して巨大な鉄鋼の塊ができているはずだ。そんな塊は一つも見つかっていない（「隕石」とあだ名を付けられた大きな瓦礫が 911 記念博物館に展示されていて、溶けた鉄が固まったものだと紹介されることもある。だがこれは、一度も溶けていない鉄骨とコンクリートとほかの残骸が圧縮されて固まったものだ。内部には紙片も入っていて、高温になっていたら紙はすべて燃えてしまったはずなので、溶けた鉄からできたのではないのは明白だ）。

チャンドラーは「ここには継続したエネルギー源があった」と言っている。なぜなら溶けた鉄鋼溜りがどれほど高温であっても熱放射と熱伝導によって、数時間以上完全に溶けたままの状態であり続けるのは物理的に不可能だからだ。[*10]

この問題を避けて通るために、チャンドラーは同じくらいありえない概念を持ってきた。何かが瓦礫の下でずっと燃えていたので鉄は溶けた状態のままだったというのだ。この何かは一体どうやって燃え尽きることなく何週間もしかも鉄溜りのすぐ隣で燃えていたというのだろう。信じがたい謎だ。

その特別な何かを 911 神話ではナノテルミットという。

テルミットは、焼夷弾の内容物で、通常は粉末アルミニウムと粉末酸化鉄の混合物。2000℃ 以上というとてつもない高温で燃え、この温度なら鉄も溶かすことができる。そして、燃焼の副産物として、（成分の酸化鉄から）溶解した鉄が生じる。1 トンのテルミットを燃やせば切断している鉄に加えて半トンの溶けた鉄が得られる。よって、溶けた鉄溜りを生じさせたものの候補としては、テルミットは悪くない。

ナノテルミット神話の起源は 2003 年 6 月 22 日以前までさかのぼる。我々の友だちのウィリーが昔お気に入りだったニュース・サイト「ホワット・リアリー・ハプンド（真相究明）」にマイケル・リヴェラが書いた記事に登場している。

178

「尖塔」の崩壊はテルミット反応と一致している。世界貿易センター地下の中央部分に溶けた鉄が水たまりのように溜まり、次に中核となる柱を溶かし、そして数秒のうちに崩壊を引き起こした。[*11]

　テルミット神話のこの初期バージョンは、（世界貿易センター高層棟の）中核柱を溶かすためには溶けた鉄の水たまりどころではなく、溶けた鉄の湖が必要なのでまったく現実性がない。高層棟の地下階200平方フィートを1フィートの深さの溶けた鉄で満たすには4万立方フィートの鉄が必要だ。この湖は徐々に固体化し5000トンを越える巨大な鉄の塊になったはずだ。これもまた、現場を片付けているときには見つかっていない。だがこの突拍子もない推測がナノテルミット神話の原典だ。リヴェラは実は一種のテルミット・マニアで、以前にも1996年のロン・ブラウン合衆国商務長官が死亡した軍用機事故やTWA800便の爆発事故をめぐる陰謀論でテルミットを持ち出していた。

　この時点では真相究明運動家たちは普通のテルミットだと思っていた。その後「スーパー・テルミット」に格上げされて、最後に「ナノテルミット」に落ち着いた。「ナノテルミット」はエキゾチックな感じがするが、普通よりも微細な粉末でつくったという以外は普通のテルミットだ。だが、普通のテルミットよりも早く、まるで爆発物のように燃える。そして発生する溶解した鉄の量はずっと少ない。911以前にも、その後の17年間でも、解体に使われたという文書による記録は皆無の代物だ。

　燃えるテルミットが鉄を何週間も溶けた状態にしておけるのか？　できない。史上最大規模のテルミット燃焼をテレビ番組の「怪しい伝説　ミスバスター」が試みた。これは半トンのテルミットを使って、自動車を半分に切断しようというものだった。[*12]

　わずか数分で燃え尽きてしまい、その後すぐに現場周辺に近づいても大丈夫なくらい速やかに冷えてしまった。これより多い何百トンもの信じられない量のテルミットがあっても、せいぜい持って数時間だろう。燃焼の速いナノテルミットならもっと短くなる。

　AE911Truthは、「溶けた鉄鋼溜り」説を採用したせいで、自ら苦境に追い込まれてしまった。溶けた鉄溜りが存在しなかった（そして物理的に存在し得ない）にもかかわらず制御解体論と整合性のある説明を創作する必要があったのだ。テルミット説が採用されると、今度はこの説を支持するためのさらなる証拠探しが始まり、ビルの塵芥の中から2つのものを見つけた。微細な鉄球と赤い面と灰色

第9章　911　制御爆破解体　179

の面を持つ小さな破片だ。これは2つともテルミットの証拠だというのが彼らの主張だ。だが極小の鉄球は火事現場の塵芥の中で通常見つかるものだと塵芥を徹底的に調査した独立分析者のR・J・リーが2012年に述べている。

> この微小な鉄球の正体はと言えば、鉄材には薄い鉄錆（酸化鉄）の層があって、これは常温だと粘着テープなどに張り付いて簡単に剥がれてくる。赤くなるまで、あるいはそれ以上熱せられた鉄はハリケーン級の高炉のような熱風に曝される。鉄錆の薄片は小さな粒子になって、蒸発してガス化するものもある。ちょうど水滴のように鉄の薄片は球状の液滴になり固体化し、ガス化したものも液滴に凝縮する。球体が最も効率の良い幾何学的形状だからだ。……鉄やほかのタイプの球の形成は、石油や石炭ベースの燃料の燃焼による温度でも起こり、新しいことでも珍しいことでもない。[*14]

だが、微小な鉄球が発生する仕組みは燃える鉄の薄片だけではない。私は自分で実験してみて、何十人もの科学者や研究者と同じように、ほかにも多数の形成過程があるのを発見した。[*15]アーク溶接や角度研磨、鉄鋼をハンマーで殴打するなどの通常の建築作業でも簡単に何百万という極小鉄球が生じる。

ビル内の元素と隔絶されていれば、こうした微小球体は何十年もそのまま残り、ビルが崩壊するという出来事で塵芥の一部となって放出される。また、微小球体は、たばこ用のライターの火花や鉄鋼工が使うフリント・ライターなどのどこにでもあるような物からも発生する。崩壊前と、崩壊後の火事で、鉄埃の小さな破片（スチールウールを燃やせば自分でもつくれる）が熱せられて微小鉄球が発生したのだろうが、ほかの物、たとえばレーザープリンターのトナーや、印刷済みの紙を燃やしても（トナーに鉄が含まれているので）球体はできる。WTCビルの崩壊後、大量の鉄骨を切断して移動しなければならなかった。こうした作業でも大量の微小鉄球が発生し、現場の塵芥となっていった。

塵芥に微小鉄球は含まれていて当たり前なだけでなく、その塵芥からはテルミット燃焼ならば含まれているはずの物が検出されていない。テルミットが燃焼したときには、鉄の2倍の（体積の）酸化アルミニウムが発生する。テルミットを燃焼させると、多量の白い酸化アルミニウムの球体に加えて、黒っぽい鉄球体が大きな白い酸化アルミニウムの球体に埋め込まれたハイブリッド「目玉」球体も大量に発生する。塵芥の解説はこの「目玉」はまったく触れていない。一番素直な解釈は、微小鉄球は普通の工事などの活動で発生していて、テルミットは使

われていないということだ。

　奇妙な赤色と灰色の破片はどうだろう？　ペンキの破片とまるっきり同じように見える。自宅の赤く塗られた鉄製の一輪手押し車（猫車）をハンマーで叩いてみたところ、[*16]まったく同じように見える破片が剝がれてきた。片面が赤く、反対側には灰色の錆の層がついていて、磁石に吸い付けられた。炎で熱したところ、微小な輝く球体になった（磁石に吸い付けられたので、鉄分を多く含んでいるようだった）。これは AE911Truth がテルミットの残滓だと主張している物とまったく同じだった。世界貿易センタービルで使われた鉄骨は、すべて私の手押し車と同じように赤い下塗りペンキで塗られていた。したがって、何百万というこの下塗りペンキの微小な破片が塵芥に含まれているのは当然なのだ。

　AE911Truth は、分析ではこれはペンキではないと主張している。だが彼らが自ら行った検査はその主張の裏付けとなっていない。灰色部分は酸化鉄、つまり錆びた鉄だと判定している。私の手押し車の破片とまったく同じだ。赤い面はもっと複雑だが化学的、形態的（形と質）にペンキの成分であるアルミニウムとシリコンを含むカオリン（磁土）と一致した。異なった化学特性を持ついくつかの異なった破片も発見されているが、それぞれ異なったタイプのペンキと一致している。

　これを友だちにどう伝えたらいいのだろう？　多くの人にとって化学分析結果などを飲み込むのは難しいことなので、簡単ではないだろう。友だちが欠いている基本的な情報は何なのかを見つけ出す必要がある。一般に、陰謀論信奉者はこのテルミット説を単に証拠が判明しているものだと捉えている。溶けた鉄が見つかり、塵芥から見つかった微小な鉄球と赤と灰色の破片はテルミットの特徴だというのが陰謀論者の認識だ。ここで伝えるべきは、溶けた鉄溜りが冷えて固まったものは、現場を片付けているときには一つも見つかっていない、微小鉄球は鉄骨を使ったビルの激しい火事ではごく普通に発生するし、赤と灰色の破片は何百万立方フィートのペンキを塗った鉄鋼材があれば見つかって当然だということだ。微小鉄球については、フリントを使うタイプのライターを使って自分でつくってみよう。磁石にかぶせた白い紙の上で、何度かライターを点火してみれば、埃のような微小球体を集めることができる。顕微鏡で観察して、AE911Truth は、専門家である R・J・リーについて、「塵芥の中からいくつの微小鉄球が発見されたか（鉄骨を切断する作業が盛んに行われた地点で、崩壊の数か月後に採集されたサンプルから）」を引用するのが好きなのに、この鉄球についてのリーの説明を無視または否定してると話してみよう。この専門家証言のつまみ食

い（チェリーピッキング）は AE911Truth の常套手段で、ダニー・ヨウェンコの証言に関してもやっている。

ダニー・ヨウェンコ

911の真実を求める建築家とエンジニアたちのウェブページには第7棟の制御解体の証拠トップ8のリストがある。その7つめに

「ヨーロッパのトップ制御解体専門家による専門的な裏付け[*17]」

というのがある。これはずいぶんと説得力があるように見える。ヨーロッパのトップ解体専門家が制御解体説に同意するなら、そこで証明は終わったとなる。そうだろう？ この専門家が2011年に自動車事故で亡くなったダニー・ヨウェンコ（英語読みではジョウエンコ）だ。

ダニーは2006年にオランダのテレビ番組「ゼンブラ[*18]」に出演した。テレビ局は陰謀論ドキュメンタリー「ルース・チェンジ」から第7棟が崩壊する画像を観せた。彼はこの画像を観るのは初めてで、観た直後の評価は制御爆破解体のように見えるというものだった[*19]。

ほとんどの911真相究明活動家が知らないのは、番組ではこの時に2本の高層棟の崩壊についてもヨウェンコに質問していて、逆の評価を引き出していることだ。ダニーは2本の高層棟が制御爆破解体されたと考えるのは基本的に不可能だと考えていた。その部分を引用しよう。これは911真相究明活動家がほぼいつも消すか回避する部分だ。

> **なぜ、あとから飛行機が突っ込んだ方のビルが最初に崩壊したかについて**：はっきりとわかるように、最初に飛行機が衝突したビルの方が高い位置に突っ込まれているので、最後に崩壊した。なぜなら崩れた部分の重量が少なかったからだ。解体について知っているものにとっては（解体には）ビルの自重を使わなくてはならないというのは不可欠な知識だ。
> **なぜ爆薬は使われていないのかについて**：もちろん爆薬は下層に置く。そう、そうやって全重量を利用できるようにする。それは「賜物」なのだ。爆破する部分が少なくてすむ。だが高層棟は上から下に崩れている。飛行機が突っ込んで加熱したまさにその場所から崩れている。大きな火災となっ

ているので、爆薬ではありえない。爆薬があったとすればとっくに燃え尽きている。それに燃え尽きる前に点火装置が320℃で起動していたはずなので、爆破はもっと早かっただろう。

　ビルの側面が爆発しているようにみえるのについては：見ていると、まるで一ひねりごとにボルトが緩んでいるように見える。中核の柱は非常に強いビルで、梁も非常に長かった。だが繋ぎ合わされていて、ビルは410メートルの高さだった。エネルギーは非常に偏っていた。なので、言うなれば、すべての縦方向の柱は、隣接する柱とは微妙に違う瞬間に一定の重さを引き受けることになり、持ちこたえられなくなる。鉄骨全体が粉々になり、ボルトもはじけ飛ぶ。ずっと下までバラバラに分解する。そして側面の構造も風の力によって強度を保つようにこのビルは建てられていたわけだが、外側に押し出され……（動画の中で消防士が言っているように）耐えきれなくなった。全部のレベルで重過ぎたのだ。

　ビルに爆発物を設置するという妥当性について：100階すべてに爆発物を仕掛けたなど言わないでほしい。不可能だ……（配置して）ケーブルをつないで準備するには丸1年かかる。

　もし第7棟について専門家の意見を受け入れるなら、同じ専門家の高層棟についての意見も受け入れたらどうだろう？　ほとんどの真相解明運動家はこれを耳にしたことがないので、友だちに対する非常に強力な意見となるのではないだろうか。おそらく第7棟についてのヨウェンコの意見をみんなに見せていたのではないかと思われる場合でも、同じ人物のほかのビルについての分析にはまったく気づいていなかったはずだ。この矛盾する意見を見せよう。一つだけ選ぶか、両方とも諦めるか、それとも全体をもっと深く考え始めるか、しなくてはならなくなるだろう。矛盾は脱出につながる種を撒くことにつながる。そのうえでAE911Truth は、なぜこれを証拠トップ8に入れているのかと聞いてみよう。ほかの「証拠トップ8」はどうなるだろう？　と。

国防省ビル（ペンタゴン）に突入した飛行機

　2001年9月11日、アメリカ航空 AA77便が国防省ビルの側面に突入した。時刻は午前9時37分、晴れた火曜日の朝だった。ペンタゴンは世界最大のオフィスビルの一つで、2万5000人以上が働いている。周囲には広い駐車場があり、そ

の外側には何本かの主要高速道路が走っていて、通勤途中の車でいっぱいだった。高速道路の向こう側には高層のオフィスビル、ショッピングモール、高層アパート、そしてホテルが建ち並んでいた。すべてが半径2マイル（約3キロほど）の範囲内にあった。何万人もの人々がはっきりとペンタゴンが見える場所にいて、数百人が飛行機が高速395号線を越えて通過していき、ビルの側面に衝突するのを見た。

　にもかかわらず、AA77便はペンタゴンに突入していないと考えている人々がいる。そして、誰にも気づかれずにやってのけることなど不可能なのに、ペンタゴンに当たったのは実はミサイルだったというのだ。ペンタゴンの飛行機を巡る議論は911陰謀論の世界では分断的で重要な問題だ。多くの人にとって、これが境界線を引く場所となっている。世界貿易センター第7棟が制御爆破解体で崩壊したというのは、あり得る（むしろ明白だ）と考えている人々でも、誰にも気づかれずにペンタゴンにミサイルが当たったという説は、境界線の向こう側、「バカバカしく、誤った情報」区分に当てはまる。

　もし友だちもここに境界線を引いていたら、興味深く議論できるものが2つある。1つ目は「なぜ信じないのか？」と聞いてみることだ。ミサイルがペンタゴンに撃ち込まれたという話が、ビルにこっそり数トンの爆発物を運び込んで設置して、2機の飛行機を突っ込ませるように手配して、1時間激しく燃焼させたあとにミリ秒の正確さで爆破スイッチを入れ、物質的証拠一つ残さないという話よりも非現実的なのはずばりどこなのか？　ペンタゴンを巡る論理のうち世界貿易センターに適用できる物はないのか？

　2つ目としてはなぜこんなに大勢の人がペンタゴンに飛行機は突入していない説を信じているのか、少なくとも可能性があると考えているかについて議論してみることだ。これはかなり極端な説なので、制御解体説よりもはるかに人気がないはずだと思うだろうが、実は2つの説の信奉者は境界線を大きく動かす必要がないくらい近い。2006年のスクリプス・ハワードの世論調査では、まったく同じ割合のアメリカ人（6％）が「2001年にペンタゴンに突入したのはハイジャックされた旅客機ではなく、軍用巡航ミサイルだった」可能性が非常に高いと思われると答え、また「ニューヨークの2本の高層棟の崩壊は秘密裏に仕掛けられた爆発物が加担していた」可能性が非常に高いと答えている。[20]

　ペンタゴンの飛行機はなかった説信奉者には911「制御解体派」真相解明運動家の多数派が含まれているようだ。この中には911真相究明運動を創設した著名人も含まれている。[21]たとえばデイビッド・レイ・グリフィン（抜群の人気を誇る

184

911陰謀論本の著者）、ケリー・デイビッド[*22]（911の真実を求める建築家とエンジニアたちの最高執行責任者）、クレイグ・マッキー（911の真実を求める建築家とエンジニアたちの寄稿者およびポッドキャスター）、ニールス・ハリット（瓦礫の中からナノテルミットが発見されたという考えを広めた911陰謀論科学者）などだ。

　もし友だちが、AA77便がペンタゴンに突っ込んだと考えているなら、上記のような「専門家」が揃って間違ったのはなぜだと思うか？　と聞いてみよう。彼らの専門性への信頼は見当違いだったのか？　建築家とエンジニアと様々な分野の科学者が揃ってウサギ穴に吸い込まれてしまうなどあり得るのだろうか？

　だが、もし友だちが疑いもなくAA77便はペンタゴンに突入してないと考えているなら、そして、突っ込んだのは巡航ミサイルだと思っているなら、なぜそれが間違いかを説明しなくてはならないだろう。詳細は複雑すぎて、すべてを説明するのは難しいが、友だちに解説しなくてはならないことを要約すれば次の通りになる。

目撃者の証言：すべての目撃者証言を読もう。アメリカン航空機がペンタゴンに突入したという強力で一貫した証言が多数ある。目撃者はばらばらの個人、数十人にわたっていて、彼らの証言は一致している。ただ読むだけではなく、攻撃当日の報道の取材に答えた目撃者の証言を見て聞こう。[*23]

目撃者の背景：友だちにペンタゴンの位置と、高速道路がすぐ脇を通っているのを見せよう。グーグル・ストリートビューを使って、高速道路からペンタゴンがどう見えるかを見せよう。飛行機ではないもの、あるいは飛行機が飛び去っていったなら、何百という人々が見たはずだということを見せよう。

実際の穴の大きさ：友だちもペンタゴンの内側の壁に空いた小さい穴の周囲に破壊された残骸の破片がいくつか散らばっている写真、あるいは最初に空いた穴の上部に尾翼があけた切り込み状の穴がある写真は何度も見たことがあるだろう。1階の廊下に空いた実際の飛行機サイズの穴の写真を見せよう。[*24]

飛行機の残骸：ペンタゴンの建物の内側にも外側にもたくさんの飛行機の破片が散らばっていた。攻撃後数分内に撮影された写真にもこうした破片が写っている。また街燈がなぎ倒されて、1本は車の上に倒れこんでいた。これをすべて誰にも気づかれずに仕組んだのだろうか？

翼による損傷：1階の穴の左側と右側には両側の翼によって損傷を与えられた柱がある。　突入直後に撮影された写真にはこの損傷が写っていて、後日の写真でも損傷が見て取れる。[*25]

第9章　911　制御爆破解体　185

操作の相対的な容易さ：ペンタゴンに向かった飛行機は300度降下しながらターンし、それから浅い降下角で真っ直ぐに南壁に向かった。

これは難しい操作のように聞こえるが（そして陰謀論者はそう話すだろうが）実は高度を落とす標準的な操作で、通常「下降ターン」と呼ばれている。出力を少し下げ、操縦桿を右に向け、ターンが終わるのを待つだけだ。まだ数時間の飛行経験しかないパイロットもこの操作を教えられている。[*26]

米国土木学会報告：米国土木学会が発表した「国防省ビル性能報告（The Pentagon Building Performance Report）[*27]」は、実際に何が起こったのかを非常に詳細に述べていて、柱一本一本について、飛行機の胴体、エンジン、翼でどれほどの損傷があったのかを見せてくれる。

911真相究明運動報告：911真相究明運動家の中でももっと科学的な人々はこのペンタゴンの飛行機はなかった説のすぐ脇に境界線を引き、なぜこれが間違っているのかを説明するためにかなりの努力を注いでいる。友だちに「ペンタゴン事件[*28]」という報告書を見せよう。これは911の真実と正義のための学者たち（Scholars for 9/11 Truth and Justice）のメンバー7人が書いている。この報告では上記の証拠の詳しい説明が提供されていて、このメンバーは世界貿易センタービルは、制御解体で破壊されたと考えている。

証拠はもっとあるが、これらが誤った信条の中核的な様相だ。

時間をかけ、心遣いを忘れなければ、これらを友だちと話し合うことで、友だちの境界線を少しだけでも現実に近づけることができるだろう。そうなれば（そして、その変化が腑に落ちて落ち着けば）友だちになぜ911の真実を求める建築家とエンジニアたちの専門性を信頼するのか？ リーダーを始め、メンバーがペンタゴンの飛行機はなかったと考えているのに？ と聞いてみることができるだろう。

消えた2兆3000億ドル

ペンタゴンを襲撃したのはミサイルか爆弾かといった内容が陰謀論に含まれなくてはいけなくなった理由の一つは国防省の2兆3000億ドルの行方の辻褄があわないからだ。デイビッド・レイ・グリフィンによれば、

[国防総省へのAA77]の公式に辿ったことになっている航路は実行不可能だった……ではなぜペンタゴン当局はペンタゴンのその部分で爆弾を爆発

させ、そしてハイジャックされた旅客機の突入で攻撃されたと主張することにしたのか？　……あり得る1つの答えは、2つの事実を結びつける。1つ目は、9.11の前日、ラムズフェルド国防長官は記者会見で、ペンタゴンは2兆3000億ドルの所在を把握できていないと述べたことだ。2つ目に、最も大きな被害を受けたのは陸軍財務管理・監査部門なのだ。[*29]

　ペンタゴンのミサイル問題と同じように、この2兆3000億ドル問題は友だちに新しい視点を持ってもらえる素晴らしい機会となるだろう。911真相究明運動家のほとんど全員（と参加者ではない人々の多くも）2兆3000億ドルがペンタゴンから消えたと考えている。この予算は一度たりとも消えていないし、そもそも存在さえしていなかった。ラムズフェルドは、ペンタゴンの会計システムに記録された、取引記録をすべて合計し、このうち会計システムの入力基準に達していない金額の合計として2.3兆ドルという数字を出したのだ。

　最初にすべきは、友だちに大きな数字に対する視点を与えることだ。2兆3000億ドルは非常に大きな数字で、実を言えば、その年の政府歳出予算よりも大きかった。また国防予算全体（問題の会計年度である1999年には2740億ドル）の10倍近い額だ。国防総省が予算の10倍の金額を失うことは文字通り不可能だ。

　どうやってこんな数字が出てきたのか？　こう考えてみよう。給与明細、銀行預金明細書、給与税務明細書、小切手から貯蓄への振替明細書、ATM引き出し、新車ローン、小切手帳記録、クレジットカードの領収書、実際の領収書、請求書、住宅ローンの明細書、住宅ローンの支払い記録、住宅ローンの税金の明細書、クレジットカードの明細書、クレジットカードの支払い、毎月の銀行取引明細書、古い車の売却領収書、古い車の売却保証書、車権原譲渡、新車納付スケジュール、そして税金還付金。年収が6万ドルだとしてもこれらすべての合計は60万ドル以上になるはずだ。ここで、明細書の一部はベッドの下の靴箱に保管し、残りを紛失したとして、合計30万ドル分の記録が見つからないとなった時、30万ドルを紛失したと言えるだろうか？

　もちろん違うだろう。ペンタゴンにとっても同じことだ。

　国防総省は2001年4月にこれについて説明している。

　1999年度の財務諸表について、監査人は7.6兆ドルの財務諸表のうち2.3兆ドルの取引は「裏付けがない」と結論づけた。国防総省は、これらの項目の多くには、軍事年金数理債務や偶発債務のような項目の期末見積もりや、契約買掛金や有形固定資産の価値のような項目の手入力が含まれていることを指摘している。

第9章　911　制御爆破解体　187

さらに国防総省は、「裏付けがない」項目は「必ずしも不適切ではない」こと、および多くの場合、課された監査基準に対して十分ではないものの、文書が存在することに留意している。[*30]

　アメリカ軍のお金の使い方には、余剰や無駄が多く、本当の問題がいくつも存在している。説明責任に関して大きな問題が存在し続けるだろう。だが、こうした問題は、本当はお金がなくなっていないのに「お金が行方不明」という煽り文句で語られがちだ。2013年にもロシア・トゥデイが8兆5000万ドル行方不明とまた同じように報じている。[*31]実際は、8兆5000万ドルは、16年間（1996年から2012年）のアメリカ軍の歳出の合計だった。このメディアがひねり出したのは、またしても歳出金額の会計基準の話で、本当に消えてしまったお金の金額についてではなかった。ロシア・トゥデイは引き続き、同じような話を、ほぼ毎年のように出し続けた。2017年の12月の問題の金額は2兆1000億ドルまで膨らんでいる。[*32]

　これは友だちに伝えるには難しい考えになるかもしれないが、時間をかける価値は十二分にある。一度何がどうなっているかを理解すれば比較的単純な間違いだ。にもかかわらず、911真相究明運動と陰謀論の世界全般で特筆すべき持続性を見せている。友だちがほかならぬこの主張を境界線の向こう側に置くことができたなら、人々が間違えている可能性があるほかの出来事についても聞いてみることができるようになる。情報源が本当にただ間違えているのか、わざと誤誘導をしているのか聞いてみよう。何年も前に説明されているにもかかわらず、あれほど多くの人が、2兆3000億ドルは実際に消えていると主張しているのをみると、こうした人々は何年も広めてきたほかの「事実」についても、もう少し注意深くあるべきではないだろうか。

役に立つ情報

　911真相究明運動で制御解体説を支持するほとんどの人たちは大まかであっても「証拠とは何か」という考えは持っている。　AE911Truthのようなウェブサイトにも証拠リストがある。だが人々は、2つの事柄に基づいていてこれを受け入れている。第1に、911の真実を求める建築家とエンジニアたちの権威と専門性に基づいている。この点についてはここまで見てきたように、必ずしも信頼に値しない。第2に、リストされた事柄の意味するところに対する不完全な理解に基づいている。この不完全な理解は情報の欠落に原因があるので、友だちのこう

したリストへの評価を改善させるためには、理解する役に立つ情報と理解のために必要な内容を提供しなくてはならない。

　証拠だとされているものの詳細な説明、欠落している役に立つ情報、そして本当の説明をしようとすれば、もう1冊本が書けてしまうだろう。

　ここではいくつかの事柄と情報源をリストアップしていくだけにしておこう。

　もっと詳しく知りたければ、多数の911のデバンキング情報もオンライン上にあって参照可能だ。

NIST報告：しばしば誹謗中傷されるNIST報告は、世界貿易センタービル群崩壊に関する調査について驚くほど詳細に述べている[*33]。大部な報告書だが、どこから始めるのがいいだろうと思うなら、私は「NCSTAR 1-9、世界貿易センタービル第7棟の構造的火災対応と推測される崩壊過程」を勧めたい[*34]。

　長いが、友だちにざっとでも目を通して、どれほど詳細で多くの労力が費やされているかという感触を得てもらおう。

NIST FAQs.：FAQはNISTの調査について一般の人々と911真相究明活動家がしばしば持つ疑問についての比較的短いリストだ。高層棟についてのものが1つ[*35]、第7棟についてのものが1つある[*36]。ここにはほとんどの911真相究明活動家が気づいていない、驚くべき量の情報が内包されている。

ジャッキ工法：爆発物を使用しない解体法には、ビルの最上部を下部に落とし込んで全体を破壊するものがある[*37]。これは世界貿易センターの高層棟の崩れ方と似ている。もし友だちが爆破解体だけがビルの破壊法だと思っているなら、ジャッキ法を知らないのかもしれない。また「空気の圧出」（911真相究明活動家は、これを爆発だと言っている）そして「火砕物のような雲」（広がっていく粉塵の雲で、911真相究明活動家は、これは空中爆発の結果に違いないと言っている）という言葉も調べてみるといい。

制御爆破解体：非常に大きな音がする！　実際の制御爆破解体の音を聞こう[*38]。連続した超絶大きな音が町中に響き渡り、半マイル離れていてもビデオの録音部分にしっかりと記録される。世界貿易センタービルの動画と比べて見よう。こんなに大きな音はしていない[*39]。

落石：岩のような大きな物体、コンクリートの床、あるいは、プラスターボードの壁材が満載されたビルが傾れ落ちてほかのものにぶつかると、まず大量の粉塵が発生する。そして次に粉塵は上に向かってもくもくと立ち上がり、カリフラワーのような形をした雲をつくる。911の真実を求める建築家とエンジニアたち

は、これは火山の「火砕流」のようで、疑わしいと言う。だが、ヨセミテ国立公園の巨大な落石（爆発物なし）の動画を観ると、まったく同じ状態だとわかる。崩壊したのは岩だけだ。（世界貿易センターの場合はコンクリートの床と壁材）雲は大きな物体の崩落によって、空気が移動するだけでできる。911の場合は、大火災であちこちが熱せられてもいた。

弱った鉄骨：鉄鋼は通常の火で熱く熱せられると、弱くなる。2つのとても良い事例はYouTubeで観られる、鉄棒を熱してみせる鉄工所の実験動画と、構造材をジェット燃料で熱してみせるナショナル・ジオグラフィックの実験だ。どちらの場合も、世界貿易センターでそうだったように、鉄鋼は耐久性を失った。トーチランプを持っているなら、自分でもやってみると楽しい実験だ。

黒い煙：黒い煙は「不完全燃焼と低温燃焼の印」というのが一般的な理解だ。だが広い場所でジェット燃料を燃やしてみると、非常に多くの黒い煙が発生している。どう見ても酸素は十分あって、炎は鉄鋼の梁を1100℃まで熱して鉄鋼は耐えられなくなっているのだ。

細い柱の座屈補強：細長い柱は、強度を最大化するために、補強する必要がある。世界貿易センタービルでは、床によって補強する構造になっていた。床が破壊されると柱の強度は大幅に低下する。友だちに細い柱の座屈が補強材ありと補強材なしでどれほど変わるかを実験している動画を観せよう。これがすべての世界貿易センタービルの崩壊の特徴的な要因だったのだ。

静的な力対動的な力：よくある誤解は、ビルの下層部分は通常上層部を支えているのだから、上階が崩壊しても崩壊を食い止めることができるはずだというものだ。この誤解は、動いている動的な質量は動いていない静的な質量に比べてはるかに大きい力を発生させるのを知らないために起こる。わずか数インチの落下でも何倍もの大きな力が生じる。友だちに静的な力 v.s. 動的な力のイラストを見せよう。

世界貿易センターの瓦礫の山：この山に関して興味深いのは、制御解体の証拠がまったく一つも見つかっていないことだ。写真で破壊された鉄骨の接続部を見ると、基本的にもぎ取られ、あるいは折れてはじけているのがわかる。中核の柱の末端は切断されていない。床が崩落したあと、溶接の弱い部分から折れているだけだ。様々な段階の瓦礫の写真は豊富にある。柱を見てみよう。どのように破壊されている？

デバンキング・ウェブサイト：友だちはおそらく一方の意見の動画やウェブサイトを、時間をかけて見ているだろう。もっと広い範囲を見るようにさせてみよ

う。911の神話などのサイトを見てくれたら、友だちの勧めるウェブサイトを見るよと言おう。

プラスコ・ビル：911真相究明運動はお経の文句のように「鉄筋のビルが火事のみで崩壊した例はない」と繰り返してきた。そして、イランでプラスコ・ビルが火事で崩壊し、20人の消防士が犠牲になったとき、911の真実を求める建築家とエンジニアたちは、その証拠を再検討するか、プラスコについても真相解明運動を始めるかを選ばざるを得なくなった。彼らはプラスコの真相を解明する方を選び、イランの古い商業ビルを秘密のナノテルミットで破壊された第4のビルだということにしたのだった。

2023 年追補

　2001年9月11日、これを体験した人の記憶に永遠に生き続ける日だ。もちろん時は過ぎて記憶は薄れ、事件後に生まれた人も成長してこの体験のないまま大人になっている。25歳以下の人にとっては、911は記憶ではなく、歴史の一部だ。事件以後の時の流れは毎年の周年記念日で刻まれていく。1年目、5年目、10年目、すべて違う。2021年は911の20周年だったのと同時に911を取り巻く初期陰謀論の20周年だった。この日、陰謀論者はどうしていたのだろうか？　グーグル・トレンドが状況を描き出してくれる。陰謀論が最高潮だったのは2006年で、この高みに二度と達することはなかった。911陰謀論の検索の人気は2008年頃には安定した状態に落ち着いて、2016年までは大きな変化はなかった。毎年、9月11日当日には関心が急上昇して、鋭いピークをつくっている。これが最も高かったのは2011年で、比較的安定した状態が続いたが、2017年に急に下落して数値が半分ほどになっている。この下落の原因はケムトレイルと同じように主にこの時期に検索サイト、ソーシャルメディア、YouTube に起こった変化だ。ケムトレイルとは違って、下落は続き、当初は2006年のピークの6％まで、2021年には2％まで落ちた。9月11日当日のピークも下落した。陰謀論宣教師は20周年に関心が復活することに願いをつないでいたが、2021年9月11日が来ても、関心度は2019年9月11日と同じだった。次の年、2022年、関心度はその半分を下回るまでに減った。

　もちろん、人々には関心を寄せるほかのことがあったのだ。2021年にはパンデミックが猛威を振るっていて、もっと進化の激しい陰謀論が人々の心を捕らえ始めていた。だが9/11だけをグーグル・トレンドで検索すれば、2021年に20周

年についての大きな関心の山が見られ、10周年の時よりも大きい。911自体への関心は残っているが、陰謀論についての活発な関心は消えつつあった。

　しかしながら、活発さは一つの側面を表しているに過ぎない。この頃はJFK暗殺に関する陰謀論について、もうほとんど耳にしないが、米国民の半数以上が、陰謀があったと考えている。911陰謀論も消えていない。ある種の深く根付いた信念となっていて、人々は疑問も持たずに受け入れているので、グーグルで検索する必要がないのだ。Qアノン、選挙不正、UFO隠蔽などに比べたら活発ではない一方で、JFK陰謀論のように動きの少ない基盤とも言うべき状態になっている。Qアノン信奉者ならなんの疑問もなく受け入れる背景的な陰謀論だ。911陰謀論は動きが少ないので、比較的指摘がしやすい。すべての主張の根拠は指摘済みで、難しいのは、人々に偏見を捨てた状態で両サイドの主張を検討するように促すことだけだ。911制御爆破解体説を事実だと受け入れている人たちは詳細は知らないので、礼儀正しく議論すれば、事実や情報源の危うさに対してちゃんと反応する。

　911に関する誤情報の最大の情報源は、今も、前出の911の真実を求める建築家とエンジニアたちだ。このグループもそれなりの浮き沈みを経てきている。財政的には、収益は2018年の54万ドル、2019年に80万9000ドルとずっと安定しているようだ。

　しかしながら組織的には大きな変化が起こっている。なかでも最も重要なのは、創始者のリチャード・ゲイジの解任だ。911テロ20周年を機に、映画プロデューサーのスパイク・リーが（HBOで）4部からなるドキュメンタリーの製作にかかっていた。リーは911陰謀論に驚くほどの時間をかけていて、これに関してはAE911truthと協力し、作品にも取り上げていた。リリースを前にオンライン雑誌スレートのジェレミー・スタール記者が、調査記事を書き、リーが取り上げていた単純で古くさい陰謀論ミームを嘲笑したが、もっと大きかったのはゲイジの身辺を探ったことだった。ゲイジはユダヤ人が911の背後にいるという反ユダヤ主義と多発した新型コロナの新しい陰謀論が組み合わさっているウサギ穴を見つけていたのだ。両方とも2021年のHBOにとっては致命的な問題で有り難いことにゲイジをシリーズから切り離し、AE911truthが関係するすべての911陰謀論を削除するという決定を下した。AE911truthの落胆は大きく、緊迫した論争が何時間も続いたの会議の末、リチャード・ゲイジの解任が議決された。ゲイジはすぐに陰謀論ポッドキャストのサーキットに出演し、コロナと911陰謀論を混ぜ合わせた独自の説を主張し始めた。ケイジのサイトは、「911の深層、911

とコロナの類似点」や、典型的な文明崩壊系搾取法である「貴金属、買うなら今だ」というような記事が並び、まるで（アレックス・ジョーンズのサイト）インフォ・ウォーの奇抜な一部のようだ。

AE911truth は、戦い続けている。ゲイジの解任前に第7棟の研究を完成させていて、これはアラスカ大学フェアバンクス校のリロイ・ハルシーという教授に委託したものだ。院生2人とハルシーが依頼されたのは、火災が崩壊の原因であるはずがないと具体的に示すことだった。論文の完成は期待よりも数年遅れで、完成したものには笑えるほど粗雑なアニメーションが添付されていた。これは「非線形動的分析」と題されていたが、そうした分析自体存在していない。ハルシーの研究に AE911truth は 31万6153ドルを支払ったが、当然の結果ながら、構造工学界隈と学会には無視されている。AE911Truth.org のサイトでこの研究を探そうとするとずっと下の方までスクロールしなくてはならなくなる。

911真相究明運動者の友だちにここで考えてほしいのは、なぜWTC7の崩壊が解体だったと証明する研究がなんの注目も集めていないのか？　ということだ。抑圧されているのだと言われるかもしれないが、論文はアラスカ大フェアバンクス校のウェブサイトに掲載されていて、無料で入手できる。この結論にわずかでも真実が含まれているなら、誰かが興味を持つのではないか？　だが、そうなってはいない。

この問題はもう評決が出ている。911に何が起こったかは最初から明らかだった。2機の飛行機が2つの高層棟に突っ込んだ。衝撃と爆発のダメージ、その後の火事も加わって、両方のビルが崩壊する結果になった。北棟の崩壊が第7棟にダメージを与え、火事が起こり、これも後に崩壊した。20年以上にわたって、疑いを抱いた人々は、そうではなかったと論じようとしてきた。

これは科学に判断を委ねるべき事項だ。様々な角度から撮影された膨大な動画資料があり、その他の資料と研究が存在している。何かがあるとしたら、とっくに科学が暴いていただろうし、世界に発信されていただろう。反対の見解を証明しようとするすべての試みは失敗している。何千ドルという膨大な費用を費やした複雑なモデリングでも、工学専門家たちを納得させるようなものは何も発見できなかった。ある時点で、疑問を持った人々の主張は、科学的に考慮すべき問題ではなくなり、一種の信仰に変わってしまった。JFK陰謀論は60年間ほとんど変化せずにずっと残り続けるだろう。平面地球論は140年も同じまま存在している。デバンク済みだという事実は、デバンキングを無視する人には届かない。911の場合、これだけの長期間、誰も納得させられていないというのが、友だち

に気がついてもらうべき重要な点だ。

911 陰謀論の要約と情報源

友だちに伝えるべき要となるポイントは、

自分でも調べ終わったので、友だちの話を聞く準備ができている。

911の真実を求める建築家とエンジニアたちは、通常の911真相究明活動家と大きな差がないように見える。彼らはただウサギ穴に落ちた建築家とエンジニアにすぎない。

溶けた鉄溜りが冷えて固まったものは瓦礫の中からは見つかっていない。そして物理的に数週間も溶けたままで存在し続けるというのは不可能だった。またナノテルミットが数週間も燃え続けることもない。

少なくとも NIST 報告の FAQs. は読むべきだ。

911の真実を求める建築家とエンジニアたちは専門家証言の都合が良い部分だけをつまみ食いしている。R・J・リーは微小鉄球を発見したが、その解説もしている。ヨウェンコは、第7棟は制御解体に見えると言ったが、1号棟と2号棟の高層棟は違うと主張していた。

旅客機が1機、ペンタゴンに衝突したが、飛行機ではなかったと考える真相究明運動参加者も多い。

2兆3000億ドルは行方不明になっていないが、なっていたと考える真相究明運動参加者は多い。

鉄骨構造のビルが火事で崩壊した事例に対し、911の真実を求める建築家とエンジニアたちは、単純にあれもナノテルミットだと言っている。

真相究明運動参加者の言うほとんどの証拠はグーグルで検索すれば解明済みの答えが見つかる。一方の言い分を受け入れる前に、少なくとも別の説明について考えてみよう。

追加情報源

メタバンクの 911フォーラム：幅広い議論が見られる。
metabunk.org/9-11.f28/

インターナショナル・スケプティックスの 911フォーラム：さらに広い範囲の話題。

internationalskeptics.com/forums/forumdisplay.php ？ f=64

911の神話：主な神話を総合的に説明している。

911myths.com

911ガイド：興味深い情報が多い。

sites.google.com /site/911guide/

デバンキング 911：古いサイトだがまだ役に立つ。

debunking911.com

NIST の世界貿易センター災害の研究：全報告書、FAQ, 動画。

wtc.nist.gov

第 10 章
カール
── 一時的な真相解明運動家 ──

　カールはコメディアンで世界貿易センター第7棟がどうやって崩れたかを解説する秀逸な動画をつくった動画クリエーターでもある。「エドワード・カレント」という名前で動画投稿していて、最初のデバンキング動画[*1]（ぜひ観るべき秀作で、友だちにも観るように勧めてほしい）のコメント欄でカールは手短に、かつて自分は「裏切られた911真相究明運動家」だったと述べている。私は連絡して、どうやって911真相究明運動に興味を持ったのかと質問した。

　　2007年か2008年頃だった。どのくらい続けたのかはちょっとバカバカしいので人には言っていないが、1週間ぐらいだったかもしれない。第7棟の話を聞いて、真相究明運動家がいつも人に見せるものを見たのだが、これが掛け値なしに世界が崩壊してしまうような代物で、「なんてことだ！」と思った。それから「どう考えてもおかしい9つの事実」のようなページを読み、そして、すっかり、ほぼ完全に信じてしまった。PBSの番組フロントラインに手紙を書こうとしたぐらいだ。フロントラインは凄い番組で大好きなんだが、手紙を送ったことなどなかった。

　　そして1週間ぐらい夢中になったあとに、兄にどう思う？　と聞いてみると兄はただ肩をすくめて言った。「最も単純な説明がおそらく正しいという『オッカムの剃刀』だ。その答えはおそらく火事だな」

　　そこで私は「なぜ真下に崩れたんだ？」と言った。兄はまた肩をすくめて言った。「重力は真下に向かってる」。それを聞いて私は「それも道理だな」と思った。

　この話は最初、私にはちょっと驚きだった。こんなに早く参加して、早々に脱出した真相究明運動参加者について聞いたことがなかった。入り口は非常によくあるもので、動画を観て、これは説明がつかないと思い、ほかのものも観るようになって、それで納得し始める。だが、その後カールに起こったことは違った。

196

幸いにも信頼している兄がいて、ウサギ穴に深く落ち込む前に救出してくれたのだ。カールは捕らわれて身動きできなくなるほど長くは穴の中にいなかったのだ。

　　あのまま吸い込まれてしまった可能性もあった。私は幸いにも間違いを指摘してもらえるのを有り難いと思って、その後喜んで考えを変えられる人々の一人らしい。自分もそうだと言う人は多いが、実はダニング‐クルーガー現象なんだと思う。私は自分がそんなに疑い深い人間だとは言わないが、真相究明運動参加者の多くは「私は疑い深い人間なので、政府がこんなことを国民にしたとは信じたくない。これは客観的な視点だ」と言うだろう。だが私は、もう少し内省的で自分を間違わせる可能性のある自分自身の欠陥と向き合うのが好きなんだ。

　ダニング‐クルーガーは我々全員が持っている一般的な心理バイアスで、自分の能力を過大評価するものだ。[*2] 能力が低いほどさらに自分を過大評価してしまう。ほとんどの分野で、9割の人々が自分の能力は「平均以上」だと自己評価する。ごく短い真相解明運動活動の間、カールもほとんどの自信過剰な活動家のすることをした。「自分で調べた」のだ。

　　ひたすら動画を観たり、資料とかを読んだりした。だが、もちろん一方のものだけだった。その時に支持していた側のものだ。同じ現象の別の見方をした話は読まなかった。「この話」を信じたかったので、いろいろなものに魅了された。だがそうして、エコーチェンバー効果に引き込まれてしまった。

　カールは付き合いのあったもっとベテランの真相究明活動家がこうなるのを見ていた。

　　思うに、感情的にエネルギーを注ぎ込んでいればいるほど、抜け出せなくなるようだ。理由はただ多くの時間とエネルギーを費やしたと言うだけだ。なかにはただ間違っていると言われるのが嫌いだという人たちもいる。彼らは怒りで反応し、抵抗する。だがほかの人たちなら「バカをやっちまった」と言うだけなんだ。

第10章　カール──一時的な真相解明活動家──　197

もう1つカールに幸いしたのは、周囲にほぼ誰も本物の陰謀論者がいなかったことだ。

　一人だけ、すごく頭が良くて、911陰謀論の中心の一つだったKPFAラジオを聞いていた男性がいた。あるとき私の（デバンキング）動画の一つを観て唐突にメールを送ってきた「こんなものをなんで信じられるんだ！」って書いてあった。カッターナイフを持って洞くつの中に住んでる連中（オサマ・ビン・ラディンのこと）について、私をなじっていたんだ。どんな風に言ってくるかとか全部わかるだろ？　それから少しやりとりをしてお互いに理解できないという点で意見が一致した。だがそれ以外は、誰も、こういうことにはまっている人はまったく誰も知らない。

現在、カールは自由時間を利用してデバンキング動画をつくってYouTubeに上げている。さらにYouTubeのコメントセクションで、動画に関してのコメントに答えるのには、動画製作よりももっと多くの時間を費やしている。彼のモチベーションについて話し合った。

　あとからチェックしてコメントを読むことが続ける動機になっている。知的な不正が起こっているのを見ることで続いている。私はただ人々にその考えには欠陥があるとわかってもらいたいだけだ。私が男で、男は戦いたがり、自分は正しいのだと示したがる傾向があるというのも一つかも知れない。こういうことをする女性が少ないのはちょっと奇妙だ。お互にこういう戦いをするのはいつも男だ。

これは一種の知的訓練でもある。私は論理的誤謬とかを見つけるのが本当に楽しくて、類推をしたり、物事の類似点を見つけるとかも。そういうのは、心理的魅惑に満ちていて、そして工学の物理も魅惑的だ。

カールはエドワード・カレントの名で、911真相究明活動家だと偽るのにも少しばかり時間を使っている。第7棟のクロースアップに見えるニセ動画もつくった。一般に公開されているほかの動画と違って、このニセ動画では窓が吹き飛んで複数の爆破音も聞こえる。911界隈は当初、すっかり鵜呑みにして、この新しい制御解体の「100％の証拠」に沸き立った。だがすぐに動画の問題に気づく人

たちが出てきた。1つには、スローで反転再生すると実際の映像に爆破音が付け加えられているのがわかったのだ。もう1つおまけにUFOも追加されていた。ビルが崩壊する画面を横切る小さな空飛ぶ円盤がズームされていたのだ。これに対する反応は様々だった。

　　（私の動画に関して）人々は線で真っ二つに分けられたようになった。ある人たちは、騙されていたんだよと言われたときに「俺はなんてバカなんだ！ははは、やられた。だがこの次はもっと用心するよ」という感じ。だがもう半分はひたすらカンカンに腹を立てて、その場を立ち去って、そのまま逃げていった。
　　動画はコミュニティーを分断させてしまって、今に至るまで私をウソつき野郎だと思っている人もいる。私は動画をでっちあげたわけじゃなくて、あれは現実の映像なんだが、ソースのファイルをあげろと挑みかかられている。たしかに空とぶ円盤や隠れメッセージとかを加えて、バカバカしい動画に仕上げたが、実は崩壊スピードを自由落下より速くなるようにしてあるので、人々が今までに観たどの動画とも一致しないんだ（それなのにみんな本物だと信じたんだから）。

　　予防は良いことだ。私のゴールは真相究明活動家を元に戻すことではない。だが影響され始めている人々がいる。そういう人たちが合理的な説明を見れば、それ以上先に進むのを防げるかもしれない。

　結局のところ、カールはほんの短い期間ウサギ穴にはまっただけだった。1週間ぐらい。落下を兄が止めてくれた。脱出する道を見つけられずに何年もウサギ穴の中で過ごした人々の中には反陰謀論者となる人々がいるが、脱出したカールも同じように反陰謀論者になった。まるで一度ウサギ穴を下る旅を体験すると、二度と落ちないように免疫を付ける作用として働くようだ。一度自分の認知の欠陥を認識して、それを変えようとすると、もう同じ違いは犯さない。陰謀論に被ばくすると吸い込まれてしまうこともある。だが、一度（真実の）光を見れば、ウサギ穴の真実の姿が見えて、もう誘惑されなくなり、ここに残ろうとは思わなくなる。
　カールの兄は比較的簡単にカールの落下を止められたが、これはカールがたとえばシュテファニーの場合に比べて、自説を固めるだけの時間を取っていなかっ

第10章　カール──一時的な真相解明活動家──　199

たからだ。だがうまくいった基本的な戦略と戦術はほぼ同じだ。友だち（家族）が欠落していた情報を提供した。人々を救出するための同じ方法は、人がどれほど長く陰謀論の沼にはまっていようとも使える。カールの兄は、価値判断を伴わない言い方でシンプルな答えを提供した。シュテファニーの友だちも、シンプルな答えをいくつか提供した。カールはシュテファニーよりも素早く新しい視点を受け入れたが、両方とも友だち（家族）に助けられ脱出を果たした。

第 11 章
偽旗作戦

　2017年10月1日午後10時を少し回った時、64歳のスティーブン・パドックはマンダレー・ベイ・ホテルの32階にあるスイート・ルームの窓2つを粉砕し、ラスベガス・ストリップ通りを隔てた向こう側で開かれていたカントリー・ミュージック・フェスティバルの観衆めがけて銃撃を開始した。その3日前からスイート・ルームに持ち込んでいた23種類の武器の中から異なったものを使いながら、窓2つから交互に数分間、発砲を続けた。58人が殺害され、500人近くが負傷した。米国史上、一個人による無差別大量銃撃事件の最悪のものとなった。

　この虐殺事件を契機に、ほぼ前例のないと言っていい陰謀論的な推測の波が発生した。人々はパドック単独の犯行だとは受け入れがたいようだった。JFK暗殺事件で悪名高いグラシー・ノール説（現場の小さな芝生の丘から犯人以外の発砲があったという目撃証言）と似た「4階からの射撃手」についての主張が現れた。JFK暗殺事件での警察の録音テープと同じように人々は事件の音声分析を始め、銃撃犯が複数いたと証明しようとした。ラスベガスに一度も行ったことがない人々がパドックはどうやって警備の目をかすめて武器をこっそり部屋まで運び込むことができたのか？　と質問をした（スーツケースに入れて運んだ。ホテルでは金属探知機で客の荷物を調べたりしない）。さらにどうやってこれほど大量の銃を入手できたのかと質問し（合法的に。ネバダ州の銃器店で購入した）、いったいなぜこんなことをしたのかと尋ねた（誰にもわからない。だが、狂気や邪悪さに支配される人間がいるのはみんな知っていることだ）。

　こうしたどちらかと言えば理性的な質問だけでなく、事件は本当に起きたのかと問う人々もいた。被害者は撃たれたふりをしていただけではないか？　なぜ死体の写真がほとんどないのか？　事件のあとに笑っている人々がいたのはなぜか？　逃げ出した人もいた一方で、その場にただ立っていた人々がいたのはなぜか？　こうした疑問はバカバカしく、疑いに満ちていて、キリがなかったが、すべてある特定の疑い（というか、場合によっては信念）に基づいていた。人々が

持っていた疑いは、ラスベガス銃撃事件は「偽旗」ではないかというものだった。

　偽旗とは第三者に罪をなすりつける意図を秘めた事件のことで、しばしばその第三者への間接的な攻撃方法として使われる。ある国を侵略する口実として偽旗を用いる場合、最初は自前の人員と装備を使って敵の勢力であるように見せかけて攻撃を演出する。たとえば1953年、エイジャックス作戦でCIAはイランで潜入者を雇ってトゥーデ党（イラン共産党）のメンバーであるように見せかけ、一連の攻撃を演出した。目的は共産主義革命への恐怖を煽り、民主的に選出された政府を排除するための条件を整えることだった。

　偽旗作戦についての主張は、陰謀論文化では長い歴史がある。真珠湾攻撃は、アメリカの第2次世界大戦への参戦を招いた。これは（偽旗ではなく）本物の攻撃だったが、長い間人々は、アメリカ政府は事前に何らかの情報を得ていたのに隠していたとのではないかとの疑いを抱いてきた。偽旗だったのではないかと疑う推測が生じたのは、奇襲だったこと、そしてこれが、アメリカ国民のより激しい怒りを掻き立て、より強い戦争支持と徴兵制に従う気持ちにつながったことなどが原因だろう。同様に、911を巡ってもLIHOP（意図的放置）シナリオという常識に近いレベルの陰謀論がある。新真珠湾を切望する人々が、何もしないことでアメリカへの攻撃を許したというものだ。さらに極端なものへと展開している911陰謀論の中で、LIHOP説は、だいたいが偽旗陰謀論だ。どの場合も、目的だとされているのは、アメリカにテロとの戦争という口実を与え、市民の自由を制限し、軍事―大手石油産業複合体にペルシャ湾地域での目的遂行のためのさらなる行動を許容することだ。

　偽旗作戦という言葉自体は21世紀初頭、ゼロ年代の陰謀論文化ではそれほどよく知られていたわけではなかった。

　「偽旗」は、3つの大事件が続いたあと、陰謀論者が反射的に使うようになった。グーグルの検索件数では2012年7月のオーロラ劇場乱射事件、2012年12月のサンディー・フック小学校乱射事件、そして最大の山が2013年4月のボストン・マラソン爆弾事件のあとに生じている。その後、3つの小さな山が見られる。シリアの化学兵器攻撃、ウクライナ上空でのMH17便撃墜、2015年のフランスでの2つのテロ事件（シャルリー・エブドとパリでのテロ攻撃）の連続した3つの事件はアレックス・ジョーンズが取り上げ、その後に同12月のカリフォルニア州サン・バーナーディオ乱射事件とフロリダ州オーランドのパルス・ナイトクラブ乱射事件が続く。

202

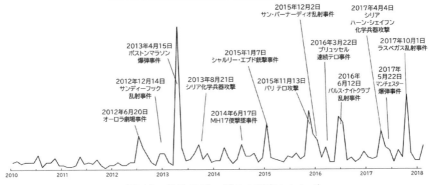

図 12 偽旗のグーグルの検索トレンド
大量の死傷者が出た事件のたびに山が形成されている

　ボストン・マラソン爆弾事件以外の事件に関連した「偽旗」検索の山は、すべてラスベガス銃撃事件後の陰謀論者の熱狂に覆われて、これが偽旗推定陰謀論の標的として別格の存在となるのが早々に明らかとなった。パルス・ナイトクラブ銃撃事件でもほぼ同じ数の犠牲者が出ているのだが、反応は非常に異なっているようだ。
　これはおそらく加害者が意外な人物だったことが原因だろう。大衆は殺人者が若いサイコパスの男であったり、最近ならジハードを信奉するテロリストであったりするのには慣れてきている。若いイスラム原理主義過激派がゲイ・ナイトクラブ（パルス事件）で49人を殺したのは、偽旗である可能性もあるが、あれこれ説明はついてしまう。年配の白人男性がはっきりとわかる動機もなしに単独で行動したのは、まったく理解不能だろうし、陰謀論的な思考は説明不能を放置できないので、この空白部分を大急ぎで説明で埋めようとして偽旗を持ち出す。これは、銃規制を目的としたやらせに違いないというわけだ。
　友だちとなぜ偽旗陰謀論を信じるのかと話すときには、友だちが信じているのが911関連のLIHOP（意図的放置）でも、さらに極端な「銃撃事件は銃規制のためのでっちあげた説」だとしても、真剣に考えるべき一つの質問は「政府はわざわざアメリカ国内で偽旗作戦を実行するのか？」だ。
　非常に単純なレベルでは、答えはイエスとなりそうに思える。陰謀論的思考では、政府は腐敗した邪悪な存在で、世界支配の目的を果たすためには何をもってしても止まることがない。この質問をすると、「政府を信用してるなんて言わな

第 11 章　偽旗作戦　203

いでくれよ」。そして「前にもあったことだ」というような反応を引き出してしまうかも知れない。

先の反応には、自分がどの程度政府を信用しているのか（おそらく私と同じようにそんなに信用していないだろう）を説明したらいい。「前にもやってる」はしっかり受け止めて、調べてみる価値がある。前とは、正確にはいつやったのか？ 具体的に何をやったのか？ その時はどうなったのか？ どういう考えからアメリカ国内での偽旗作戦実行が決定されたのか？ リスクは何か？ 報酬はなんだったのか？ 作戦実行の効果はあったのか？

偽旗作戦と言えば最も知られているのは圧倒的にノースウッズ作戦で、友だちも政府が偽旗作戦を実行した証拠は？ と聞かれれば、おそらくこれを持ち出すだろう。

ノースウッズ作戦

ノースウッズ作戦は、正確には作戦ではなく、文書だった。1968年のごく薄い報告書で、アメリカのキューバ侵略を正当化するために実行可能かもしれない「偽旗」をいくつも提案していて、次のように書かれている。

> *この計画の実行によって得られる望ましい結果は、米国はキューバの無謀で無責任な政府からの否定可能な苦情に苦しんでいる立場にあることを明らかにし、西半球の平和に対するキューバの脅威の国際的なイメージを助長することだ。*[*1]

この報告書は、しばしば米国政府が偽旗作戦を計画していた証拠として提示され、したがって911テロ攻撃が「内部犯行」であることを支持する証拠として使われている。もっと極端な解釈では、911攻撃が実際にやらせだった証拠として使われている。ノースウッズ作戦は現実とファンタジーの乱暴な交錯の中に存在するのだ。

詳しく検討するにも、それほどの内容はない。ノースウッズ作戦報告書には15ページの「キューバでの軍事干渉の正当化」と題したものがあり、いくつかの覚え書と以下のような9つのアイディアが含まれている。

1. キューバのキューバ人に攻撃的な行為をしかけて、彼らに反撃させ軍事

介入の基となる正当な挑発とする。

2. グアンタナモ湾米軍基地内、あるいは付近で偽の攻撃をでっちあげる。

3. キューバ人に船舶が爆破されたと偽り、偽の救助活動をして、偽の犠牲者を出す。

4. マイアミ、その他の都市で「キューバ人共産主義者によるテロ活動」を仕掛ける。

5. ドミニカ共和国の空域侵犯を装い、ドミニカのサトウキビ畑いくばくかをロシア製焼夷弾で焼き払う。

6. 偽ミグ戦闘機でアメリカの民間旅客機に騒ぎを引き起こし、目迎者証言を発生させる。

7. 民間機と水上飛行機に対するハイジャックの試みは、キューバ政府公認の嫌がらせ措置の継続だと受け取られるはずだ。

8. キューバが民間航空機を撃墜しニセの犠牲者が出たように見せかける。

9. キューバが軍用機を撃墜しニセの犠牲者が出たように見せかける。

だが、この覚え書き以外に提案がどう扱われたかの記録はないと言っていい。とはいえ、これが豊富な資料のあるアメリカ史上の出来事であったように書く人々は後を絶たない。この件に関与した人々の誰も証言を求められたことはなく、文書に記載された政府高官はもう死亡してしまった。この文書は明るみにでたのは、2001年5月で、ジェイムズ・バンフォードの著書『すべては傍受されている──米国国家安全保障局の正体』(瀧沢一郎訳　KADOKAWA　2003)によってだった。[*2] これが2001年911同時多発テロ事件直前であったことに注目してほしい。このせいで、関連していると考える人がすぐに出てきたのかもしれない。陰謀論界隈は、この文書については様々な解説をしている。

　　ジェシー・ベントゥラ: *軍[と統合参謀本部]は、我々のCIAと軍隊を使って米国の特定地域を攻撃し、カストロがやったように見せかけ、その結果キューバへの軍事侵略を国が支援するようにしたかった。*[*3]

　　ジェイムズ・バンフォード: *CIAが秘密裏に米国内でテロリズムを発生させたなら、人々はアメリカ国内の路上で撃たれ、爆弾が爆発するようなこともあるだろう。*

これは4番のアイディアについての言及で、原文の全文は、

マイアミ周辺、フロリダ州のほかの都市、さらにはワシントンで共産主義キューバのテロ宣伝活動を展開することもできる。テロ宣伝活動は、自由を求めて米国に逃げてきた難民に矛先を向けるものにすることもできる。フロリダに向かうキューバ難民のボートを沈めるのはどうだろう（本物またはやらせ）。米国内のキューバ難民に対して負傷する程度に命の危険にさらし、広く公表するという試みも可能だ。慎重に選択された場所でいくつかのプラスチック爆弾を爆発させ、キューバのエージェントを逮捕し、あらかじめ準備されたキューバの関与を立証する文書を公表するのも（キューバが）無責任な政府だという考えを大衆に投影する役に立つ。

これは、この文書中の9つの提案の中では別格の深刻さのあるもので、キューバ難民を負傷させるとまで言っている。さらに不気味なのは、具体的な詳細はないが、本当に難民ボートを沈没させるとも言っていて、その後救出するかどうかも言及していない。

ベントゥラの解説は正確か？ 表面的には最初は正しそうに見える。だが、計画は「特定の都市を攻撃する」のではない。キューバ難民を標的にしているように見せかけるものだ。ベントゥラはノースウッズ作戦を911に関連付けようとしているが、これらの計画案は何千人という人を殺害し、数億ドルの価値があるビルを破壊するのとはかけ離れすぎている。数人のキューバ難民が怪我をするのと911テロは違いすぎる。

アレックス・ジョーンズはもっと極端な解説をしている。

アレックス・ジョーンズ：連邦政府はアメリカ人を満載した旅客機を爆破することを提案した。米国紙に掲載された犠牲者名一覧は利用できる怒りの波を起こすだろうと言うのだ。

アレックス・ジョーンズ：計画では「ワシントンDCを爆弾攻撃」し、キューバのせいにできる、グアンタナモ湾の海兵隊をキューバ兵の恰好をしたアメリカ兵に襲撃させることもできる、あるいは、米西戦争のきっかけとなった軍艦メイン号撃沈のようにまた船を爆破することもできると記述している。[*4]

ジョーンズは見せかけの攻撃の計画と提案が実際に人々を殺すものであったかのように述べている。これは間違いだ。アメリカ人を殺す計画はなかった。船や

飛行機を爆破する提案はドローンを使うものだった。複雑な提案の一つであった提案 8 は、

　　撃墜事件を演出することは可能で、米国からジャマイカ、グアテマラ、パナマ、またはベネズエラに向かう途中のチャーター民間旅客機をキューバの航空機が攻撃して撃墜したと説得力を持って示す事件を作成することができるだろう。目的地は、キューバを横断するようなフライト・プラン・ルートになるように選択。乗客は、休暇中の大学生のグループ、または定期便以外のチャーター機に乗るような共通の関心を持つ人々のグループであればいい。

A. エグリン空軍基地所属の航空機を、マイアミ地域の CIA 専有組織に属する民間登録航空機の正確な複製として塗装し、番号を付ける。指定された時間に、複製と実際の民間航空機を入れ替え、選ばれた乗客がすべて慎重に準備された仮名で搭乗する。実際の登録済み航空機はドローンと入れ替える。

B. ドローン機と実際の航空機の離陸時間は、フロリダの南で出合うように運行計画する。この地点から、乗客を乗せた航空機は最低高度まで降下し、エグリン空軍基地の補助滑走路に直接入り、そこで乗客を避難させて航空機を元の状態に戻す。その間、ドローン航空機は提出された飛行計画通りに飛行し続ける。キューバ上空で、ドローン機は国際的な遭難周波数で、キューバのミグ戦闘機による攻撃を受けていることを示す「メーデー」メッセージを送信。無線信号によって爆破スイッチを入れ、航空機が破壊され、送信は中断される。これにより、西半球の ICAO ラジオ局は、航空機に何が起こったのかを米国に伝え、米国は事件を自ら売り出す必要がなくなる。

　ノースウッズ作戦が持ち出されることは非常に多いので、その歴史と歴史的な内容、関与した人々、そして実際の文書の内容を理解しておくことは非常に重要となる。ノースウッズ作戦について覚えておくべき重要な 2 つのポイントは、これは一連の予備的な提案であって、最初の計画段階にさえ至らなかったものだ。
　どの計画事例においてもアメリカ国民を殺したり傷つけたりする意図はなかった。ただ、キューバ国民が傷つけられる可能性はあり、そしてキューバ侵略が起

これば数千人というキューバ人の命が失われた可能性はある。

　計画リストの冒頭には但書があり、これらは予備提案であることを明記している。

　　　但書：以下の行動方針は計画立案のみに適用できる予備提案である。順番は時系列でも昇順でもない。ほかの機関からの同様の提供案とともに、これらは単一の統合された時間に配分された計画の出発点を提供することを意図している。そのような計画は個々のプロジェクトをキューバへの米軍介入の適切な正当化という目的に間違いなく導くように構想された相関した複数の行動という文脈の中で評価を受けるものである。[*5]

　基本的にこれが意図していたのは、現実の計画を開始するために使う計画案の集積だった。この初期の想定以上に進んだ案は皆無だと思われる。統合参謀本部はこれらの案の実施を認めなかった。単に議論の開始のためにこの文書を承認しただけだった。

　そしてここに記載された案は実際には実行されていないとわかる。こうした出来事は起こっていないからだ。提案されたものが（「噂を広める」と言った平凡なもの以上が）実行されていれば、ニュースになっていただろう。だが、旅客機がキューバ軍のミグ戦闘機に接近されたという報告はないし、行方不明になった若者のグループもなく、キューバ上空で海軍機が「消えた」こともない。

　どのような主張の優越を理解するにしても前後関係はきわめて重要だ。ノースウッズ作戦当時のタイムラインを見てみよう。

　1961年4月17日—ピッグス湾侵攻——CIAが支援する元キューバ人による失敗したキューバへの軍事介入。アイゼンハワー政権下で計画されたが、JFKが承認した。

　1961年11月—「キューバ計画」こと「マングース作戦」実行の決定。これは、破壊工作とプロパガンダの計画だった。

　1962年3月5日—キューバ計画の指導者は「マングース作戦」と題した覚え書きを書き、この中で 米国のキューバ侵攻を正当化する口実のリストを要求している。

　1962年3月7日—統合参謀本部は、キューバに対する挑発を展開したいという要望を明らかにしている。

1962年3月9日—提案のリストを含むノースウッズ作戦覚え書きの日付。

1962年3月13日—統合参謀本部は、「ほかの機関からの同様の提出がある」との仮定で、ノースウッズ作戦を構成する9つの提案リストを「計画目的に適した予備提出として転送する」ように推奨している。

1962年5月—キューバからの攻撃を誘発するために、U2をキューバ上空で不必要に飛行させる計画が提案された。

1962年10月14日—高高度からの偵察写真が、ソビエト製のミサイルがキューバに存在したことを証明し、これにより、キューバ・ミサイル危機が始まった。

キューバ計画とノースウッズ作戦文書がピッグス湾とキューバ・ミサイル危機にはさまれているのに気がついただろうか？ JFKはソ連との戦争につながりかねないキューバとの紛争を避けようとずっと切望してきた。ピッグス湾は、反革命事件としての枠組みで、とくにアメリカに最もらしい反論を可能にするように仕組まれていた。これが失敗したあと、ソ連が反応する理由を与えることなく、アメリカがキューバに侵攻できる適切な口実を見つけることが焦点となった。ノースウッズ作戦はこの動きの一部だったが、最終的には何も起こらなかった。

なぜノースウッズ作戦は実行に向かわなかったのか？ 文書にはほとんど詳細は書かれていないが、明らかに懸念される事項が多くの面であった。その理由をまとめると以下のようになるだろう。

バレる危険性がかなりあった。アメリカはキューバの共産政権を取り除いてしまいたかったが、ロシアと戦争はしたくなかった。成功が確実になるまで、政府は作戦に取りかからない。バレてしまうと、国際的にも国内的にも波紋が大きすぎた。

政府と軍の構成員の多くはどれほど侵攻が正当だという理由があっても、ただキューバ侵攻を望んでいなかった。したがってやりたくないもののために偽の口実をつくるなど意味のないことだったのだ。

個人のレベルではキューバ難民を傷つける可能性があることに対して道徳的な心配をしていた人もいたかも知れない。単に計画が露呈してしまったときにあまりにも邪悪に見えるのではないかという二次的な心配として現れていた可能性もあるだろう。

10月のキューバ・ミサイル危機が起こったことで、実際の出来事が想定を追い越してしまった。核ミサイルの存在がフロリダを脅かしているとな

第11章　偽旗作戦　209

れば、キューバ侵攻の口実など必要なくなる。だがそれでも核事件につながるようなことを起こしたいという意欲はさらに小さくなっていった。

　この時代の公文書を読むことから学べる重要な教訓がある。[*6]第1に政府と軍の権力構造は統一されていなかった（これは現在も同じだ）。政府と軍を担う人々（当時は全員男性だった）はそれぞれの異なった経験、スキル、思想、そして動機を持っていた。破壊工作と宣伝工作の両方の異なった計画が提案され、議論された。偽の口実（偽旗）が提案されたという事実は、これを検討したかった人がいたということにほかならない。軍部と政府の中には、もし逃げ切れるなら実行したいと考えていた人も多くいただろう。

　重要な箇所をもう一度言おう。もし逃げ切れるならば。ボタンをクリックするだけで1000万ドルを盗み出せる、100％逃げ切れると保証されたら、何も問いただされることなく、結果は口座に1000ドルがプラスされるだけだと言われたら、人は大金を盗むだろうか？

　はい、と答える人も多いだろう。だが、そうであっても躊躇いはある。統合参謀本部も同様にノースウッズに関して躊躇ったのだろう。本当に100％リスクを伴わないのか？　ごくわずかでも捕捉されてしまう可能性があれば、すべてを失い、何年も刑務所で過ごすことになる。神自ら保証してくれるのではない限り、（いや、そうであっても）これがうまくいくと確信が持てるだろうか？　リスクは不明だ。結果は厳しい。

　別タイプの人々はまた別の心配をするだろう。道徳的に受け入れがたい状況になると降りる人々も多い。絶対成功すると言われると降りる人々もいる。誰でも宝くじで大金を手に入れて、人生を台無しにした人の話を聞いたことがあるだろう。「無事之名馬（ぶじこれめいば）」は多くの人の役に立つ態度なのだ。

　それでも1000ドルに手を出す人は数多くいるだろう。なぜケネディはノースウッズを採用しなかったのか？　道徳的にまずいと思ったからではなく（大部分の作戦案は人命を脅かすことはなさそうだ）、むしろ、ロシアとの戦争を避けたかったからだろう。ケネディは、リスクフリーは不可能だと知っていた。だが何よりキューバ侵攻して戦争を引き起こしたくなかった。

　リスクは結果として得られるものに見合わなかった。これがノースウッズ作戦から得ることができる要となるとなる教訓だ。そして、友だちがノースウッズ作戦を偽旗説の切り札だと思っているなら、これこそが考えを変えさせるための決め手として使えるものだ。友だちに、人は巨大な報酬を得て、逃げ切れるならな

んだってすると正直に話してもいいだろう。だが、ノースウッズ作戦が実行され
なかったのは、逃げ切れるという保証がなかったからだ。リスクが報酬よりも大
きく、たとえ成功したとしても、そこでまた大きなリスクが発生することもあっ
た。

　友だちにお気に入りの「偽旗」陰謀論を聞いてみよう。リスクは何か？　報酬
は何か？　もっとやさしい方法でゴールを達成することはできなかったか？　様々
な911偽旗陰謀論には巨大なリスクがある。ある大統領はウォーターゲート（比
較的単純な侵入と盗聴装置の設置という犯罪）を隠蔽しきれなかったが、別の大統
領が3つの巨大なビルに数百万個の爆薬を秘密裏に仕掛けて、それから4機の飛
行機のハイジャック計画を仕組んで、それを完全に隠蔽するなどということが可
能だろうか？

　いったい、どうすればリスクフリーで被害者役俳優集団に関与するような学校
での乱射事件を偽装して実行することができるのだろうか？　そして目的は？　銃
規制につながる一般の意見にわずかな変化を起こすこと？　実際にはそれさえ起
こっておらず、銃の売上増加という結果になっているのだが？　どういう大統領、
あるいは権力者がすべてをふいにするリスクをかけて、世論にこの取るに足らな
い一時的な変動を起こそうとするのか？

　もし友だちがノースウッズ作戦を持ち出してきたら、この機会を逃さずに、一
緒におさらいをしよう。計画はどんなもので、どんなリスクがあったか、なぜ実
行しなかったのか。そしてこれを友だちの言う偽旗と直接比較してみよう。

　ノースウッズ作戦は実行されることはなかったが、もちろんアメリカでも世界
でも偽旗あるいは実行の偽の口実の利用が政府の最高レベルで提案され実行され
たことはある。アメリカの軍事介入の歴史で、おそらく複数回偽の口実が使われ
たことはあるのは間違いない。

　序章で述べたように、陰謀は現実の存在だ。多くの人が現実の陰謀の代表例と
考えるのはベトナム戦争を引き起こした事件、トンキン湾事件だ。

　だがノースウッズ作戦のように、これも大いに誤解されている事件だ。どう
いったタイプの偽旗が実際にありうるかについての本物の視点を得るために、裏
返すことができるデッキの中のカードだと言っていい。

トンキン湾事件

　2つのトンキン湾事件は単純な出来事のように見えた。米海軍の駆逐艦マドッ

クスは1964年8月2日に北ベトナムの小型船舶に攻撃を受けたと報告している。その後8月4日にこれより大規模な2回目の攻撃がマドックスともう1隻の駆逐艦（ターナー・ジョイ）に加えられたと報告があった。

これらの攻撃的な行為の報告は8月5日の米国の北ベトナムに対する報復攻撃と8月7日のトンキン湾決議につながった。これがそののち、ベトナム紛争への全面的軍事関与につながり、ゆえにベトナム戦争と何千というアメリカ人とベトナム人の命の喪失へとつながった。

しかし、この事件はもっと複雑だ。人々は、当時、8月4日には本物の攻撃があったと思った。2隻の駆逐艦は回避行動を取り、敵の魚雷艦だと思ったものに向かって発砲した。だが、すぐに実際に何が起こっていたのかに関して、深刻な疑惑があることがはっきりしてきた。あとにもっとはっきりしてきたのは、実はなんの攻撃もなかったということだった。アメリカ国民と議会に対しての説明は、この両日に起こったことの正確な反映ではなかった。とくに2日目については違った。

ジョンソン大統領でさえ、何が起こったかを全部は知らされていなかった。8月4日の夜、大統領は以下のように国民に向けて演説している。

> 　大統領及び最高司令官として、トンキン湾公海上で米国船に対する新たな敵対的な行動があり、本日、米軍に反撃行動を起こすよう命じる必要が生じたことを国民の皆さんに報告することは、私の義務です。
> 　8月2日の駆逐艦マドックスに対する最初の攻撃は本日多数の敵艦による米国の駆逐艦2艦に対する魚雷攻撃として繰り返されました。駆逐艦と支援の航空機は私が最初の敵対行為直後に発した命令に直ちに従いました。少なくとも2隻の攻撃艇が沈んだと信じるものです。アメリカ側の被害はありません。[*7]

だが、ジョンソンの毅然とした口調と「多数の敵艦」「魚雷攻撃」などの詳細におよぶ事件の解説にもかかわらず、ジョンソンは実際に何が起こったのかをまったく把握していなかった。一つの原因は「戦場の霧」と呼ばれる現象、最前線から正確な情報を得ることの難しさだ。だが主因は最初の攻撃報告が間違っていたからだ。だがジョンソンがこれを知ったのは、のちのことだ。

この事件を理解するには、ジョンソンの国防長官でベトナムの事態の拡大に最も影響力を持っていた男、ロバート・マクナマラの役割を理解する必要がある。

マクナマラはジョンソンの信頼する顧問であり、ベトナムで起こっている事柄の情報解説を一手に引き受けていた。二人はよく電話で話し、この会話の多くは録音されていて、現在は情報公開されている。この陰謀のエッセンスは「マクナマラがジョンソンに話したこと、または話さなかったこと」と要約できる。

　トンキン湾の海軍艦艇からの最初の報告は、明確に攻撃を受けている、そして北ベトナムの魚雷艇からの攻撃を受けているというものだった。マクナマラは状況について、継続して最新情報を得ていた。駆逐艦マドックスのヘリック艦長は攻撃を受けていると思っていたので、マクナマラもそう思っていた。

　マクナマラはベトナムに対する最善の対策は北ベトナム人を爆撃して、軍と工業生産を麻痺させ、紛争を終結させるように強制することだという意見を持っていた。ジョンソンは一方的にこの一歩を踏み出すことは望んでいなかった。そして北ベトナムに攻撃されるまで待とうと言い張った。8月2日のごく小規模な攻撃は1隻の小舟によるものと判明し、これでは十分な挑発とはならなかった。だが今度は米軍の駆逐艦2隻が魚雷艇に攻撃されている。これは明らかにより大きな挑発で、マクナマラが起こればいいと望んでいたものだった。

　だが「攻撃」の5時間後、ヘリック艦長は事件を振り返って、実際に起こったことについて深刻な疑惑を抱き始めた。艦長は以下のメッセージをワシントンに送り、これはワシントン時間午後1時27分に受信されている。

　　　行動の再検討によって、多数の報告された接触と発射された魚雷は疑わしく見えるようになった。異常な天候がレーダーに影響し、勇み足で（ソナー員が）多数の報告をした可能性がある。マドックスからは実際の目視はなかった。さらなる行動を取る前に完全な評価を提案する。

　基本的には「おっと、失敗しちまった、攻撃はなかった。何もするな」メッセージだ。だがその次に起きたのは、マクナマラがまるで何も報告はなかったようなそぶりで、メセージを無視するという事態だった。すぐにジョンソンに報告することはなく、それどころか北ベトナムに対する報復空爆を組織する作業を進め、ジョンソンが署名した命令を実行することで紛争を現実のものとし、トンキン湾決議の基礎を固め、ゆえに全面的なベトナム戦争となった。

　この話に対しては、ほぼ即時に国民からの疑惑が巻き起こり、その当時も8月4日の事件は本当に起こったのかと疑いを投げかける多数の記事があった。だが重要なのは、8月2日の最初の事件に関して疑問を持つものはほとんどいなかっ

第11章　偽旗作戦　213

たことだ。陰謀論者が犯す最もありふれた間違いは、実際は2つの独立した事件であるトンキン湾事件を1つの事件として説明することだ。多くの陰謀論者は詳細を知らないので、最初の攻撃について知ると驚く。

　1969年、ジョゼフ・C・ゴールデンの著書『トンキン湾事件——事実は最初の犠牲者』(*This Is The First Casualty* 未訳)によって、より多くの人がこの問題に注意を向けた。ゴールデンは目撃者証言によって、2回目の攻撃はなかったこと、そして最初の攻撃の詳細がどちらかと言えば誇張されていたことについて、説得力のある証拠を示した。

　しかし、実際に何が起こったかに関する最も詳細な暴露はそののち、外国の通信を傍受して解釈することを任務とする政府機関である国家安全保障局(NSA)によってもたらされた。NSAは長い間、事件当時の公式見解を支持していて優れたシギント(シグナルインテリジェンス——通常は無線信号とコード化された通信)の証拠があり、実際の2回目の攻撃の企画と実行を裏付けていると主張していた。だが1998年の内部文書が2006年の情報公開法に基づいて公開されると、公的な立ち位置が変化した。[*8]

　NSAの歴史専門家で諜報アナリストのロバート・J・ハニオクによって書かれたこの文書のタイトルは、「スカンク、疑心暗鬼、沈黙の猟犬、トビウオ：トンキン湾の謎、1964年8月2〜4日」[*9]だった。船舶からの観察だけでなく、当時と翌日から傍受された北ベトナムの通信のシギントについても詳細に説明している。

　結論はその頃には誰もが知っていたことで、2回目の攻撃、ジョンソンがベトナム戦争につながる軍事行動を起こしたときに言及したものは起こっていなかった。

　2回の攻撃は本物だったとする結論(実際に事件が起こったはるか後もNSAが支持し続けていたもの)は、「分析エラーと反証を考慮しようとしなかったことが組み合わさって形成された。ハニオクは攻撃がなかっただけでなく、諜報機関の構成員たちは意図的に2回目の攻撃が幻想であることを示唆する情報を取り上げていなかったと結論を出している。

　ここにあるのは、IPHOPスケールでは度数が非常に低くなる陰謀だ。「起こって良かった」説の少しだけ上に位置するかも知れない。何も捏造されていない。実際にレーダーのミスによる画像があり、想像上の交戦があった。ハニオクの分析はその当時そこにいた人々は現実だと信じていたのを明らかにしている。あまりにも現実感があったために、多くの人が何年も後になっても、自分たちは本当

に何かを見たのだと主張し続けた。何が起こったのかと言えば、マクナマラが事件の混乱に乗じて意図的に報告の信頼性に関してジョンソンを誤誘導したのだ。

　偽旗の例としてトンキン湾事件を持ち出す陰謀論者の友だちに何を言ったらいいだろう？　この絶好の機会を捉えて、本物の政府の腐敗や二枚舌について友だちと話すべきだ。たしかにベトナムは基本的には偽の口実だったもののせいで大規模な戦争に拡大した。だが事件は捏造されたわけではなかった。マクナマラは8月2日の事件の後、2回目の事件が必要だと考えていて、艦船を事件が起きやすいように送り出していたかもしれないし、間違いなく、彼が2回目の攻撃が起こるように願っていたように見える。だが、8月4日の事件は本物の間違いで、改竄された事件ではない。マクナマラは実際にこれが起きたと思ったときに飛びついて、この件に関しては、アドバイスも、実際には何も起きていなかったという証拠が増えてきても、無視した。報告を遅らせ、歪曲し、誤誘導した。過ちを搾取したが、偽の事件はつくっていない。

　この種の歪曲と誤誘導を政権内の権力派閥が実行するのは目新しい出来事でも、とくに驚くべきことでもない。人々は特定の結果を望んでおり、ある出来事の解釈が自分の望む方向につながるなら、悪徳弁護士並みの熱心さでその説明を盛って話すものなのだ。

　こうした都合よくつくられた正当化の最もわかりやすい例は、911同時多発テロの後に起こった事件で見ることができる。テロ事件はどうみても現実に起こっている。しかし、ブッシュとチェイニーはイラクを侵略したかったが、アフガニスタン、そして当然ながらサウジアラビアには触れたくなかった（ハイジャック犯はほとんどがサウジアラビア出身で、アル・カイーダの財源もここで組織化されている可能性は高かった）。911は2人に反撃の義務を与えたものの、それを使ってすぐにイラク侵略を実行するのは不可能だった。侵攻の開始には、かなりの話の誇張と曲解が求められ、とくに大量破壊兵器に関する証拠を膨らませ、さらに、そうした兵器が存在しないと示唆する証拠があっても無視する必要があった。これは1964年8月4日の証拠に対してマクナマラがやった美味しいとこ取りと同じようなものだが、もっとゆっくりでもっと大規模だった。

　陰謀論が発生しやすいのは、実際に何が起きたのかのはっきりとした構図が欠落している場合だ。当たり前のことだが、国家の安全保障に関する上層部の議論を知る機会は少ない。だが、機密性は時とともに薄れていく。マクナマラのトンキン湾事件は十分に古く、情報も十分に公開されているので、こうしたなかなか目にする機会のない重大な意志決定の過程と中身を知ることができる。通常はこ

うした話はほかに誰もいない部屋でされるものだが、この件については、マクナマラが最初はジョンソンに話さず、その後にジョンソンに話し、そして聞かされていなかったジョンソンが苛立つ様子がすべて録音されている。陰謀論者が現実の権力の策略を理解すればするほど、彼らが誤った解説に固執する可能性は低くなる。友だちには「自分で調べるように」促してみよう。8月2日と8月4日に何が起きたのかを調べ、ジョンソンが知っていたこと、マクナマラが知っていたことは何か、そして彼らがいつどうやって知ったのかを調べてもらおう。

　この件に関しては、珍しいことに YouTube を使って調べると大きな成果が期待できる。「マクナマラ、トンキン」のキーワードで、興味深い動画が出てくる。トンキン湾事件やベトナム状況に関するマクナマラへの長時間インタビューがいくつかある。電話での会話が短く編集された動画にだけは注意しよう。政府のアーカイブには書き起こし付きの無編集バージョンが収められている。[*10]できるなら友だちと一緒に聞き、スクリプトを読もう。

　マクナマラがどれほど燃料基地の爆撃に熱心だったか、いずれ2回目の攻撃があると予測していたか、そうなったときの計画をすでに立てていたことに注目しよう。それからハニオクの記事で、この話の背景について読み、なぜマクナマラが2回目の攻撃を予測していたのかを理解しよう。シギントが誤った予測をしたからだからなのだが、陰謀論動画はよくマクナマラが2回目の攻撃が起こっていない時に2回目の攻撃と言っている事実を強調する。額面どおりなら、これはマクナマラが2回目の攻撃を計画していた証拠であるように見える。そして（陰謀論は）実際は2回目の攻撃はなかったのだから、マクナマラが偽の2回目の攻撃を計画していたに違いない。これが偽旗だと述べる。だがマクナマラが言っていたのは、諜報機関の報告では攻撃があるだろうとの結論になったということで、これは NSA のハニオクの分析で詳細に説明されている。

　トンキン湾事件を持ち出すとき、おそらく友だちはあなたがこれらの事件を聞いたこともないだろうと考えている。トンキン湾事件やノースウッズ作戦は自分だけが知っている特別な知識だと考えがちなのだ。最初の難関は共通の地盤をつくることになる。友だちがどの程度知っているかを確認し、自分がどの程度知っているかを友だちに見せてやらなくてはならない。

　実際に手に取れるものは対面で話し会っている場合には大変良い。ノースウッズ作戦やトンキン湾のジョンソンとマクナマラの会話スクリプトを印刷して友だちに見せよう。理想的には重要箇所にマーカーで線を引いておくといいだろう。対面ではない場合も文書を手に持っている画像を見せるのは効果がある。文書へ

216

のリンクは非常に役に立つが、会話の途中では使い捨てで終わってしまうことも多い。世界で一番のリンク集をつくることはできるが、クリックして読むには努力が必要だ。印刷した文書を見せて「自分はこれを読んだけど、君は？」と聞こう。

最良の共通の地盤は、共通の敵に対して共有されているものだ。歴史的な事例としてのノースウッズ作戦とトンキン湾は、権力者が誤った、捏造された戦争への口実（きわめて現実的な偽旗）を採用したがっていたことを見せてくれる。

権力の座は腐敗していたのだ。権力の座にいる人々はそれぞれが持つ自己的な興味とイデオロギーを行動のための基本的なモチベーションとしている。そしてそれは多くの場合（常にではないが）それらは国民一般のものとうまく噛み合わないのだ。

さらにこれらの歴的事例は捏造された出来事の限界も教えてくれる。統合参謀本部は明らかにキューバ侵攻の理由として、ノースウッズ作戦でつくった虚偽の口実よりも本物の口実を好んでいる。

何かが起こったふりをするよりも、キューバに口実となるような行動を取らせるようにしようというのが、最初の考えだったのだ。

> 米軍のキューバに対する軍事行動の基礎となる口実として、正当な挑発を使用することが望まれているようなので、キューバの反応を引き出す最初の取り組みとして、（計画を）実行もできるだろう。嫌がらせに加えて目くらまし行動によって、キューバ人に侵略が目前だと思わせる目的を強調したい。我々の軍事的な姿勢は計画の実行全体を通じてキューバの反応によって正当化される場合は、演習から侵攻へと急速に変化することも可能だ。[11]

スズメバチが怒り狂って刺しにくるまで巣をつついて、それから当然を装って巣を焼き払う。マクナマラがベトナムでやっていたのも間違いなくこれだ。おそらく、どこかの時点で北ベトナムに攻撃してほしかったのだろう。だがマクナマラが望んでいたのは本物の攻撃、「本物の口実」だった。もしかすると警戒中の軍艦が攻撃を受ける可能性が最大になるように細工をしたかも知れない。だが実際に起こったのは事故で間違いだった。そこで、これを利用して狙っていた線に乗せたのだ。

事実は小説（フィクション）より奇なりとはよく言われるところだが、陰謀論

の世界では一般にフィクションは真実よりずっと奇なのだ。とはいえ事実は複雑で混沌としている。トンキン湾で実際に何が起きたのかは、いまでも完全にはわからない。ケネディ大統領がノースウッズ作戦を拒否したときに何を思っていたのかもわからない。だが両方の事件について、わかっていることもたくさんある。とくにトンキン湾事件だ。

ほとんどの陰謀論者がまったく気づいていないことも多い。そして、前線の霧、話の誇張、出来事の搾取などのかなり平凡な真実に光を当てることで実際に何が起こったのかというはっきりした構図をようやく把握できるようになる。ノースウッズ作戦は、細工した反則球とも言えるアイディアで、誰も投げようとはしなかった。

トンキン湾はレーダーのゴーストに誤って攻撃を仕掛けたもので、課題を達成するために搾取された。友だちがこうした事柄と実際の事実を見られるようになれば、友だちの精神の中の陰謀論の居場所は大分小さくなるだろう。

こうして歴史的な偽旗の背後にある現実を見せようと試みたあと、友だちがまだ明後日の方向を見て、「政府がすることを見てみろよ」と言っても落胆しないでほしい。こうしたことには時間がかかる。友だちの考えを変えようとするよりも、友だちの頭の中に事実に基づく情報をできる限り注ぎ込むことに注力してほしい。突然のように悟って、ウサギ穴から抜け出ることはめったにない。現実を徐々に知っていくことで、空想を閉め出していくのだ。サンディー・フック小学校とラスベガスの乱射事件はやらせだと思っている人たちは、ウサギ穴の最奥部にいる。彼らの世界への理解には大きな空白部と歪みがある。ある一点を徹底的にデバンクしただけで彼らを脱出させることはできない。かなりの光が必要で、さらに彼らが周囲を見回して新しい知見を熟考するために、かなりの時間が必要となる。友だちがあなたの話を真剣に聞いて、事実に基づいた情報をわけあってくれたなら、正しい方向への歩みはもう始まっている。

偽旗爆破と銃撃

2013年4月15日、私はホームセンターにいた。すると、今まで一度もショートメッセージ（SMS）を送ってきたことがなかった友だちがメッセージを送ってきた。それには、

　　　ボストン・マラソンの参加者は数万人いるのは知っている。だが、参考

までに、もしゴール地点付近で少し前に何が起こったかまだ知らないなら。

と書いてあった。続いて妻が「今すぐ帰ってきて！」とメッセージを送ってきた。

毎年ボストン・マラソンを走っている義父がこの年も参加していた。少し前にゴール近くで2つの爆弾が爆発して、犠牲者が出ていた。義父にはどうやっても連絡がつかず、それから6時間、わずかでも姿が写らないかとテレビの前に張り付くことになった。義父ももうじきゴールするころだと知っていたので、最初はこの事件のシンボルのようになっているすぐ後ろで爆破が起こって、よろめいて倒れたランナーが義父だったら、どうしようということまで心配していたのだ。

災害、無差別銃撃事件、爆弾事件などは、誰にとっても程度は異なるものの個人的な出来事だ。その日その場所にいた人、マラソンを走った参加者、目撃者には、事件はまったくの現実だ。義父はレースが中止になったとき、ゴールまでわずかあと5分というところにいた。警察が走者を安全な場所に集めてしばらく保護し、そののち義父は電話を見つけて自分は無事だと知らせてきた。義父にとっても家族にとっても現実の出来事だった。

爆破事件の映像を見ていたほとんどの人は、現場に知り合いも家族もいなかっただろうが、現実だと受け入れるのに問題はなかったはずだ。何百人もの人が沿道に並んでいて、何万人もの人々がゴールに走り込むのを見ていた。爆発、ショック、反応、流れる血、すべてが紛うことなき現実だった。

だが、ごく少人数の集団が現実ではなかったと主張した。映像のあら探しをして、ごく小さな違和感のある部分、すぐに説明できないものを探し出し、事件がすべてでっちあげだった証拠だと提示した。

これはサンディー・フック小学校の銃撃事件もやらせだと思った同じ人々で、のちにラスベガスの乱射事件もでっちあげだと考えた。なぜ同じ人々だと思うのかと言えば、この手の「偽旗」陰謀論は急速に精神的なトラップに変わるからだ。

一度あり得ないような出来事がやらせだという話を受け入れてしまうと、なんでもやらせが可能になり、（彼らの頭の中では）どれもやらせなのではないかとなってしまう。ここは、ウサギ穴の奥深くの暗い場所で、脱出するのは非常に難しい。

脱出をとくに難しくしているのは、こうした陰謀論の信奉者が新しい情報を自分の物語に取り込むことに長けていることだ。誤りを指摘するという通常の取り

組み方（スポットライト法）で信念が揺らぐ人もいるだろうが、問題はもっと根本的で、すべてが幻想だという世界観全体であることも多い。

　必要なのは、もっと広い範囲を照らす全体照明だ。このタイプの陰謀論者は世界がどうやって動いているかについてもっと本物の、複数の視点を得る必要がある。ノースウッズとトンキンの平凡な現実について話し合うのもいいかもしれない。だが、ほかのことに関しても、もっと広い基礎に立つ視野を与えるようにしなくてはならない。こういうバカバカしい主張は無限に続く禅問答のようなものだが、様々な形で何度も何度も出てくる少数の要となるものがあり、ときには適切な視点を使えば対処可能だ。

当初の話の変化

　事件後の混沌とした状況の間、メディアと法執行者の把握している事実は急激に変わっていくし、当初に伝えられた事実が2次情報（伝聞）、3次情報（伝聞の伝聞）に基づいていることも多い。時間の経過とともに正確さが増すが、これは事実が明らかになるにつれ、最初と話が変わっていくということでもある。これが疑わしいと思う人たちもいる。

　最もよくある事例は、銃撃者が1人なのに当初は複数の銃を持った襲撃者が報告されるというものだ。サンディー・フック小学校の場合、「森の中に何人かの人」も2人で（後に保護者と非番の警官だと判明した）[*12]、ラスベガスでは、異なった地点からの銃撃の報告があり（遠くの窓からの反射光）[*13]、オーランド乱射事件では匿名のインターネット投稿が2人目の銃撃犯がいたと主張し、後に間違いだと判明した。JFK暗殺事件でも様々な2人目の銃撃犯（3人目、4人目まで）がいたとする様々な主張がある。[*14]

　こうした主張が消えない主な理由は、最初は警察も銃撃犯が何人か知らないからだ。警察の状況把握では、さらに銃撃犯がいるのではないかと探すのがデフォルトになってる。銃撃犯が死亡したり、捕らえられたりしても、これは続く。メディアは警察が容疑者を捜索中だと報道し、やがて話が一人歩きを始める。

　この点を説明し、さらにどの事件でも2人目の犯人が見つかっていないと指摘するのも良い。だが最も良い視点を得るには、目撃証言にはどれほど信頼性が「ない」かを知ることだ。研究調査も日常的な経験も混沌とした暴力的な事件の目撃者がバラバラな詳細を思い出してしまうことを何度も示している。[*15]

偽の負傷と血

ボストン・マラソン爆弾事件後、様々な負傷者が明らかになった。足を吹き飛ばされた人々、骨折した人、手足に破片が刺さってしまった人、そして、現場は血まみれだった。これを見た人たちはありうる限りの疑いを言い立てた。血が「赤すぎる」、歩けないはずの人たちが歩いている、怪我がのちの写真では辻褄が合わないように見える、手足の角度がおかしいなど。

ほかの事件でも同じような異議が湧いてきた。テレビのレポーターが撃たれてから銃撃犯から逃げたとき、人々は、撃たれたのに走って逃げられるはずがないと疑問を持った。JFK が背後から撃たれたとき、ケネディーの頭部が後ろに傾き、それから左に揺れたため、人々は（訳注：撃たれた方向について）混乱した。

こうしたタイプの主張は人体に対する単純な誤解に基づいていて、これを信じる人の個人的な体験の限界にも関連している。うっかり指を切ったときに出てくる血の色は暗い赤だが、動脈から直接流れ出る血は酸素を多く含み鮮やかな赤い色をしている。アクション映画では撃たれた人はその場で死ぬが、現実には銃で撃たれても命に関わらないことも多い。人間はひどい怪我をしていても動き回れる。その後の外科手術で（たとえば、負傷した膝の修復手術）一時的にもっと不自由になってしまうこともよくある。

不適切な感情

サンディー・フック小学校銃撃事件で犠牲者となった子どもの父親が、娘の葬式で少しの間笑い声をあげ、笑顔を見せたとき、人々は、この男性は悲劇の人を演じていることを忘れてしまっていたと言った。学校から逃げてきた子どもたちを保護した男性が、その様子を語るときに号泣したのを見て、過剰な演技だと言った。

こうした主張をする人たちは人生経験が、なかでも喪失や大きな痛みを伴う出来事に対して人が見せる様々な反応についての体験が足りないように見える。

人は間違いなく、葬儀の場で笑い声をあげるし、微笑む。いつも普通に起こるわけではないが、起こることは間違いない。最近、親友が突然死したあとの葬儀に出席したが、あれは、私の人生で最も悲しい日の一つだった。しかし同時に友情の喜びと幸せな思い出にも満ちていた。涙と身を削るような悲しみがあった

第 11 章　偽旗作戦　221

が、冗談と笑顔、笑い声もあった。

　人間は複雑だ。そして個人がトラウマにどう感情的に反応すべきか否かという確固たるルールもない。これが人のあり方だ。

　これをどう見せたらいいだろう？　自分の経験を述べ、葬式の動画を観せ、意見を述べる書き込みを見せ、そして心理学者の悲嘆に関する研究を見せることもできる。友だちの心に届くことを祈るが、年齢を重ねて人生経験を積むまで待たなくてはいけないこともあるだろう。

他人に似た人

　「被害者役俳優」が、こうした事件のやらせに使われていて、同じ俳優が使い回しされているというのは、よくある主張だ。この主張は常によく似た人が写っている写真の比較を裏付けとしている。そして常に別アングルからの高解像度の画像で結局、別人物だと証明されてデバンクされる結果となる。

　ここでは視点の２つの側面が使える。最初に、十分努力すれば、よく似た人を見つけるのはそれほど難しくはない。セレブのような比較的小さなグループ内でも写真によっては区別が難しいほど似て見える人がいるのはよくある。ケイティ・ペリー（歌手）はゾーイ・デシャネル（女優／歌手）のように見え、ボブ・サゲット（俳優／コメディアン）はスティーブン・コルベール（俳優／コメディアン／作家）のように見える。オンラインには有名人のそっくりさんを集めたサイトや記事がたくさんある。友だちに見せよう。

　２つ目は、こうした主張は常に間違っているからデバンク結果が公開されている。友だちが古典的な高解像度の写真でデバンク済みの映像を信じているなら、それがどれかを見つけて友だちに見せよう。

事件前に制作されたウェブページ

　時折事件に関するニュース記事、募金活動、ツィートで実際の事件よりも前のタイムスタンプが付いているものを見かけることがある。合理的に説明できるものも多いし、技術的な事象なので少し説明が難しいこともある。最も良い説明方法は、問題の出来事以外のもので起きている例を示すことだろう。

　よくある間違いは、事件現場とは異なる標準時間帯でのツィートだ。ボストン・マラソン爆破事件（現地時間午後２時50分に起こった）ののち、東海岸と西海

岸では同じツイートが異なって見えた。

西海岸では事件前に速報があったように見えるが、実際は事件後だ。

この西海岸の12：53分のタイムスタンプのあるツイートの画像は、爆破事件が制御されるように仕組まれていたが暴発したのだという説の証拠として広まった。最も単純な方法は、Twitterの時間帯を変える仕組みを使って、同じツイート（このツイートでも友だちが疑っているツイートでも）が現地時間でどう見えるかを実演することだろう。

図13　ボストンマラソン爆弾事件後の同じツイートが、異なる標準時間帯で異なって見えた例。（左：東海岸　右：西海岸）

ほかにも時間と日付で誤誘導されがちな事例はある。ある出来事（たとえばサンディー・フック銃撃事件）について検索すると、グーグルだと事件「以前」の結果も出てくる。これは単にグーグル検索の不具合なのだが、これが起こることを、中立的ではあるがユニークな事象についての記事を検索して友だちに実演しよう。たとえば、2016年の映画「ズートピア」を検索してみると、かなり大量の2010年以前のウェブページが出てくる。グーグル検索でツールをクリックし、「期間指定なし」をクリックしてそれから「期間を指定」をクリックして「終了日」に2010年を入れる。すると映画公開前の日付の映画に関連したページが出てくる。ディズニーとグーグルが共謀して、ズートピアの本当の公開日を隠そうとしているわけではない。単に技術的な不具合なのだ。

これは偽旗大量犠牲者陰謀論に散りばめられた多様な疑わしい主張の一つに過ぎない。こうした陰謀論を徹底的にデバンクすれば、それぞれで本1冊が十分に書けてしまうだろう。だが共通しているのは調査に耐えられるものはないということだ。友だちに共通した間違いを見せ、その後「デバンク済み（debunked）」「スノープス（Snopes）」と付けて検索して、別サイドからの視点を得るように言

おう。徐々にバランスを取り戻して、話を鵜呑みにせずに、注意深く、論理的にファクトチェックをしていくようになるだろう。ただ時間はしばらくかかる（訳注：日本の場合は「陰謀論デマ」などの検索語が役に立つが、残念ながら検索結果は玉石混交となりがちだ。英語の結果を AI 翻訳で読むのも良いだろう）。

2023 年追補

　現代の偽旗陰謀論は大量殺害事件が、隠された動機によって演出されたり、仕組まれたとする説を言う。本書の初版（2018）ではサンディ・フック（2012）、ラスベガス（2017）、ボストン・マラソン爆破事件（2013）を取り上げた。これら、初期の事件が起きた当時、メディアは大量銃撃事件直後から湧き上がる大量の陰謀論の連発に対する備えができてなかった。だがラスベガス事件が起きた頃までには、メディアもこれが問題だと気がつき始め、銃撃は仕組まれたという主張に対するファクトチェック記事も現れた。もちろん記事は読まなくては役に立たない。人々がウサギ穴に落ちるのを防ぐためには有効な役割を果たし、脱出を始めた人にとっては，良い情報源になるが、一般的にはすでにウサギ穴に深く落ち込んでしまった人々からは、プロパガンダだとして無視される。過去数年、2つほどこの事態に光を投げかけ、適切な方向に向かって背中を押してもらうことが必要な人々に役立ちそうなものが出てきた。1つはもう触れているが、もし銃撃が人々の自由を減らし、銃を取り上げるために仕組まれた偽旗だったとすると、結果は失敗だ。2022年、45％の世帯が銃を所有していて、これは 1990 年以来の最高水準だ。銃は過去最高に人気があり、大量銃撃事件は一貫して新しい銃規制法案ではなく、銃と弾丸の売上増に繋がっている。法案は通ったが、購買者の前歴のチェック、自家製の幽霊銃の製造と販売の防止、一部の州での大容量弾倉の販売規制に留まっている。連邦（全国的な）レベルではこの 10 年に新設された唯一の法律は 2022 年のより安全な地域社会法のみで、これはほとんどの連邦法と同じように両陣営にとって期待はずれだった。これは州政府に、精神的な問題がある人々や家庭内暴力の当事者に、銃問題を予防するためのレッド・フラッグ・プログラムを実行するための補助金を出すというものだ。

　2つ目の動きはアレックス・ジョーンズだ。ジョーンズがしてきた荒唐無稽でとんでもない主張の中にはサンディー・フックは仕組まれものだというのがある。これは殺害された子どもたちの遺族に対する恐ろしい嫌がらせを招くことに繋がった。ジョーンズの番組のリスナー複数が亡くなった少女の母親をつけ回

し、路上で呼び止めて、お前の子どもが死んだという証拠を出せと要求した事件もあった。選挙不正の章で取り上げるように、裁判所は真実の裁定者として大きな力を持っている。証人席に立つ、あるいは真実を述べる宣誓をしたうえで、なおウソをつくのは簡単なことではない。遺族の一部がジョーンズを訴えたことで、ジョーンズのデタラメぶりに注目が集まった。（法廷で）ジョーンズは本気でサンディー・フックが仕組まれたとは信じていないと認めざるを得なくなった。自分の過去の発言は、演出上のものだったとなんとか言い逃れしようとしたが、裁判官も陪審員もジョーンズの隠蔽の意図を見抜いた。判決が報道され始めた。最初はジェシー・ルイスの両親に5000万ドル、そして遺族の集団訴訟に9億6500万ドル。これは15億ドルまで上がり、ジョーンズは破産した。だが、もちろんジョーンズは活動を続けている。ジョーンズの収入源は、恐怖を煽る陰謀論を広げつつ売るビタミン剤だが、この裁判でそれが暴かれ、続けられなくなった。破産手続きが進むにつれ彼の誤情報の帝国の規模が明らかになるだろう。

　大量銃撃事件は続いている。悲しいことにそれが偽旗ではない最もはっきりした証拠は、事件を起こした人々の多様さと、否定できない病的な精神状態と動機だ。ほとんどの大量銃撃事件はニュースに大きく取り上げられることもない。死者が少数だと忘れられるのも早く、忘れられないような大きな事件（ほぼ10人以上が死亡してる）はめったにないという印象を与える。実際は連続して多発している事件の一部なので、小規模な事件を見ていくと、なぜこうした事件が起こるかという感覚を得られる。陰謀論者は大きな事件だけに注目する。2018年、フロリダ州パークランド（17人死亡）とテキサス州サンタフェ（10人死亡）の学校で生徒が大量銃撃事件を起こした。サウザンド・オークスのバーでは12人が撃ち殺された。事件を起こした全員が、深刻な精神的な問題を抱えていた。アメリカの大量殺人事件の悲劇は2019年も続いた。バージニア・ビーチで不満を抱いた市職員が13人を、テキサス州のウォルマート（スーパー）で、白人至上主義者が人種間戦争が始まればいいと考えて23人を殺し、エル・パソでは、この年の初めの51人が死亡したニュージーランド・クライストチャーチのモスク襲撃事件に影響された男が銃撃事件を起こした。幸いなことに2020年には大量銃撃事件は少なかった。これは人々が集まる機会が減ったからでもあった。2021年には元に戻り、コロラド州ボールダーで精神病の男によって10人が殺され、サン・ホセで不満を持った公共交通職員がもう10人を殺した。2022年にはまた別の白人至上主義者が バッファローのスーパーマーケットで銃撃事件を起こして10人が死亡。そしてユバルデの学校銃撃事件では元生徒が22人を殺した。犠牲

者のほとんどが子どもだった。ほかにもいくつか犠牲者が一桁に留まった事件があり、犯人の動機は様々だった。そしてこの追補を書いている 2023 年 1 月にもロサンゼルス近くのモントレー・パークの中国人地区で 11 人が殺されたと知り、Twitter を見に行くと、偽旗だと主張している人々がいた。

これだけの事件をリストアップしたのは、概観を掴んでほしかったからだ。一つの事件だけ見れば、たとえばパークランド銃撃事件などは滅多にないことのように思える。そうなると疑念も出てきやすく、陰謀論に繋がっていく。ほかの銃撃事件の一つとして考えれば（あなたも友だちも）悲しい流行の恐ろしい連続の一つに過ぎないと認識するようになるだろう。生徒も精神的な健康問題を抱えることがある。宗教や思想の熱狂的信者は、自分が革命を起こせると考えてしまうこともある。自分の同僚を憎む職員もいる。他人を自殺の道連れにしようとする人もいる。大量殺人は昔から起こっていて、これからもまた起こるだろう。銃撃の動機は多様だが、不明に終わることは少ない。事件を説明するために陰謀論を作り出す必要はないのだ。

偽旗　要約と情報源

友だちに伝える鍵となるポイントは、

政府や非常に権力的な組織を盲目的に信頼するべきではない。自分も政府を信頼していない。

「偽旗」は、実在するタイプの出来事だ。だが、だからといってすべての偽旗を疑う陰謀論が正しいわけではない。

すべての大量の死傷者を出した事件後には、偽旗をほのめかす陰謀論が登場するが、これは、証拠に基づく仮説というよりも自動的な反応だ。

ノースウッズ作戦は作戦ではなかった。最終的に実行されなかった提案のリストで、しかも類似の例はない。

トンキン湾は、誤解を招く意図で歪められた実際の事件が注目された事例だ。だが、これは事実の悪用であり、つくられた攻撃ではなかった。

これまでのところ、大量死傷者事が件偽旗だと主張するものの証拠は、すべて詳細な精査に耐えられていない。「証拠」とされるものは大量にあるが、すべて常に間違っている。次回遭遇したときのために、覚えておいてほしい。

追加情報

メタバンクのサンディー・フックとボストン爆弾事件フォーラム

metabunk.org /sandy-hook.f24

metabunk.org/boston.f27

スノープスの分析「サンディー・フックの真相」

snopes.com/fact-check/sandy-hook-exposed

スノープスの分析「ラスベガス銃乱射事件」

snopes.com/fact-check /las-vegas-shooting-rumors-hoaxes-and-conspiracy-theories/

ノースウッズ作戦文書

nsarchive2.gwu.edu/news/20010430/

トンキン湾音声アーカイブ

nsarchive2.gwu.edu//NSAEBB /NSAEBB132/tapes.htm

第 12 章
リチャード
──サンディー・フック小学校銃撃事件で限度を知る──

リチャードはシカゴ出身の若い男性で悩みの多かった大学時代に陰謀論に取り込まれた。

> 今になって振り返ってみると、あんなに深く入り込む原因となった出来事はすべて、ただ若いときに特有の症状だったかもしれないと思う。大学のキャンパスでよく見る出来事で、何か参加できるものを探しているときに起こって進行してしまうすべてのことだ。さらに当時は、僕の人生でも相当な怒りに満ちた時期だった。高校時代に父を亡くし、母はその後だいぶ苦労した。かなり辛い時期だった。成績は伸び悩み、それでもなんとか進学したが、うまく行かないことだらけだった。
>
> オンラインで長時間過ごし、午前2時にウサギ穴を下るようなことをしていた。ああいう類いの動画、ああいう類いのドキュメンタリーに引っかかり始めた。あれは実話スリラーサスペンスみたいなもので、ほら、ドーパミンの点滴受けるみたいな。まるで伏線や謎がどんどん明らかになっていく映画を見ているようなものだった。だが現実の僕はパソコンを前に座っていてウサギ穴を下っていって、動画の再生ボタンをもっとクリックしてどんどん引き込まれていった。

911テロが起こったのは、リチャードがまだ10歳の時だった。彼にとってとても衝撃的な出来事で、テレビで事件を観た記憶はまだ生々しい。リチャードはごく自然に911真相究明運動の陰謀論に魅了されてウサギ穴に引き込まれた。アレックス・ジョーンズの番組に出合うまでさほど時間はかからなかった。まったく新しい一連のウサギ穴が開いて、リチャードは重要なグループの一員であるように感じ始めた。

> 「僕らは目覚めた人だ」と感じるようになっていく。あれは「今までウソ

に騙されていた、洗脳されていた」という建前で人々を引き込む。世界のアレックス・ジョーンズが君に本物の仕事を与えたいと考えている。君は今、ここにいて、目覚めた人々のグループの一員で、君は今や特別だ（と言う）。おかしいのは、彼らは過去に起こった奇妙な出来事に関して小さくても有用な真実を間違いなく握っている。彼らが投げかける網は大きくて、情報過多に似たことが起こる。30分間わめき散らす。追いかけるには多すぎる内容だ。そして、その後小さな真実の礫を投げてきてこれで引きずり込む。考える間もなく、これで罠にはまってしまう。目覚めていない人々はウソつきのバブルに取り込まれていると批判してきたので、自分もそのウソつきのバブルに取り込まれているとは考えられない。だから自分に何が起こっているのかを実感することもできない。

　リチャードはウサギ穴の奥深くに落ちた。だがほとんどの人々と同じように、彼は陰謀論スペクトラムのある特定の位置に落ち着いた。彼は911陰謀論は信じていた。ケムトレイル、ニューワールド・オーダー陰謀論の一種、そしてもちろん、JFK暗殺陰謀論は既定の事実だと信じていた。だがもっと極端なものとの間には一線を引いていた。子どものときから宇宙と天文学が好きだったので、そのおかげでアポロは月に行っていない説と平面地球説と距離を置くことができたのかもしれない。

　人は、しばしば、ひどく極端な信念に疑問を持つことでウサギ穴を脱出する。リチャードに起こったのもある意味その一種だったと言っていいだろう。だが、リチャードが疑問を持ち始めたのは通常は陰謀論スペクトラムでは、比較的低い位置にあるもの、ワクチンだった。アレックス・ジョーンズは大物反ワクチン論者だ。したってリチャードも自然に、ワクチンは政府と大製薬会社の陰謀だと信じていた。そして、その後リチャードの妹が医学大学院に進学した。

　　妹が入学して2年ほどたち、家族で夕食のテーブルを囲んでいた。すると妹がワクチンの話を出した。深く立ち入るつもりはなかったが、ちょっとだけ意見を言った。すると妹は僕がワクチンについて持っていた概念のいくつかを本当にまったく骨抜きにしてしまった。最初の警報が鳴り始めた感じがした。僕が思ったのは、うわあ、この人は過去数年間人生のすべてを捧げてこの問題に取り組んできたんだ。僕が知ってると思い込んでいたことは、彼女の知識で粉砕されてしまった。しかも彼女はまだ専門家じゃ

なくてただの医学生なんだ。

　ワクチンについての妹の情報でリチャードは考え始めた。だが彼が本当に脱出に向けての旅を始めたきっかけとなった問題は彼が引いた境界線のすぐ向こう側にあるものだった。リチャードは以前から偽旗銃撃事件について考えたいと思っていた。

　リチャードは説得力のある陰謀論の「証拠」を、妹に新たにもらった考え深さで、もっと詳しく検討した。

　　サンディー・フック事件、コネチカット州の小学1年生が無差別に撃たれた乱射事件、あれは、衝撃的だった。アレックス・ジョーンズとあのグループが100％ウソつきだと思ったのはあれが最初だった。連中が言うようにFBIはサンディー・フック小学校での死亡者の記録はとっていないようだった。だが、その後、僕は見つけたんだ。別のファイル「FBIそのほか」の中に入っていた。そして、はっきりと記録されていて、間違いなくそこにあった。だからアレックス・ジョーンズとあの連中は明らかにウソつきだった。

　リチャードは偽旗だと思われるものについて議論するいくつかのオンライン・コミュニティーに出入りしていたが、この「死のファイル」の間違いを持ち出すと相手にされなくなった。人々はリチャードを無視するか侮辱した。政府のプロパガンダを繰り返しているだけの「羊」だと言われた。リチャードの発言に向き合う人はなく、ただ即座に拒否するだけだった。

　こういう体験がリチャードの頭の中でカチッと音を立ててはまり始め、彼の言う「ドミノ効果」を起こし始めた。一つのことが次のことに繋がっていったのだ。リチャードは911真相究明運動グループの「ギャングのような」思考に気がつき、ここでも証拠について考察することもなく、ただ拒否するだけの人々の例を見た。

　　人々がこの件を取り扱っているやり方について、毛並みに逆らって撫でられているような引っかかりがあった。この陰謀論というものに参加したのは、柔軟な考え方ができる人間になりたかったからだ。僕はどうしたらいい？　ここで、少なくとも別の面について考えるべきだ。そこで、どこに

230

欺瞞があるのかを見るようになった。たとえば911の鉄鋼の柱についての議論だ[*1]。あの鍛冶職人がつくった動画は絶対に忘れられない[*2]。梁がたったの800度で弱くなると説明して実演して見せたんだ。

反ウサギ穴とも言うべき何かがリチャードの前に開けたようだった。リチャードは世界貿易センタービル内部構造に関する911デバンキング動画や第7棟内部の火事が地獄のように激しかったことを観せる動画をもっと観るようになった。すべて辻褄が合っていた。ドミノが倒れ始め、そしてしばらくすると、どちらサイドの何であろうと見るのをやめてしまった。自分が騙されていたと認めたくなかったのだ。すべてが終わるまでそれほど長くはかからなかった。

　　車に乗ってるとき、ラジオから911真相究明運動の話が流れてきた。僕はラジオに張り付いた。真相究明運動参加者が番組に電話をかけては、言い立てる「事実」は前に聞いたことがあるものばかりで、この時にはもう完全にあり得ないと知っていた。「もう終わりだ」と思ったのはそれからすぐのことだった。

リチャードはある瞬間に「あっ」と悟って目が覚めたわけではない。彼の言葉によれば「こちらで少し、あちらで少し」の歩みだった。妹がワクチンについて説明したり、サンディー・フック小学校事件で真相解明運動参加者が実際の証拠を無視したり、911を巡る議論の欺瞞のような鍵となるいくつかの瞬間があり、そして最終的に「反対側」で十分な時間を過ごした後、偶然911真相究明活動家の主張を以前より明瞭で十分な情報を踏まえた考えで聞き、こうした主張の実像を見極めた。

リチャードはアレックス・ジョーンズのような人物の政治的なバイアスを認識した。リチャードによれば、ジョーンズはアメリカ人が学校襲撃事件や無差別銃撃事件が起こすや否や「偽旗だ」と決めつけるのに、イスラムのジハードテロの場合は現実の事件だと受け入れて、イスラム教徒を責めるのだという。

　　僕の心に本当に届いたのはサンディー・フック小学校の保護者たちがウソつき、俳優と言われていることだった。ある親御さんを見て僕の心は本当に潰れてしまった。この人は自分の娘が本当に死んでしまったのだと証明したくて、死亡証明書をみせれば、偽旗論争を止められると考えた。そ

第12章　リチャード──サンディー・フック小学校銃撃事件で限度を知る──　231

こで死亡証明書の写真をネットに投稿したんだが、見た連中は「インクの色がおかしい」と言っただけだった。連中は「矛盾している」というために、ごくささいなことを見つけるんだ。

脱出した今、リチャードは陰謀論にそれほどの時間は費やしていない。だが、自分が実は一度も信じたことがないもののデバンキングには少し時間を使った。平面地球論だ。

　僕は平面地球協会のメッセージボードに入り込もうとした愚か者の一人だ。あまりにも完璧にバカバカしい話なので、陰謀論から抜け出たばかりの僕を惹きつけたのだと思う。ただちょっと覗いて、コリオリ効果か日蝕・月蝕について一つ質問をするつもりでいた。　平面地球論者は科学的理論を取り込んで自分たち流に変えて、自分たちのものにしてしまうとわかった。最近の日蝕も平面地球論の証明になるように作り替えようとしていたほどだ。

私は道を辿る中で役に立った可能性のあるオンラインの情報はあるだろうかと聞いてみた。

　難しい。なぜなら、はまってるときにはオンラインにどれほど素晴らしい情報があっても、自分が見たい視点にあわせて自分が纏えるものだけをだけを選ぶこと、その話だけを聞くことができてしまう。ドミノ倒しが始まってからはオンラインで調査をするのは役に立ったが、調査をしようという意志が必要だと思う。僕は「みんな金で雇われた工作員だ」といった話は、本当には信じていなかった。だがデバンキングサイトの人たちは、洗脳されているか間違った事実を伝えているかのどちらかだとは強く信じていた。頭が固くて考えを変えられないのだろうと。（デバンカーに遭遇した時のことを）覚えている。情報を聞いて、腹の底で、これから挑戦を受けることになるんだろうと思い、真相解明運動参加者の発信している情報をググるとかの自分の「安全な場所」に逃げ込んで、気分を落ち着かせた。僕はああいう議論は楽しめなかったので、自分の考えと同じような情報にくるまっていた。
　ときには何かを読んでいたり、何かを見ていたりするときに、その内容

に苛ついて腹を立てた。そして、YouTube 動画に逃げ込んだり、おなじみの理論をあてもなく打ち込んだり、それに加えて「真相」などと打ち込んで、真相解明運動に沿った何かを見つけていた。

今はいつも最も理性的な説明を探すようにしている。一つ、これまでの自分の経験から本当に学んだのは、陰謀論は大きな信仰の飛躍を必要とするが、僕がわかったのは、最もシンプルな説明が通常は正しいし、信仰の飛躍がなくても $A+B=C$ だと見つけることができるということだ。

リチャードは友だちたちのおかげで（なかでも妹のおかげで）ウサギ穴から救出されたが、脱出には何年もかかった。もし友だちがウサギ穴の中から出てこられないようでも、諦めないでほしい。何年もかかるかもしれないし、何年も何も変わっていかないように見えるかもしれない。だが、助けがあれば、人々は脱出する道を見つける。手を貸し続けよう。

第 13 章
平面地球

　平面地球陰謀論は基本的に単純な考えだ。地球は平らで、この事実は強い権力を持つエリートによって隠されてきて、地球は球形だとされてきた。いくつかのバリエーションはあるが、最も一般的な説は、地球は平たい円盤で中心が北極だというものだ。南極大陸の代わりに円盤の縁に沿って氷の壁があるとされている。

　この陰謀論は間違いなく陰謀論スペクトラムの最も極端な端に位置する。最も極端な陰謀論であるのは、この信念を持つにはすべての宇宙計画が偽物で、さらに深い科学的陰謀を設計し、数百年に渡り、人々に地球は丸いと思わせてきたということを受け入れなくてはならないからだ。

　また GPS は人工衛星ではなく、電波塔を使っていて、オーストラリアと南アメリカ間の飛行機は偽物で、太陽は遠近法の奇妙な解釈によって沈み、宇宙飛行士は全員ウソつきで、宇宙からの地球の画像はすべて細工されている。

　この説を最初に目にした人は支持者が本気で信じているとはとても思えないだろう。多くの支持者は信じていない。平面地球説を広めている人の多くは面白いからやっているか、人々の科学的権威への過剰な依存に対して哲学的な指摘としてやっている。だが、同時に本気で信じている人たちもいる。多くは宗教的な理由で、聖書（時にはコーラン、そのほかの宗教の経典）を文字通り読むと地球は平らだと記載されていると感じて信じている。さらに増えているのが動画で説得力のある証拠を観て地球は平たいと信じられると思ったという、若者あるいは信じやすい人々だ。

　宗教的平面地球説はだいたいが信仰に基づくので、理性的な説得はできない。もし友だちが、聖書にそう書いてあるからという理由だけで地球が平面だと信じているなら、残念ながらあまり成果はあがらないだろう。だが、かなりの宗教的地球平面論者でさえ、自分たちの説の科学的証拠を示そうとする。

　非常に宗教的な人々の中には、宗教的な理由でこれを信じているのではなく、純粋に科学的な視点から取り組んでいるという人もいるので、科学的に見ること

でいくばくかの成果は得られるだろう。

　本物の信奉者はきわめて少数だが、この陰謀論を検証する意義は十分にある。もう少し極端ではない陰謀論に興味を持つ人々（911制御解体説など）は、私がこの説を取り上げたことに気分を害するだろう。私は2つの陰謀論の極端さが同じだと考えたわけではない。全般的に考えて同じではないからだ。だが、平面地球論に対するデバンク法はほかの誤った説のデバンキングと似ている。911真相究明活動家、またはケムトレイル信奉者が友だちの平面地球陰謀論をデバンクしたいと本書を読んでいたなら、少なくともしばらくの間自分の側のいくつかの主張に対して、同様の検討をしてみることを願っている。

　陰謀論を理解するうえで非常に役に立つのはその歴史の理解だ。このために、とくにお勧めしたい本はクリスティン・ガーウッドによる「平面地球──悪名高き考えの歴史」（*Flat Earth : The History of a Infamaous Idea* 未訳）だ。

　この本は最初に古代に遡って地球の形についての考えを詳しく述べている。だが注視しているのは1800年代後半に飛び出してきた平面地球運動だ。これは現代の我々が直面しているYouTube主導の現代の平面地球運動と驚くほど似ている。物語で欠くことができないのは当時、問題を指摘しようとした懐疑主義者とデバンカーの果たした役割だ。本には思い当たりすぎて、文字通り声をあげて笑ってしまったポイントがたくさんあった。最近の平面地球のデバンキングで繰り返されている状況だけでなく、もっと一般的に、平面地球を巡る議論における出来事がケムトレイルのようなもっと現代的陰謀論を巡る議論と、まるで鏡像のようにそっくりなのだ。

　ガーウッドの本は「コロンブスのしくじり」と題された序章で始まる。解説されているのはコロンブスが地球は丸いことを証明しようとしたという誤解の起源だ。

　1492年当時であっても、地球が丸いことがわかってから数千年がたっていて知識人にはほぼ常識だった。当時の常識に対して現代人が誤解する原因となったのが、ワシントン・アーヴィングが1828年に書いたコロンブスの伝記だ。

　コロンブスの物語は、第1章「地球を測る」の背景となる。ガーウッドはここで、地球の形についての考え方の進化をたどる。平面から球形への考え方の変化は約2500年前、ピタゴラス、プラトン、アリストテレスの時代に起こった。友だちに説明すべき情報の要は、地球の形態は何千年も前に発見（そして証明）されているということだ。

　続く数章は、平面地球運動の中心的人物たちのミニ列伝となっている。ガー

ウッドは、自分は信奉者だと公言していた人々の努力を詳細に描いている。真剣だった人もいれば、冗談だった人、おそらくは詐欺師だった人もいる。1880年代に、この考えが広がるのに反対した人々、面白がって盛り上がっていた大衆、デバンカー、友だちにこの話を説明しようとした人々の話も織り交ぜられている。

本題に入るのは、サミュエル・ロウボサムが登場してからだ。ロウボサムはイギリスのケンブリッジシャーにあったコミューンの管理人で社会主義者だった。何にでも反対してみるタイプの思想家だったロウボサムは、地元の運河の長さと直線性を使って、地球の曲率を出してみようとした。彼自身の主張によれば、曲率の計測は不能で、彼はただちに地球は実は平面だと確信するようになった。この発見と同時に、地球は聖書に説明されている通りの姿なのだとの確信も持つようになった。

やがてロウボサムは、自分が説得の才能に恵まれていることに気がつき、平面地球に関する自分の考えの小冊子や本を売り、有料の講演会を開くことで生計を立てるようになっていった。彼は「ゼテティック」思考と呼ぶ思考法をつくりあげたが、これは新旧の平面地球信奉者の思考を理解するための要となる概念だ。純粋なゼテティック主義は科学的懐疑主義の一種で、個人的に検証できたら信じるというものだ。証拠を探求するだけではなく、科学の基礎そのものを探求しなくてはいけない究極の「自分で調べる」形かもしれない。

平面地球論の世界は、ロウボサムの時代からほとんど変わっていない。

ロウボサムの著書で最も人気のあった「ゼテティック天文学」で書かれている地球が平たい証拠とその証明は、今日の平面地球論者エリック・デュベイのごく最近の本に書かれている証拠と証明とまったく同じだと言っていい。教会の会堂で行われた講演は、現代の平面地球に関するYouTube動画の内容とほぼ同じだ。

1864年当時も印刷物によるアナログ・インターネットのようなものが存在したが、コミュニケーションには時間がかかった。Eメールは手紙で、議論をするフォーラムやコメントは新聞の投書欄だった。ロウボサムのような「パララックス（視差のある人の意でロウボサムはこう呼ばれた）」の活動を取り上げるのは主に地方紙で、こうした人の講演後に寄せられる投書はデュベイの動画のコメントのスレッドと驚くほど似ている。ガーウッドはその内容を以下のように説明している。

　（1864年の）新聞の投書欄はプリマスの怒った市民たちからの投書がぎゅ

う詰めになっていた。多くの市民は町のパララックスの活動に気分を害していた。誰よりも呆れ果てていたのは、アマチュア天文学者と地元の船員で、パララックスの「愚かな主張」に対して科学の最も基礎的な事実について、大衆に対して誤ったことを広げようとしていると抗議している。正しいことを伝えようと、世界一周航海、月食の地球の影が丸いことなど地球が丸い多数の証拠を上げた。海軍航海術学校のある水兵はわざわざ20年間航海を続けてきた自分は円盤形の地球の縁にあるという氷の壁など見たこともないと言い、パララックスが川や海で観察したという遠くの船は、水面よりもずっと高い位置から見ない限り見えないはずだと書いている。アマチュア天文学者のジェームズ・ウィリスはこれに賛成して、パララックスが自分は教師であると言っているのだから、公開実験をするべきだと宣言した。これに反応したパララックスは、10月6日に自分はこのニュートン主義の反対者に対して彼らのホームグラウンドで「少しも引かずに戦う」準備があり、意思もあり、そうすることができると答えたとある。

ロウボサムはこの調子で何年も続け、彼の後から始めた人々も同じことをしている。反応は同じだ。新聞メディアは信じられないと嘲るが、平面地球派の言うこともももっともだと考える人々も十分たくさんいて（十分面白いと思ったのかもしれないが）一つの運動になっていった。ガーウッドは19世紀と20世紀の様々な信奉者たちについて説明している。

ジョン・ハンプトンは著名な科学者アルフレッド・ラッセルと賭けた結果の受け入れを拒否し、1880年代のサイバー・ストーキングとも言うべき書簡での嫌がらせを何年も続けたことで悪名高い。

レディー・ブラントはエネルギッシュな有閑階級の貴婦人で1893年に世界ゼテティック協会を結成して1894年にパララックスのリーダーの地位を受け継いだ。

最後に取り上げられているのはチャールズ・ケネス・ジョンソンで国際平面地球研究アメリカ協会の創設者だ。平面地球運動はとくに宇宙計画、宇宙からの地球の写真、月面からのテレビ中継、世界を飛ぶ飛行機、一般の人々が標準時間帯を理解したことなど、そのほかの問題によって妨害されてきたため、やむをえずさらなる現実否定に向かい、現在はすべての宇宙計画がフェイクだと主張するようになっている。

「あれは巧妙につくりあげられたサイエンスフィクションのペテンに過ぎない」。NASAと世界のリーダーたちは地球が平面だと知っていたが、「一般の人々から事実を隠すための科学的企みとして240億ドルの宇宙ペテン」を始めた。ジョンソンが見るところによれば、これ以外の説明はない。平面地球の軌道上を周回するなど不可能だしロケットは天蓋を通過することはできない。宇宙と宇宙の創造については聖書の創世記に記載されているので、宇宙を探る試みなどは不要なのだ。[*1]

ガーウッドの歴史は2001年までで、平面地球運動衰退の最後の出来事としてジョンソンの死去が描かれ、科学と現実の重さの前に、これがとうとう消えるとしている。だがジョンソンの死の4年後に平面地球説や他の歴史上の非常識な説を広める最大の媒体が登場した。YouTubeだ。

現代の平面地球

YouTubeの開始は2005年だが開始後、ただちに平面地球説を広める拡声器になったわけではない。2004年までグーグル・トレンドをさかのぼると、平面地球への興味は2004年から2014年までは、じりじりと下がっている。

ジョンソンの死後、平面地球はインターネットに埋み火のように残っていた。ジョンソンのつくった団体はダニエル・シェントンをリーダーとする「平面地球協会」として生まれ変わった。ウェブサイトがあり、そこそこ人気のあるフォーラムもある。[*2]

だが、一般的な知名度はほとんどなく、行き当たった人々は、だいたい、これはきっと壮大な冗談だと考えるに至っていた。

その後、2015年になって人気が出始めた。はっきりとした理由は不明なのだが、YouTube動画が目覚ましく増加したようだ。何人かは1800年代とまったく同じ内容の繰り返しながらかなり高品質の動画をつくっている。今や人々をこのウサギ穴に簡単に吸い込むのに十分な数の動画が揃ったということかもしれない。

平面地球への興味の高まりは2018年にかけて急上昇し、「ケムトレイル」を凌ぐ人気となっている。検索数の上昇をつくっているのは、間違いなく「頭のおかしな平面地球論者」に驚いた非信奉者側だろう。だが、純粋に地球は平面だと信じるようになった人々もかなりの数で存在する。彼らの多くがYouTube動画を

通じて吸い込まれてしまっている。

　これが世の中の主流に飛び出してきたのは2016年1月だ。平面地球陰謀論は、ほかの充分に興味を引くウサギ穴と同じようにセレブを惹きつけ、ラッパーのB.o.Bや、リアリティーテレビのスター、ティラ・テキーラは地球の形についての疑問を口にするようになった。エンタメ・メディアがこの発言を取り上げ、これに対してニール・ドグラース・タイソンやほかの人々が現実に地球は丸いと説明した。このセレブたちの議論が人々の興味を集めて、現在の状況となった。

　平面地球論信奉者はほとんどがYouTubeを拠点にしていて、何人か平面地球

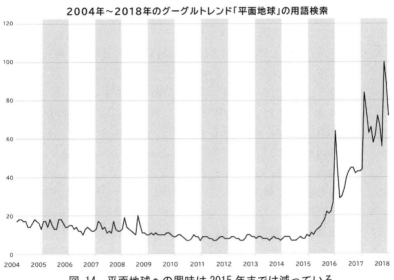

図14　平面地球への興味は2015年までは減っている

をテーマにしているYouTubeパーソナリティーもいる。彼らが本当に自分が話している陰謀論を信じているのかは不明なことも多いが、説を広めるためにかなりの時間を費やしているのは間違いない。2018年3月現在で登録者数の多いトップ5は以下のようになっている。

　　128000人　　ロブ・スキバ
　　 94000人　　ジェラニズム
　　 66000人　　セレブレート・トゥルース
　　 52000人　　マーク・サージェント

42000人　ミスター・スライブ・アンド・サバイブ

　こうしたユーチューバーの登録数は何百万という登録者数を持つ有名ユーチューバーの中ではむしろ少ない。だが、ケムトレイル・チャンネルのデイン・ウィングトンのジオエンジニアリング・ウォッチ（64000人）や911真相究明運動で最大の911の真実を求める建築家とエンジニアたち（43000人）より多いものもある。視聴数（再生数）では平面地球陰謀論は、さらにほかを圧倒している。

　ロブ・スキバは2013年以降1600万回、ジェラニズムも2015年以降1500万回だが、911の真実を求める建築家とエンジニアたちは2008年以降たったの700万回で、デイン・ウィングトンは少しマシな2014年以降750万回だ。

　こうした数は、ウサギ穴の中にいる人々をどう見るかという視点を持つうえで役立つので重要だ。友だちは、平面地球陰謀論はとても重要で、現代の最大の問題で、たくさんの人が興味を持っていると信じているかもしれない。

　だがそれは違う。もっと多くの再生数と登録数があるYouTubeチャンネルは、文字通り何万もある。灼熱した球体をいろいろなものに落とす（carsandwater 登録者数83万5000人）や、液圧プレスでものを潰しまくる（Hydraulic Press Channel 登録者数180万人）とか磁石で遊ぶ（Magnetic Games 登録者28万8000人）というようなおかしなテーマのチャンネルもある。

　灼熱した鉄球を生け花用の吸水スポンジに落とすだけの動画は、スキバの動画全部が開設以来集めた再生数よりもはるかに多い再生数となっている。

　現代の平面地球運動動画は、一般に2つのタイプで構成されている。地球が平面だという証明の長いリストか個々の主張のもっと詳しい説明だ。デバンカーからすれば、最初に出くわしたものが何であれ、すぐさま飛び込んで説明を始めたい誘惑に駆られる。平面地球陰謀論のデバンキング自体がウサギ穴なのだ。

　地球が平面だという「証明」は数千と言わずとも数百はある。すべて比較的単純な幾何学と光学についての誤解に基づいているので、過ちを正すことで反論するのは、比較的簡単だ。これはオタク的に楽しい。幾何学と光学は基礎的なレベルなので、「地平線までの距離を出す」なども面白い問題だ。だが多くの人はこのレベルの幾何学と光学が理解できないので、一つの話題について説明してもまだ100の問題が残る。

　最も良い取り組み方は、中核となる一握りの信念に注目して、その証明だという証拠が間違っているか、逆に地球が丸くないと説明不能だという否定不能な説明を詳しくすることだ。ケムトレイル信奉者に対するのと同じ戦略で、中核的な

信念に集中して、一度にすべてを否定したくなる誘惑に抵抗しよう。

平面地球信奉者は基本的に権威が述べる意見には、どんなものでも反対する。だから、具体的に見せてやらなくてはならないのだ。

水平線の彼方

平面地球の主張は1800年代から大きくは変わっていない。現代の平面地球主義者も100年以上前に生まれたとっくにデバンク済みの主張を繰り返しているだけだ。たとえば、MMAインストラクターでYouTube平面地球セレブのエディー・ブラボーは2017年11月にこう言っている：

> 私たちがボールの上に住んでいる（と言われる）最初の証拠は、海上の船が離れて行くとき、船が水平線を越えて消えるときに、最初に船体、次にマストが消えるので、曲面を越えているように見えることだ。何かが曲面を越える……ズームレンズで拡大できるだろうか？[*3]

ブラボーは、船が水平線を越えて消えたように見えても、ズームレンズで拡大すればまた見えるようになると思っている。これは平面地球主義者が基本的に信奉していることで、友だちに対して最初に指摘すべきことでもある。歴史を辿れば1865年のロウボサムにたどり着く。

海に出て行く船。マストの前に消えるはずの船体が、望遠鏡を使えばまた見える。望遠鏡の拡大力が十分であれば、だが。

「船体が沈む」まで観察されていた船舶に強力な望遠鏡を向ければ、また船体が見えるようになる[*4]。

ブラボーの船が見えなくなる過程の、船体とマストが消え、ズームレンズで見ればまた現れるという説明が、ロウボサムにそっくりなのに気がついただろうか？

これはおそらく現代の平面地球主義者がロウボサムの脚本をただ模倣しているからだろう。たとえばエリック・デュベイの「平面地球陰謀論」では、

> 水平線の彼方をさして海に出て行く船を肉眼で観察し、船体が地球の湾曲だというものの果てに完全に消えるのを見届けたら、望遠鏡でみれば、船の姿が船体も含めてたちまち見えるようになるのを体験するはずだ。消

滅は遠近法の結果で歪曲した水面の壁によるものではないという証明だ！[*5]

根本的な問題はこの主張が事実ではないことだ。この主張のYouTube動画は、肉眼で細かいところを確認するのは遠すぎる船を見せる。ズームすると、たしかに船は拡大されて肉眼では見えなかったところも、はっきり見えるようになるが、水平線に隠れていた部分が見えるようになったわけではない。これは充分に強力な望遠レンズを使えば、自分でも試すことができるし、友だちに見せるのに強力な実験になる。

図 15 このヨットは船体部分が水平線のカーブで隠れている。拡大しても同じだ。

上の図15は数マイル沖にいるヨットだ。ズームで拡大した画像を差し込んである。船体が水平線に隠れているが、水平線は平坦で波立っていない。ボートは大きく波だった波で隠れているわけではないのだ（私は数分にわたって観察していたが、状態は変わらなかった）。重要な事実は、これが強力な望遠レンズで（2000mm、83倍ズーム）ボートの上の人々も肉眼で見たときと同じように見えているということだ。変わったのはサイズだけだ。

サミュエル・ロウボサムは1865年に間違い、エリック・デュベイは2014年に間違い、そしてエディ・ブラボーは2017年に間違った。これから先も間違う人々が続くのは間違いない。だが、この写真のように、現実にやってみせるのは人々に説明するための強力な方法だ。

小さな船の観察だと少々問題も起こりやすい。もっと現実的でエラーが発生し

にくいのは船の背後にあるもの、遠くの島の観察だ。これをやるために理想的な地形は30から40マイル先に山がちな島か岬がある浜と、近くに浜よりも高い位置の見晴らし台がある場所だ。南カリフォルニアの海岸は適地で、なかでも海岸からサンタ・カタリナ島が見える場所には容易に行くことができる。検証過程は非常にシンプルで浜からカタリナ島の写真を撮影し、次に少し高い場所（海抜20フィートほどの場所）からもう1枚撮影し、さらに付近の最高点、たとえばサンタモニカの崖の上（あるいは高層ビルの屋上が理想的だ）からまた撮影する。

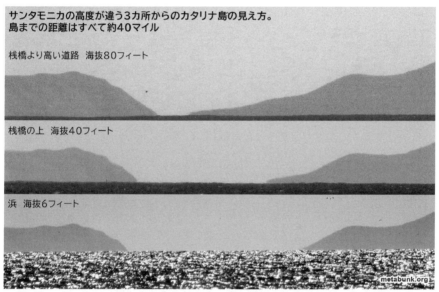

図16　サンタモニカからのカタリナ島。高い場所から見るほど、多くが見える。地球が丸いと考えたときの予測通りだ。

結果は見ての通りだ。海が見える崖の上からは、カタリナ島の2つの山と中央部の低い場所（海抜80フィートほど）もほぼ繋がって見える。

浜に降りてみると島の標高の低い場所、3分の1ほどが見えなくなっている。道路に向かって少し上がった場所からは、中間的な景観が見えている。崖上から浜に向かって降りていくだけで島の数百フィート分が見えなくなるのは、何かに隠されているからだ。サンタモニカの浜とカタリナ島の間にあるのは海だけだ。ということは、カタリナ島は海の後ろに隠れている、つまり、海は、そして地球は曲面なのだ。

第13章　平面地球　243

船ではなく山を見るのが素晴らしいのは、見えないのは対象が小さいからか、水平線のせいなのかの混乱がおきないところだ。また船は波で動いていないかが曖昧になりがちだが、山は位置も高さも固定されている。カタリナ島は肉眼でもカメラでも同じに見えるし、スマホのカメラでもこの実験は可能だ。

　ここで難しいのは、平面地球主義者の友だちがいたとして、友だちに証拠を見ようと思わせることだ。うまくいけば、海に誘えばその気になってくれるかもしれない。ズームカメラと双眼鏡も持って、海岸に行って、水平線で下の方が隠れている島を見よう。

球面はどこだ？

　平面地球主義者がよく言う言葉は「弧はどこにある？」だ。「もしボールの上に住んでいるなら」と彼らは言う。「水平線も左から右へ弧を描いていないとおかしいだろう？」と。答えはノーだ。我々が暮らすこの球体は我々が実際に見られる視野の広さに比べて非常に大きいからだ。宇宙に飛び出せば弧が見える。だが高度が低いと肉眼で見える弧は緩やかすぎるし、高空からは雲や大気のもやに遮られてしまうことが多い。

　だが水平線を越えて伸びている物体の弧を見ることもできる。YouTube にサウンドリー（Soundly）という名で投稿しているランス・カラッチョーリは、ここ数年はっきりと弧が見える反駁不能な画像を撮影、収集することを自分の使命だと考えている。

　右の図17は最高の例だ。ルイジアナ州ニューオリンズの北部にあるポンチャートレイン湖のコーズウェイ橋は非常に長い橋で湖を真っ直ぐに横断していて、橋に上り下りの傾斜はないので、水面と橋の距離はずっと同じだ。ここで見られる弧は地球の表面の弧なのだ。　中央の2つの出っ張りは無視して橋の縁を辿ろう。上がっていって、それから下がっていく。これは地球の弧を示している。

　これを友だちに見せることもできるが、自分で実際に撮ろうとするとかなり難しい写真だ。真ん中のこぶが目立つのは、極端な遠近法の縮小のせいだ（訳注：望遠レンズで撮影したときに起こる歪みのことか？）。1マイル以上の長さの直線の土手道を見つけ、浅い角度でカメラを構え、できるなら強力な望遠レンズを使おう。これができれば理想だが、できなければサウンドリーの動画チャンネルを観せよう。様々な画像に加えて撮影のプロセスのステップのすべてが文章化されている。

図 17 全長 38.42km のポンチャートレイン湖コーズウェイ橋は地球の弧を見せている
（ランス・カラッチョーリ別名サウンドリーによる写真）

太陽の大きさ

　現実の宇宙では地球は球体で太陽のまわりの軌道を周回している。太陽も球体だ。太陽はとても遠くにあって、とても大きいので、地球上の数千マイル離れた地点（たとえばロンドンとニューヨーク）から太陽を見ていても、空の太陽の大きさは完全に同じだ。これは太陽の写真を日の出、正午、日の入りと撮影することで確認できる。

　大雑把に言って、いま頭上にある太陽は地球を4分の1ほど東に行った場所の誰かにとっては日の入りの太陽で、4分の1ほど西に行ったところの誰かにとっては日の出の太陽だ。ニューヨークの正午はヨーロッパの日没で、ハワイの日の出なのだ。

　平面地球主義者の友だちの問題は、そして説明の絶好の機会は、これが平面地球では説明不能だということだ。平面地球の太陽はこのようになっている。

　このモデルでは地球は平面で、太陽はその周囲を円を描いて移動する。「スポットライト効果」というものによって真下の領域だけを照らしだし、昼と夜と標準時間帯をつくっている。平面地球の縁は氷が環状に取り巻いていて（氷の壁

第 13 章　平面地球　245

その向こう側に何があるのかは誰も知らない。虚空なのか果てしなく氷の平原なのか、それとも数千マイル離れたところにある別の平面世界なのか？

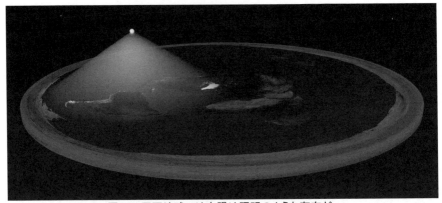

図 18 平面地球では太陽は照明のような存在だ。
これは日頃見かけていることとは合致しない。

この解釈には、言うまでもなく、多くの問題もある。だが最も簡単でわかりやすい2つに注目しよう。

第1に上の平面地球モデルを見れば、地球上で太陽が見えない場所は存在しない。南アフリカは暗闇の中に描かれているが、そこに立っている人がいるとすると、この人と太陽の間には何も遮るものはない。太陽が見えるはずで、しかもその太陽は空の高い位置にあるはずだ。

これは通常、遠近法の奇妙な機能として説明されるが、遠近法の機能は遠くのものを小さく見せるだけだ。

ここで2つ目のポイントが現れる。太陽は日中を通じてみかけの大きさは変わらない。赤道上で正午に太陽の下に立っている人を想像してほしい。3000マイル彼方に（距離の概算の違いは大きな違いを生まないので問題ではない）太陽があるとしよう。

さて、平面地球の上、ここから4000マイル離れた場所の太陽光のつくる光の円錐の境界付近に人がいたすると、この人と太陽の距離はだいたい5000マイルになる。[*6]

そうすると1日を通して平面地球の太陽との距離は、3000マイルから5000マイルの距離になる。透視法の一般的な法則として、何かとの距離が2倍ならその見かけの大きさは半分になる。たとえば車から10歩離れて写真を撮って、次に

246

20歩離れてもう1枚撮って比較してみれば自分でも確認できる。この法則はものが大きくなっても距離が長くなっても変わらない。対象を家にして距離を1マイルと2マイル、あるいは山で10マイルと20マイルにして試してみるといい。

　だが太陽（これについては月も）は1日中同じ見かけの大きさのままなので、近づいたり遠ざかったりしていないということになる。地球を横切って動いているので地球のサイズの何倍も遠くにあるということになる。つまり何百万マイルも離れているということで、ゆえに地球は平面ではあり得ない。

　これを伝えるのは難しいかもしれない。ほとんどの人は基本的な幾何学には疎い。なるべくシンプルな説明にするように心がけよう。平面地球の地図を見せながら説明するのがいいだろう。平面地球では太陽との距離が正午に縮まり、日没時には遠ざかることを指摘して、友だちにも現実には太陽のサイズが変わらないことを確認してもらおう。メタバンクでいくつかやり方を説明している[*7]。いつも通り、実験は言葉による説明を凌ぐ。

星々の地上測定

　平面地球のウサギ穴に簡単に吸い込まれてしまう人がいる小さな理由の一つは、光害によってアマチュア天文学が衰退しているからかもしれない。古代の天文学者たちは何千年も前に太陽、月、星々と惑星を詳しく観測していた。十分に暗い夜空を見上げれば、誰にとっても地球が星々の球体の中央にあり、その球体が地球を中心に回っているように見える。

　この球体（天球と呼ばれる）は非常に遠くにあるように見える。星座をつくっている星々の相対的な位置は目に見えるような変化はしない。数千マイル離れた土地でも同じだ。

　地球の自転で、星々の天球は地球の地軸と同じ軸を中心にして回転しているように見える。カメラを北天に向け、低速度（コマ落とし）撮影すれば、すべての星が北極星近くの一点を中心に円型の軌跡を残している様子を見ることができる。この中心点は天球の北極点と呼ばれている。この観察は球体地球上ではうまくいく。そして地球の上で回転する星のドームとして想像すれば、平面地球モデルにもざっとだが移植できる。

　平面地球モデルにとって厳しいのは南半球だ。現実世界では南半球（オーストラリア、南アフリカ、南極大陸）では、天球は北半球の鏡像として動く。星々は天の南極を中心として回転するように見える。

だが、平面地球ではどうなるだろう？ 星々が天球ドーム上にあるなら、南半球の星々をオーストラリアから見ると、天の南極のまわりを回転しているようには見えず、高速で直線的に空を移動しているように見えるだろう。

いつものように、最も良いのは友だちに自分で観察してもらうことだ。天の北極を中心に回転する星々のコマ落とし写真を撮影するのは比較的容易だ。今はNightCapカメラのような、自動で星の軌跡を記録できるスマホアプリもある。北アメリカから天の北極を撮影するのは簡単だ。

天の南極は南の地平線の向こう側だが、カメラを南に向け星々が想定される天の極を中心に弧を描くのを見ることができる。平面地球の上のドームであれば見られるはずのものとまったく違う。

夜の寒さに凍えながらカメラを構えるよりももっと簡単な方法もある。暖かい室内で、星空シミュレーターアプリを使って、同じものを見るのだ。私のお気に入りはStellarium（ステラリウム）で、これは無料で非常に多機能だ。地球上のどこから見た、どの時間の星空でもまるでそこにいるように見せられる。時間を早送りすることもできるので、オーストラリアにカメラを置いて、南天を向いて星が天の南極のまわりを回るのを見て、それから、北を向き、星の軌道が天の北極のまわりで弧を描くのを見ることもできる。

これを使う場合、「なぜ自分の目ではなく、コンピュータープログラムを信じるのか？」と言われる問題があるだろう。答えは、ステラリウムは間違ったことがないから。世界中の何百万人という人がこれを使っていて、ステラリウムの画像が実際に観察できるものと違ったという報告はない。

この概念はグラウンドトルス、または地上測定と言い、リモート観測やモデルを地上における実際の観測で検証するというものだ。ステラリウムは、多数のグランドトルスで検証されているので、このソフトで見られるものは現地に行って自分が見られるものと同じだと自信を持って使える。

ステラリウムだけでもない。ほかにも多数のプログラムがあり、ポケット・ユニバースのような簡単に使えるスマホアプリもある。スマホを夜空に向ければ、見えている星について教えてくれるので、自分でも測定の検証ができる。またタップを数回するだけで、時間と場所を変えることもできる。

友だちにバーチャル・オーストラリア旅行をさせて、北天と南天で回転する星々を見せよう。南アフリカとチリでも試してみよう。北半球の同じような場所からの夜空と比較しよう。この回転の対称性は、天球の中心の球体の上にいる場合だけ起こりうる。

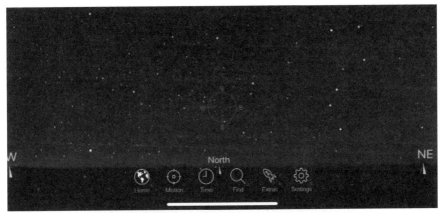

図 19　典型的な iPhone アプリ「ポケット・ユニバース」
これを使っても地球は丸いと証明できる

　1880年代に人々が平面地球のウサギ穴に吸い込まれたのは理解しやすい。当時の人の世界は狭く、宇宙飛行はもちろん、飛行機もなかった。通信は遅くて、地球の形についての主張を検証するのも難しかった。現在は宇宙から撮影した地球の写真もあり、船が水平線の向こう側に落ちていく様子を撮れる高解像度カメラもあり、南半球の友だちとも即時に連絡がとれる。蓄積されてきた知識も豊富だ。地球は平面だと信じることを許容できる余地はない。

2023 年追補

　2023年になっても、地球はまだ回転する扁球のままだ。現代版の平面地球は本質的にロウボサムの1880年代の発表と変わっていない。この説はずっと一種の健康的な懐疑主義運動の一種であり、科学的構造に縛られない、「自分で調べた」の究極の結果だと自認している。だが過去数年間、この説がさらに理不尽だと見なされるいくつかの出来事があった。このファラシー（誤謬）にさらに光を投げかけるものの一つが、宇宙ツーリズムだ。
　宇宙ツーリズムは3000万ドルを支払って、ロシアのロケットで宇宙ステーションへ連れて行ってもらうというような形でしばらく続いてきたが、億万長者たちの宇宙競争の結果、最近、まったく別のレベルに達した。リチャード・ブランソンのバージン・ギャラクティックは2021年6月、有料で名目上の顧客を宇宙に連れて行く最初となり、そのわずか1週間後にジェフ・ベソスのブルーオリジ

ン・プロジェクトも続いた。どちらのプロジェクトも地球の弧が見える高度まで人を連れて行くことができた。これらの印象的な成果も、スペース X のインスピレーション 4 ミッションの前には色あせて見えた。民間初の軌道飛行で、4 人の民間宇宙飛行士が宇宙空間で 3 日を過ごした。これらもまだ初期の段階で、宇宙ツーリズムはまだ普通のこととは言えないし、誰もが払える金額でもない。だが、宇宙ホテルができて多くの人が払える金額で行けるようになるのも、そう遠い未来のことではないだろう。これで、地球の現実の形についての膨大な直接的な証拠が提供可能になるだろう。そして、次にルナ・ツーリズム、つまり月への飛行が可能になれば、平面地球説は棺桶の中に、さらに、しっかりと封じ込められることになる。すでに、日本の億万長者である前澤友作が資金を投じている #ディア・ムーンミッションが月への有料飛行を計画している。このミッションは 6 人の日本人アーティストを月の周回軌道に送り込むものだ。最終的には頑固な平面地球信者に世界の現実を本当に受け入れさせるためには、宇宙旅行に連れ出すしかない。ひょっとすると、それでもダメかもしれない。

　地球上で可能な地球の形の検証法もスペース X が提供してくれている。スターリンク衛星システムは 2019 年に打ち上げを開始した。現在地球を巡る低い軌道にシステムを構築する 3000 以上の衛星がある。スターリンク以前、空を見て地球の形を見極めようとすれば、数週間ごとに特定の場所に現れる ISS（国際宇宙ステーション）を使うしかなかった。スターリンクでこれがいつでも可能になった。

　スターリンク衛星の現れ方には、2 通りある。打ち上げ直後には、列車のように繋がって夜空に並んだ非常に明るい光の点のように見える。その後、衛星が予定されていた軌道に乗ってくると、地平線近くの太陽の光に照らされて、一時的に輝く「フレア」現象が観察されるようになってくる。

　両方ともこうなることは予測可能で、この予測は地球が球体であるモデルの場合だけ適用できる。スターリンクはまた、別のもっと一般的でテスト可能な地球が丸いという証明を補強してくれる。それは、衛星は現実にあるということだ。平面地球論者は人工衛星を認めない。なぜなら、地球が球体ではないとすると「軌道」も存在できないからだ。したがって、平面飛球論者は、衛星放送用のお皿型アンテナと GPS 受信機が受け取っている電波は実は電波塔から発せられていると主張する。これは、少し難しいが本当にそうかを試す方法はある。

　どの電波発信源からも離れた野外に電話を持ち出して、GPS が機能しているかどうかを確認してみよう。もう一歩踏み込んで、衛星放送受信アンテナの付い

たアウトドア仕様の車を人里離れた場所に運転していき、衛星放送が見られるかを確認してもいい。スターリンクの目的は地球上のどこであってもインターネットにアクセスできることなので、スターリンクの開始後、これができる場所は増えたはずだ。アラスカ州の人里離れて、携帯の電波の圏外になっているような場所で暮らしている人たちがいたとしても、GPSは使えるし、衛星放送も見られる。そしてインターネットにもアクセスできる。海上で試してみるのが最も究極的なテストだろう。陸ではどこかに電波塔があるんじゃないかと疑ってしまうが、100マイル、いや、1000マイル沖に出ればまわりにまったく何もないのに、衛星からの電波が届けば、衛星が現実に存在していることがわかり、そして、もちろん地球は丸いのだ。

　平面地球論はただバカバカしい。そして、科学技術が進歩すればするほど、バカバカしいことがはっきりしてくる。消え去ることはないだろうが、宇宙ツーリズムが当たり前になって、その基本的な考えと相容れなくなれば、何か別のものに変容していくだろう。

　平面地球論とは、ある種の科学の横暴な支配に反逆しようとする人にとって魅惑的な方法の一つなのだ。この奇妙で少数派の陰謀論に対する最も良い方法は、事実を巡って戦うことではなく、科学を平面地球論よりも魅力的で理解しやすいものにすることかもしれない。実を言うと、私は学校の科学の時間に平面地球論を教えることで、科学教育を面白いものにできるかもしれないと考えたりもしているのだ。

平面地球要約と情報源

　友だちに伝える鍵となるポイントは、

　　現代の平面地球論は150年ほどの歴史しかない。地球が丸いことは2000年以上前からわかっていた。
　　平面地球論の論点のほとんどは、1800年代に書かれ、すでにデバンクされたものを繰り返しているだけだ。
　　海岸に行けば、水平線の向こうに消えていく船や島を見ることができる。望遠レンズで拡大しても見えるようにはならない。
　　長い直線の土手道や一直線に並んでいる鉄塔を見つけたら、それが地球の弧にしたがってカーブを描いてから地平線の向こうに続いていくのを見

ることができる。

　太陽の見せかけの大きさは1日中変わらない。また地平線。水平線の向こうに沈む。これは平面地球では起こらない。

　夜空の星々は地球の周囲に「天球」をつくり、この天球はアメリカでもオーストラリアでも同じ動きをする。平面地球なら、まったく違う動きになるはずだ。

追加情報源

メタバンク　平面地球フォーラム：metabunk.org/forums/Flat-Earth/

ポピュラーサイエンス：地球は平たくないと自分を納得させられる10の簡単な方法

popsci.com/10-ways-you-can-prove-earth-is-round

デビッド・リドレンの目で見る地球平面説：平面地球はこうなっている

YouTube/uexZbunD7Jg

宇宙からの地球のHD画像：15分ごとにHDで表示される惑星全体、ボールのように見える

metabunk.org/.t8676/

蜃気楼シミュレータ：いつもは見えない湖の向こう岸が見えるのかを説明するのに役に立つ

metabunk.org/mirage/

第14章
ボブ
── 平面地球からの脱出 ──

　ボブは、地球が平面だと考えていたことがあるカナダの若い男性だ。最初にこの考えに興味を持ったのは、10代半ばのころだった。間もなく成人となろうとしている多くの若者のように、ボブは一方で宇宙に秘められた意味を、もう一方でその現実の意味を見極める自身の知性の力の可能性を探していた。

　この年頃の我々のほとんどと同じように、ボブは少しばかり自分の能力を過大評価していた。

　　僕は社会と縁を切りたいというある種の心境にあった。自分は特別だと感じたかったので、科学と哲学に多くの関心を持ち、努力も払った。残念ながら、僕の判断力は弱く、それでいろいろな説を信じはじめ、「参加」するようになってしまった。主に YouTube を通して平面地球論を発見した。いい気分だった。自分にとっての目的のようなものはこれだと感じ、自分は特別だと感じた。平面地球運動に参加してから自分はほかの誰よりも重要だと感じるようになった。

　　実は本当に地球は平らだと思っていた。「球体地球論」には真実の欠片もないと考えていた。政府が常にすべてについて嘘をついていると信じていた。今でもある程度までは、だいぶマシな判断力でそう信じている。あのころは反逆児のようだった。人生の中のバカな時代だった。

　近年の多くの人々のようにボブは YouTube 経由でウサギ穴に吸い込まれた。リチャードのようにまだとても若くて、世界を見る新しい方法を探しているときに起こったことだった。

　　YouTube 動画からは「曲面を自分の目で見ることはできない」「個人は確認することができないことなのに、小さいときから地球は丸いと信じるように教え込んでいるから」と聞いたときに最も影響を受けた。僕は地球

は球体だという従来の視点からの論理を拒絶したので、地球は平面だという考え方を受け入れた。地球が丸いなんてそんなものを信じている人たちは愚かで柔軟な考え方ができないと思っていたので、すべてウソだと考えた。今はまったく反対だったと気づいているが。

　ボブは平面地球の証拠が正確か、話が論理的かといったことはそれほど気にしていなかった。そうではなく、ただ従来の考え方をする人たちは頭が固いに違いないと考えただけだった。

　ボブは理解したという感覚、「目覚めた」こと、そして現実の事実には邪魔をされないということに燃えていた。ウィリーのアポロニアン（論理的）思考とディオニシアン（直感的）思考と非常によく似ている。ボブは塀の向こう側、「気分が良い」側に根を下ろした。

　この判断はそれなりの理由もあった。ボブは本気で平面地球を信じているように見える人々を知っていたのだ。同じ年頃のティーンエイジャーの友だちではなく、まったく逆の人々だった。

　　　そう。僕は平面地球を信じている人たちと知り合いだった。高齢者か、
　　宗教を信じている人たちだ。親戚の高齢者3人が信奉者だった。イエスと
　　神と聖書と、そして平面地球を信じていた。誰も僕を改宗させようとはし
　　なかったが、僕が平面地球論信奉者になったあと、何度か意見を交わした。

　平面地球論は宗教が考えられないほど強い影響を及ぼすことができる数少ない陰謀論の一つだ。平面地球を信じるためには科学を拒絶する必要があって、これがあまりにも大きいので、非常に深い信仰や教義のようなものが必要になるのだろう。高齢の平面地球主義者は信心深い人たちであることが多い。ボブの場合、彼自身はとくに信心深くなかったので、影響は間接的だった。年配の親戚はボブを直接改宗させようとはしなかったが、小さいときから知っている人たちがすでにウサギ穴の中にいたという事実は、穴への移動を楽にしてくれたはずだ。この基礎なしで YouTube 動画だけでは、ボブを誘い込むことはできなかっただろう。

　ボブはほかの家族とこの話をすることはなかったが、友人には話した。

　　　いろいろ言われるのはわかっていたので、家族には隠していた。友人と
　　はその話はした。最初は僕が冗談を言っていると思ったらしいが、僕は主

張を続けた。連中は僕が間違っているとわからせようとしたが、僕は証拠という証拠は全部でっちあげで陰謀の一部だと思った。僕は、友人はみんな頭が悪くて、自分たちが間違っていると理解できないのだと思った。僕は頑固で、友人の言葉に耳を傾けなかった。

ここで、ボブを助けられる位置にいた2つのグループが登場する。残念ながら、ボブは家族から批判されるのを恐れていたため、家族と一緒に自分の考えを探求することはなかった。友人とは話すチャンスがあり、彼らは議論に証拠や論理を持ち込もうとしたが、ボブはまったく相手にせず、友人が何を言ってもただ頭から拒絶した。徐々にボブは自分がしていることに気がついていく。

> 平面地球論には議論が存在しないことがわかり始めた。新しく議論のテーマが出てくることもなくて、球体地球に関する議論は、間違いだろう、陰謀の一部だろう、「我々にははっきりと知ることは能わない」と言ってすべて却下するだけなのだ。
> 誰かに世の中には不条理な嫉妬に狂った奥さんみたいな人がいると聞いたことがあった。浮気していると思い込み、友だちとバーに行っただけだと言うと、それこそが浮気男が使う言い訳そのものだと言う。言うことはどんどんおかしくなり、相手の言うことを信じない理由もどんどん大きくなる。
> 僕は平面地球の信奉者たちはこの話の嫉妬に狂った奥さんみたいだと気づいた。そして、球体地球論の視点からの話にも耳を傾けるべきだと思うようになり、やがて球体論の方がずっと理にかなっているのがわかるようになった。

ボブが変わったのは、どうやらある特定の証拠のおかげではないようだ。むしろ、ある友人の話がきっかけで、自分が考え、議論をしてきたやり方が、思い込んでいたほど賢くなかったことを悟ったのだ。証拠をめぐる従来の論の進め方は、ボブには響かなかった。

> インターネットで僕を説得しようとした人たちは時間の無駄づかいをしていた。僕はそういう議論と僕のような普通の人が出してくる証拠は全部無視していた。僕は一切動じていなかった。

第14章　ボブ——平面地球からの脱出——　255

だが、宇宙開発に関係する陰謀論についての動画は観た。デバンキング動画じゃなくて、なぜこういう陰謀論が多くの人を惹きつけるかと説明するものだった。幸い、僕は自分が信じる動画しか観ないような一途な人間じゃなかった。こういう動画からの影響がなければ、僕はいまでも頭の固い平面地球主義者のままだったろう。ほかにもこういう種類の動画をいくつか観るうちに、ゆっくりと疑いが湧き始め、それが現実へと連れ戻してくれた。

現在ボブは、ウサギ穴から脱出してほかの陰謀論に対しても批判的な見方をするようになっている。

　僕は今でも信頼できそうな陰謀論のいくつかを信じている。ケムトレイルは信じていない。911は、ブッシュがやったかもしれないが、違うかもしれない。証拠が足りないので、確信できない。だが証拠があるものは、判断できる。月面着陸は、人類はちゃんと月に行っている。世界を支配するは虫類人も明らかに存在しない。
　ときにはほかの人たちを助けようとすることもある。だが正直なところ、自分の安全ゾーンから出てこられない人々もいて、そういう人たちは絶対に変わらない。彼らは真実を求めていない。簡単に信じられるものや、自分は特別だと感じられるものを探している。平面地球主義者は、どちらかといえば絶望だと思っている。僕が地球は球体だと信じるようになってから、年上の親戚とその話はしないようにしている。ずっとそう信じて生きてきたから、間違っているとわからせるのは無理だと知っている。僕が平面地球のFacebookグループに参加するとしたら、一人で大笑いできるからだ。信奉者からコメントを見かけたら、論理的に考えなくていけないようなコメントを残すよ。
　嘲笑ってはだめだ。状況を悪化させるだけだからだ。相手をもっと孤立していると感じさせ、信頼の問題が起こる。僕の友人が、僕が平面地球を信じていると冗談を言っていると思ったとき、笑われても、彼らの考えを理解しようとは思わなかった。ただ付き合いをやめたい、わかってくれるほかの友人がほしいと思っただけだった。
　だが、ウサギ穴から誰かを助け出したいのなら、そんなことを信じているそいつをやり込めてやろうとしていないと感じさせなければだめだ。ま

るっきり間違っていると知っていても、話を聞いてくれようとしていると思わせよう。論理的な考えへのドアを開いてやれるかもしれない。

平面地球論は陰謀論スペクトラムの最極に位置している。この極端さは人々がどうやって入り、どうやって抜け出すのかに影響を及ぼしている。ボブの物語は、時間をかけることの重要さを示している。ボブは当初は自分に反対する議論はすべて考えもせずに拒否していた。別の考え方をするようになったのは、自分の思考についての視点を得て、それをほかの人々の考え方に関連させたからだ。これができるようになるには時間がかかる。自分の行動のパターンを認識する前に、まずそのパターンを確立させなくてはならないからだ。自分がウサギ穴の底にいると気がつくためには、かなり深く穴に落ちる必要があったのだ。

そこで動けなくならないですんだのは、ある意味ではボブの若い心の回復力と適応力のおかげだろう。しかしまた、完全に縁を切ることなく話をしてくれようとする友人たちがいたことも大きい。完璧な対応とは言いがたかった。何人かの友人から笑われて、ボブは普通の社会と断絶しようとまで思った。だが最後にバランスを崩したのも友人だった。ボブに過剰に疑い深い奥さんの話をした人だ。この話はちょうど良いタイミング、ボブが平面地球主義者集団の欠点に気づき始めたときにスイッチを押した。これがウサギ穴脱出のスタートだった。

ボブの物語はデバンキングの複雑さを見せてくれる。平面地球論をめぐる様々な証明や議論は技術論になりやすい。幾何学、サイン、コサイン、平方根などなど。平均的な人はこういう捉え方は自分には無理だと早々に諦めてしまう。そしてボブのようにもっと単純な議論を始める。自分の感情や、世界を創造したのは誰かというような話になるのだ。

もう一つの複雑さは家族に関係するものだ。ボブは年上の親戚に助けられて平面地球にはまったが、脱出後、ボブは彼らを地球球体論に改宗させるのは、得るところが少なく、失うところが大きいと気づいた。ボブのもっと近しい家族は別の役割を演じた。ボブは家族からバカにされるのが怖くて自分の信念を話せなかった。家族関係は特別の配慮を必要としている。

第14章　ボブ——平面地球からの脱出——　257

第 3 部

第 15 章
活発に進化中の新陰謀論

　2018年9月に本書の初版が出版されてから、様々なことが起こった。2019年は平穏で今から思えば、少なくとも米国に関しては穏やかないつもと同じ年だった。次の2年は次から次へと何かが起こり、米国と世界中の多くの国々で二極化が進んだ。また同時に政治家や主流メディアに陰謀論が広まるようにもなったが、これは偶然ではない。

　本書の初版ではどちらかと言えば極端で奇妙な陰謀論を取り上げた。ケムトレイル、911制御爆破解体説、偽旗作戦、平面地球。古風で拗くれた奇妙な信念で、誰が見ても誤情報と不信と誤解から生まれたウソ陰謀論だとわかるものだ。

　こうした陰謀論はもちろん今でも現役だ。そのウサギ穴に落ちてしまった人たちの人生を今も左右し続けている。ここから人々が脱出する手助けをする必要はあるし、救出には大きな価値がある。

　しかし、現在、我々はどんどん陰湿化する一連の陰謀論に直面せざるをえなくなっている。しかもこれらの陰謀論は我々の社会の巨大な領域に深く入り込んでいる。Qアノンや高レベルの選挙不正というような武器化され政治化された陰謀論は2018年にはまだ始まったばかりだった。あるいは2020年に到来したコロナウイルスの場合、その後に生じた陰謀論は誰も想像したことさえないものだった。

　新陰謀論によって広がった陰謀論スペクトラムがさらに多くの人々を引き込んだため、自身はここでとりあげたような陰謀論を信じているのに、友だちが別のウサギ穴から脱出するのを助けたいと願っている人が増加傾向にある。このため、本書の執筆はさらに難しくなった。

　友だちをQアノンから救出したいが、個人的には2020年の大統領選はバイデンが盗んだと考えているような人が増えていくだろう。あるいはトランプが主張する選挙不正はあり得ないと考えているがワクチンの副作用は大勢の若い運動選手を死亡させていると考えているような人も出てくる。

　もしあなたもそうならば、できるならば判断を少しだけでも先延ばししてもら

260

えないだろうか？　私の意見にすべて賛同してもらう必要はないが私が嘘偽りない立場で、そして影響を受けている個人と社会全体の両方を心から心配する立場で書いているのを知ってほしい。

　間違っている点もあるだろう。将来、私がここに書いているデバンクの中には批判されるものも出てくるかもしれない。ここで重要なのは、実のあるコミュニケーションを続け、生きた人間関係を保ち、それによってこうした問題を一緒に考えて共に真実に近づこうとすることなのだ。

　2020年に状況は悪化し始めた。最も大きな要因、とくに世界的な規模で重要だったのは新型コロナウイルスの出現だった。2020年の大パンデミックだ。始まりはむしろゆっくりとしていて、中国に現れた新型ウイルスについていくつかの議論が行われているだけだった。幸いにも米国は数か月の間は無関心でいられた。だがヨーロッパにウイルスが広がって、米国でも感染が始まると、すぐに事態は加速し始めた。

　恐怖、混乱、パニックによる買い占め、集客イベントの規制、株価の暴落、ロックダウン、広がる病気と死。普通ではない社会的激変の時期だった。ほかの大規模な出来事、とくに死と関連する出来事と同様に、陰謀論が大量に出現した。

　コロナウイルスがアメリカにやってきたのは、ドナルド・トランプが政権についていた間だった。トランプ政権には様々な特徴があったが、おそらく何よりもウソ陰謀論を支持した大統領であったことを挙げるべきかもしれない。

　トランプ政権下では、Qアノンの台頭が見られた。Qアノンは非常に奇妙な陰謀論で、猟奇的な小児性愛者の悪魔崇拝秘密結社が国を支配運営していて、ドナルド・トランプは支配権を奪取して邪悪な人々を投獄しようとしている謎の「愛国者」グループの計画の一部だというものだ。

　トランプは在任中にQアノンをもてあそび、これは彼のお気に入りの、選挙不正があったとする陰謀論と上手い具合に混じり合った。2016年の選挙に勝利したにも関わらず、トランプは「ディープステート」一派が自分を狙って戦闘配置されていると言い続けた。

　だから2020年11月にトランプが大統領選でジョー・バイデンに敗れた後、バイデンの勝利を認めるのを嫌がったのには誰も驚かなかった。トランプは選挙結果を無効にしようと戦った。だが多くの州で票の集計ミスがないことがはっきりした。試みに次ぐ試み、訴訟に次ぐ訴訟でも選挙不正の明らかな証拠は見つからなかった。

第15章　活発に進化中の新陰謀論　261

トランプは諦めなかった。（今後も諦めないと思われる）支持者はウソを信じたがっていて、なかでもＱアノンのウサギ穴に落ちてしまって過激化した支持者はその傾向が強い。

新型コロナの流行を背景として、ここから発生した社会的経済的混乱は「政府」（トランプではなく）への怒りと恨みの母体を提供し、陰謀論３連勝（Ｑアノン、コロナ、選挙不正）とでも言うべきものが発生したのだった。

これが最高潮を迎えたのは2021年１月６日だった。その日は通常なら形式的な意味合いしかない選挙結果の認証が議事堂で行われる予定だった。トランプは会場から１マイルほどしか離れていない場所で集会を企画し、集まった群衆に繰り返し、票が盗まれている、何かをするべきだと言い続けることで感情を煽った。群衆はコンスティチューション大通りを行進し、議事堂に乱入した。建国以来の200年間に合衆国が体験した最も革命に近い騒ぎだった。この乱入騒ぎでは陰謀論の２つのテーマがしっかりと映像記録されていた。長く記憶に残るだろう暴動のイメージの一つは議事堂の円型大広間で旗を振っている「Ｑアノン・シャーマン」。「（票を）盗ませるな」の旗もあった。

議事堂乱入の現場ではパンデミックが意識されていなかったのも注目される。少なくとも映像には現れていなかった。2021年１月当時、多くの州ではまだ大規模な集会ではマスクが義務化されていた。にもかかわらず、トランプの演説の密集した聴衆は、ほとんどがマスクをしていなかった。彼らはパンデミックは「ディープステート」のトリック、あるいは（さらに大きな企みの一部として）行動制限によって憲法に逆らい自分たちの自由を侵害するのが目的だと感じているかのどちらかだった。

その後乱入した議事堂では、マスクを付けている人もいたが、これは警察から顔を隠すためだった。

そして、UFOもある。ここであげた一連の中では奇妙な選択かもしれない。たしかにここまで説明してきた３つの方が世界にははるかに大きな影響を与えている。だが政府は宇宙人がやってきている証拠を隠蔽しているという陰謀論を信じている人たちにとっては、これはおそらく人生でもっとも重要なことだ。したがって、そうした人々にとって、これは何より優先して取り組むべきことになる。

政府がある重要な事実に関してウソをついていると信じていれば、当然ながら政府は何に関してもウソをつくという信念を持つに至るだろう。UFO陰謀論者

はコロナ陰謀論者にも選挙結果否定論者にもなりうる。同じようにある分野で間違った方向に考えてしまっていたと示すことができれば、新しいウサギ穴を探検したい誘惑に対する免疫になってくれるかもしれない。

4つのテーマに共通しているのは、どれもすべて活発に進化中だという点だ。私が改訂版を書き終えようとしている2023年初頭、UFO陰謀論のコミュニティーは議会によって義務づけられた独自報告の公表に失望しているところだった。彼らはこれがエイリアンに関して新たな地平を開くような発表になればと願っていたのだ。だが期待は裏切られ、何も出てこなかったので、政府は陰謀の隠蔽を続けているとの疑惑はさらに高まった。

さらに多くのUFO関連法案が長年の陳情活動の結果、保留されていて、政府がエイリアンの訪問についての真実を隠蔽しているという数十年前からの信念に、本物の空とぶ円盤を撮影したと思われる（実際は違うのだがそう信じる人は多い）軍部から放出された珍しい映像がさらに燃料を注いでいる。

選挙については、2020年大統領選不正の主張がマー・ア・ラゴ（トランプ邸）から絶え間なく響いてくる。2022年の中間選挙は「赤の波」と宣伝されていたが、野党側（共和党＝赤）の勝利が前例にないほどのわずかさであったため、火に油を注ぐことになり、結果に関わりなく2024年まで、選挙不正陰謀論が継続する地盤ができてしまった。

コロナウイルス・パンデミックは終わったとの宣言がいくつも出ているが、まだ消えたわけではなく、影響は何年も残るだろう。ウイルスがどう発生したかの主張と政府の対応に対して何か言おうという動機も残るはずだ。ワクチンに対する不信感は西欧の文化に深く根付いており、その起源は最初の種痘に対する大衆の抵抗運動まで遡る。ワクチンに対する抵抗の根深さは、新しい陰謀論に耳を傾ける人々を次々と生み出していく。最も新しい説は健康な若者がワクチンのせいで「突然死する」というものだ。

Qアノンは、これまでも、予言が外れても這い出してきては、どういうものなのかよくわからない新しい「計画」を出して、信奉者に信用せよと求める能力を特徴としてきた。この変化自在な陰謀論は間違いなく、これからも姿を変えつつ我々とともにあるだろう。

進化する陰謀論を生む多産な連鎖は、いかに陰謀論に対処するかの本を書くときには独特の難しさを生じさせる。911同時多発テロ事件が起こったのは20年以上前で、事実と陰謀論的主張はこの10年ほとんど変わっていない。同じように（ケムトレイルの誤解の元となっている）飛行機雲は、今も陰謀論が発生した1990

年代と同じで、これに関連する気候変動と惑星改造工学の話題もほとんど変化していない。偽旗陰謀論は無差別銃撃事件が起こるたびに繰り返されるが、基本は同じ「政府がでっちあげた」という主張だ。平面地球論はばかばかしい非科学的な形も含めて1800年代末から変わっていない。ただ一つの例外は「宇宙は捏造説」だが、これも1970年代からほとんど変化していない。

だから私も安心してこうした陰謀論について書き、その説明も10年以上有効だろうと考えることができた。しかし、活発で変化の激しい新しい陰謀論に関しては、(もう古びていると思われていた)UFO関連でさえ、本が書店の棚に並ぶときには時代遅れになっているかもしれないという難しさに直面することになった。何とか最新の状態にすることができたとしても陰謀論は進化を止めないだろう。

最初の核となる手法である効果的なコミュニケーションを確立し保持することは、ここでもまだ有効だ。だが次の役に立つ情報を提供するという段階は、私が本書で提供しているようなただのファクトチェックとデバンキングでは不十分になる。本書が読者の手に届く頃には時代遅れになってしまうものもあるし、無数の新しい主張が登場しているだろう。新しい主張は間違いなくこの先も発生し続ける。

この事実を心に留め、ここでは陰謀論の背後にあるものへの理解に焦点を定めた。ワクチンへの抵抗の歴史、選挙不正主張のより広い内容、そしてQアノンのルーツだ。こうした陰謀論の正体の理解に集中した。変化を続ける陰謀論に関して常に最新の情報を入手できる情報源を示し、事態が変化するにつれて、新しい情報源を見つける方法も提示するように試みた。

とは言うものの、こうした陰謀論にも古くからの核となる教義があり、陰謀論にはまった友だちはこの教義を信念の拠り所としている。役に立つ情報を提供する上で最も効果的なのは、どんどん変化する新しく出てくる主張を避け、友だちが長い年月の試練に耐えたしっかりとした反論不可能な事実だとみなしているものを見つけ出すことだ。そして救出はゆっくりと、礼儀正しく、間違った方向に考えていたことを悟らせ、彼らの疑問に対してもっと良い答えがあることに気づかせよう。

ほかにも重要な変化がある。2018年の初版でAIが作り出すだろう困難さについて書いた。ChatGPTなどの高度なツールが登場したことで、これは現実となり始めている。変化は非常に早い。が、どの程度まで進んできているかを捉えるために、本書に対するアドバイスを書くようにAIに要求してみた。すぐに20

秒ほどで答えが出てきた。

　陰謀論は深く根付いた感情的なものであるため、誰かが陰謀論というウサギの穴から抜け出すのを AI が助けるのは難しいかもしれない。役に立つかもしれないヒントをいくつか紹介しよう。

1. **共感と理解をもって会話に臨む。**彼らは何か重要なことに出くわしたように感じているかもしれないし、十分に扱われていないと感じている疑問に対する答えを求めているかもしれません。相手がどこから来ているのかを理解し、思いやりをもって会話に臨むようにしましょう。
2. **事実に焦点を当てる。**陰謀論の最大の難点の一つは、不完全な情報や誤解を招くような情報に基づいていることが多いということです。友だちが逸話や伝聞に頼るのではなく、検証可能で客観的な事実に焦点を当てるよう手助けしてください。信頼できる情報源を探したり、自分自身の思い込みを疑ってみたりするよう、励ましてください。
3. **別の説明を見つける手助けをする。**陰謀論は、複雑な出来事に対して単純な説明を提供することがよくありますが、現実にはもっと微妙なことがよくあります。友だちが心配している出来事や現象について、別の説明を考える手助けをするようにしましょう。批判的に考え、ある出来事には複数の原因があるかもしれないという可能性を受け入れるように促しましょう。
4. **必要であれば、専門家の助けを求めるよう勧める。**あなたの友だちが陰謀論を信じた結果、不安やうつ病などの精神衛生上の問題に苦しんでいる場合、専門家の助けを求めることが役に立つかもしれません。精神衛生の専門家は支援と指導を提供し、あなたの友だちが健全な方法で信念を克服するのを助けることができます。
5. **自分自身を大切にする。**陰謀論というウサギの穴から抜け出す手助けをしようとすると、精神的に消耗することがあります。自分自身を大切にし、友だちや家族、必要であれば精神衛生の専門家にサポートを求めるようにしましょう。

　AI は武器であり、同時に道具でもある。良いも悪いも設定次第だ。2022 年に ChatGPT が発表されると、知識を扱う業界に衝撃が走った。自分たちを置き換

えてしまう可能性を見て取ったからだ。デマと誤情報の分野ではAIはすでに悪情報に対抗するためにも、デマをばらまくためにも使われている。

現在のAIを見て、考慮に値しないと考えてしまうのは間違いだ。もちろん、何も変化しないのなら、現在のところAIは大きな問題ではない。枯れ木で一杯の山で、暑くて風の強い日に、山で燃えている木が1本だけだからと、放置してしまったとしよう。そこで消さなければ、もう消すのは不可能になる。

AIの力と柔軟性はこれから飛躍的に上昇する。我々が現在見ているものはすべてを変えることになる道への小さな踏み石に過ぎない。今、AIをよく知っておかないと、すぐに選択の余地はなくなる。AIは最も危険な敵にして、最も強力な武器なのだ。

進化中の陰謀論に対応するための情報源。検索のヒント

活発に進化中の陰謀論は、動きの少ないデバンキング・サイトでは十分に対応できていない。膨大で変化し続ける複数の主張が相互に重複しているので、一つのサイトだけで求めているものを得るのは無理な相談だ。手助けが必要だ。自動で探している情報を見つける手立てが必要になる。

この「手助け」は、この先どんどんとAIを使ったものになっていくことだろう。2020年現在、コンピューターの役割は徐々に「道具」から「アシスタント」に変化しようとしていいる。コンピューターを使って何かを探ろうとするよりも、何を探しているのかを言えば、コンピューターが答えを探し出してくれるようになりつつある。この先は、その何かを説明してくれたり、議論の相手になってくれるようになっていくだろう。

グーグルを使う

いつもながら、最も簡単に使える情報源はグーグルだ。3つの新陰謀論（選挙不正、Qアノン、コロナウイルスとワクチン）については主流メディアも盛んに取り上げていて、ファクトチェック・サイトも扱いを増やしている。これから解説する手短なグーグルの使い方ガイドは、どんなテーマに関しても使えるが、特にこの3つに関して有効だろう。ほかの検索エンジン、ビングやダックダックゴーも似た仕組みなので使えるが、ほとんどの人にとってはどんなデバイスでも使えるグーグルが一番使いやすいだろう。

現在はアルゴリズムが変更されているので、誤情報は結果に上がってきにくくなっている。だから、素直に、例えば「テーブルの下にあった票の入ったスーツケースとは何か？」と打ち込めば、役に立つ結果が多数上がってくる。

　この質問は（この後のセクションで解説する）選挙不正陰謀論に関係するものだが30ほどの異なったファクトチェックサイトと、これを扱った記事が結果として表示された。どれも陰謀論が主張する内容とその後の使われ方を取り上げていた。

　著者注：私は上記の質問文を括弧に入れた形で書いているが、検索時に括弧は使わない方が良い。質問文をダブルクォーテーション（” ”）で囲むと、その文と全く同じ表現を探せと命じることになる。これをしない方が、グーグルはもっと柔軟に質問内容を推測して検索するようになる。だが、例えばこの陰謀論では票の入ったスーツケースのことを「秘密のスーツケース」説と呼ぶことがある。これを探そうとしているときは、”ジョージア州””秘密のスーツケース”と指定して検索してやるといい。

　これでファクト・チェック・ページの「秘密のスーツケース」が出てくることもあるが、結果のばらつきは大きい。たとえば、選挙期間に水浸しに関連した陰謀論があったことを思い出したとしよう。そこで「選挙　水浸し　ジョージア」と打ち込む。残念ながら何も有用なものは出てこない。ここでカギとなるテクニックは「ファクトチェック」を加えて検索することだ。「選挙　水浸し　ジョージア　ファクトチェック」と打って検索すればずっと役に立つ結果が出てくる。

　自分が探しているものが何かを、明確な質問として述べるのが難しい時もある。幸いなことにグーグルはあなたが何を探そうとしているのかを非常にうまく推測してくれる。重要なのは関連する名詞をすべて書き出すことだ。テーマは何か？　場所はどこか？　日時がわかれば付け足そう。

　時には文字通り指一本動かさずにファクトチェックできることもある。アップルのシリやマイクロソフトのコルタナ、アンドロイド・ディバイスのグーグルアシスタントを使えば、声だけで検索ができる。非常に簡単で正確なので、これを使った検索を好む人も増えている。iPhoneなら、電源ボタンを長押しするか「ヘイ、シリ」と言えば検索開始だ。そして、タイプするときと同じ質問をすればいい。「探して」を使って（例：「ヘイ、シリ、スーツケース票　ファクトチェックを探して」）もいいが、通常は略してもいい（ただ「ヘイ、シリ、スーツケース票　ファクトチェック」）。この方法はなかでもタイピングが苦手な高齢者にお勧めだ。

第15章　活発に進化中の新陰謀論　267

グーグル（やほかの検索ツールも）をこのように使うのは、もちろん、自分の役に立つ。しかしこれは友だちに習得するように勧めるべきノウハウでもある。手順を踏んで教えていこう。たとえば、友だちがある陰謀論、たとえばアリゾナ州の投票所で使ってはいけないシャープペンが配布され、そのせいで票が読み取れなくなったという話を語っているなら、スマホを出して、「ヘイ、シリ、アリゾナ州選挙　シャープペン　ファクトチェック」と言えばいい（これでトップ3のファクトチェック記事である、ファクトチェック・オーグ、ロイター、USAトゥデイのものが出てくる）。この方法はスマホを取り出して検索ワードを打ち込むよりずっと良い。早いし、友だちにどうやるのかを見せることになっているし、ファクトチェックの一言を入れるテクニックを忘れないようにようにとの念押しにもなる。すぐに真似をしてくれるとは限らないが、徐々に友だちも同じ検索方法を使うようになり、そうして、あなたのおかげで、知らなかった世界を見られるようになる。

単にグーグルに質問を投げかける以上に、もっと効率よく的を射た検索ができるコツやスキルはたくさんある。

検索を一つのサイトやドメインに限定する。 あるサイトがあるテーマに関して、どのような見解を述べているか知りたい場合もあるだろう。グーグルの場合、質問にサイトのアドレスを「site:example.com」という形で付け加えれば簡単に検索できる。「example.com」の部分にサイトのアドレスを入れるだけだ。たとえば、権威のある科学誌として知られているネイチャーでワクチンデマ（ワクチンの神話）を見たい場合、vaccine myths site:nature.com とすればいい。

また特定のドメインに限定したい場合は、〝site:.mil〟（軍のドメイン）あるいは〝site:.gov〟（政府のドメイン）を使えばいい。大学などは〝site:.edu〟で、ある国に限定したいときは〝site:.uk〟（イギリスの場合）となる。

特定の言い回しを検索する。 グーグルは通常、質問の中から上手に文脈を推測してくれる（そしてもっと多くのAIを組み込むようになればさらに上手になるだろう）。だが、もっと絞り込んだ特定の言い回しそのものを検索したいこともある。これは、ダブルクォーテーションで囲んでやればいい。たとえば〝スパイク蛋白〟や〝健康への影響〟など。

ダブルクォーテーションで囲むことで、グーグルはこの語句を含んだ検索結果を返してくるようになる。これは短いフレーズだけではなく、狙った単語を確実に見つけるためにも使える。たとえば、ワクチンへの疑惑の歴史を調べたいが、

コロナウイルスについてだけ検索したい場合は「ワクチンへの疑惑の歴史 〝コロナウイルス〟」とすればいい。

いらない情報を省く。いらない情報を省くには、検索語の前にマイナス記号を付けるだけで良い。単語でも、フレーズでも、〝site:〟指定コマンドでもできる。たとえば、アレックス・ジョーンズのサイト「インフォウォー」でサンディー・フック偽旗作戦を検索しているが、訴訟に関する記事には興味がない場合、: サンディー・フック偽旗作戦 - 〝アレックス・ジョーンズ〟-site:infowars.com と入れてみる。

画像検索。かなり多くの誤情報が画像やミーム（テキスト付き画像）の形で広がっている。画像は加工されていることが多いので、元の画像を見つけるのは役立つことが多い。グーグルではグーグル・レンズのカメラアイコンをクリックするか、画像検索ページに行き、検索したい画像をアップロードすればいい（ウェブページからドラッグしてくることもできる）。

今のグーグルはイメージをスキャンしてあなたが何を探そうとしているのかを推測する。画像に文字が含まれていれば、これを読むし、画像に写っているものが何かも推測しようとする。たとえば図20を見てほしい。

図20 グーグルの画像検索結果

第15章 活発に進化中の新陰謀論 269

ここでは画像はポンチャートレイン湖コーズウエイであると正しく判別されている。サイトへのリンクとこの画像に関連した動画のリンクも表示されている。画像の上にある「この画像を検索」をクリックすれば、この画像を載せているサイトのリストが表示される。

そのほかの画像検索サイト。最初はグーグルで検索するのが一般的だが、ほかに勧めたいサイトが2つある。1つはティンアイ（tineye.com）だ。シンプルな検索サイトだが、画像の最も古いバージョンを見つけるのに優れている。画像をアップロードするか、ドラッグして「古い順に並べる」をクリックしよう。一番最初に出てきたものが、元の画像であることが多い。

2つ目は yandex.ru/images. で、私はここを使うのが好きだ。これはロシアのサイトで、使いこなすのは少し難しいが、ここの AI は、グーグルやティンアイで見つからなかったものを探し出してくることがある。

グーグル学術検索。驚くほど使われていないグーグルの機能は学術論文と判例、法律を検索するものだ。これを使うには scholar.google.com に行き、ここまでに記述してきたコツを使って検索文を打ち込む。この検索で出てくるのは、学術論文なので、いつでも使いやすい方法ではないが、記事中に引用された論文が、本当に記事で書かれている主張に沿っているかを確認する必要もしばしばある。

グーグルに計算させよう。誤情報は計算を使ってくることも多く、その主張を理解するには単位を変換したり、割合を計算したりするなどの比較的簡単な作業を行わなくてはならない。グーグルに計算や変換をさせるには、たとえば、

> 1000フィート落下するのにかかる時間
> 摂氏10度は華氏では？
> 300万の5%
> 4.4サイン（26度）海里　フィートで
> 22 67 44 35 27 22 の平均

と打ち込めばいい。

たとえグーグルが答えを出せなくても、役に立ちそうなサイトにはたどり着ける。

現在のところ、グーグルは使えるツールだが、使い方には複雑なところもある。

姿を現し始めている次世代のツールは、一般にもっと簡単に使えるようになる

だろうが、そうしたツールに特有の問題もいくつかは起こってくるだろう。次に出てくるのは人工知能（AI）だ。これは非常に大きな変化だ。

AI を使う

2023年現在はまだ実験的な段階だが、今後数年でChatGPTのようなAIツールはどんどん普通になっていくだろう。現存するグーグルのような検索エンジンに組み込まれていく一方で、会話型のAIアシスタントが新しい役割を果たすようになっていく。

AIの良い点は有用だと思われるウェブページのリンクを表示するだけでなく、解答を見つけて説明してくれることだ。説明でよくわからなかったら、もっとわかりやすくするようにまた質問すればいい。

たとえば、友だちがコロナウイルスワクチンは未知の長期的な影響がある。ワクチンには「メッセンジャーRNA」が入っていて、これがDNAを永久的に変化させてしまうので、何年もたってから、初めて健康への影響が出てくることになるかもしれない、と言ったとしよう。あなたはそんなことはないだろうと思うが、なぜ違うかを説明できないので、グーグルに「コロナウイルスワクチンは遺伝子を変化させるか？」と質問を打ち込む。

役に立つリンクが表示され、答えは「ノー」であるように思える。検索結果には「COVIDワクチンは人間のDNAを変化させない」「ファクトチェック：COVIDワクチンはDNAを変えない」というような記事のタイトルがずらっと並ぶ。しかし、なぜワクチンはDNAを変化させないのかの説明を探すのは容易ではない。

検索結果の一番上の記事をクリックするとユニセフのページに飛んだ。クッキーの受け入れに同意するとクリックしなくてはならなくて、それからずっと下までスクロールして見出しを見つけて、記事を読み始めたが、知りたかった「なぜ」の答えになる部分に行くまでに、500語ほど読まねばならなかった。しかもそれほど良い説明ではなかった。説明は以下のようだった。

コロナウイルスワクチンを構成する材料はリボ核酸（RNA）をベースとしており、体内に侵入しても核をまったく貫通しないため、その中に含まれる遺伝性物質と接触する機会はない。したがって、ワクチン接種によって、とくにDNA鎖の構造を変化させるという点で、身体に害を及ぼすことはないと結論付けている。[1]

言葉遣いがわかりやすいとは言えないし、理解するまで1分以上かかった。ChatGPT を使った場合と比較してみよう。

いいえ、現在入手可能な COVID-19 ワクチンは、人の DNA を変化させるものではありません。COVID-19 を予防するために開発されたワクチンは、mRNA ワクチンまたはベクターワクチンで、どちらも COVID-19 の原因となるウイルスを認識し防御するよう、身体の免疫系を刺激することで機能します。これらのタイプのワクチンは DNA のある細胞核には入らないので、人の DNA を変えることはできないです。ワクチンが承認される前に、安全性と有効性が厳密にテストされていることに注意することが重要です。

はっきりとした書き方でわかりやすい。すぐに提示されて、記事のページをスクロールして行く必要もない。そしてもし、わからない部分があったなら、AI に聞けばよい。たとえば「なぜ細胞核には入らないのか？」と聞けば、（基本的に）そういう仕組みではなかったからだと説明する解答が出てくる。そして、ウイルスが実際にどう機能するかの説明も得られる。グーグルで同じことをしようとすれば、疑問の答えとは関係ない内容が記事の大半を占める技術生物学のページが出てくる。

もちろん、これは AI が正確であることが前提だ。ChatGPT のような AI は、数億ページ分の情報を使って「訓練」されている。何かについて間違っているかもしれない可能性はある。異なった AI は異なった答えを出してくるかも知れないし、意図的に誤情報を提供するようにプログラムされた AI も存在する可能性はある。

つまり、手軽にものを調べるには素晴らしいツールである一方で、別の情報源を使って、AI の解答をチェックした方が良いかもしれない。答えがわかっているので、グーグルを使ってチェックできるし、提示された情報からさっきよりもずっと早く必要な情報を見つけ出せるはずだ。また、もっとシンプルに、AI に引用元を聞くこともできる。「解答の裏付けとなる参考資料を教えてください」と長く書いても良いし、「参照」とだけ尋ねてもいい。

やってみると、ChatGPT は、非常に良質な参照情報を出してくる。ワクチンはなぜ DNA を変化させないのかという説明を裏付ける情報を尋ねると、米国国立医学図書館、米国疾病対策センター、および世界保健機関への直接のリンクを提示してきた。これは AI が情報源の権威性を認識するように訓練されていて、

ある情報源に提示されている内容が、ほかの情報源の内容と一致するかを判断できるからだ。

AIの使い道は検索や説明だけではない。AIは何かを解くこともできる。少なくとも解こうと試みる。ただ、これをさせるときには非常に注意深く行う必要がある。ChatGPTを例にとれば、このAIは「言語モード」で、主にお手本にしているのは、正しいことを言うというよりも、正しく「聞こえる言い方」なのだ。もし、複雑な技術的質問をすれば、AIはもっともらしく聞こえるが、完全に間違っている解答をつくろうとしてくる。

たとえば、「私はカタリナ島から35マイル離れた場所にいる。島の高さは2000フィートで、その半分は地球の曲面に隠れている。これを使って計算した地球の半径」と尋ねたところ、長い計算式と一見最もらしい説明を出してきたが、地球の半径は24マイル（38万6243km）だという結論になった（実際には3959マイル、637万1393km）。

このようにAIはグーグルよりもかなり使えるのだが、でっちあげをすることもある。用心して使うようにしよう。

ウィキペディア

誰でも書くことができるために、しばしば信用できない情報源とバカにされるが、ウィキペディアのポイントはそこではない。権威に裏付けされた情報源ではないが、信頼できる情報源の記事を照合し、合成しているのがウィキペディアなのだ。よって、ここで取り上げたテーマに関するウィキペディアの記事はそれぞれ、非常に良い概観とさらに読むべきものについての情報を与えてくれる。

ウィキペディアのサイトに行って、検索をすることもできるが、グーグルで普通に検索ワードを入れて、「ウィキ」と付け足すのが簡単なので、勧めたい。これでウィキペディア記事のリンクが一番上に出てきて、ほかの関連するネットのページがその下に並ぶ検索結果を得られる。

インターネット・アーカイブ

活発に進化中の陰謀論の特性は、常に変化しているということであり、主張の根拠はデバンクされたり、有効期限が切れると、デバンクごと忘れられるということだ。時には復活することもあるが、デバンキングとそれに関連する記事は置

いてけぼりのままで、ウィキペディアのリンク切れリンクが残っているだけとなる。

　すべてが失われてしまっているわけではない。リンク切れリンクを右クリックコピーリンクで、2つのアーカイブページ、archive.org（インターネットすべてを記録しようとしている本家インターネット・アーカイブ）または archive.is（選び出されたページを記録するアーカイブの私家版）のどちらかに貼り付けてみよう。通常、どちらかのページでリンク先を見ることができる。Archive. Org の方が保存しているページが多いが、archive.is の方が、見やすいバージョンを保存していることがある。

第 16 章
選挙不正

　政策が政治の主要なテーマとなるのは滅多にないことだ。もちろん、政治の関心事は政策であるべきだ。我々はその人が国のために何をするだろうかと慎重に考えてから、1票を投じるべきだ。合理的な意見の不一致と妥協案が両立できるような余地があるべきだ。人々は、どのようなやり方で国を運営すべきかについて、異なった考えと異なった意見を持っているのだから、合意できないことがあるのが当たり前だ。だが、歴史を振り返れば、我々はそこを乗り越えてやらねばならないことをやり遂げてきた。

　私は英国育ちだが、英国では主要な政党は基本的にアメリカで言うところの左派だ。祖父は共産党支持者だったし、姉には街頭でデイリー・ワーカー（訳注：イギリス共産党の機関紙）を街頭で売る仕事が回ってきていた。

　若い頃、私は政治にまったく興味がなかった。だが、公共健康保険で無料で受診できるのは当たり前だと思っていたし、大学に無料で行けるのを不思議にも思わなかった。授業料は完全に無料で、食事付き下宿の費用が払えるぐらいの給付金も受け取っていた。

　だから、アメリカに移住して、国籍を取得して、ようやく政治に興味を持つようになって、ごく自然に左派になった。今は聞かれれば自分は社会民主主義者だと答えている。人々の生活が突然の病気や事故で台無しにならないように、セイフティーネットとしての社会保障があるべきだ。技術革新と消費選択を生むための市場の競争があるべきだが、法律や規制は裕福層の富よりも大衆の必要性を優先する方が良い。中絶賛成で、車を所有して運転するのに教習場と免許証と保険が必要なら、銃の所有も同じようであるべきだと考える。

　全部に、あるいは一部に賛成できないと考える人が多いだろうが、それは構わない。ここ、アメリカの友だちの中にも、もっとリベラルな人も保守な考えの人もいる。もっと社会主義的で、リベラルな方向に行く友だちもいる。何も気にしていない友だちもいる。友だち同士でも様々問題で意見が一致しないが、ざっくりと民主主義が重要で自由で我が国の政府制度は公平な選挙を基盤にすべきだという意見は共通している。

第 16 章　選挙不正　275

どのような視点を持っていようと、人々はだいたい自分は良い側の人間だと考える。たしかにほとんどの人は良い人なのだ。富裕層の減税に好意的な人は、中間層や労働者階級の人々が嫌いだから減税に賛成しているわけではない。経済のために良いと考えているのだ。公的な健康保険に反対する人々は貧乏な病人を憎んでいるわけではない。民間の健康保険制度の方が良い結果になると考えているのだ。冷淡で思慮不足で邪悪に見えても、彼らの視点からは彼らは良い側にいて、反対する人々が間違っているのだ。

こうしたことはすべて、選挙不正陰謀論のウサギ穴に落ちた人と話すときに重要なことだ。彼らはほぼ間違いなく、自分たちが戦っている何かは、我々が信じている何かとまったく同じものであると考えていて、我々も同じだと思っているだろうと考えている。

自由で公平な選挙を支持しているのは我々だけではなく、友だちも同じなのだ。彼らは選挙は不公平だった、盗み取られたと考えていて、我々が望んでいるものと同じものを望んでいるだけなのだ。民主主義の原則について意見が対立しているのではない。前回の選挙で起こったことの詳細と現在の流れの中で起こっていることと、これからどうすべきかについての意見がわかれているのだ。

誰もが良い信条に基づいて行動している（が、時々間違えることがある）という考えはいつでもどこでも正しいわけではない。冷淡で、冷笑的で利己的な人々もいる。極貧の労働者階級は経済の必需品だと信じている人々もいる。結果がすべてで、手段は問われない、自分たちの支持政党は「正しい」からたとえ不正操作をしても選ばれるべきだと考える人々もいる。

こうした人々と議論するようなことにはならないだろう。ただ、こうした人たちがいることを話題にすることはあるかもしれない。大規模な選挙不正があったと考える人にとって、自分が信じている情報源が、自分の道徳規範とは違う価値観に基づいていると気がつく体験は、彼らを現実へと連れ戻すための素晴らしい揺さぶりとなる。（プロローグに登場した）ウィリーはケムトレイルの証明だと言われていたのがただのバラストタンクで、自分が騙されていていたと気づいたことで、他の事柄についても考え直すようになったと説明している。

信条を広めているリーダーの欺瞞が暴かれて、信条に疑問を持つのは、よくあることだ。カルトの専門家であるスティーブ・ハッサンは統一教会信者が腐敗した政府だけが使う邪悪な手法だと教えられてきた洗脳のテクニックを、教会自ら使っているのを発見したときに起こった再覚醒の過程について書いている。

友だちが持っている善を見つけ出そう。そこに注目して、ほかの人々の持つ悪

と比較して違いを際立たせよう。我々は自由な選挙を望んでいる。ほかの人々はただそれを勝ち取りたいだけだ。陰謀論は勝者のためのものか？

2016年の大統領選は11月3日に行われた。ドナルド・トランプがヒラリー・クリントンの対抗馬だった。選挙前の世論調査ではだいたいクリントンが大差で有利と出ていた。だが、それでもトランプの勝利の可能性はあると見られていた。統計上は勝利は可能だったのだが、ほとんどのメディアと、そしてトランプ自身も負けるだろうと考えていた。しかし、ご存じの通り、トランプが勝った。

ことわざでは「陰謀論は負け犬のためにある」と言われている。なかでも選挙の敗者のためにあるのだという。勝者は望んだものを手に入れた以上、陰謀を巡らす必要はない。勝ったのだから。当然ながら2016年、選挙改竄があったとする主張の多くは敗者側であったクリントン支持者から発せられていた。（そしてもっと早い時期にいくばくかの正当化を含んだ主張がバーニー・サンダースの支持者から）クリントン陣営はいくつかの州で票数に疑いがあり、統計上、不規則性があり、ハッキングの可能性があるとして、再集計を促す動きに出た。[*1]

クリントンは証拠が弱いと見て、直接に再集計を求めなかった。しかし緑の党のジル・ステインはいくつかの再集計を要求した。ステインによればとくにデトロイトで同様の不規則な結果が出ているということだった。クリントン陣営はこの主張を支持することに同意した。再集計が拒否されたものもあったが、結果に大きな差がなかったものもあった。その後のデトロイトの開票結果の監査では、小さな間違いは見つかったものの、典型的な人為的ミスの結果だという結論となった。このミスを訂正しても、結果に変化はなかった。

これらにとくに問題があるわけではない。開票結果を確認するのは、選挙の信頼性を保持するために大変有効な方法だ。

敗者は常に疑念を持つだろう。状況が徹底的に検証されて明らかになれば、区切りを付けて先に進みやすくなるだろう。ある選挙システムが高い安全性、弱点の少ない堅牢さ、正確さを持つことは、誰もが望むゴールだろう。選挙後、騒いでいるのは、だいたいが敗者側なのだ。

敗者の伝統に反して、ドナルド・トランプは勝者となったにもかかわらず選挙不正があったと主張した。それまでのしばらくの間選挙不正の主張をしてきたので、当然ながら急にはやめなかったのだ。この主張は大統領選の勝者となったが、人気投票には負けた全国レベルで続いた。そしていくつかの選挙区を落とした地方レベルでも続いた。

選挙不正が疑われ、いくつかの不正が見つかった。だがトランプが主張してい

たようなものではなく、ごく少数の票の集計ミスだった。

選挙不正陰謀論について話すときに、これが最も重要な教えとなるかもしれない。集計ミスはあるかもしれないが、米国では非常に小規模だ。実際に個々のケースをみれば、選挙不正は起こっているが、実数は驚くほど少ない（総票数の0.0025％以下だ[*2]）そして近現代の選挙の結果に影響を及ぼしたことは一度もないのだ。

2016年にトランプがわずかな票差で負けたニューハンプシャー州で、クリントンはたった0.4％の票差で勝った。これは僅差の勝利だったが、推測されている最大規模の不正票の160倍以上の大きさになる。それにもかかわらず、なぜか、非常に悪質なことが起こっているのではないかと言われていたのだ。

そして、複数の調査が行われることになり、文字通り片手で数えられるほどの不正が判明した。3名は選挙時は他の州に居住していたにもかかわらず投票していて、うっかりミスだったようだ。残りの1人は亡くなった夫の不在投票をした高齢の女性だった。

2016年大統領選ではニューハンプシャー州全体で、この4例だけが起訴に値する重大さがあるとされたものだった。もっと大きな不正が起こったという主張はそれ以上進展できずに終わった。

トランプと周囲の人々は、州外の有権者がマサチューセッツ州からバスで運ばれてきて、得票バランスを崩したと主張した。これは誤解だと判明した。州内の有権者を投票場まで運ぶバスが準備されたが、契約していたのは他州のバス会社だった。アン・エドワーズ司法副長官は捜査中にこう証言した。

> バーモント州のバス、マサチューセッツ州のバス、メイン州のバスがいると電話を受けました。投票場に調査員を派遣するたびに、彼らは状況を把握して、メイン州、バーモント州、あるいはマサチューセッツ州のバス会社のバスがいるが、他州の有権者はバスに乗っていないと確認しています。

この告発──調査──だが何も問題がないことがわかる、というパターンはここしばらく起こり続けている。これは我々の民主主義をより強固にし、同時にシステムがうまく機能しているのを示している。選挙の主催者は自分たちが重要な仕事に従事しているのを知っている。ごくわずかでも不正行為があるように見えれば、厳しい批判と、勝者の対抗者からの検閲がなされる。したがってシステム

はうまく不正を防いで機能するように改良が重ねられ、いざ不正が起こったときには素早くはっきりと不正を検出できるように記録と監査のシステムが備えられているのだ。大規模な選挙不正を行うのはあり得ないほど困難なのだ。

選挙不正は、また複雑だ。少なくとも、言われているような選挙不正はそうだ。もちろん、投票箱の水増しやニセ投票用紙のような簡単なものはすぐに察知される。そこで2020年の選挙でしばしば主張されたのは、データ内に隠れた数学的な「シグナル」が含まれているというものだった。シグナルはグラフの唐突なジャンプから、投票の集計から、理解できないような複雑な数学的分析（そして、実際の数学者による分析によれば、これを問題だと指摘している人々も明らかに理解していなかった）に及んだ。

こうした数学的な方法は理解が難しいこともあって、何度も何度も持ち上がり続けた。2022年の中間選挙では票の集計結果が出るや否やこれが出現するのを見ることになった。なかでも目立ったのが「不正票流入」と呼ばれるものだった。

不正票流入

「不正票流入」説は通常グラフとともに提示される。対立候補2人の開票期間（通常24時間以下）を通じての得票数を示す2本の線があるグラフだ。この主張の古典とも言うべきものは、トランプがTwitterで流したもので、現在でもまだ繰り返し流されている。この主張は誤りで、なぜ誤りなのかを理解する（そして説明できる）ことはツールとして非常に有効だ。

米国内のほとんどの州と同様にミシガン州の農村地帯は共和党支持者が主流だ。一方都市部ではとくに収入が低く人口密度が高い地区の人々は民主党に投票する傾向がある。こうした州の（とくに大勢の支持政党が変化した州の）支持政党別に塗り分けられた地図を見ると、これだけで「何かがおかしい」というドラマチックな幻想が発生する。

ミシガン州は最終的にはバイデン支持（青）となったのだが、選挙区別の塗り分け地図では真っ赤（共和党）で、ごくわずかな青（民主党）が点在しているだけに見える。これを見て衝撃を受け、選挙制度システムが不正に操作されているのではないかと思った人も多い。州の9割が保守なのになぜ民主党が勝ったのか？答えは簡単なのだが、繰り返して説明しなくてはならない。選挙区が投票するわけではない。そこに住む人々が投票するのだ。そしてほとんどの人が都市かその

第16章　選挙不正　279

周辺に住んでいる。だから農村部の広い選挙区に住む全人口の半分程度の人たちが共和党に投票したというだけなのだ。

農村部と都市部の人口密度の差にはまた別の作用もある。ミシガン州の各郡は、すべて似たような広さだ。しかし、人口では大きな差がある。デトロイト市があるウェイン郡はミシガン州で最も人口の多い郡で、200万人が暮らしているが、面積では人口2000人のキーウィーナウ郡よりも小さい。

したがってグラフをつくるにしても、各郡の開票結果が加えられるときには、キーウィーナウ郡（や同じように人口が少ない各郡）の結果が加えられても、線グラフの線はほとんど動かず、わずかに上昇するだけになる。

ところがウェイン郡の開票結果をグラフに反映すると、縦方向に飛び上がるように線が変化する。千倍ぐらい大きな変化だ。とても目立つし、そういう気持ちで見ていれば、非常に怪しい。

現実の開票速報はこの説明とは違って、郡ごとの得票が報告されるわけではない。投票の基礎になっているのは選挙区またはいくつかの纏まった選挙区だ。トランプが疑惑を主張した例ではデトロイトを含む選挙区の郵便投票の開票結果で大量の票がカウントされると予想されていた。普通の選挙と同じように、この得票分は全部纏めて集計されて、大量の得票結果として計上された。だがなぜ全部バイデンが得票したのか？　全部ではないが96％がバイデン票だった。トランプがどれほどデトロイトで不人気だったとしても、あり得ないほど高い数値に見えるかもしれない。だから、疑いを抱く人がいたのも不思議ではない。トランプ票がそんなに少ないとかあり得るのか？

この数字はそれまでの大統領選挙でも見られたものだ。2016年にはトランプはもっと得票できなかった。デトロイトでの得票はわずか3％だった。2012年の場合、ロムニー（オバマの対立候補）は2％で、2008年のマケインは2.6％だったのだ。[*3]

したがって、ここで「大量の得票」があるのはわかっていたし、民主党が優勢になることもわかっていた。文字通り、疑惑の余地などなかった。実際、こうならなければ、むしろ怪しかっただろう。たとえ、疑わしかったとしても、誰にも気づかれないまま票を持ちこめるような実行可能な仕掛けはない。「不正票の大量流入」の想定は、集計システムのハッキング、ときには、出所不明の票が真夜中にトラックで運び込まれるという想定で主張されている。かなりの数の監視員が配置され、調査と監査が行われてきたが、想定されているような不正は検知されていない（そして繰り返しになるが、選挙システムを動かして、調査を実施してい

280

る人々には、両方の党の支持者がいるのだ)。

　ウィスコンシンの開票結果についても似たような陰謀論がささやかれていた。だがここでは数字の不可解さが、さらにもっと誤解を招くことになった。バイデンはミルウォーキー選挙区の郵便投票分が開票されるまで、ずっと劣勢だった。デトロイトのように郵便投票分は民主党の得票線を急角度で持ち上げた。過去の投票パターンが、パンデミックによる郵便票の増加でさらに増幅されたのだ。

　この出来事は不正を主張する人々を勢いづかせたが、まったくの偶然ながら、インターネット上のグラフの描かれ方にも、原因があった。バイデンの線は青で、トランプの線は赤、トランプが数ポイント上を行っていた。ミルウォーキーの大量の票が加えられたとき、その9割を得票したバイデンの線はトランプの線を飛び越えた（これも以前の選挙結果と同じだ）。トランプには1割が行って、トランプの線も上に向かったがバイデンには追いつけなかった。これだけでもいつもの疑いが高まったかもしれないが、この結果でもバイデンの線はトランプの線をごくわずかに上回っただけだった。青い線が赤い線の上に描かれていて、両方の線がかなり太かったため、トランプの得票がゼロであるように見えてしまった！　実際は、トランプの1割の得票はバイデンの9割の下に隠されてしまっていただけだったのだ。

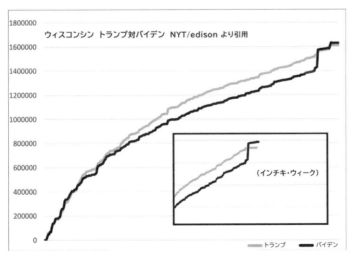

図21　実際のグラフは バイデン（黒）とトランプ（灰色）の票の増加を表している。だがバイデンが期待通り都市部で大量に得票したため、トランプのより少ない得票が見えなくなってしまっている。囲み内はクロウダーやほかの人々が使っている誤解を呼ぶ改変。

このグラフは選挙否定論者の間でのシンボルのようになった。単純化されたものは、今も加工されて使われている。だが最もひどい例は保守派の評論家スティーブ・クロウダーが2020年11月に自分の番組に「フラウド（インチキ）・ウィーク」というコーナーをつくって、そのタイトル画像として使ったものだろう。インチキの意味のFraudのFをグラフが重なり合っている部分のカーブに当てはめている。

元のグラフだけでも悪すぎるレベルだが、クロウダーの改訂版はもっと誤解を招く代物だ。トランプの総得票が見えなくなっているだけでなく、真っ直ぐになっていて、得票がゼロだったことになっている。

すぐに詳しい状況説明が出てこなかったことを踏まえると、これは選挙結果についての疑いの種を撒きたい人たちにとっては強力なツールで、当然ながら、再利用された。2022年の中間選挙では古いミームの使い回しと、同時に、どこであれ、これと同じように民主党に大量の票が投じられた場所で、新たな主張が見られた。「不正流入票」のトリックは何度か使われ、ごく最近では「民主党が2020年に仕掛けた不正を絶対に忘れるべからず」と銘打ったものもあった。ここでも忘れるべからずのforgetのFの字が、グラフの重なった線からデザインされた表記になっていた。

反例は使い勝手のよいツールだ。この事例では、2022年のケイティ・ホブスとカリ・レイクが競ったアリゾナ州知事選挙が絶好の例を提供してくれた。ここでも大量得票で一方の候補者が優位に立った。ただ、ここで有利になったのは共和党候補のカリ・レイクで、しかも皮肉なことに彼女はトランプの不正選挙陰謀論の支持者で、もし、この大量得票が対立候補に有利なものだったら、レイクは間違いなくこの得票を問題していただろう。

我々がここで学ぶべきは（そして伝えようとしているのは）まず、物事はいつも見かけ通りではないということだ。グラフ上で得票が突然増えたのは、たしかにすっと飲み込めない、最初は説明も難しいし、疑念も呼ぶ。だが、だからと言って、何らかの不正の証拠だというわけでもない。ただもっと情報が必要なだけだ。その情報が揃えば、（過去の事例も含めて）グラフの説明はつく。

たぶんもっと重要なのは、人々はデータがないときもこうした主張を広めたがるということだ。そして、クロウダーのようにちょっと調べれば間違いだとわかるようなことでも、広めてさらに話を大きくしようとする。

人々は勝つことを目指し、そしてそこで自分の視点が広がることを目指す。もしウソが必要ならウソもつく。少なくとも真実から目を背ける。友だちはこれを

認識する必要がある。誰を信頼しているのか？　なぜ信頼するのか？　その信頼は適切か？

判例はファクトチェックに勝る

　陰謀論が通用するのはファクトチェックが難しいからだ。誰かが説得力のありそうなこういうことが起こったのだという主張をしても、あるいは、この出来事や状況はこういう特別の意味があると主張しても個人がこの真偽を確かめにいき、自分で評価をするのは非常に難しい。

　もちろん、ファクトチェッカーを使うこともできる。スノープスやメタバンクのような独立系のサイトは多様な誤情報の真相究明に挑んでいる。またもっと主流寄りのファクトチェッカーであるポリティファクトやファクトチェック.オーグもある。大手メディアのファクトチェック部門も情報を出している。ワシントンポストやNPRのものは充実している。

　明らかな問題は、ワシントンポストやNPRはリベラル寄りだということだ。したがってこれらのファクトチェックは保守派には響かない。近年、保守派はファクトチェックは本質的にリベラルな構造を持っていると見るようになってきている。たとえば、保守派のメディアであるフォックス・ニュースのサイトにはファクトチェックを掲げたページはなく、ファクトチェック.オーグやポリティファクトのようなサイト、さらにはAP通信まで攻撃するためにけっこうなスペースを使っている。

　もう一つの問題は現実に存在する非陰謀論バイアスが、ファクトチェッカーを汚染していることだ。極端な陰謀論者の主張がいつもほぼ間違いであることから、ほとんどのファクトチェックの結果では陰謀論は間違いだとなる。これを受けて、極端な陰謀論を信じる人々は2つのうちどちらか1つの道を行く。自分が信じていたことが間違いだったと悟る人々がいる一方で、それよりも多くの場合、ファクトチェッカーがきっと間違っていると考える。そして大概の場合、ファクトチェッカーというのはウソつきだと決め付けることになる。

　一度ウソつきだと決めつけてしまわれると、我々のメソッドの「役に立つ情報を提供する」というステップ2に進むのは非常に難しくなる。平面地球論者がNASAのものはなんであれ拒絶するように、911真相究明活動家がNIST（国立科学技術院）のような政府機関の情報は何であれ拒絶するように、選挙不正論者は主流メディアのファクトチェッカーを拒絶するだろう。なぜなら、主流メディ

第16章　選挙不正　283

アは陰謀に加担していると聞かされてきたからだ。

中立的なファクトチェッカーでも使えない場合はどうしたらいいだろう？ 最も疑わしい情報よりも上位の情報源、事実に関する係争を公平に仲裁すると通常で信頼されている人が必要になる。つまり、文字通り「判断する人」である判事が必要になる。

法廷の外では人々は自由に好きなことが言える。直接の中傷と詐欺以外、ウソをついたり、推測をしたり、後先考えずに真実を都合よく調整できる。だが判事の前で宣誓をしたあとは、ウソを付いた場合の罰則は突然重大なものになる。突然、真実が、少なくともウソをつかないことが現実的に必要になるのだ。

法廷内での陰謀論の扱いを見れば、それがどれだけ事実に基づいているかを示すことができる。お金が絡んでいる場合にはとくにはっきりとわかる。攻守が逆転した場合、つまり陰謀論者が訴えられるようになった場合、これがことさらはっきりとしてくる。

2020年の選挙直後の最初の法廷闘争が典型的だった。投票の不規則さを告発する声が上がった。表向きは「選挙の安全を確実にするため」の再集計と監査を求めるものだった。ここで必要な唯一の証拠は中途半端でもっともらしい疑わしい活動についての主張だけだ。数字の集計がおかしいように見える、ある選挙区での投票者の数が多すぎるように見えるなどという単純な主張もあった。検証可能な事実が（もしあるのであれば）最小限そろえば簡単にこうした主張をすることができる。

裁判所の妥協を許さない現実に直面したとき、こうした主張が検討に値すると認められることはほぼなかった。トランプの選挙陣営は2020年の選挙直後に60を越える訴訟をし、敗訴した。多くの訴訟はトランプの弁護団が自ら取り下げた。

ここで人々に気づいてほしいすごいことは、実質的に、トランプ弁護団は選挙不正の主張を自分たちで検証したということだ。彼らは選挙不正と見られるある種の様相が進行中だと訴訟を起こしたわけだが、証拠は噂に毛が生えた程度の話か保守メディアの記事が根拠となっていた。そこでもう少し調査してみると、証拠も違法行為もなく、法廷では勝てないとわかったのだ。弁護団自らファクトチェックしたのだ。

時には弁護団の助言にもかかわらず、訴訟に持ち込まれたものもあった。トランプはジョージア州での選挙結果に対して戦いを挑んだ自陣営とともに、ある郡が多数の違法な票、死者、未登録者、投票資格のない重罪犯の票を集計に加えた

とする法律文書にサインした。だが、トランプの弁護団は、反対した。この文書の主張する数はおそらく法廷での検証に耐えられないだろうと考えたからで、結局、その通りになった。

トランプの弁護団が取り下げなかった訴訟は、判事から「軽薄」ないしはそれに類似した言葉で一蹴されることが多かった。下級審を通過したものはごくわずかで、上級審には当然のように却下された。

重要なのは、却下の判断をした判事の多くをトランプ自身が（大統領任期中に）任命していたことだ。つまり、トランプ弁護団が不正の主張をデバンクしただけでなく、トランプの判事もこれを却下したのだ。

おそらく、究極の仲介者は、誰もが関係を持てるお金だろう。我々は発言の自由に関してはかなり自由度の高い国に住んでいる。そして人についてどう思うかを言える。ただ、人を傷つけるようなウソは言えない。とくに金銭的損害を与えるようなウソは駄目だ。もし、そういうウソを言ってしまったら訴えられて損害賠償をする覚悟が必要だ。ドミニオン投票機に起こったのはそういうことだ。

ドミニオン投票機はトランプが僅差で（そしてはっきりと）負けた州の多くで使われていた。当然ながら投票機は疑惑の的となった。画面で投票結果が変化していたり、自分が投票したい人に投票できなかったりしたなどという話があり、こうした申し立ては州の選挙管理委員（通常、共和党員だった）が調査し、よくある不具合と、機械の誤作動しか発見できなかった。

このドミニオン陰謀論は、主張が始まるや否や躓いた。当初、勝敗の行方を握る6つの州（ネバダ、アリゾナ、ウィスコンシン、ミシガン、ペンシルバニア、ジョージア）で、トランプが「予想を裏切って」負けたこととドミニオン投票機が関係しているという話だった。実際はドミニオンが使われていたのは24州で、その多くでトランプがギリギリで逃げ切って勝利していた。[5] 誤った主張はトランプ支持のニュースマックスのようなサイトに掲載され、ソーシャルメディアで広くシェアされた。だがすぐにファクトチェッカーにデバンクされていた。

このようなデマに持ち上げられて、ドミニオン投票機についての神話ができあっていった。偶然の繋がりを根拠に、ドミニオン社のオーナーがペロシ家だと信じる人々が現れた（ナンシー・ペロシは民主党員で下院議長だった）。ドミニオンがベネズエラの選挙を不正に操作し、2020年の大統領選で同じ手法を使ったという奇妙な噂は、その後、陰謀論に取り込まれた。

投票機がドミニオンの主幹事業であったため、このような主張が信じられてしまうと、明らかに業務妨害となる。そこで訴訟に踏み切った。

第16章　選挙不正　285

反撃が始まるとすぐに、ニュースマックスやフォックス・ニュースなどのメディア会社は不安を募らせた。真面目な弁護士は陰謀論が根拠のない妄想で、訴訟の結果が大きな経済的損失となりうるのを知っていた。そこで、経営陣にコメンテーター、とくに誤情報を広めていたニュースキャスターと評論家を統制する必要があると伝えた。

　最初に和解に応じたのはオンライン雑誌の「ザ・アメリカン・シンカー」誌で、以下のような声明を発表した。

　　　これら（の記事）は、ドミニオンがベネズエラに関与していると推測されるというデバンクされた説、ドミニオンの投票機の不正が大量の票の振替あるいは偏った投票という結果に繋がった、さらにドミニオンが不正に作動したという信頼できる証拠があるという誤った主張などを売り込んだ信頼性の低い情報源を根拠としている。これらの記述はまったくの誤りであり、事実に基づいていない。ドミニオンは適切に作動していて、こうした主張を裏付ける証拠はまったくないと業界の専門家と官僚が同様に確認している。

　　　我々がこうした虚偽の記述を公表したのは過ちだった。我々はこれがドミニオンとその従業員に及ぼしたすべての損害について、謝罪する。また読者の皆さんに9つのジャーナリズムの原則を放棄し、2020年11月の選挙におけるドミニオンの集計記録と、選挙の集計における限定された役割に関して誤って伝えたことをお詫びしたい。我々はこの大きな誤りを犯したことを後悔している。

　このような撤回はメディアで一般化した。時には神話の一部が放送された直後に撤回されたこともあった。陰謀論はすぐに勢いを失った。2021年4月にはニュースマックスがドミニオンとある特定の問題に関して和解して、いくつかの適切な事情説明を公表した。だが、誤情報自体は存続しているようで、現在も16億ドルの名誉毀損訴訟に直面している。繰り返し、訴訟取り下げ要求が出されたが、却下されている。

　同様の訴訟で、非常に強力なものが、フォックス・ニュース、トランプの弁護士ルディー・ジュリアーニ（元ニューヨーク市長）、マイク・リンデル（枕の販売で有名な企業のオーナーで、熱烈なトランプ支持者。選挙に関する誤情報を大量に広めた）、シドニー・ポウェル（元トランプの弁護士）らを相手取って、係争中だ。

286

弁護側は問題の事実関係を争わず、法律上の細則に焦点をずらして問題はないと示そうと試みている。もう法廷でさらに極端な主張をしている者はいない。むしろ、被告側は誤誘導され、当時入手可能だった情報に基づいて、陰謀論が真実だと信じさせられてしまったと主張している。

これはもちろん、彼らは選挙不正論がデマだったと認めているということだ。そうでなければ、もっと真正面からの弁護をするだろう。ほかに方策がなくなったリンデルは控訴を続け、2022年10月にトランプが任命した保守派判事が多数を占める最高裁で控訴を却下されて、判決を受け入れざるを得なくなった。

ドミニオン訴訟をどう利用すれば良いのだろうか？ ただ、これについて話すだけでも十分役に立つ。間違った主張が正しいと信じる人は、詳細を本当には理解していないことが多い。だから、友だちはドミニオン投票機の不正について、たとえば、問題の6州だけで使われていたという誤った主張を、繰り返すかもしれない。こうした間違いをファクトチェッカーの記事を使って指摘しようとすると、ファクトチェッカーはリベラルなメディアがやっているという理由で聞いてもらえず、試みは失敗に終わりがちだ。ジ・アメリカン・シンカーやニュースマックスのような機関が報道を撤回したことを否定するのはずっと難しい。

友だちはリベラル側の判事に強制されたのだと言うかもしれない。そうであっても、関与した判事の多くをトランプが任命していたか、まったくリベラルではないことを指摘できるだろう。最後にトランプ政権の最大の功績は最高裁の9人の判事中、6人を保守派としたことだったのを思い出してもらおう。だがトランプ支持者が選挙デマの罪を問われたとき、その判事たちは主張を聞くことさえしなかったのだ。

モスとフリーマン

もう一つの有名な、選挙をきっかけに飛び出した陰謀論は、ある意味便所の水漏れの結果生まれた。2020年11月3日の投票日、郵便投票の集計に使われていたジョージア州フルトン郡のステートファーム・アリーナの一室の天井から大量の水漏れが生じた。水漏れの原因はわかったが、開票作業を始められるようになるまでに数時間かかってしまった。職員の睡眠時間の確保のため、作業は午後10時半終了で、作業は翌時再開すると予め決まっていた。会場の監視カメラには、午後10時頃、職員たちが片付けを始め、未集計の票は容器に入れて密封し、ラベルを付けてテーブルの下に収めているのが映っていた。

第16章　選挙不正　287

図22 フルトン郡集計室
ルビー・フリーマンが未集計票をしっかりと封印した容器に入れ、
テーブルの下に収めている。その後、同じ容器が開封され、集計が再開された。

　おそらくは、水漏れのせいで作業が遅れ、予定の開票数に届かなかったためか、開票を続けるようにとの指示が来た。もう帰ってしまった職員もいたが、シェイ・モスと母親のルビー・フリーマンを含む職員は票の容器をテーブルの下から引っ張り出して集計を再開した。

　懐疑的な空気が蔓延する中で、この出来事からいくつもの陰謀論が生じた。トランプ自身が広めた説は、水道管の破裂が開票中に起こって、作業中の人々が無防備な状態で票を持ったまま部屋から出なくてはいけなくなったというものだった。実際には、集計が始まる前のまだ誰もいない部屋で、詰まった便所の配水管から、水漏れが始まったのだった。これが原因で作業が中断したり、誰かが帰宅したりはなかった。ただ作業開始が遅れただけだった。

　陰謀論が推測するさらに陰湿な状況は「スーツケース」説として知られるようになった。これは、監視役が部屋から呼び出された隙にモスとフリーマンが秘密の隠し場所から、「ニセ票が詰まったスーツケース」を引き出して違法に集計に追加したというものだ。

　ジュリアーニもこうした主張をしたが、最悪のものはトランプ自身の発言で、

ジョージア州の（共和党）州職員にもっとトランプ票を見つけるようにと催促する電話の録音で62歳のフリーマンの名を探し出して、彼女は政治的な工作員だと言い、ニセ票のスーツケースを引き出して、集計機に3回ずつかけたと主張していた。そして、これはすべて録画されていて、自分は個人的に見たと言っていたのだ。[*7]

ここで最大の問題となるのは録画だ。監視役の不在時にも複数のカメラが部屋を映していて、この日1日を複数のアングルから記録した高画質の録画[*8]も公開されている。トランプ陣営は、トランプが主張をする前にこれを入手していた。録画には職員がテーブルを並べていて、その下には何もない状態が映っている。仕事を終えて片付けに入った時には、公式の票収納箱だけが封印されてテーブルの下に収められている。数分の間、箱はこの位置にあったが、その後引き出されて再集計が始まり、箱の中の票は一度だけ集計機にかけられている。

これはトランプに通話でも説明されていて、その後、ジョージア州務長官室のガブリエル・スターリング（共和党）による詳細な記者会見でも説明されている。スーツケースと水浸し神話をデバンクしただけでなく、重罪犯や10代などほかの非有権者による投票があったという神話もデバンクしている。スターリングはニュース・ショー「60ミニッツ」などのテレビに複数回出演して、録画を詳しく検証し、トランプの主張が虚構であることを実証している。

人々が耳を傾けてくれるようであれば、これは、価値のある観点だ。もちろん陰謀論でお馴染みの、「いつものただのファクトチェッキングだ」と退けられてしまう可能性はある。スターリングは共和党員だが、RNO（名ばかり共和党員）あるいは「トランプを支持したことがない」と切り捨てられることもあり得る。幸いなことに、ここでもより強力な真実の判定者がいる。お金だ。

モスとフリーマンはデマであることがはっきりとした後で、ウソを広めたとして、ジュリアーニを訴え、またこのデマを繰り返したとしてOAN（ワン・アメリカ・ニュース）を訴えた。2人は、トランプとジュリアーニに非難された後、数多くの殺害の脅しや嫌がらせの対象にされたと説明している。この訴訟はしっかりと証拠が揃っており、2022年5月、ジュリアーニとOANは和解に応じざるを得なくなった。和解金の金額は不明である。モスとフリーマンは（陰謀論サイトとして知られている）ザ・ゲートウェイパンディットも訴え、同様の経過となった。

要は、トランプの主張は法廷では勝てなかったということだ。共和党の州務長官、共和党が指名した判事、さらにはトランプが指名した最高裁判事までこの主

張を認めなかった。トランプ陣営の弁護団でさえ、最終的には被害を最小にするべく対策を立てざるを得なかった。彼らも主張が虚偽であることは承知していたのだ。最終的に虚偽の主張をしていた人々は、彼らがまやかしに果たした役割の代償として数百万ドルを払わざるを得なかった。これを決めたのは我々の究極のファクトチェッカーである米国の司法だった。

情報源

選挙不正に関する主張はその性質上一時的なものになりやすい。したがって、最良の情報源はグーグル検索とウィキペディアになるだろう。だが、特定の選挙ごとに関連する情報源もある。また現在進行形の役に立つ情報を提供してくれそうなサイトもいくつかある。

CISA：サイバーセキュリティ・社会基盤安全保障庁（CISA）は米政府機関で、サイバー犯罪、諜報活動、選挙改ざんを査定し、検出し、予防する活動を行っている。

CISA のページには選挙の安全管理に関するいくつかのデマについて詳しく述べた記事があり、ほかの情報源への有用なリンクも多数掲載されている。ただし、注意すべきはこれが政府のサイトであることで、何にせよ現政権の管理下にあるということだ。トランプが2020年の選挙に敗北した後、CISA はいくつかのトランプ自身の発言を含めた主張のファクトチェックに関与した。まだトランプ政権の在任期間だった11月12日、いくつかの主張のデバンク後に CISA 局長のクリストファー・クレブスは解雇され*9、数ページが削除された。

したがって、CISA の情報を読むときには、誰が権力の座にいるかを考慮し、確実な情報を入手しよう。友だちは政府のサイトだと言うだけで信用しようとしないかも知れないが、ここが選挙不正調査の担当機関なのだから、見解を知っておくのは悪くないだろう。

ファクトチェッキング・サイト：なかでもとくにファクトチェック・オーグ（Factcheck.org,）ポリティファクト・コム（Politifact.com,）そして、スノープス・コム（Snopes.com.）これらのサイトが、調査と解明を得意とする主題の一つが選挙不正陰謀論だ。友だちはおそらくこうしたサイトを信じないだろうことを覚えておこう。だから、ファクトチェックサイトからリンクされている元の情報源まで遡るのがお勧めだ。選挙中と選挙直後は、各ファクトチェッキング・サイトの最初のページに選挙関連の情報が掲示されている。選挙と選挙の間の期間なら

は、「○○年選挙」という検索ワードを使えば、多くの有用な情報が出てくる。

ジャーナリストの道具箱：ジャーナリスト向けのこのサイトには、選挙の仕組みや2020年、2022年の選挙で何が起こったかなどについて大量の情報がある。古いものは2008年まで遡れるので、これは有用なコンテンツになるだろう。
https://www.journaliststoolbox.org/2023/01/03/election_2008/

第17章
Qアノン

　陰謀論で人生を破壊されてしまった人々から届くメールは、メールの中でも最も悲しいものだ。通常、ウサギ穴に引き込まれてしまった人の親友やパートナー、親などの近しい親族がメールを送ってくる。そして本人を救出できる見込みなどないように思われる。こうした人々は、単に、どんな反証があろうともある陰謀論に入れ込んでいる「本物の信奉者」ではなく、むしろウサギを追いかけて現実との接触をほぼ失うまで、ウサギ穴の奥深くに入り込んでしまった「深入り信奉者」だ。

　こうしたメールのほとんどを占めているのが近年台頭したQアノン陰謀論だ。典型的なものを上げよう（プライバシーの保護のため、詳細は変えてある）。

　　私の友だちは長らく不安症と飲酒の問題を抱えていました。パンデミックの間、彼は酒を止めて、1日中、ニュースとポッドキャストを聞くようになりました。まるで依存症になったようでした。新型コロナ（covid-19）に関する動画を見てから、ワクチンを拒否して仕事も失いました。彼が信じていることについて、毎日、口論するようになりました。私が賛成しないので彼が怒り、私も怒ってしまいます。

　　2022年初めから、彼はもっと悪化して、ケムトレイルや怪しげな代替医療、そして平面地球論にまで入り込むようになりました。どんどん終末論的になっていき、サバイバル用具や食料を買い込んで世界の終わりについて話します。彼との関係を断ち切らなくてはならなくなりました。何でも良いですが私にできることはあるでしょうか？

　悲しいのは、書き手が友だちと多くの体験を重ねてきたこと、いくばくかの希望とアドバイスを求めて私にメールを書いたのは、その最終章だからだとわかるからだ。また、この説明を読めば、道は遠く、良い結果に終わるかどうかも不明

だと見て取れる。これだけ深く入り込んでしなっていると、脱出への道筋を見極めるのは簡単ではない。

それはそうだが、アドバイスできることもあるし、希望もあるし、役に立ちそうな経験もしている。そして絶望的な状況であっても、救出できたという報告も見ている。

Qアノン信奉者と話すときのアドバイス

Qアノンについて効果的に話し合うためには、Qアノンとは何か、その歴史、発展、現状、そして関与してきた人々について、ある程度理解しておく必要がある。

おそらく、あなたも基本的なところはもう知っているだろう。Qアノン陰謀論によれば悪魔崇拝の小児性愛者の一味がいて、彼らが秘密裏に世界を操り、また世界的な子どもの性的人身売買組織を運営している。Qと呼ばれる人物あるいはグループがこれを止めようとして、その一つの手段として、インターネットの掲示板に、間もなく起こるストームについての謎めいた手がかりを投稿している。

まず、実用的なアドバイスから始めたいので、Qアノンのもっと詳しい歴史について述べるのは、もう少し後にしたい。

理想的には第5章「デバンキングの基礎技術」で説明しているシンプルな3ステップの過程をまず読んでほしい。

効果的な会話を続ける。
有用な情報を提供する。
時間をかける。

このステップは多くの陰謀論の信奉者を助け出すのに有効だった方法だ。「本物の信奉者」であっても、時間はかかるが、ウサギ穴から出てきている。通常は第1ステップと第2ステップに同じくらいの力を注ぐ。だが、「深い入り信奉者」の場合は少し違う。第3ステップの「時間をかける」は悲しいかな変わらない。即効性のある方法はないのだ。長い時間をかけるその間に、第1ステップに力を注ぎ、第2ステップはずっと力を抜いていい。

つまり、何よりもまず、友だちとの関係に力を注いで、ファクトチェックにはそれほど拘らないということだ。

第17章 Qアノン　293

深入り信奉者は激しく変化する信条の作り出す世界に落ち込んでいるので、最初は、核心となる信条一揃いがあるように見えても、細かい内容は常に変化しているので、ついて行くのが非常に難しく、もっと重要な特色として、ファクトチェックに対する免疫が非常に強い。予言が外れるというような、これでもうＱアノンも終わりだろうという出来事があっても、信仰が揺らぐことは少ない。

　研究者たちは、Ｑアノン陰謀論のこの特徴を「自己封印」と呼んでいる。この陰謀論はファクトチェックのある世界で繁栄できるように、デバンキングの現実は不可避だと信仰体系に組み込む方向で進化してきた。彼らはファクトチェックは腐敗したエリートが権力を取り戻そうと必死に戦っている証だと見なす。何かがデバンクされたとすると、デバンキングが行われるだろうという予測の確認になり、デバンキングはひっくり返されて計画通りにことが進んでいるという証拠として使われるのだ。この目眩がするような論理（あるいは論理の欠如）に関与しようと試みるよりも、友だちと話すことに力を注ごう。お互いが違うことは受け入れる。が、すぐにその違いを「修正」しようとせずに、ただ話を聞いて、そして話すことから始めよう。

　陰謀論とカルトの専門家はこのシンプルなアドバイスを繰り返している。

　Ｑアノン陰謀論を信じる親友とどう話したらいいかという記事を例として挙げてみる。

「まず聞く、説教はしない」

　陰謀論信奉者は自分の考えを嘲笑う人の意見に左右されることはまずない。教え諭そうとするよりも、聞いて、なぜ陰謀論を信じるようになったのか、あるいは、どこで情報を得ているのか質問した方がいい[*1]。

　臨床心理学者のピーター・マリノスキー博士がアドバイスするのは、友だちや家族と陰謀論について話す時は、淡々とした態度を保ち、一にも二にも自分を抑えることだ。

　　　人々は往々にして、「バカな真似を止めさせよう」とこうした議論を始め、相手がなぜそんなことを始めたのかにまったく興味がないまま、見下して軽蔑した態度で終わってしまう[*2]。

　とマリノスキーは言う。

「友だちや家族との会話にはバカバカしいというような態度よりも共感を持って臨みましょう」と誤情報と戦う NPO ファースト・ドラフトのクレア・ワードルは言う。

忍耐強く、彼らの言い分を聞きましょう。[*3]

私はいつも、この道を歩んでいる誰かと話そうとするなら、議論してはいけない、過ちを暴こうとヒートアップしてはいけないと人々に言っています。[*4]

この先も繰り返しこのアドバイスが提供され続けるだろう。なぜなら、有効だからだ。最も初歩的なレベルでは、相手に耳を傾けてもらえなければ、相手を助けることなどできないので、この方法は有効なのだ。最も根本的なレベルでは困惑するようなデタラメの山に基づいている信条だとしても、彼らは心の底から信じているので、この方法は有効なのだ。本当に助け出したいなら、その信条と同じくらい深いレベルで、相手に届くコミュニケーションをしなくてはいけない。相互に理解しあうレベルで、長期間にわたって常にやらなくてはならない。

プレッシャーをかけずに話してもらおう。正直難しいだろう。トンデモな話は聞いたそばから押し返したくなるのが自然な心情だからだ。相手にとっても難しいはずだ。Q アノンの深入り信奉者は信条を話す時には戦闘的になることに慣れているからだ。相手が否定してくることを予想しているし、すぐに信じがたいという反応が返ってくると予測しているし、馬鹿にされると思っているし、ファクトチェックを期待している。

人との会話ではプレッシャーを感じるのが常態化していて、強い防御態勢がデフォルトで、ついには先制攻撃をかけてくることさえある。

この姿勢は様々な現れ方をする。ごく自然に「ギッシュギャロップ」と呼ばれる状態になって、矢継ぎ早に数々の「証拠」を繰り出してこちらを圧倒しようとしたりするかもしれない。きっと嘲笑しようとするだろうと推測して、何も言っていないうちからバカにするなと怒りをぶつけ出すかもしれない。あなたの言うことはすべて個人攻撃で、穏やかな罪のない会話のすべては彼らの考えを変えさせようとする隠れた意図を持った欺きに違いないと受け取るかもしれない。

相手がこうなってしまわないように、優しく導こう。効果のある会話ができるようにする前に、こうした姿勢に陥らないように、相手に行動パターンを再学習

してもらおう。最初のステップはプレッシャーを与えないことだ。相手が批判されるのではないかと感じることなく話せる空間をつくろう。プレッシャーなしの話しやすい場をつくろうとしていると、はっきり告げよう。できるなら矢継ぎ早に証拠を捲し立てずに話すように誘って、できなかったら、辛抱強く「証拠」を聞くようにしよう。自分はもっと知りたいので話を聞きたいのだということを、親切に、辛抱強く、軽蔑することなく、しっかりと伝えてほしい。

これは相手に会話する場を与えるための準備だ。圧力を感じれば誰でも陣地に後退して、防御壁を建ててしまうものなのだ。リラックスして、中立的な会話ができる場を作れば、相手も徐々にリラックスしてあなたと会話をするようになってくる。

もちろん、このリラックスした議論には相手の考えを変えようとする意図が（ある程度まで）潜んでいる。だが、正直な議論というのは、何であれそういうものだ。もし相手が、考えを変えさせようとしているんじゃないかと尋ねてきたら、そうだ、だが相手があなたの考えを変化させようとしているのと同じくらいだ、そして、友情を壊してしまうならやめると答えよう。そう、今は話をするのが第一の目的なのだと。

Qアノンの反ユダヤ主義的ルーツ

Qアノンは、ピザゲート（子どもが誘拐されるという初期の陰謀論でピザが絡んでいる）から始まったと説明したくなりがちだが、本当にQアノンを理解するためには、これは数千年の昔から存在する陰謀論である「血の中傷」の最新型モデルであると認識する必要がある。

何か良くないことが起こると、人々は生贄を求めて、責めを負わせようとする。有史以来、社会は問題が起こるたびに原因である「他人」を探し出してきた。たとえば移民や少数者グループはいつも犯罪者呼ばわりされる。比較的最近までアメリカ、とくに南部では、アフリカ系アメリカ人が白人の住民に対してわずかでも犯罪をしたと疑われると、群衆による私刑が行われていた。

この「他人化」のもっとも極端な例が反ユダヤ主義だ。ヘイト、疑惑、告発、そして虚偽の主張がユダヤ人に対して行われてきた。第2次世界大戦中のホロコーストはよく知られているだろう。だが、反ユダヤ主義には過去数千年に渡る恐ろしい歴史がある。

1349年のバレンタインデー、北フランスのストラスブールで2000人のユダヤ

人が焼き殺された。おそらく本当の動機は領主の金銭的利益だったと思われるが、火あぶりを行った群衆の言い訳は、ユダヤ人が地元の井戸に毒を入れたので黒死病が大流行したというものだった。1300年代には同じようなユダヤ人虐殺が各地で起こっていて、数千人単位のユダヤ人が死亡し、ヨーロッパの都市の多くからユダヤ人コミュニティーが完全に消え去った[*5]。

ユダヤ人はまたやがてQアノン陰謀論の中核となる、子どもたちに対すると認識される犯罪のよくあるスケープゴートでもあった。

この濡れ衣の現代版は20世紀初頭に連続して起こった出来事まで遡る。

子どもが死んでいるのが見つかるとなんの証拠もないままに、子どもはユダヤ人に血の儀式で殺されたという話が出てくる。ときには、ユダヤ人が過越の祭りで食べるマッツォーというクラッカー状のパンをつくるのに子どもの血を使ったという話にもなった。それに、公開裁判、処刑、暴徒による虐殺が止めようもなく続いた。

この同じ過程は、その後数十年、数百年の間繰り返された。この濡れ衣を「血の中傷」と言う。

英文ウィキペディアのページにはこうした残虐行為についての長文記事が掲載されている。とくに20世紀の記事が長い。最初は1903年のキシナウ（キシニョフとも／当時はロシア、現モルドバの都市）の虐殺（ポグロム）で、男の子の死についての新聞記事をきっかけに、多数のユダヤ人が殺された事件だ。この項にはドイツのナチスが力を入れたこの話の喧伝についても記述がある。さらに中東で21世紀初頭の20年間に再燃した血の中傷による濡れ衣についても解説している。最後には次のような短い段落がある。

> Qアノン陰謀論は血の中傷レトリックを広めてきたと告発され続けている。ハリウッドのエリートが子どもたちから悪魔儀式による虐待によってアドレノクロムを搾り取り不老不死になろうとしていると信じているからだ[*6]。

ここで、我々はQアノン陰謀論の真実に辿り着いた。繰り返される古代からの陰謀論の、その最新バージョンに過ぎないのだ。長い時間を耐えてきた話だから、人の心をうまく捉える。陰謀論とは思考のウイルスだと考えれば良い。ウイルスは、自己複製の巧さによって、長い時間を生き延びる。環境に最も適したウイルスは、その環境で繁栄するのだ。

第17章　Qアノン　297

だが時は流れ、環境は変化する。時とともに変化しないウイルスは滅びる。生き残れるのは自然のランダムな突然変異と自然淘汰をくぐり抜けたものだけだ。

同じことが陰謀論にも言える。セイラムの魔女裁判は当時（17世紀末）の思考のウイルスだった。魔女が超自然的な力で他人に害を及ぼした罪で裁かれることはもうなくなった。そこで、この思考ウイルスは、「悪魔パニック」と子どもを使った儀式による虐待が行われている疑いがあるというウイルスに進化して、Qアノンと呼ばれる強力なウイルスの一部となったのだ。

時間とともに血の中傷も進化した。中世には、ユダヤ人は異教徒の子どもの血を使って儀式用のマッツォーをつくったと信じられていたが、今は拷問された子どもの血からアドレノクロムという薬を収穫できるという説に変化した。現代に適した形に進化したのだ。だが、本質は今でも変わらず「ユダヤ人が世界を支配していて我々の赤ん坊を食べている」だ。

Qアノンの台頭

ほとんどの人と同様に、最初にQアノンについて耳にしたとき、私もバカバカしいと思っただけだった。今から思うと奇妙な新しい陰謀論に対して、私がいつも感じることだった。今なら平凡だと感じる事柄、ケムトレイルや平面地球も、最初はあまりにもあり得ない、あまりにも極端で検討する価値などないと思ったものだった。こんなものを信じるやつがどこにいる？

モルゲロンズについて調べているときには、ケムトレイル陰謀論はバカバカしい横道のように思えた。ケムトレイルについて調べ始めると、今度はユダヤ人が世界貿易センタービルに事前に爆発物を仕掛けて破壊したと話す人々にイライラした。その後、メタバンクで911やそのほかの話題について書くようになってからは、平面地球について考えるだけでもバカバカしいからという理由で、言及することさえ禁止した。

そして2017年頃にメタバンクに最初のQアノンについての投稿が現れ始めた。私はまたしても大して気にせずに、陰謀論の膨大な広がりの中には、またしても、多くの人がまともに信じないようなバカバカしすぎるものが（この頃にはまだ何やらトランプが小児性愛と戦ってる説ぐらいの認識で、これが何かも十分に理解していなかった）あるのだなあと考えていた。

もう二度とこうした過ちを犯さないようにしたい。Qアノン陰謀論は、間違いなく馬鹿げていて、狂っているとしか思えない主張をしている。だが、一度友だ

ちがその陰謀論のウサギ穴に落ちてしまえば、信条がどれほど不条理かは関係なくなってしまう。Qアノンの場合、数多くの人の友だち、家族、愛する人がそのウサギ穴に落ちてしまった。多数がまだ抜け出せずにいる。

　もっと広い視点から言えば、Qアノンの人気は爆発的に高まった。奇妙な信条の世界的な盛り籠となり、超越的な陰謀論となったのだ。残念ながら、そうなったのは本書の初版が2018年に製本された直後のことだった。初版ではQアノンは一言言及されただけだった。初版の執筆中に私はメタバンクにQアノンについて初めての投稿をしている。

　　4chan（とTwitterの一部）で様々な予測を投稿して煽っている人がいる。
　　到来するストームによって政治的変が起こると言い、トランプを強く支持
　　している。どうやらただの荒らしのように思われる。Qアノン陰謀論の要
　　点はヒラリーからモラーまで全員を逮捕することで、トランプが「沼の水
　　を全部抜こうとしている」というものらしい。奇妙な話で、ピザゲート陰
　　謀論の突然変異版のようだ」

　この時点では、私は本当に何もわかっていなかった！　そして、急速にQアノンがアメリカ（そして世界の）陰謀論文化に与える衝撃が重大で長期にわたるものになることが明らかになってきた。そのため、ここにQアノンについて新章を加えたが、ここに取り上げた最近の陰謀論の思考には、選挙不正からコロナウイルスに至るまでQアノンの狡猾な存在が大きな影を落としている。

　Qアノン支持者は話が通じないことで悪名高い。Qの物語は広範囲に及び、際限なく変化し、曖昧な謎かけでコミュニケーションし、その意味するところは日々自由に変化するからだ。

　ここで扱っているすべてのテーマと同じように、最初のステップは効果的なコミュニケーションを確立することで、そのためにはQアノンがどこから生まれたのかを知っておく必要がある。これは、二重の意味で役に立つことがわかるだろう。なぜならQ支持者もその狂気じみた詳細、初期の予測と失敗を含めてQアノンの歴史の全体像を把握していないからだ。

　Qアノンは極右陰謀論で、2017年10月にQと呼ばれる匿名のユーザーがインターネットフォーラムの4chanにメッセージを投稿し始めた時から始まった。このメッセージは謎めいていて、解釈が難しく、いくつもの主張をするものだった。その中にはトランプ大統領が秘密裏に世界的な児童人身売買を行う民主党エ

第17章　Qアノン　299

リートとハリウッドセレブたちの陰謀組織を摘発しようと動いていて、大覚醒が間もなく起こるというものも含まれていた。

このQを名乗る最初の投稿者が誰だったかは特定されていない。複数人あるいは、1人だった可能性があるが、後に別の人物がこのアカウントを使うようになった。

4chanに現れた最初のQは誰だったかは、Qアノンを信じる友だちと話すのに興味深い視点となるだろう。4chanは画像掲示板で、主な用途は、匿名で画像を投稿することだ。すると当然のことながら、4chanには大量のポルノ画像が投稿され、なかには時折、児童ポルノも含まれていた（訳注：4chanは、日本のネット掲示板2チャンネルを模倣してつくられた）。

そうなると、当然ながら話題は「なぜ4chanだったのか？」となる。邪悪な勢力と戦っていると主張する人物が、子どもたちを性的な搾取から救おうとしているという人が、なぜ合法ギリギリのポルノだらけの場所にそうした情報を投稿するのか？

Qは「Qドロップス（あるいは、パンくず）」と呼ばれた短い混乱するような4chanへの投稿で情報のやり取りをしていた。最初のパンくずは、

> HRCの引き渡しは、国境を越えた逃亡の場合に備えて、昨日いくつかの国ですでに発効した。パスポートは10/30@12:01amに有効であると承認された。反抗的に組織された大規模な暴動や、ほかの人々が米国から逃亡するのを予測せよ。

数時間後、これに続いて一連の謎めいた短文と疑問文からなる長文の投稿があった。これはこう始まっていた。

> ものまね鳥
> HRCは拘留され、（まだ）逮捕されていない。
> フーマはどこだ？　フーマに従え。
> これは（まだ）ロシアとはなんの関係もない。
> なぜポトゥスは自分自身を将軍で取り巻いているのか？
> 軍事情報とは何だ？
> なぜ三文字のエージェンシーを巡るのか？
> ……

Ｑが、こうした投稿についてなんの説明もしないことも、陰謀論を機能させる仕組みとなっていた。「パンくず」の意味の説明を他人に委ねていたことで、Ｑ自身はもし、解釈による予測が成就しなかった場合、いつでももっともらしい否定をする権利を保っていた。つまりは、いつでも誤解されたと主張できたのだ。

　また、これもＱにとって都合良く、反対の使い方をすることもできた。ある「パンくず」が複数人によって異なって解釈されていて、そのうち一つだけが実現した場合、Ｑはこの解釈が正しかったと言うのだ。Ｑ信奉者はこうしたヒット（あるいはヒットの集合）をＱの証明と呼んだ。

　友だちが最もよく知っているＱの証明が、友だちを助け出す鍵になる可能性がある。Ｑの証明が見た目通りであることは滅多にないからだ。たとえば「チップトップ」証明を例に引こう。

　2018年1月、あるＱ信奉者が4chanにＱへのリクエストを投稿した。

　　"匿名 0'/29/18（月）18:56:54 ID: 18a481（1）No.206630
　　Ｑは［4chan］への激励として［一般教書演説］に「チップトップ」というフレーズを組み込むことができるかもしれない。

　かなり大胆なリクエストだ。このＱ信奉者はＱに4chanへの感謝を伝える方法として一般教書演説にあるフレーズを挿入するように求めたのだ。どう考えてもバカバカしい。あまりにもバカバカしいので、本当に起これば、驚くべき証明となるだろう。

　それは起こらなかった。この次の日（1月30日）が一般教書演説の日で、演説があった。それから2か月ほど過ぎて、トランプは白ウサギを連れた演説で（イースターだったのだ）次のように述べた。

　　また、ホワイトハウス歴史協会と、メラニアとともに一生懸命働いてくれた人々、すべての人々に感謝したいと思う。この素晴らしい家というか建物というか、正式な名前などないので、何とでも呼んだらいいと思うが、ここを保持している人たちに。ここは特別。我々はここをティップトップ（最高）な状態に保っている。ティッピートップな状態と呼ぶこともある。そして、ここは素晴らしい、素晴らしい場所だ。

第17章　Ｑアノン　301

Q界隈は、大騒ぎになった。トランプは実際に4chanの投稿に答えてくれたのか？　そしてQは本当にいるという証明なのか？　多くの人々が、間違いないと考えた。Qはもちろん、手柄を自分のものにした。こう投稿したのだ。

　　リクエストされたことだ。
　　みんな、今日、聞いたか？　Q

　だが、一歩引いて見れば、トランプはイースターに言ってくれと頼まれたわけではなかった。一般教書で言ってくれと頼まれたのだ。だがそれでも言ったのは間違いない。もちろんそうだ。だがここで鍵となるのは「ティップトップ」はトランプがいつも言っている言葉だということだ。自分の所有するホテルとほかの建物の状態を説明するときに使うお気に入りの言葉だ。

　トランプはこれ以前にも正式のコメント内で「ティップ・トップ」という言葉を2回使っている。両方ともアメリカの核兵器に関して使っている。一般教書演説で核兵器について話すだろうと予測されていれば、そこで以前核兵器について使ったこの言葉を再度使っても当然だったろう。実際には、匿名の投稿者はトランプが使う可能性が高いと考えて意図的にこの言葉を使った可能性が高い。もし、多くの人が推測していたように、Qがただの荒らしなら、トランプがまた同じ言葉を使うことを期待して、「リクエスト」を仕込んでおいた可能性がある。結果としては、トランプはこの言葉は使わず、リクエストは不発に終わったのだ。

　そしてそれから2か月後、トランプはランダムなイベントの一見台本を離れたアドリブのホワイトハウスとメラニアがどれほどきれいに保っているかというコメントでこの言葉を使ったのだった。ただよく使う言葉を使っただけで、その後も気が向いた時に使い、そのたびに重要な発言だったと騒がれるだろう。だが、これはメッセージではないのだ。

　このような真実ではない証明を見つけ出すことは、人々に考えさせるための非常に重要なツールとなる。これが効果を発揮しているから、使えるとわかってきた。ケムトレイルのタンクとウィリーの場合もうまくいった。そして、ジタース・ジャデジャの場合も「ティップ・トップ」はうまく働いた。

　ジャデジャはオーストラリアからの移民で、（移民が多い）ニューヨーク市クィーンズ区に住んでいた。2016年にバーニー・サンダースの支持者になったのがきっかけで、反権力政治運動の世界に入った。その後アレックス・ジョーン

302

ズのポッドキャストを聞くようになって、陰謀論のウサギ穴をぐるぐると下っていくうちにＱアノンを発見した。Ｑアノン信奉者の多くと同じように、ジャデジャも「ティップ・トップ」の主張をよく知っていて、これはＱが実在し、トランプに近い政府高官だという証明だと考えていた。だがＱアノンに加わって２年後、トランプがティップトップと言ってる場面を集めただけの動画を見た。突然「証明」が間違いであることを悟った。他の様々な事柄の実像が見えるようになってきて、数週間でジャデジャは自分の信条の偏りを見直して、ずっと騙されていたと気がついた。時間はかかったが、ジャデジャもほかの多くの人々と同じようにＱアノンのウサギ穴を脱出したのだった。

子どもたちを救え

　子どもを守らなくてはという自然の衝動は、人間の行動の背後にある最も強力な動機の一つだろう。子どもが危機に陥っていると、自分の子どもでなくてもなんとしても守ってやらなくてはと感じる。子どもを傷つける、あるいは傷つけようと子どもを探している人間は、当然ながら恐怖、憎しみ、さらには自警団的な正義の対象にもなる。

　Ｑアノン信奉者の友だちと話すときには、この衝動がどれほど強いものか、そして会話中の地雷となりかねないことを十二分に理解して置くべきだろう。

　感情満載の話題は陰謀論と相性が良い。なぜかと言えば、議論するのが難しいからだ。もしある陰謀論が間違っていると議論しようとすると、相手が驚くほど簡単にあなたはこの問題が重大だと思っていないと受け取る。「子どもたちのことを大事に思っていないのか？」。さらに極端な場合は、そうした行動を容認していると受け取る「小児性愛者を許すのか？」と言ってきたりもする。

　なので、いつでもこの手の取り扱いに注意が必要な話題に触れようとするときには、自明だと思うような事実を補強しておかなくてはならない。人間は誰でも子どもたちのことを大事だと思っている。そうした人間の一人である自分はどんな児童虐待も間違いで、法によって罰せられなくてはならないと考えている。子どもたちは大人によって守られなくてはならないし、子どもの自由と命ほど大切なものはない。

　この当たり前過ぎる点を強調するのはバカバカしいと思えるかも知れないが、同じ人間的な価値観を共有していると知らせておくのは重要だ。ある時点で陰謀論信奉者の信仰システムの詳細について議論することになるだろうから、非常に

第17章　Ｑアノン　303

重要になるのは、子どもを守るという重要な思いを否定していると誤って受け取られないようにしておくことだ。

一度子どもたちの安全がお互いに共通して重要な問題だとの相互理解を固めたら、どうやってその安全を確かなものにするかという話をすることができる。基礎的な問題として、Ｑアノンでは信じている人が多いのが、見知らぬ他人による子どもの誘拐だ。Ｑアノンで核となる信仰に近いものがあるとすれば、毎年多数の子どもたちが見知らぬ他人に誘拐され、悪魔崇拝の儀式に使われるか、性奴隷として売り飛ばされているというものだ。具体的な数は主張によって様々で、どの数字を信じているかで議論は変わってくる。

最も大きな数は毎年80万人の子どもたちが見知らぬ他人に誘拐されているというものだ。この驚くべき数は〝NISMART-2〟という、米国司法省が1999年に行った研究調査から来ている。この調査はランダムに選んだ世帯への電話による調査と司法機関への質問で行われた。結果の数値は統計の平均値と不完全なデータの外挿からなっていて、正確な総数ではない。

だが問題はそこではない。本当の問題は、これはＱアノンが想定しているものを数えた数字ではないというところにある。

Ｑアノン信奉者は毎年80万人の子どもたちが見知らぬ他人に誘拐されて行方不明になり、そのまま消えている（おそらく死んでいるか奴隷にされているんだろう）と考えている。だが内訳を見ると80万人のほとんどが誘拐された子どもではないのだ。

- まず、35万7600人が家出。ほとんどすべてがティーンエイジャーだ。出奔したか、家から叩き出された子どもたちで、誘拐された子どもではない。
- さらに34万人にはちゃんとした理由がある。親や保護責任者が一時的にどこにいるか把握できずに、行方不明とされた子どもたちで、すぐに居場所がわかっている。モールに長居しすぎて帰ってこなかったり、学校から寄り道をして真っ直ぐに帰ってこなかったというような子どもたちで、これもまた誘拐ではない。
- そして6万1900人は不本意に行方不明になった子どもたちで、ほとんどが迷子になったり、事故事件に巻き込まれたりして、数時間帰宅できなかったというような場合だ。これも誘拐ではない。
- 残るうちの5万6500人は親族による誘拐。最もよくあるケースとしては、離婚後の片親や親族が、親権に関する取り決めに違反して子どもを連れて

行ったり、帰さなかったりするものだ。これは誘拐だが見知らぬ他人による誘拐ではないし、子どもも行方不明のままではない。

・最後に残る「非親族誘拐」は、ずっと少数の 1 万 2100 人の子どもになる。この数もずっと少ないサンプルに基づいたもので、実際の数はおそらくもっと少ないとする注がついている。

実際、さらに大きな外挿データの数を使った場合でも研究の結論は、以下のようになっている。

一般的な誘拐が子どもが行方不明になる主な理由だという仮定に反して、NISMART-2 の調査結果は、行方不明の子どものごく少数しか誘拐されておらず、ほとんどが家族によって誘拐されたことを示している（行方不明の子ども全体の 9%）。行方不明の子どもの約 3% だけが家族以外の加害者によって誘拐されていた。そして 3 万 3000 人の子どものうち、ステレオタイプの誘拐の犠牲者となったのはごくわずか（90 人）だった。

この数字を、公的な調査の数字に頼らず検証する方法もある。友だちが算数嫌いでなければ、これも試してみると良い。

毎年米国でどれくらいの数の子どもが産まれているのかはわかっている。おおよそ 360 万人だ。毎年 80 万人の子どもが誘拐されているなら、360 万を 80 万で割れば 4.5 となる。四捨五入すれば 5 人に 1 人以上が成人前に誘拐されて帰ってこない計算になる。

これが現実と一致しないのはすぐにわかるだろう。学校から児童生徒の 5 分の 1 が連れ去られたりはしていない。知人の 5 人に 1 人が子どもを不可思議に誘拐されたりもしていない。見知らぬ他人による誘拐は恐怖の現実だが、幸いなことに希な事件だ。Q アノンの主張は単純に帳尻が合わないのだ。

また、ニュースメディアから考えてみるのもいいだろう。時折ニュースで行方不明の子どもの話を見ると、これがよくあることだという幻想が産まれやすい。だが、子どもがいなくなるというのは、誘拐の可能性がなくても一大事件だ。メディアはこの事件を延々と取り上げる。そこら中にチラシが貼られる。捜索隊が組織される。Facebook にグループができる。当たり前のことだが、子どもの行方不明が起これば、コミュニティーは大きく反応する。

だが、80 万人、いや、8 万人、8000 人が誘拐されているとすると、こんなこと

第 17 章　Q アノン　305

にはならないだろう。

　実際、こうしたマスコミの大騒ぎは行方不明が800人だとしても起こりえない。ローカルニュースのページや地元のFacebookグループや地元中心のSNSに行って「子どもが行方不明」で検索してみよう。行方不明事件は出てくるが、ほとんどすべての場合「無事に見つかった」となっている。本物の誘拐連れ去り事件を見つけるのは、実は非常に難しい。多くても全国で数百人いるかいないかだ。だから近所で起これば信じられないほどの大ニュースになってしまうのだ。

　毎年数十万人の子どもたちが連れ去られているというのがQアノンの信条の中核となっているので、Qアノン信奉者の友だちと何らかのファクトチェックをしようとするときに、この話は積極的にファクトチェックをしても良い数少ない事柄の一つだ。

　だが単に本当の数を言うだけではうまく行かないだろう。おそらく友だちは、思っていたよりも少なかっただけで、そんなに少ないはずがないと考えてしまう。だから多くの子どもたちが連れ去られていると考えて行動することにどんな問題があるのか？ と言ってくるだろう。

　問題はすべての捜索願の出ている子どもたちが、悪魔崇拝者による連れ去りか、人身売買だと考えてしまうことだ。本物の連れ去り事件から目をそらしてしまうことで、子どもたちを傷つける結果になることもあるが、直接の害となる場合もある。

　2020年の夏、13歳の女の子が家出をした。882日ほど行方がわからずに、捜索願が出された。ローカルニュースにも載って、そして女の子は帰宅した。

　あるQアノン信奉者が最新の陰謀論の奇妙な主張──オンラインで家具やインテリアを売るウェイフェアが、実は暗号を使って子どもを売買しているという話にしたがって調査をしていた。オンラインカタログに家出した少女の姓と同じ「デュプシレス」という枕が載っていて、奇妙なことに値段が9999ドルとなっていた。この信奉者はデュプシレスを検索して、ローカルニュースで、この子についての記事を読んだ。

　帰ってきたという記事がなかったので、まだ行方不明だと思い込んだQアノン信奉者は、自分のグループにウェイフェアが子どもを売るための暗号メッセージを提供していると告げた。これはバズって、100万以上のツイートと、Facebook、TikTok、そのほかのSNSでも同様に広がっていった。

　人身売買の捜査部局には電話や通報が殺到した。対応に忙殺された捜査部門は一時捜査を休止して、事態を把握せざるを得なくなった。ウェイフェアのスタッ

フは嫌がらせと脅しを受け、会社は武器を持った警備員をいくつかの場所に配置する羽目になった。デュプシレス一家も疑われ、嫌がらせを受け、ストレスで寝込む家族もでた。

だがこの話がバズっている間、女の子は行方不明でさえなかった。枕の高値は、ウェイフェアのページのよくあるバグだった。ウェイフェアのページに商品を載せている小売業者は数千もあり、そうした業者が価格を決めてデータベースに打ち込む。デフォルトで9999ドルと出るようになっていて、価格の入れ忘れもあるので、多数の商品の中には、この値段が表示されしまうこともある。この大問題を起こしたまったく無関係な枕の場合もそういうことだったのだ。

まとめるならば、子どもの誘拐は恐ろしい犯罪だと友だちに賛同するべきだろう。これは非常に扱いの難しい事柄でファクトチェックの試みが裏目に出てしまうこともあると心に留めておこう。もし友だちがあなたが何かを擁護していると疑っているようなら、熱意と誠実さをこめて、自分はそんなことはしていないと否定しよう。実際の統計を調べ、現実的な視点を手に入れよう。根拠のない推測で起こった害の事例について話そう。

外れた予言

Qアノン陰謀論は、もっともらしいが否定可能な予測に基づいている。小児性愛者の秘密陰謀組織があり、メンバーの多くはユダヤ人で、この組織が世界を操っていて、子どもたちの血を使うために（儀式の）犠牲としているというのが前提だ。ドナルド・トランプとQの二人、あるいはどちらかがこの組織と戦っている。Qはポルノで知られるウェブ掲示板に暗号化されたメッセージを残し、このメッセージはしばしば予言だと解説されていた。

この予言は、2017年当時、信奉者にとって極めて希望に満ちたものであるように見えた。やがて逮捕の「ストーム（嵐）」がやってくる（昔のポグロムのようなものらしい）そして陰謀組織は破壊される。大勢のハリウッドセレブ、ユダヤ人、政治家、トム・ハンクスからヒラリー・クリントンに至る人々は常に逮捕寸前でトランプは「ディープステート」をまさに今にも解体するところだった。どれも起こらなかったが、Qアノンは残った。

当初の予言の失敗は、すぐに成功として書き直され、「証拠」であるとさえされた。初期の外れ予言は残念だとも、再考の糧にもされず、それどころか計画、実体もなく、常に変化しているように見え、いずれ「ストーム」をもたらすとさ

れている設計図の一部だと称えられた。

　計画は書き記された文書ではなかったので、何が起こっても「計画の一部」に
できた。忠実な信奉者に向けて「計画を信頼せよ。ストームは間もなく始まる」
とスローガンが唱えられた。

　初期の約束がどれも空手形で終わったという簡潔な事実は、Ｑアノンはイン
チキだったと判断するに十分な手がかりだ。これは話題にして話し合う価値があ
る。友だちは、Ｑの初期の約束を知っているだろうか？　実現しなかったものが
どのくらいあるかを知っているだろうか？　いくつかを記しておこう。

　封印された起訴状：当初の話では膨大な数の起訴状、数十万通に上るという起
訴状（逮捕状と同じもの）が小児性愛者エリートを対象に準備され、法制度に投
入されたということだった。これは実は PACER 法廷文書データベース（裁判記
録電子文書一般公開サービス）で、駐車違反などの軽犯罪に対する地方裁判所判事
の多数の逮捕状がデフォルトで封印されていたことへ誤解から生じたもので、と
くに何も起こってはいなかったし、エリートの逮捕もなかった。

　大量の辞任：Ｑは、世界の要人が辞任に追い込まれ、その中には、フランシス
教皇、ジャック・ドーシー（Twitter の創業者）、マーク・ザッカーバーグ、ジョ
ン・マケイン（共和党の重鎮）が含まれるだろうと予言した。ドーシーは辞任し
たが、この予測からかなり経った、2021 年 12 月のことだった。マケインは亡く
なったが、ほかの人々は健在だ。

　トランプのパレード：トランプは軍事パレードをやりたかったから、この予測は
比較的当たりそうなテーマだった。だがＱは「忘れられないパレードになる」
と予測した。パレードはなかった。

　ソーシャルメディアが落ちる：Ｑは、大量逮捕があるので、主な SNS が閉鎖され
ると予測した。閉鎖も逮捕もなかった。

　赤い波：Ｑは、2018 年と 2020 年の選挙で共和党が圧勝すると予測した。だが、
最終的には上院、下院、大統領も民主党の勝ちだった。

　Ｑアノン信奉者にとって、選挙不正が最後の頼みの綱だったが、それも溺れる
者の藁だった。選挙不正論は大きな賭けだったが、それが個人にどう影響したか
を見極めるのは難しい。

　脱出できたかどうかは、予言が外れたという冷徹な現実や、主張内容のファク
トチェックに直面した時に正常な世界に戻る準備ができていたかによるところが

大きい。大統領選での敗北が必要も知れないし、トランプがティップ・トップを言い過ぎだと言うだけで十分かもしれない。いずれにしろ、脱出している人々はいる。

情報源

Ｑアノン信奉者の家族／親族や友だちとの話し合いは、恐ろしくて孤独な状況になりがちだ。あなたは独りではない。多数の人がそれをやり、今も同じような状況でやり続けている。脱出した人も多く、少なくとも人間関係が好転している。こうした体験談と支援グループに似たものはオンラインに多くあり、なかでもレディット（Reddit）で見つけることができる。

レディットは強いコミュニティー感を持ち、特定の問題について突っ込んだ議論をしている利用者の多いインターネットフォーラムだ。参加者は気に入った投稿を支持し、役に立たない投稿には不支持を表明するので、グループ内の情報の質は非常に高いことが多い。

レディットのグループは r/ を頭に付けて名付けられる。たとえば reddit.com/r/QAnonCasualties,（Ｑアノン被害者グループ）と表記される。

私がおすすめしたい大きなグループは次の２つだ。

r/QAnonCasualties（Ｑアノン被害者グループ）は、家族や親しい人がＱアノンにはまって辛い思いをした人たちのサポート・グループだ。利用者は体験談を投稿し、他の人々が共感し、支え合い、アドバイスをすることもある。典型的な投稿の題は「父が恋しい」「パートナーが別れようと言います」「母は変わってしまった」などだ。極端なケースが集まりがちなので、読むのは辛いが、脱出に成功した話もあり、わずかでも状況を良くできるアドバイスもある。

r/Qult_Headquarters（カルト本部）は、Ｑアノンに対して広く、とらわれない見方をしている。このフォーラムではＱアノンの現時点の主張、ミーム、人々、そして純粋にあり得ないＱアノンの本質を文書化している。そうした文書の中には（当然ながら）からかい半分で嘲笑的なものがあるので、Ｑ信奉者の友だちと一緒には読みたくないだろう。だがＱアノン世界で現在進行中の事柄について常識的な視点を得るためには非常に役に立つ。

第 17 章　Ｑアノン　309

ほかの情報源

『陰謀論はなぜ生れるか——Ｑアノンとソーシャルメディア』(*The Storm Is Upon Us : How QAnon Became a Movement, Cult, and Conspiracy Theori of Everything* マイク・ロスチャイルド著　島谷昌幸、昇亜美子訳　慶應技術大学出版会　2024年)：ロスチャイルドはＱアノンが現れてから調査研究を続けており、本も書いている。この本はＱアノンの成立と今日のように成長するまでを詳しく理解するために非常に役に立つ。またＱアノンの核心的な主張、「証明」、外れた予言についての役に立つ情報も提供してくれる。

ウィキペディア：Ｑアノンに限って注意すべき点は、ウィキペディアに記載された情報をＱアノン信奉者の友だちに見せてはいけないということだ。Ｑアノン信奉者は、ウィキペディアもディープステート権力の一部だと考えているからだ。代わりに概要を把握するために使って、引用されている情報を読もう。

第 18 章
コロナウイルス

なぜ、わざわざ陰謀論を調べてデバンクするのか？　と聞かれることがある。「なんの害があるというのか？」と質問される。地球が平面だとか政府が空とぶ円盤を見つけたとか、飛行機雲がケムトレイルだとか言うのだって、そういうことを考えている人がいてどこが悪いのか？　そういうものを信じている人が誰も傷つけていないなら、彼らの楽しみに水を差すことないじゃないか？

健康に関わる陰謀論に関しては、そんな疑問を持つ必要はない。誰が見ても明白だ。個人の健康と資産、ときには子どもたちの健康に害を及ぼすからだ。

最もわかりやすいレベルでも、通常医療への不信は人々をまず標準医療ではなくエビデンスのない代替医療を試すように導いてしまいがちだ。アップルの創業者だったスティーブ・ジョブスが膵臓がんだと診断された後に食事療法などの代替療法を選んで手術を遅らせたのは有名な話だ。医師のアドバイスにしたがっていれば、もっと長い間生きられたかもしれない。

お金の問題も起こりうる。私の亡くなった友人は、自分の健康問題は家の電気配線が起こしている電磁波に関連していると考えていた。そして実際はなんの影響もない電磁波について高額のコンサル料を支払った。彼はがんだと診断されたとき、とくに論理的な理由もなく、ステロイド治療を拒否し、そのためがん治療の有効性が落ちる結果になった。結果として数か月は死期が早まったのは間違いなさそうだ。

コロナウイルス感染症、COVID-19が政治化したことで、米国民の多数がジョブスやこの私の友人友だちのように誤情報と陰謀論に基づいて健康に関する判断をするようになった。実際は平均して言えば、ワクチンを接種する方がしないよりも安全であるにも関わらず、未だに多くの人がワクチン未接種だ。感染した人々はインフルエンザと同じぐらいの病気だと信じて手遅れになるまで病院に行かなかった。ヒドロキシクロロキンやイベルメクチンなど効果の確認されていない治療法（今は効果がなく、むしろ危険だと証明されている）を、ラジオで言っていた、ネットに書いてあったと誰かに勧められたからというだけで試した。死な

第 18 章　コロナウイルス　311

なくて良かった人たちが多数死亡した。

　なぜ人々はこんな酷い決断をしてしまうのか？　彼らが抱いている疑惑はある程度までは理解できる。

　私の陰謀論の極端さチャートで、最も極端ではないレベルの陰謀論の中の「巨大製薬会社」陰謀論は、レベル1だ。これは間違いなく現実から生じているものだからだ。企業は利益を追求する存在だ。製薬会社は人々の病気を治すことで利益を上げようとする。だから時として、公衆と個人の健康を守るという大義の方向よりも、利益を上げる方向に少し傾いてしまうというのはあり得るどころか現実にあっても可笑しくないことだ。

　薬品には長期にわたる副作用への理解が不十分なまま発売されたものがある。サリドマイドという薬は1961年に不適切な治験と、熱心だがいい加減な売り込みが原因で大勢の先天性身体欠損児を産みだしてリコールされた。ダイエット薬のフェンフェン（フェンフルラミン／フェンテルミン）は肺高血圧症を引き起こすことがわかってリコールされ、薬害訴訟は210億ドルで和解した。この会社は知っていて隠していたそうだ。

　本当は必要ではない人に利益のために薬が勧められることもある。オキシコンチン（麻薬系鎮痛剤）のマーケティングは「商業的勝利、公衆衛生の悲劇*1」と説明されている。パーデュー・ファーマ社と創業者のサックラー一族は大きな利益を上げたが、何十万という人々が依存症になったり過剰摂取で死亡したりして人生を破壊されたからだ。最終的にパーデュー社は60億ドルの和解金を支払ったが、被害の大きさに比べたら過小評価だと感じた人が多い。

　このように利益優先の製薬会社に疑いを持つのは十分に理解できる。友だちが何か個人的な体験をしていればなおのことだ。

　また人々が自分の健康と子どもの健康を真剣に心配するのも理解できる。

　健康、身体の状態が良いことは、考え得る最もインパクトのある話題かもしれない。歳をとってくるととくに気になってくる。健康は根源的なレベルで我々に影響してくる。身体の調子が悪いと心の奥底から不幸になってしまう。病気の原因が食べ物だったとわかれば、それでもう一度具合が悪くなる可能性が低くても自然と避けるようになる。私もホタテ貝を食べて腹具合が悪くなったことが2回ほどあって、不合理ながら避けてしまっている。

　私はインターネットで起こっていたモルゲロンズを調査していたとき、不合理な欲求を起こさせる健康の力を実感した。モルゲロンズの場合、様々な症状の人々が、自分の病気は皮膚から微細な繊維が出てくる特定の現象（モルゲロンズ）

312

のもたらしたものだと確信していた。この確信は彼らにはある種の癒しとなっていた。普通の医師からは診断名が得られないことが多かったからだが、モルゲロンズは現実の病気ではなかった。彼らが見つけた繊維は普通の衣服などのもので、どんな病気とも無関係だった。それにもかかわらず、自分は健康のために最も良いことをしているという感覚のせいで、医師のアドバイスを無視し、治療を中断し、結局は健康にとって良くない習慣と代替医療を開始する方向に向かっていた。

　ワクチンに懐疑的であったり完全に拒否したりする人々もこれに似た強力な要因に駆り立てられている。単なる誤解や都市伝説ではない。最も基本的で強力な人間の不安に付け込んでくる本能的で強力な誤情報なのだ。人々は自分の健康を本当に心配している。権力者を動かす動機に深い懸念を持っている人々も多い。この強く理解可能な信条の組み合わせが陰謀論にとっての豊かな土壌となっているのだ。

時を得た働きかけ

　本書で扱っている多くの事柄で、私が勧める働きかけ方として、役に立つ情報を提供する前に時間をかけて効果的なコミュニケーションができる関係を確立することを勧めている。友だちと距離ができてしまわないように気をつけなくてはならないので、通常は穏やかな働きかけをして、論争になりそうになったら引くように勧めている。時間をかける必要があるのだ。

　ただし、この働きかけ方を変更するべき時がある。一つは友だちが後戻りできない決断をしようとしているときだ。これについては「複雑さ」の章で取り上げている。私の親戚がマルチ・レベル・マーケティング詐欺に投資しようとしていたときだ。親戚がお金を無駄にしてしまわないように（そしてカルトに似たMLM思考にはまってしまわないように）早急に説得する必要があった。

　もう一つの場合は健康に関するものだ。もし、誰かが、命に関わる、あるいは人生が変わってしまうような可能性のある病気になった、また、病気が悪くなる可能性が高い行動をしている場合は、残念ながら論理的に考えるように優しく働きかけるような余裕はない。こちらも素早く行動しなくてはならない。コロナに感染したら死亡するリスクの高い人（とくに高齢者）がワクチンやマスクを拒否している場合は、とにかくこの人を助けるように急いで行動しなくてはならない。

だからと言って、最初のステップを省略しようというわけではない。有効なコミュケーションが取れる関係を確立して維持しなくてはならない。時間が何より大切なので、なるべく短い時間でこれをやらなくてはならない。

幸いにも健康関連の陰謀論は、人目につきにくいケムトレイルや平面地球論などに比べればかなり目立つ存在なので、人々は自分の考えを擁護しようとそれほどムキになることもない。多くの人、有名人や時には何人かの医師まで同じような考えを共有しているので、誰も反射的に、自分の信条を笑いものにしているに違いないとは思わないのだ。

話を始める理想的なステップとしては、まずは、意見が一致する事柄を確認することだ。相手の心の奥にある懸念については大筋では賛同できるだろうが、それが全部重要というわけではない。

いくつかの例を挙げよう。

自分が使う薬は適切に試験されているか、そうでなければ安全だと実証されたものであってほしい。
政治家や企業の幹部はいつも信頼できるわけではない。
公衆衛生の方が個人の自由よりも大事になることもある。
注射は苦手。

こうした、だいたいは意見が一致する事項を使って、そこから意見が相違している事柄について話すようにするのは、早急に話の核心に触れる良い方法だ。合意できることから徐々に不一致に迫っていけば、相手の防衛線を飛び越えて、深く立ち入りすぎてしまう危険を避けやすい。覚えておいてほしいのはこの防衛線付近で議論を止めておくようにするということだ。新しい理解と心を変える可能性が潜んでいるのはこのあたりなのだ。防衛線を越えて深入りしてしまうと、相手が議論の目的は嘲笑だろうと考えてしまうリスクが高くなってしまう。

たとえば、公衆衛生は個人の自由より重要になることがあるという考えを使ってみよう。陰謀論者は個人主義でリバタリアン的な傾向のある人が多い。彼らは政府から指示されることを嫌う。ひょっとすると20世紀にロシア系アメリカ人作家のアイン・ランドが提唱した「客観主義」の賛同者で、人々は自分の利益になることをすべきで、それですべてがうまく行くと考えているのかも知れない。政治的イデオロギーや所属する団体組織を問わず、地元の水道の水源貯水池に未処理の汚水を流せる方が良いと考える人はまずいないだろう。不快感は言うまで

314

もなく、衛生上問題があるのは誰もが知っている。水道水源にばい菌を増やしたい人はいない。こうしたことを防ぐための規則なら、従うのも当然だ。これは意見を一致させられる考えだ。

　下水問題は極端だが、このあたりの合意可能な事例から始めてみよう。ここで合意できたら、次に事柄をスペクトルの上に移す。たとえばレストランでトイレに行った後、必ず手を洗うように全員に義務づけるべきだろうか？　このあたりで政府の行き過ぎに関する認識の防衛線を少し越える可能性もある。今自分がしたことと手を洗う必要があるかどうかの感覚に基づいて個人に決めさせるべきなのかもしれない。自分一人で何か食べるだけなら、場合によるが、政府の規制が過剰だと見なされるのも理解できる。

　だが、キッチンで料理をつくっている人々がトイレを利用した後に手を洗うように求められるのはどうだろう？　あなたと友だちはまた線の同じ側に立つことになる。この規制に文句を言う人はほとんどいないだろう。この規制に影響を受ける人もこれは個人の自由の問題だとは言わないはずだ。

　ここで問題となる陰謀論とは何だろう？　1つはワクチン接種の義務化とマスクの義務化を（世界を支配しようとする闇の勢力の）計画の一部だと人々が考えていることだ。陰謀論思考では、マスクのような不必要なものを強制するのは、政府の権威を受け入れて従うように条件付けする手段なのだ。

　この考えに対抗するためにあなたがすべきことは、まず、マスクは実際に予防に役立っていると示してみせることだ。これに使える情報源は多数ある。たとえば、マスクは不必要だとする考えがなぜ間違っているかを説明してくれるデイビッド・ゴースキーのウェブサイト「サイエンス・ベースド・メディスン」だ。だが、友だちが政府が義務づけるすべての健康関連の規制は何であれすべてが行きすぎた権威主義だとの確信を持つようになっていたら、こうした事実は役に立たない。

　それならば、そこから始めよう。マスクが役立つかどうかの話をする前に、個人的な信条について聞こう。シートベルトやバイクのヘルメットをどう思うか？速度制限はどうだろう？　ウイルスと公衆衛生から離れて、公衆安全という関連するが違う話をしよう。そして、攻撃的にならずに相手の防衛線がどこかを見つける。ここで、相手の懸念を理解するための枠組みを素早く見つけ、相手にもこの枠組みを提供できるような議論をするというのが狙いだ。抽象的な話をしようというのではない。現実との関係を見つけるのは難しくないはずだ。ほとんどの人が、車の中で使うチャイルドシートにはなんの問題も感じていないはずだ。な

第18章　コロナウイルス　315

らば、マスクに十分な効果があることがわかったら、学校で子どもがマスクを付けることに本当に反対するだろうか？

ワクチン疑惑小史

ワクチンへの疑念がなぜこれほどに広がっているのかを理解するために、その歴史を理解するのは十分価値のあることだ。

科学以前の時代から、人類は免疫について知っていた。麻疹にかかってから回復すれば、もう1回罹ることはほとんどなくなる。身体が特定の病気に対する免疫を持つようになったのだ。

少なくとも1000年前には、軽くすむ病気に罹ることで、同じタイプの致死性の高い病気への免疫を獲得できることも知られるようになっていた。そこで、軽くすむ病気に罹るように推奨されるようになった。中国やほかの国々では、天然痘の患者の古いかさぶたを粉にして使うようになっていた。この粉を皮膚に塗ったり、鼻から吸い込んだりして摂取していたのだ。これで症状の軽い病気になって、免疫が獲得された。これは「人痘接種」と呼ばれる方法で、アメリカには1700年代に紹介された。かってセーレムの魔女裁判を主導したコットン・マザーが意外にも人痘接種の普及に尽力したが、かなりの抵抗もあった。宗教的な反対もあったが、単に不信によるものもあった。また、十分な根拠があるものもあった。

人痘接種は本物のウイルスを使うので、接種を受ける患者だけではなく、周囲の人々にとっても感染リスクがあった。1730年の人痘接種では、天然痘で死亡する確率が約2％あった。自然感染での死亡率は当時は17％だったのでそれよりはずっと少なかったが、接種せずに感染しないよりはずっと危険だった。

これが最も単純なワクチンへの不信の形だろう。まだ罹ったこともない病気の治療法として、わずかでも死亡や身体が傷つく可能性のあるものを選ぶだろうか？

この論点は今でも使われることがあるが、1700年代の数字を見た方が理解しやすい。死亡率2％はとんでもなく高い。人痘接種を選んだ50人に1人は死ぬかもしれないのだ。だが、人痘接種を選んだ場合のリスクは、選ばなかったときに起こる可能性のあるリスクに対して測らなくてはならない。

1721年にボストンで天然痘が流行した。人口の半分が感染した。当時の記録によれば、ボストンの人々の8％が酷い苦痛のうちに死んだ。[*3]

316

頭は異様に膨れ上がり、目は塞がってしまい、唇は赤く腫れ上がり顔と全身は化膿した膿疱で覆われ、そこから膿が流れ出て、哀れな患者は腐敗した肉塊のようになり、人間の姿はすべて失われてしまった。

　こう描写されたのは生存者だ！だから、2％の死亡確率があっても感染を予防する治療は何もせずに8％の確率で死に、50％の確率で恐ろしい状態に苦しむよりも遙かにマシだったのだ。

　だがそれでも抵抗は起こった。心の底から拒否し、暴力もあった。コットンマザーの家の窓から書き付けの付いた小さな爆弾が投げ込まれた。

　　　コットン・マザー、この犬野郎、こいつめぇ！ これをお前に接種してやる。天然痘になっちまえ。[*4]

　爆弾は不発だったが、暴力的な試みだったのは確かだ。人痘接種が人の命を救ったという事実にかかわらず、反対派は数多く、組織化されていた。地元の医師が反対のためにチームを組み、当時のマスメディアだった新聞が、反対派の意見を広めた。1700年代前半にはマザーはちょうど300年後のアンソニー・ファウチのように恐怖と憎しみを集めた。

　この人痘種痘への反対は時を経るにしたがって人気がなくなっていったが、完全に消え去ることはなかった。公衆衛生分野でのワクチンの成功は十分に証明されていたのだが、にもかかわらず、ワクチンへの疑いは西欧社会に深く根を張っていたことを認識しておくことは重要だ。

　古くて危険な人痘接種の手法は天然痘の流行中は間違いなくとても有効だった。最初は主流医療の支持を得たものの、だんだんと失っていった。そしてワクチン（訳注：ラテン語で雌牛を意味するvacca［ワッカ］が語源）と呼ばれた牛痘接種が登場して、人痘接種は非合法化された。すると反対派は自然にこの新しいワクチン反対に変わった。

　ワクチンは本物のウイルスを別の方法で接種するのではなく、「弱毒化させた」形態の感染病原体、身体が有効な免疫反応を作り出すようなウイルスではないがウイルスに似た何か（一部の新型コロナワクチンの場合はmRNA）を使う。

　1800年代の初めまでに、安全な牛痘を使って天然痘の免疫をつくる牛痘種痘は本格的に普及した。これに伴って様々な組織が生まれた。たとえば、反種痘協会は1802年に恐怖を煽るような漫画を公開している。これは牛痘種痘の開発者エドワード・ジェンナーの診療所の光景を描いていて、様々な人々が牛痘種痘

を受けている。すると身体に吹き出した膿疱から牛のようなものが飛び出して、人々の姿形は醜く歪んでしまっている。

図23 1802年 反種痘ミーム

　現代の反ワクチン主義にはいくつかの理由がある。最も議論が難しいのは、接種を受けるか否かは個人の選択であるべきというものだ。結局のところ、身体も健康も個人のものだ。個人の身体に注入するものを政府が義務化するどんな権利があるというのだ？ ましてや子どもへの注射を義務化とは！

　これは1800年代も同じだった。公衆衛生の視点からは、全国規模のワクチン義務化プログラムにまったく疑問の余地はない。ワクチンがなければ数万、数百万の死ななくてもよかった人々が死亡することを極めてわかりやすく、数字が示していた。これは、政府が個々の最善を配慮して決断するような問題ではないのだ。政府が問題としているのは社会にとっての最善だ。これは、古くから議論の続く、多数の必要と少数の必要の対立問題の核心に触れるものだ。

　だから、ここで行うべき役に立つ会話は政府がすべての人にとって良い結果をもたらそうと個人の自由に対して規制をかけている様々な分野の事例を改めて考えてみることだ。先に書いたように、公共の場における清潔さは支持する人の多い事例だろう。道路に下水をぶちまけたり、そのまま川に流したりしてはならな

いのは健康に関する懸念があるからだ。それを実行する自由があるべきだと言う
人はほとんどいないだろう。ワクチンとどこがどう違うのか？

　違うのは、下水の垂れ流しのように、政府が単に禁止している事項ではない点
だ。さらに、シートベルトの着用のように、強制的に何かをさせるのでもない。
これは政府が自分の同意なしに自分に何かをすることなのだ。

　多くの人は個人的な哲学を持っていたり、個人の自由が最も大事だというタイ
プの政治家を支持して従う。政府の規制や賦課には当然のことながら反対して戦
うべきものだ。この反対は、それぞれの詳細や度合いは右派か左派かで違ってく
るものの、政治的なスペクトラムに広がっている。

　税と規制だけでもうんざりなのに、政府が注射をするように強制できるという
考えは理屈抜きに受け入れがたいと考える人も多い。この自然な感情だけでもワ
クチンに反対する動機としては十分すぎるのだが、またこれは政府の動機への強
い不信感と、この反対の動機を、ただの思想信条を越えて、理論武装したいとい
う願いを生み出してしまう。これは自分たちの気持ちを支持するために陰謀論と
ニセ科学を受け入れようとする豊かな土壌となっていくのだ。

　この結果は、自然にアメリカのワクチン懐疑における政治的分断へと繋がって
いく。2021年9月のギャラップ世論調査によれば、共和党支持者の40％がワク
チン接種の「予定がない」と答え、民主党支持者では同じ答えの人はわずか3％
だけだった。

　これは共和党支持者の伝統的なイデオロギーが個人の自由と政府の最小の役割
を強調していることとよく一致している。一方、民主党はこれと対称的で、一般
の人々の大多数の状況を改善するためだという名目で規制と政府の関与を用い
る。

　ワクチンの問題がここまで二極化したことは今までなかった。1954年、最初
のポリオワクチンは国中で大歓迎された。ポリオは大問題で非常な脅威だったの
だ。接種推進のための奨励は必要なかった。親は子どもに予防接種を受けさせよ
うと押し寄せた。

　ほかのワクチンの効果はもう少し見えにくかったが、それでも60年代、70年
代は大きな反対もなく、子どもたちは学校で定期的に集団接種を受けていた。

　反ワクチン感情は80年代になると再び高まり始めた。副反応に対する恐れが
生じ、一部の親は感染した子がほかの子どもと遊ぶことで、都合の良い時期に水
疱瘡に感染する「水疱瘡パーティー」を開くことを選んだ。小児科医はこのよう
な行為に対して、ワクチンの副反応の方が本物の病気よりもはるかに低いと警

第18章　コロナウイルス　319

告したが、ワクチンも病気のリスクも両方とも低いと思われていて、感染パーティーを開く人は耐えず、何人かの子どもが死亡。[*5]

ワクチンに抵抗する動きの変曲点は1998年にランセットが掲載したアンドリュー・ウェイクフィールドの論文で、自閉症と麻疹ワクチンが関連していると主張したときに起こった。医学界の名門誌に掲載された論文の影響力は非常に大きかった。だが、これは科学的な査読システムの最大かつ最も必然的な失敗例の1つで、実際は有意の利益相反のある詐欺だったのだ。

捏造は発表の12年後に判明した。だが、もう被害が起こってしまっていた。ワクチンに対して今までよりも懐疑的な人の数が大幅に増加したのだ。現代の反ワクチン文化はしっかりと根付いてしまった。

なので新型コロナ感染症対策としてワクチンが大急ぎで開発された（トランプの仕事）ときには、ワクチンの危険性について聞く気満々の大聴衆が待ち構えていたのだ。すでにワクチンは（とくに子どもに対して）有害だと信じている人々にこのワクチンは危険だと信じさせるのは非常に簡単だった。

＃突然死

ハンク・ギャザーズは、その年、もっとも将来を期待される大学バスケットボール選手だった。身長200センチ越えで、体重95.2キロの恵まれた体格で、まさに運動選手の典型だった。3月のある日、ロヨラ・メリーマウント大ライオンズの一員としてポートランドパイロッツと対戦中に、ダンクシュートを決めた。ライオンズは前半25対15とリードした。その13秒後にギャザーズは崩れ落ち、数分後には死亡してしまった。

ギャザーズの死は、地元の大学バスケットボール界に衝撃をもたらしたが、最もショックを受けたのは母校ロヨラ大だった。ギャザーズは大学の人気者で、彼が食堂にやってくるだけでざわめきが起こるほどだったのだ。ロヨラ大は悲しみに包まれた。

年季の入ったスポーツファン以外はギャザーズを知らなかったはずだ。ギャザーズの死はスポーツ欄を除いて全国ニュースにならなかった。私はたまたま妻がロヨラ大の卒業生だから知っているだけだ。それにこれは30年前、1990年の出来事だから、知らなくて当然だ。

この死が現在であったなら悲しいかな、たちまちTwitterなどで「＃突然死」のようなハッシュタグ付きの陰謀論の一部として拡散されただろう。

＃突然死陰謀論は若い運動選手が予想もされなかったような多さで死亡していて、唯一可能な説明としてコロナワクチンを受けているから死んだのだというものしかないと主張している。誰かが、とくに若い人が突然死すると、死因にかかわらず詳細み＃突然死がつけられて、オンラインに投稿される。

言わんとするところは明らかだ。何かが若い人を殺しているという山のような証拠がある。ワクチンではないとしたら、何なのだ？　この説の基本になっているわかりやすい考えは、このような死に方は絶対に起こらないというものだ。きっとあなたの友だちも支持しているこの説では、若い人が死ぬのはどれも奇妙で、説明が付かず、世界で何かひどい間違いが進行しているという指標で、人々は心配すべきなのだ。

ハンク・ギャザーズの死は、もちろん、新型コロナ流行とワクチン登場の数十年前のことなので、この説への反論となる。時には考え直してもらうにはこれだけで十分かもしれない。若い運動選手の死がすべて疑わしいわけではないのに、なぜそう思い込んだのだろう？

一つの反例だけではデータとしては不十分だ。陰謀論はすぐに次のもっと人気のある新版に移り、もっとたくさんの人が死んでいるという話になる。ここからは統計の領域に入っていくので、話は複雑になっていく。

マーク・トゥエインは「世の中には3種類の嘘がある：嘘、大嘘、そして統計だ」という言葉を広めた（トゥエインは19世紀のイギリスの首相ディズレーリの言葉だとした）。トゥエインが言わんとしているのは、統計をウソ情報として使う手法——つまり、数字を選び、分析に工夫をし、注意深く提示することで、しっかりとした数字の裏付けのある説得力があるように見える事例をつくることができるということだ。

この場合、問題は一見簡単に見える。ワクチン接種が始まった2021年以前の若い人の死亡数と現在を比べれば良いはずだ。

＃突然死の証拠は2種類ある。まず、TwitterやSNSの投稿で突然死した人の情報を上げているものだ。こうした投稿は志望者の出現頻度について錯覚を生み出す。これはフリクエンシー・イリュージョン、あるいはバーダー・マインホフ現象と呼ばれているもので、一度何かに気づくと、やたらに目に付くようになることをいう。それを探している場合は、とくに激しくなるという。

ネットに溢れる＃突然死の投稿は、説得力のある証拠のように思える。予期しない死に次ぐ予期しない死。だが、ちょっと待って、友だちに聞いてみよう。なぜこの投稿を見ているのか？　もし突然死に興味がなかったら、この話題のカ

ケラにでも気づいているだろうか？

　これが目に付くのは、この陰謀論を広げたい人が、「突然死」「突然死亡した」「予期せぬ死」のようなとくに特徴のない普通の言葉をニュースアラートの対象にしているからだ。こうした言葉が使われると通知が来るので、彼らはこれをSNSに投稿する。結果として、これが注目されているように見え、件数が増加しているようにも見える。

　だが、これは都合の良い個人的な体験談の寄せ集めに過ぎない。これが説得力を持っているように思えるのは、人間が主観的な幻想を抱いているからだ。人類は小さめのグループで暮らすように進化してきていて、気に掛かるのはそのグループ内の出来事だ。悪いことが起きているという話を何度も聞くと、例えそれが広い世界で起きていても、自分の身内の小さな世界でも起きるとつい考えてしまうのだ。以前はこうした体験談を聞いたことはなかった（＃突然死運動が起こる前だからだ）から、新しいこと、今起こり始めたことのように思ってしまうので嘘のような、体験談でも影響力ばつぐんなのだ。

　実際の数はどうなのだろう？　ここでは十分注意する必要がある。これは、林檎と林檎の比較で、同じもの同士を比べるわけだが、これが難しい。古いニュースをさらえば、もっと多くの反証的な体験談を探し出すことはできる。たとえば、2002年、セントルイス・カーディナルズのダリル・カイル投手が、試合前にホテルの自室で突然死した。これは個人の話だが、記事には統計も添えられていた。[*6]

> 「最も最新の統計である1999年には約53万人のアメリカ人が心臓発作で亡くなっている。このうち739人が25歳から34歳だった」とアメリカ心臓学会は述べている。35歳から44歳だと同じ年に、5970人が亡くなっている。

　ということは、コロナ流行以前、1年に24歳から34歳のうちの739人が突然死していたわけだ。記事はまた、「心臓発作の最初の兆候が突然死であることもある」と書いている。心臓発作を起こすのは老人と病身の人だというわけはない。誰でも心臓発作を起こすことはある。大勢の若い人のうちではごくわずかだとはいえ、1年に739人が死亡しているなら、Twitterにずっと毎日少なくとも2例の＃突然死を投稿できる。若くて健康な運動選手はどうだろう？　悲しいことに、運動に打ち込むことが若い運動選手の希な突然死の引き金となっていることが多いようなのだ。専門家の間ではよく知られていることで、スポーツ団体が所

属選手の心配をしていて、学術的な研究もされている。

FIFA は世界的なサッカー競技団体だ。FIFA は突然死レジストリーという
データベースを持っていてサッカーの競技中または競技直後に起こった突然死を
基本的にすべて記録している。

2014 年から 2018 年の間で世界中で 617 件の死亡があった。5 年間でサッカー競
技でだけだ。それなのに 11 月のウイルス関係のツィートは「過去半年」でプロ
選手 18 人が死亡し、これは 500％の増加だと主張していた。

ロイター通信がこの主張を検証した。[*7]

何よりもまず 18 という数字の出所を突き止めるとイスラエルのニセ科学サイ
トが突然死した運動選手の新聞記事をランダムに集めて集計したものだった。

ロイターは次に FIFA を含む様々な競技団体に問い合わせて、2021 年に突然
死が増加したかを聞いた。どの団体もワクチンが登場してからとくに統計的な増
加はないと答えた。

大西洋の向こう側、英国の慈善団体 CRY（若者の心臓病リスク）のウェブサイ
トを見てみよう。英国では毎週平均 12 人の健康で身体的になんの問題もない 35
歳以下の人々が診断されていない心臓病で死亡している。[*8]この数字はコロナ流行
以前のデータに基づいたものだ。CRY は、若い運動選手に定期的に ECG 検査を
受けることを勧めて、死亡者数を減らそうとしている。ここでもまた、ある属性
の人々だけで毎日 2 人近い人が突然死していて、この数は Twitter で説得力のあ
るリストをつくるに十分だ。個人にとっては、突然死は滅多に起こらないことだ
が（私は今年は死なないだろう）全国的に見れば珍しいことではないのだ。悲劇的
な死を集めてくるのは、陰謀論を押しつけてでも広めようとする誤誘導を使った
方法なのだ。

上記を読めば、この陰謀論の不正直さがわかるだろう。おそらく本書があなた
の手元に届く頃には、さらに良い数字が発表されているはずだ。英語なら〝died
suddenly debunked〟（訳注：日本語なら〝突然死〟）で検索してみてほしい。友だ
ちと話すための素晴らしいデータが得られるだろう。

研究所漏洩説

新型コロナ感染症（COVID-19）は中国の都市武漢で 2019 年の末に最初に報告
された。SARS や MERS のようなコロナウイルスは動物に広く存在し、時に人
間にも感染する。このため、鳥フルのように主に養鶏家の問題だが、公衆衛生上

の大問題でもある病気がある。ウイルスが突然変異を起こすと人間にも感染するからだ。ほとんどの新型感染症は「スピルオーバー・イベント」（人畜共通感染症におけるウイルスへの暴露のこと）と呼ばれるこうした経過で生まれる。

　新型コロナは、科学者の間では一般に「人畜共通感染症」で、動物に由来していると考えられている。感染源を突き止めようとする捜索は、早々にネズミ、ハリネズミ、鳥、は虫類、リスなどの多種多様な野生動物が食用に販売されていた華南海鮮市場に狙いを定めた[*9]。

　初期感染者の分析では、市場にクラスターがあり、そのほとんどが野生動物の販売エリアと関連していた。そのため、動物からの感染というのが順当で、分子生物学の分析もこれを支持していた（たとえば、ウイルスの遺伝子は自然に見えた）。だが、ほかの感染症とは違って、感染源となった野生動物の中に感染の症状を示したものはなかった。

　武漢にはほかの中国の大都市と同じようにコロナウイルスを研究しているウイルス研究所があることに人々が気づいたとき、別の起源説が生まれた[*10]。研究所は10マイルほど離れた揚子江の対岸にあった。市場と違い、研究所周辺には目立った感染事例のクラスターもなかった。

　にもかかわらず、この説はウイルスはどういう形にせよ研究所に関連していて、これが隠蔽されてきたと説く。陰謀論の大半と同じように、この研究所漏洩説にも比較的無害なものからひどく突飛なものまで様々な風味のものがある。

> *人獣共通感染症ウイルスは、動物研究後、ミスにより漏洩した。*
> *人獣共通感染症ウイルスが故意に放出された。*
> *ウイルスは「機能を獲得」するように操作され、誤って放出された。*
> *ウイルスは生物兵器になるように操作され、中国人によって意図的に放出された。*
> *ウイルスは米国が操作し、中国に罪を着せるために放出した。*
> *ウイルスは、社会変革を起こすためにイルミナティのような陰謀団によってつくられた。*
> *ウイルスは、人々を殺し、世界の人口を減らすようにつくられた。*

　説が極端になればなるほど、友だちにウイルスは動物起源だったと確信させるのは難しくなるだろう。陰謀論の主張についての最新の研究結果と最新のファクトチェックを使おう。この説は（COVID-19そのものと同じように）変異を続け、

より毒性の強い節が広がっていくだろう。

最終的には研究所の関与を否定するのは不可能だ。初期の感染クラスターが市場で発生したという強い証拠を指摘することはできる。さらに、分子生物学技術に注目して、「フューリン切断部位」のような証拠を論じることもできる。技術的証拠の問題はあなたも友だちもこの技術の基礎になっている科学について、表面的な理解しかできない可能性が高いことだろう。

一般的にそれよりいいのは、こうした主張の前提になっている科学的常識の概要を理解しようとすることだろう。研究所からの漏洩がなかったと証明することはできないが、ほとんどの専門家はウイルスが人畜共通感染症起源だと現在も考えている。コロナ陰謀論のスペクトラム上の危険な領域まで足を踏み入れない限り、ウイルス起源に関する主張は、現実のワクチンの有効性には関係しない。

コロナ・ディスインフォーメンタリー

911についての「ルースチェンジ」やケムトレイルの「飛行機雲の謎〜ケムトレイルの目的と巨大企業〜」で見てきたように、人が陰謀論を信じるきっかけとなり、（そして徐々に確信を深めさせるのも）、説得力のある動画（ビデオ／映画）であることが多い。こうした作品はドキュメンタリーとして発表され、事実を簡単に並べ、視聴者が「自分で調べ」て、ある結論に辿り着くようにつくられている。事実上プロパガンダの道具だというのがこうした動画の本質で、特定の立場を支持するような事実だけを提示している。記録（ドキュメント）しているとすれば、ある状況に対する極めて狭い見方だけだ。

こういう例え方をすればよくわかってもらえると思うのは、殺人事件の裁判員に選ばれたと想像してもらうことだ。この法廷にはなぜか検事だけはいるが、通常ならいる検察側、被告側双方の弁護士、口頭弁論、証人の証言はなく、公平な判断を下す判事さえもいない。

検事は感じが良く、豊富な知識を誇り、素晴らしい声と語り口で被告が有罪だと主張する。証拠を提示し、検察側の専門家を呼び出して説明をさせ、この事件では被告は有罪だと説得力を持って示していくのだ。

これは公平な裁判だろうか？　これで正しい判決を下せるだろうか？　いや、比較検討するものが何もない中、裁判員のあなたは、きっと確信してしまい、被告に終身刑か死刑を宣告するだろう。

偽情報のドキュメンタリーを観るというのはこういうことだ。最初は正しい

第18章　コロナウイルス　325

と思っても、被告側の言い分も聞く義務はある。こういうディスインフォメンタリーを観る場合、ファクトチェックも見なくてはならないということだ。

　もしもディスインフォメンタリーを見ていなくてもファクトチェックは誤情報の主要ポイントを掴み、提唱者がどれだけ間違っているか、あるいはウソをついているかを見極めるためのとても良い方法だ。友だちがこういうディスインフォメンタリーを観るように勧めてきたら、同意して救出の道具として（慎重に）使うといいだろう。

　新型コロナ感染症に関しては、多くの人をウサギ穴に引き込んだディスインフォメンタリーが2つある。まず流行初期の2020年に登場した「プランデミック」だ。

　「COVID-19の背後に潜む隠されたアジェンダ」と副題がつけられたこの動画の基本的な前提は、ワクチンは金儲けのためだというもので、よってウイルスの起源と政府の対応とワクチンの導入は、計画調整済みの出来事——巨大な陰謀だったというものだ。

　プランデミックの背後にある物語と動画に含まれている誤解を招く、そして誤った情報について書けば、ほぼ本1冊分にもなるが、すでにインターネットには豊富な情報が存在するので、書く必要はなかった。残念ながら情報の多くは技術的なものなので、友だちに教える場合は自分と友だちの技術に関する知識レベルを踏まえて、スムーズに話し合えるかどうかを考えて選ぶ必要がある。

　「プランデミック」の主張の中でも重要な1つはヒドロキシクロロキン（抗マラリア薬）という薬はCovid-19の安全で安価で効果的な治療法であり、売られると儲からないという理由で、大手製薬会社によって生産販売が抑制されているというものだった。

　当初、大規模研究が行われたことがなく、効く、効かないの両方のエビデンスがなかったため、主張はある程度の注目を集めた。その後は個人の体験談と、いくつかの非常に小規模の低質な研究が主張を広めるために使われた。

　薬が効くという良いエビデンスがなかったにもかかわらず、ヒドロクロロキンを広めようとする動きはある種の政治の道具になっていった。ドナルド・トランプはフランス人医師ディディエ・ラウールがこの薬を勧めると、自らもこれを特効薬として勧めた。このためトランプ支持者はこれが特効薬だと信じるようになり、エビデンスがないという警告をディープステートの陰謀だと考えるさらに陰謀論的な傾向を強めた。

　「プランデミック」が主張するのは、当然ながら、この考え方そっくりそのま

まだ。このディスインフォメンタリーの良質な批評がどれも指摘しているように、ヒドロクロロキンの有効性は確認されなかった。2022年までに、もっと多くの良質な研究が重ねられ、ヒドロクロロキンにはなんの働きもないことがはっきりした。なかでもブラジルでの大規模な二重盲検臨床試験では、ヒドロキシクロロキンは薬としては安全であることが（以前の他の研究と同様に）実証されたが、Covid-19の治療に使用した場合、回復における差はゼロだった。対照群のプラセボと何も変わらなかったのだ。

　イベルメクチンについても同じような状況だった。これは抗寄生虫薬で当初、いくつかの問題のある研究に基づいて推奨されていた。この薬は政治的な論点になり、トランプ・ファンが探し求め、犬用や馬用まで使うようになった。だがその後大規模な研究が行われ、効果がないことが判明した。

　2つ目のディスインフォメンタリーは「ダイド・サドンリー」（突然死）だ。これはもちろん、先に述べた#突然死説を取り扱ったものだ。これはプランデミックよりもさらに間違いだらけだ。実際、あまりにも間違いが多いので、制作者は最初の公開後わずか1週間で大急ぎで第2版を公開したほどだ。この映画は感情を酷く揺さぶってくる。（遺体に防腐処理をする）葬儀業者は遺体に異常な血栓を見つけたと説明する。ワクチンを打った患者の頸動脈から恐ろしく大きな血栓が取り出される手術の様子を映した動画。延々と続く普通の人々と運動選手の悲劇。とくに、もし、あなたがこの話を知らなければ、圧倒的な説得力を感じるだろう。

　そして、そこへファクトチェッカーが駆けつけてくれる。医師たちが、説明してくれるところによると、死亡後、遺体に血栓ができるのは当たり前で、患者の血栓はワクチンのせいではなく、コロナ感染症の症状なのだ。そして、この動画の手術はおそらく2019年で、ワクチンが広く使われるようになった2年も前のものなのだ。

　これもまた激しく変化する陰謀論だ。「ルース・チェンジ」がそうだったように、あなたがこれを読むころには、こうしたディスインフォメンタリーの第3版、第4版が登場しているかもしれない。有り難いことに、911と比較して、新型コロナ感染症のファクトチェッカーはずっと多いので、新しい反論に使える包括的で専門性の高い反論を使うことができるだろう。

第18章　コロナウイルス　327

情報源

コロナウイルス陰謀論は2023年、2024年には終わるだろうか？

多くの人がパンデミックは終わったと考えている。とはいえ、この項を書いている時点（2023年1月）で、アメリカの患者数は冬の間、増加し続けていて最初の大規模ワクチン接種が行われた2021年の夏よりもずっと多くなっている。毎日500人が死んでいるのだ。

したがって「終わった」わけではない。コロナウイルスは日常の一部になり、「エンデミック」と呼ばれる病気の段階に入ったのだ。これはインフルエンザのように、いつも小流行するという意味だ。ウイルスも終わってはいない。このまま感染は続き、変異株が発生し続ける。ウイルス陰謀論もそうなっていくだろう。

このように激しく変化し続ける陰謀論には最新であり続ける情報源を提示するのは難しい。だが、長く役立ち続けるものはある。疑うなら、検索してみるといい。

CDC：CDC（アメリカ疾病予防管理センター）にはウェブページがあり、2019年から定期的に更新されている（この項を書いているときは、最新記事は3週間前のものだった）。陰謀論や誤情報のトップ10リストがあり、ワクチンにマイクロチップが入っている、遺伝子を変化させるといった非常に極端なものも恐れずに取り上げている。またトップページには多様で役に立つリンクが並んでいる。
https://www.cdc.gov/coronavirus/2019-ncov/vaccines/facts.html

WHO（世界保健機構）：WHO はアメリカ政府機関よりも受け入れやすいかもしれない。WHO にはコロナウイルスのミスバスト（神話／伝説／迷信を退治する）のページがあり、ほかの情報ソースへのリンクも提示している
https://www.who.int/emergencies/diseases/novel-coronavirus-2019/advicefor-public/myth-busters

メイヨー・クリニック：政府機関ではないので拒絶感が少ないかもしれない。メイヨー・クリニック（米国屈指の名門病院）にもミス・バストのページがあり、他の医療機関と同様に、いくつかのコロナウイルス神話のファクトチェックを提供している。
https://www.mayoclinichealthsystem.org/hometown-health/featured-topic/

covid-19-vaccine-myths-debunked

YouTube: クリーブランド・クリニック：文字数が多いと見る気がなくなりがちで、医療専門家が画面から語りかけてくれる短い動画の方がわかりやすいという人々も多い。クリーブランド・クリニック（大規模非営利研究病院として有名）は〝COVIDD-19 の神話をデバンクする〟のような動画を数多く制作、投稿している。動画解説には根拠となるもっと詳しい記事へのリンクもある。

https://www.YouTube.com/watch ？ v=EKjdzIVtKSo

第19章
UFOs

UFO陰謀論は多面的だ。最もシンプルな形は米国政府が実はもっとUFOについて知っているのに隠蔽しているというものだ。異説の1つでは解像度の高い記録動画を集めた保存庫があるという。もう少し極端な方向に位置するものでは、墜落した空とぶ円盤の部品（それどころか丸々一機）を保持しているという。さらに極端になると実際に宇宙人と接触したという。

いくつか、用語の説明をしておこう：一般にUFOは未確認飛行物体のことだと理解されてきて、空を飛んでいるものならなんであれ該当すると考えられてきた。だが、ときにはUFOは宇宙人の宇宙船という意味で使われる。空とぶ円盤やその類いだ。この関連付けを離れ、かつ空で見られるものはすべてが物体ではない（単なる上空での発光だったり、反射だったり、大気の現象、幻想や幻覚のこともある）という認識を広めるために、UFOをUAPと呼び変える動きがある。

UAPは〝Unidentified Aerial Phenomena〟未確認空中現象という意味か、もっと最近では〝Unidentified Anomalous Phenomena〟未確認異常現象の意味だとされるようになってきている。UFOからUAPへの名称変更の努力は一般にはあまり普及していないので、ここでは馴染みのあるUFOを使う。また第1章で説明したように、新しい用語というのは徐々に古い言い方に取って代わるので、何を指しているのかを双方が理解している限り、どれを使うかはさほど大きな問題ではない。

次の言葉は「宇宙人／エイリアン」だ。個々のUFO事件が日常的な原因によるもので宇宙人ではないという説（人工物、測定機器のエラー、幻想、幻覚、あるいは自然現象）を披露すると、「誰がエイリアンの話などした？」という反発に会う可能性もある。これは、UFOと言えばエイリアンというお決まりの話を持ち出すことで議論を矮小化しようとしているだろうという疑いを表現している。この異議は二分法の過ちを指摘しているように見え、一見有効に思われるが、ではエイリアンではなくて何なのだろう？

UFO愛好家はUFOとは現在の技術とは劇的に異なった存在なのだと考えて

いる。彼らが「誰がエイリアンの話などした？」と言う時には、普通の人間が秘密裏にこの新しいテクノロジーを開発したのだという話のこともあるが、たいていの場合、様々な「他者」の可能性を考えてほしいということなのだ。たとえば、

- **超地球人**：地球出身の人類だが、超古代に一度地球を去ってからまた戻ってきているか、地下に住む地底人となっている。
- **未知地球生命体**：地球に住んでいるが、人間ではなく、物理的な身体を持っていないかもしれない存在。
- **地球外生命体**：伝統的な「グレイ」または他の訪問エイリアン種族。
- **タイムトラベラー**：遠い未来、あるいは過去に失われた文明からやってくる人類。
- **次元間生命体**：別の次元の存在または人類。
- **A.I.**：上記のいずれかがつくったロボット。
- **超次元トリックスター**：別次元から来た存在で、UFOのふりをしている。
- **人間+**：上記のいずれかのテクノロジーを利用する人間。

　もちろん、どんな可能性を考えることはできるし、UFOは日常的な現象か、エイリアンのどちらかだというのは誤った二分法だ。だがそれは、言葉を巡る議論に過ぎない。上記のすべては「奇妙な」存在だ。通常の人間ではないという意味で「エイリアン」と呼べるかもしれない。したがって私は伝統的な地球外生命体という意味ではなくても、通常の人間の知識の領域外に属するものを「エイリアン」という言葉で説明してもまったく問題はないと考えている。

　最後に「デバンキング」という言葉だ。「デバンクされた／ウソが暴かれた」という言葉が中立的な言葉として使われていて、「デバンクする」は使いやすい動詞なので、これは使用に問題のない言葉だという話はした。だが、私は気づいていなかったのだが、ユーフォロジー（UFO学）界隈では、「デバンカー」という言葉は、歴史的にとても否定的な意味を持つようになっていたのだった。UFO愛好家にとって「デバンカー」とは先入観を持って、UFO事件はすべて日常現象だと証明しようとする人間のことなのだ。

　これはすべてのUFO事件を「デバンク」するために政府に雇用されていたJ・アレン・ハイネックの時代まで遡る。ハイネックは自分がインタビューした人々の証言に説得され、最終的にデバンカーから信奉者へと変わった。

第19章　UFOs　331

ハイネックは、誠実な調査者にもっとも相応しい言葉は「懐疑主義者」だろうと言っている。自分のデバンキングは本質的には不誠実な隠蔽だったと感じたからだ。これで「デバンカー」はUFO学の敵になったのだった。

私がUFO学でやっているのは、UFO事件を分析して、それが何かを突き止めることなので、もう、そうした意味では自分はデバンカーだとは言わないし、友だちと話すときにも使わないようにすることをお勧めしたい。

UFOs ——驚くほどデリケートな話題

UFO学周辺の話題に触れるときには驚くほど配慮が必要だ。私たちは、極端な陰謀論者は自分の信条に挑むような意見を聞くと、怒りを含んだ反応を返してくるものだとつい思ってしまっているが、私がUFO事件を調べ始めた時に遭遇した感情的な反応は予想もしていなかったものだった。ほかの点では非常に理論的に見えるUFO研究家が、私が今まで様々な話題に関して体験した中で最も強く、そして収まらない怒りを示したのだ。すっかり戸惑ってしまった私はUFO作家のニック・ホープにその背景を尋ねるまでわけがわからないままだった。ニックによれば[*1]、

　　ぼくが思うに原因の一つは、UFOの場合、UFO研究家の一部は自らも目撃者で、目撃者の一部には、自分はさらに深く関与している「経験者」や「アブダクティー（拉致被害者）」、あるいは何であれ彼らが使いたい用語に該当する存在だと定義している人々がいるという事実があるからだろう。だから、こうした人々は個人的に繋がりがあるテーマだと見なし、様々ものを注ぎ込んでいる。たとえて言うなら、月面着陸の研究議論に、まるで月に行った宇宙飛行士であるような態度で参加するのだ。

目撃者はほかの人々が個人的体験に冷水を掛けるようなことをすると、自分がウソつき呼ばわりされているように感じてしまう。そしてその個人的体験が、なんであれ、見下されていると考える。（激しい感情が湧き上がるのは）それでだろう。

これはUFOについての信条に関して人と話す時に認識しておくべき重要な点だ。ほかの陰謀論に比べて、感情を注ぎ込んでいる度合いがはるかに大きい。個人によって違うが、なかには個人的な宗教的信仰の強さと似たものになっている人もいる。「経験者」（ある種のUFO目撃あるいは接近遭遇した人）にとっては、

実際の個人的体験に基づく確信であるので、宗教的な信仰を上回っていることもある。

またこうしたことから、UFOを信じる程度のスペクトラムを理解し、友だちがそのスペクトラムのどのあたりにいるのかを見極めることが何を差し置いても非常に重要になる。本書は平面地球やケムトレイルを取り上げている。このため、スペクトラムの現実に近い端にいるUFO信奉者の場合、自分の体験談をもっとバカバカしい説の信奉者の体験談と同じような興味で扱っていると思われやすいが、それは間違いだ。

なぜUFOに関わるのか？

感情的なエネルギーに満ちたこの界隈の様相は疑問を呼び起こす。：なぜこれだけ心の奥底深くから信じている人に信じるのを思いとどまらせようとするのか？ 未確認飛行物体がエイリアンの進歩した乗り物だと考えたとして、どんな害があるというのか？

最も良い答えは、この信仰に一度は絡め取られる体験をした人々が語ってくれるものだろう。以下は、私のUFO関連の記事に関して送られてきた一方的なメッセージだ。

　　私は本当であってほしいと願うあまり、目の前に並んだ事実をないものにしてきました。このせいで個人的な体験が裏付けとなる信仰システムに我が身を置くことになったのです。（途方もない主張には途方もない証拠が必要だというのに）途方もない証拠なしに途方もない信条を持っていたのです。私は証拠だと思い込んでいたものに対するあなたの単純明快な答えを信じなかった。これは間違いでした。諦めずに続けてくれてありがとう。2022年9月。

　　あなたがしている仕事が間違いなく、計り知れない価値を持っているかを知らせたくて、これを書いています。もちろん、ご承知のうえでやっていらっしゃることでしょうが、受けていらっしゃるヘイトの量があまりにも多くて、続けるのに辛い思いをされることもあるだろうなと思ったので。あなたとグリーンストリートさんは私にとってのカルト脱洗脳専門家のようでした。感謝しています。2022年9月

やあニック、僕はずっと前から UFO に興味を持っていて、これは自分でも認めるけど、昔は「Twitter の世界」で出てきたものは何でも信じちゃうヤツだった。#ufotwitter が始まったときは、君が見つけたことを何でも否定する一人だったけど、ここ数年で君の大ファンになってしまったことを白状するよ。おかげで洗脳コミュニティーから這い出してくることができたよ。2021 年 4 月 8 日

　もし、私がやっていることに感謝してくれる人々がいるなら、それは、やる価値のあることだという手がかりだろう。うっかり信仰システムにはまり込んでしまった人々は、脱出してからそれが空想に基づくものだったと気づくのだ。

　それでもどこが悪いのか？　ほかの陰謀論や誤った信条と同様に、害はいくつかのレベルで起こる。まず、個人へのダメージだ。こうしたものに取り憑かれてしまうと、人生を乗っ取られてしまう。この信条が世界で一番重要なこととなり、調べたり、考えたりに起きている時間をすべて費やしてしまう。ここまで夢中になるのは健康的だとは言えない。そしてこうした考えを持つコミュニティーに入り浸り、信条への興味を強化し、ほかの事柄への興味を失っていくのだ。

　もちろん、単に何かに夢中になることを否定はできない。私も UFO には興味があり、それ相当の時間を使って考えている。自分が、あるいは人が空に見ているものが何なのかを突き止めることに強い興味があるだけなら、一種の趣味と言っていい。興味が高じて政府や軍隊、健康や科学、そして人生の意味といったものについての信念になっていくと、物事は横道に逸れ始める。

　次のチャールズ（仮名）からの「恐怖煽り依存」からの回復についてのメッセージを読んで考えてほしい。

　始まりは「ルース・チェンジ」(911 陰謀論ドキュメンタリー) だった。でもその頃は小学生だったので、それほど深入りはしなかった。それから、UFO とアレックス・ジョーンズが言うことなら何でもになった（笑）。そこから先は、否定的な態度をとるのはやめようとして、基本的に平面地球からケムトレイルから別次元の存在から何であれ心奪われてしまって、どれか一つに没入するということはなかったけれど、陰謀論ならどれでも追いかけて、そして、いつも世界政府、イルミナティに狙われるのを恐れて生きてきた。僕にはかなり重症の不安障害があって、何を見ても不安を煽ら

れて、何年も心が蝕まれてしまってきた。僕はまだ28歳なので、一生のほとんどと言っていい。僕は今、自分がこうした事柄に自分の論理的思考と、推論する能力を思っていたよりも使ってこなかったことに気がついた。僕はすっかりウサギ穴にはまってしまっていたんだよ（大笑いだよ）。2020年2月23日

UFOは連続する信仰の一部だ。一度UFOは重要でおそらくは異星人がやってきていると考えると、論理的に次のステップは、政府が隠蔽しているはずだとなる。そして調べれば調べるほど、信仰システムにはまっていき、想定上の隠蔽は酷いものになっていく。

世界は言われていたようなものではない（それどころか見えているようなものでもない）という信仰がある。政府は明らかに宇宙の基本的な真実について我々にウソをついている。一度、政府と科学者がこれほど重要なことについてウソをついていると信じてしまうと、ほかのことについてもウソをついていると簡単に信じるようになる。チャールズはUFO（と少しの911）から始めてすぐにそこを卒業して、もっとオカルトな分野に入っていった。チャールズが「世界政府」を信じてしまったのは現実の政府はウソをつくという強い信念があったからで、それはUFOは途方もない何かの証拠だという信念に支えられていた。

UFOの人になるつもりはなかった

2017年に本書の初版の原稿を書いていた頃、私はUFOに大きな関心は持っていなかった。実のところ、陰謀論の一種だとさえ考えていなかった。その結果、（初版では）ごく簡単にしか触れていなかった。初版での指摘として最も重要なのは、UFOはテーマとして、陰謀論スペクトラムの、1から10まで、すべての程度があるということだったかもしれない。

とはいえ、私はウサギ穴に関連してとくに興味深いテーマだとは考えていなかった。UFOに興味を持つことはとくに実害があるようには見えなかった。もちろんエイリアンが地球を訪問していると曖昧な証拠に基づいて信じている人はよくいたが、オタクの趣味のように思えたのだった。

UFOを無視していたということではない。

2010年にメタバンクを開設して、2017年に本書の初版を書くまでの間、メタバンクには100ほどのUFOやUFO調査に関するスレッドができていた。911の

第19章 UFOs 335

ような現実の悲劇に関する話題や、時に深刻な心痛を招くサンディー・フック小学校銃撃事件偽旗説のような陰謀論の話題に比べて、いつも楽しい、ちょっとした気分転換になる話題だった。UFO信奉者は私が思うようなウサギ穴からの救出を必要とする人々ではないと考えていたのだ。この認識は無害そうなチリのUFO事件をきっかけに徐々に変わっていった。

チリ海軍のUFO事件はごく短期間UFO学の注目を集めたが、すぐに恥ずかしい記憶に変わって、教訓の物語となった。近年のUFO事件の発展に深く関わっていると同時に、友だちに権威が裏打ちする途方もない証拠だという主張がその通りではないこともあると示す、抜群の事例でもある。

この話は2017年初頭に大ニュースとして発表された。レスリー・キーンというジャーナリストが「チリ海軍が公開したばかりの常識を塗り替えるUFO動画[*2]」という熱の籠もった記事を書いたのだ。記事の冒頭は、

　　　非常に変わった動きをするUFOの9分間に及ぶ特別な海軍の動画が一般に公開されている。チリの公的機関はこれを過去2年間研究してきた。チリ政府機関でUFOまたはUAP（未確認空中現象）の調査を執り行っているCEFAAが調査を担当してきた（中略）チリ空軍の管轄下にあるCEFAAには軍事専門家、技術者、そして各分野の学者からなる複数の委員会がある。そのメンバーの誰一人として経験豊富な海軍士官2人がヘリコプターから捉えた奇妙な空とぶ物体を説明することはできなかった。

記事にはさらに多くの息を呑むような表現で、「有能で正確な観察者」で「高度な訓練を受けた専門家」が動画を説明できず、いかに「専門家たち」が可能性を次々に決定的に排除していき、2年間の研究の後、「いくつもの高度な研究の論理によってこれが説明不可能だと意見が一致したため」これをUAP（UFO）だと公式に指定するに至ったかを述べている。

記事にはFLIR（前方監視型赤外線装置）カメラの動画が添付されていて遠くに何かの物質を発射しているようなぼやっとした点が映っていた。これが発表された翌日、ある人が私宛に転送してくれて、これは排気を後に引いている飛行機ではないか？と尋ねた。私の目にもそのように見えた。メタバンクチームが始動して、数日しないうちにこれがどの便の飛行機かも判明した（おそらくイベリア航空6830便）。

その週のうちにチームは自動無線データから航路を再生し、これが間違いなく

この飛行機だと証明した。我々は記事を書き、説明動画をつくり、そしてすべての疑問に答えた。事件は解決した。たった1週間で、我々はチリ空軍のCEFAAが失敗したことをやり遂げ、同時に「高度な訓練を受けた専門家」もときに間違うということを実演して見せたのだ。[*3]

キーン記者はしぶしぶとこれがおそらく飛行機だったことを認めた。「常識を塗り替える」動画はそうではなかったことが証明された。「公式の」「UFO」指定は意味がなかった。UFOと超常現象に強い興味を持っていたキーン記者は、挫けることはなかった。彼女の次のUFO記事はそれまでのUFO学の様相を大きく変化させることになった

UFO学の新時代

その記事は「輝くオーラと黒いマネー[*4]」だった。それが2017年12月に公表されたことでUFO学の新時代が2つの意味で幕を開けた。まず、この記事は世界でも最も権威ある新聞の1つであるニューヨークタイムズ紙に掲載された。もし「一国を代表する高級紙」がUFOを真剣に扱っているなら、ほかの新聞とメディアも、この話題を真剣に扱う記事を流通させてもいいことになる。

2つ目に、これはAATIP（Advaced Aerospace Threat Identification Program；先端航空宇宙脅威特定計画）という米軍の公式のUFO調査プログラムについての記事だった。キーン記者はこのプログラムの元責任者であるルイス・エリゾンドにインタビューし、米海軍パイロットが撮影した動画2本を公開した。この動画に映っていたタイプの物体をAATIPが調査していたのだ。

動画はそれぞれゴーファストとジンバルと名付けられ、たちまち現代のUFO神話の基本的な一部になった。文字通り数百のテレビインタビューとUFO番組の背景画像として使われたのだった。

2000年代初頭から、UFOに対する興味はどちらかといえば下降し続けていた。筋金入りのUFO愛好家の間では「UFOフラップ（集中目撃）」が興味の大半を占めることになり、これをメディアが報道したことによって空を見上げる人が増え、単に多くの人が空を見たことで、目撃事例が増えていった。

2018年以前の最大のUFOフラップの1つは2008年1月のスティーブンビル目撃事件だ。地方でのごく少数の目撃事件がなぜかさらに多くの目撃者のいるフラップに発展し、さらにメディアの注目を集めていった。UFOフラップは個々の目撃事例の詳細な情報はないので、友だちの体験を説明する役には立たない

が、しばしばフィードバックループ（ある行動の結果が繰り返されることで影響が大きくなっていくこと）の結果などだとの理解は有用な視点となる。

図24　ジンバルUFO 米海軍公式動画で、
ジェット戦闘機に追跡されている本物の空飛ぶ円盤が映っているように見える

　ニューヨークタイムズの記事が掲載された直後からの1年間、主に動画についての記事が繰り返されることで急速にエスカレートするフィードバックループが引き起こされた。2020年4月に米防衛省が2017年から18年に公開された動画を公式に公開すると決定するとこのフィードバックループも目覚ましく増加した。
　混乱して、状況が飲み込めなくなってしまっただろうか？　ニューヨークタイムズがすでに公開した動画をなぜ再び「公開」するのか？　実はここが重要な点なのだ。現在、UFOに関して信じられていることの多くは、米軍、米防衛省が「UFOは本物だと認め」「秘密にしていたUFOの動画を一般公開した」とする考えに基づいている。
　現実としては、2020年4月の発表で変わったことは何もない。変わったように

見えただけだ。

ジンバル、ゴーファスト、そして少し古いFLIR1はすでに公開されていた。ただ、公式のチャンネルからではなかった。エリゾンドは政府の提携先に研究のために公開すると提示する書類に記入していたが、動画はニューヨークタイムズに渡され、2017年と2018年にYouTubeに投稿された。

だから、米防衛省は2020年に、実際には誰もがもう観ていた動画を公開したのだ。またこれが本物であることを認めた。だが、公開時に未確認だった何かを映した米海軍の公式動画であるというのは、もう誰もが知っていたことだった。

米海軍動画

とはいえ、動画は非常に興味深いものだった。最も説得力があるのは「ジンバル」で、奇妙な形の飛行物体のように見えるもの（動画に映っている間に形態は変化し続けるが、最後には古典的な空飛ぶ円盤形になる）が雲の上を滑っていくように見える。音声も付いていてパイロットが「あれは何だ？」「あれは編隊だ」「回転してる」と、叫んでいる。最後の発言は動画の最後に物体が取っているように見える奇妙な動きのことで、速度がゆっくりになり、一方の端が通常の空気力学の法則を無視して跳ね上がっているように見える。

これはもちろん、すばらしい証拠のように見える。高度な訓練を受けた海軍パイロットが撮影した説明できない動画。聞いたことがある気がする？ チリの事件とそっくりではないか？ 同じように高度に訓練されたチリ海軍パイロットが（奇妙な動きをする）奇妙な物体の動画を撮り、専門家が説明できなかったのだ。

類似点は多い。どちらもFLIRカメラで撮影されている。FLIRは前方監視型赤外線装置という意味で、つまりは、光ではなく熱を撮影するカメラだ。物体は非常に遠くにあり、カメラの強力なズーム拡大機能が使われた。カメラには白表示と黒表示の機能があるが、どちらにしろ、チリの物体と「ジンバル」の物体は熱を持っていることを示す表示だった。

最も決定的な類似点は、チリの事件では旅客機はカメラから遠ざかって行っていたので、カメラはエンジン後部を写していた。ここは旅客機の中で一番熱い箇所なので、その結果、まるでカメラに向けて懐中電灯の光を照らすような効果があった。明るい懐中電灯をスマホのカメラに向けて試してみよう。画面一面が明るくなって、懐中電灯本体は見えなくなる。

チリの事件で起こったのはそういうことだ。エンジンが4つ付いている機体

第19章 UFOs 339

だったので、全部で4つの巨大なグレア（まぶしさ）が飛行機を覆ってしまっていた。ジンバルの場合、グレアは1つだけのように見え、F/A-18戦闘機のような2つのエンジンが隣り合って配置されて、実質的に1つのエンジンとなっている飛行機である可能性が高い。空とぶ円盤のように見えたのは、赤外線グレアとも見える。

　形に加えて、動画で最も興味深いのは回転する様子だ。パイロットもこれを言っていて、この部分があまりにも何度も再生されたので、「回転している」はUFO界隈で比喩のように使われるようになった。

　この見かけの回転の分析で興味深いことが明らかになった。第1にジェット機が傾いているときの動画の部分では、物体は回転していなかった。奇妙なことに周囲の環境ではなく、カメラの方向によって変化が起こっているようだった。これに関連して、画面全体を横断するように光の帯が観察され、物体が回転するように見えているときに一緒に回転していた。回転が起こるように見える直前にカメラが小さく振動していた。

　これら3つの観察結果だけでも、物体が実は回転していない何かを隠しているカメラのアーチファクト（観測ノイズや紛れ込み人工物などのエラー）であることを示していて重要だが、私が（メタバンクのほかのメンバーの助けを借りて）行ったもっと詳細な分析が決め手をもたらした。

　ジンバル事件の厄介な点は、技術的に複雑だということだ。その技術的な点について少し掘り下げていこうと思うが、次の2パラグラフがよくわからなくても心配しないでほしい。直感的にすっとわかるような話ではないのだ。

　動画を撮影したATFLIRカメラはジンバル（2つの輪を組み合わせた水平安定装置）に取り付けられている。このため、カメラが左から右にパンするときには回転する必要がある。カメラが回転すれば画像も回転するので、パイロットが画面を観る前に修正しておく必要がある。カメラの中には画像を反対方向に回転させるメカニズムがある。この結果、カメラが捉えたグレアは何であれカメラが回転した分だけ反対方向に回転することになる。

　ジェットの傾きと縦揺れと記録された方向を考えて計算することで、グレアがどの程度ジンバル装置のせいで回転するかを算出することができた。それは、ジンバルの動画の「物体」の回転と、まったく同じだった。問題があるとすれば回転が段階的に起こっていたことだけだった。しかしここで、我々は予想される位置から約2.5度逸れると回転が始まることに気がついた。これは、結局このシステムの特許書類に記載されている（内部ミラーに与えられている）ゆとりの分その

ままであることが判明した。

　最後にもうお気づきだろうが、この動画は「ジンバル」と呼ばれている。この回転の有様はジンバルシステムの人工的ノイズが起こすと相対されるものと完璧に一致している。それでジンバルと呼ぶようになった可能性がある。

　これは全体としてとても複雑なので、視覚的にわかりやすくなるように私がつくった動画を見てもらえたらうれしい[*5]。

　私（とほかの多くの人々）は、この分析で、「物体」は回転する空とぶ円盤ではなく、カメラの人工的ノイズの回転と一緒になったグレアだと考えている。だがこれでは、グレア（熱源の眩しさ）が隠しているものの説明にはなっていない。熱源は何だ？　どれぐらい離れている？　2、30マイル離れているもう1機のF/A18戦闘機である可能性が高い一方で、この推測に強い疑問を持つ人もいて、活発な議論が続いている。ただ、これがUFOの決定的な証拠となる常識を覆す動画ではないのは間違いない。

　ほかの動画も同様だ。ゴーファストは高速で移動しているように「見える」が、非常に簡単な計算でおそらく風速と同じぐらいのスピードであることがわかる。風船のようなものか、鳥かもしれない。

空とぶ緑のピラミッド

　2020年、米防衛省にUAPタスクフォースが発足した。2021年中、動画のリークは続き、リーク元はそのタスクフォースだろうと思われた。その中の1つが政府がUFOについて何か驚くべきことを確認しているという話の問題点を特別に描き出していた。その動画が「緑のピラミッド」動画だ。米海軍艦の乗組員が、空で光っている複数の何かを暗視装置（すべてが緑色になる）を着けた普通のカメラで撮影したものだ。光の1つは点滅して動いている。乗組員はズームして拡大していて、すると点滅している光は正三角形のような形をしていて各辺がかすかに湾曲しているのがわかる。動画の後半でいくつも同じような形が写るが、そちらは動いていない。

　これがUFOというかUAPだというので、UAPタスクフォースに動画が届き、タスクフォースの公式専門委員会が「現象」を検討する任務にあたった。明らかに現象の解明はできなかった。リークした動画と一緒にタスクフォースのスライドもリークしていて、何枚かのスチール画像とキャプションが含まれている。

第19章　UFOs　341

CGS-9 コメント：（U）米海軍ミサイル駆逐艦ラッセルで観測された 未確認名称不明飛行体3体、観測地点からは三角形の形状に見える。（ラッセルの）船尾デッキの上空約700フィートに停止飛行していた。

これに加え、目撃者が物体をピラミッドと説明していたと記載されており、この動画を紹介していたジェレミー・コーベルは空とぶピラミッドだと言っていた。事実なら非常に興味深い。コーベルはその後動画は「軍の記録動画で世界に公開された中では最高のUFOだ」と言っていた[*6]。

動画の公開は2021年4月8日正午（西海岸標準時）だった。私はその数分後に気がついて数回見て、そして、公開の19分後に最初の印象をTwitterに書いている。

Mick West
@MickWest

My ten-minute take on @jeremyCorbell's new UFO footage is that it's a human aircraft. I think it's not triangle shaped, that's the shape of the glare from the aperture of the camera. See other triangles.

The "transmedium" craft is probably a ballon ending up in the ocean.

12:19 PM · Apr 8, 2021

4 Retweets 6 Quote Tweets 57 Likes

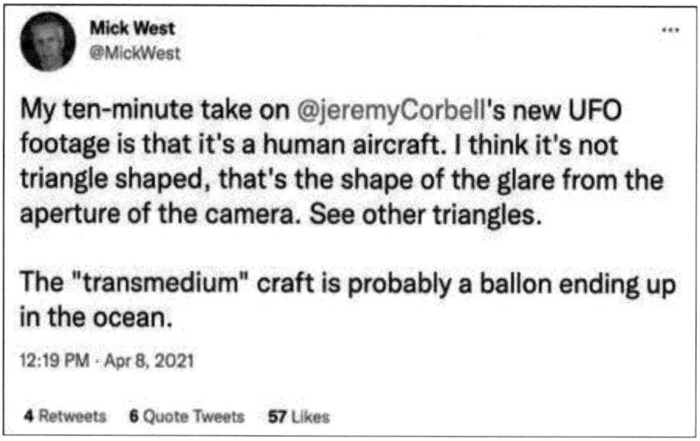

図25 著者のツィート 以下訳

ミック・ウエスト　@MICKWEST

私は@JEREMYCORBELL（ジェレミー・コーベル）の新しいUFO動画が人工物だと判別するまでに十分ほどかかった。三角形ではなく、カメラの絞りによるグレアだと思う。ほかの三角形も見るとわかる。

「トランスミディアム」機だとされているのは、おそらく海上を漂っていた風船だろう。

12:19PM 4月8日，2021

この印象はその後正しかったことが証明された。三角形は多くの人によって、カメラに共通して起こるエラーで小さな光源がぼけてある形になる現象「ボケ（日本語のボケが語源のカメラ用語）」だと指摘された。これはカメラの絞りの形になり、絞りが三角形のカメラもあるのだ。

メタバンクも活動を開始した。[*7]あるメンバーは同じような暗視装置の付いたカメラを持っていた。彼はこれを使ってわずかにピンボケで夜空を飛ぶ飛行機と星を撮影したところ、まったく同じような映像が得られた。

Twitter でも @Dylan_DTV というアカウントが、動画に最初に映っている光が実は木星と蠍座のアンタレスなどの他の星々であることを指摘した。私はこの指摘を元に画像を分析し、動いていない三角形は「すべて」が星であることを突き止めた。こうした星々はボケたままズームアップされると三角形になる。残りの動いている三角形はボケた飛行機だった。上空を行く飛行機、あるいはドローンかもしれない。少なくとも空とぶピラミッド説に関しては、これで事件解明となった。

この時も動画公開からわずか数日のことだった。インターネットが謎を解いたのだ。

なぜ UAP タスクフォースは失敗したのか？ 彼らもその後謎を解いた。

2022 年 5 月 17 日 UAP に関して議会で公聴会が開かれた。海軍情報局の副局長スコット・ブレイは、検討しているものの例として 2 つの動画を提示した。1つは風船のように見えるもので、飛行機が通り過ぎる間の短い時間見えるだけだった。もう 1 つが緑のピラミッドだった。ブレイは数年間ピラミッドの正体がわからなかったが、徐々に他の例を見て（メタバンクで見たのかもしれない）ただのカメラのアーチファクトかあるいはドローンだと判明したと説明した。

ここでもまた、公的な専門家委員会が 2 年かかっている。インターネットでは 1 週間だ。

その数週間後、UAP タスクフォースの非公式「主席科学者」がトラビス・テイラーだと判明した。テイラーは「古代のエイリアン」や「スキンウォーカー牧場の秘密」と言ったテレビ番組でお馴染みの科学者だが、防衛省の仕事もしている。空とぶピラミッドの謎が解明できなかった人々の一人だったが、メタバンクの分析を見た後、これが主に星々とカメラのアーチファクトであることを渋々ながら受け入れたようだ。

以上のことから友だちに告げるべき重要なレッスンは、専門家も間違えるということだ。テイラーはテレビでお馴染みの科学者とはいえ、光学と天文学の 2 つ

の博士号を持っている。それなら「ボケ」のような光学効果を見極めるなど簡単にできるはずだと思うかもしれない。だがテイラーは間違えた（そしてテレビでも、そのほかいろいろをよく間違えている）これだけ資格のある人が間違えるなら、そして、2つの国の公式タスクフォースが間違えたなら、公式に認められたから証拠として使えるなどと言えるだろうか？

個人的体験——接近遭遇

もしも友だちが専門家を信じてるのではなく、UFO学を支えている様々な証拠を信じているのでもないとしたら？「公式」の動画が大して印象的ではないという点で意見は一致するが、むしろ自分の体験に基づいて信じているのだとしたら？ 接近遭遇していたら？

何よりもまず、敬意を失わずに、かつ大げさに反応しないこと。あなたはその現場に居合わせたわけではない。何を見たのかはわからないのだし、その時に一緒に何かを見たわけではない。とっさに自分が納得できるような理由になりそうなもの（飛行機、白昼夢、鳥）を探そうとしてならない。またこれを相手に押しつけるのもダメだ。相手の話を遮らずに聞こう。

人々がUFO関連の活動に起因するとした「体験」の幅は広く、程度も様々だ。大きく分けて、現実に存在する何かだということで説明できるもの（空の光や小物体）と幻想、幻覚、ウソ、あるいは本物のエイリアンとの遭遇としか説明できないものがある。

最も単純なのは、人々が空で奇妙な動きをする（あるいはまったく動かない）光を見る。原因として考えられる可能性は非常に多い。金星、木星、火星、あるいはその夜、異様に明るく見えた星。こちらに向かって夜空を真っ直ぐに飛んでくる飛行機は、50マイルほど離れているときにはまったく動いていないように見え、近づくと空の上方に向かって飛び去るように見える。

動いてない光が動いているように見えることもある。これは普通に起こることなのだが、ほとんどの人にとっては未知の現象だ。夜、外に出て、ぽつんと1つだけ光っている星か惑星を見つめよう。2、3分後には視覚システムが誤作動を始める。星は夜空を踊り舞っているように見えてくる。これは「自動運動効果」というもので、多くの人がこのせいで自分は空とぶ何かを見たとの確信を抱くに至っている。

日中に目撃されるUFOの正体の多くが飛行機だ。 私のもとに送られてきた

UFO動画の多くが飛行機だった。一定の距離以上では飛行機の翼の下側は影になっているために見えなくなる。胴部は太陽に明るく照らされているので、白い葉巻型、あるいは井形の物体が飛んでいるように見える。高倍率の望遠レンズ付きカメラや双眼鏡を持っていない限り、これがただの飛行機だと見極めるのは難しいだろう。

UFO目撃体験に占める飛行機の割合の多さを考えると、調査にとても役立つ技術は、フライトレーダー24（FlightRadar24.com）、プレインファインダー（PlaneFinder.net）、フライトアウェアー（FlightAware.com）、ADSBエクスチェンジ（ADSBExchange.com.）のような飛行追跡アプリだ。こうしたサイトではリアルタイムで空を飛んでいる航空機の位置が表示されているので、近くを飛んでいる飛行機が何かを見ることができる。また再生機能を使えば、ある時間にどの飛行機が空を飛んでいたかを見ることもできる。

使い方は2つあって、まず、UFO目撃の場所と時間に関して良い情報が揃っていれば（そして比較的最近のことであれば）、UFOだと思われた飛行機の候補を調べて絞り込むことができる。

AR（拡張現実）モードを使えば、リアルタイムでもできる。フライトレーダー24とプレインファインダーのモバイル・アプリにはこの機能が組み込まれている。アプリでAR、またはカメラアイコンをタップするだけでいい。そうすればカメラ画面に重ねて見えている、あるいは近くにいる飛行機の名称が表示される。空にポツンと見える白い点にカメラを向けて、もしそれが飛行機であれば、わかるというわけだ。

もう一つの使い方は、何が空を飛んでいて、遠い距離からはどう見えるかに慣れるための良いツールなのだ。訓練を受けた軍のパイロットでさえ（チリの事件のように）空を飛ぶ物体との距離を誤認する。地上の一般人がもっと大きな間違いをするのは当たり前だろう。

飛行機は3万から4万フィート（9000m-12000m）の高度で飛んでいる。これは45度ぐらいの急角度で見上げた場合、直線距離でおおよそ5マイルから8マイル（8-12km）の距離になる。つまり、そこを飛んでいる飛行機との距離も5マイル以上だということになる。実際、飛行機雲を追跡しているときと同じで、空に見える飛行機はだいたい10マイル（16km）以上、しばしば20マイルから100マイル（32-160km）近く離れている。大型の飛行機はもっと遠くから見えるし、もっと近いと錯覚しがちだ。

ほとんどの人は飛行機の追跡を始めると、上空からの全域地図を使って、現

在位置にズームインしようとする。これだと数平方マイル分しか見えない。AR
モードを使うか、現在位置からズームアップすべきなのだ。こうやって数機を見
つけて追跡し始めると、自分が何を見ているのかについて理解が深まっていく。
あるいは、体験者の場合、過去に自分が見た UFO が何だったかについてもわか
るかもしれない。

夜空の光

　同じような状況は、星、惑星、人工衛星についてもある。夜空が心底好きで何
がどこに見えるかに詳しい人は、我々の中でも一握りほどの数しかいない。北斗
七星やオリオンの三つ星など基本的な星座なら認識できるが、通常は「星が見え
る」だけで終わっている。最も明るく見えている「星」は星ではなく惑星だとい
うのも常識だ。金星、木星、火星、土星は、肉眼でも見える。惑星は時には非常
に明るく光り、思いがけない場所に出現する。

　私自身も火星と金星を、あれは UFO ではないかと見誤ったことがある。金星
は西に沈みつつあって、それは、サンフランシスコから飛んでくる飛行機と同じ
方向だった。私は低空に明るい光を見つけ、飛行機の観察に慣れていたので、自
分の方に向かって飛んでくる飛行機だと思ったので、カメラを取り出して、撮影
を始めた。(UFO などの) 説明に使えると思ったのだ。

　光は金星だったので動かなかったのだが、それがわかるまでしばらくかかって
しまった。よりによって、こんな間違いをしてしまったとは。

　また 2018 年 6 月のある日、私はカルフォルニア州エルドラド郡の暗い田舎道
を車で走っていた。少し離れた進行方向の空に赤く輝く不気味な光が浮かんでい
るのが見えた。運転していたので、光も動いているように見えた。最初は花火だ
と思ったのだが、そのうち、ひょっとするとドローンかなと。もう少しよく見よ
うと路肩に寄せて駐車し、光が動いていないことに気がついた。火星だったの
か？　まだ確信がないまま（火星にしたら明るすぎると思ったのだ）夜空用のアプリ
を出して、スマホを光に向けた。そう。光は火星だった。

　惑星でない星（恒星）の方も時折 UFO 目撃体験の原因になっている。惑星ほ
ど明るくなく、非常に遠い距離にあってずっと小さく見える。このため、大気に
よる屈折の影響をとても受けやすくなっている。

　簡単に言えば、このため星は瞬く。瞬きがあるおかげで、自分が見ているのは
星で惑星ではないとわかる。非常に明るい星の場合、揺れ動く分厚い大気の層を

通過するうちに白色光が構成する色にわかれる。だから明るい星は赤から青、時に緑に瞬いて見える。星が地平線に近い位置にあると、この効果はもっともよく見られる。

　大気の状態と星の明るさによって、色の変化が劇的になることもある。私は一度、東からのぼったばかりのシリウス星を数分間、警察のヘリコプターだと思って見ていたことがある。白い光が赤と青に瞬くので、そんな幻覚を見てしまったのだ。

　もっと起こりにくい空の現象で、もっとよく UFO 体験として報告されるものもある。これは個人が今までにない体験をしたと報告するもので、夕日が短い飛行機雲を照らしているものは、火球、ロケット、UFO だと繰り返し誤認されている。

　本物のロケットも何度も UFO だとして報告されている。（宇宙の真空に近い場所では奇妙な動きを見せる）排気ガスの雲に包まれた輝く点なので一目でわかるが、始めて見た人に、とてつもなく強い印象を与えるのは間違いない。

　同じようにスターリンクの人工衛星打ち上げは空を横切っていく明るい光る点の「列車」を生み出していて、一目でわかるのだが、今日までこの動画を UFO の編隊だと驚きに満ちたコメント付きで投稿する人が絶えない。彼らはあれを始めて見たのだ。

　2022 年、パイロットたちが新しい現象の報告を始めた。明るい光が競技場のトラックのような動きで飛んでいる、と。メタバンクで少し調べたところ、これもスターリンクの人工衛星で、新しく異なった角度から見るとこう見えるのだった。

　ほかの人工衛星、たとえば国際宇宙ステーション（ISS）も、普段から気にしていなければ夜空に突然現れる光となるが、現実にはごく普通の存在だと言っていい。ISS は静かに空を低高度で進む輝く光の球のように見える。実は高度は 250 マイル（400km）上空にある。

　今まで見たことがないものについては、非常に簡単に間違ったり特定を失敗したりするものだ。これを認識しておくのはとても重要だ。私は空に見えるものの識別には、かなりの経験を積んでいるが、ときに大間違いをするし、飛んでいる物体が何かわからないこともある。もしあなたもこうした体験をしているなら、友だちに話そう。UFO 目撃は何年にもわたって、バカバカしいことだと思われてきたが、我々は誰もがいつも UFO（文字通りの未確認飛行物体）を見ているのだ。

第 19 章　UFOs　347

個々の目撃者が見たものが何なのかは謎として終わることもあるが、UFO は必然的に我々の認知の境界上、情報の乏しい領域に存在し続ける。より良い装備で、この領域をより遠くに押しやることもできるが、消してしまうことはできない。UFO を嘲笑の対象にしてはいけない。たとえ、地球にやってきたエイリアンや驚異的な新技術ではなくても、必然の存在だからだ。

一度だけの目撃

　ほとんどの人にとって、UFO 目撃は、1 回切りの体験だ。昔の出来事で、今は記憶の中にだけ存在する。検証は難しい。実際に何か異様なものを見た可能性があると心しておいた方がいい。あなたは現場にはいなかったのだし、彼らの体験を「説明できる何か」に無理矢理押し込もうとするのは傲慢だ（これは侮辱しているように見える）、なかでも「たぶん何でもなかったんだよ」とおしまいにしようとするのはおこがましい。

　一度きりの体験者は自分の体験を何であれ日常の中で説明をつけようとしている傾向がある。彼らは多くの人が信じてくれないことは理解している。また、同じような（が、自分のとは滅多に一致しない）体験をした人々がいることも認識している。体験者は通常、自分の体験にずっと悩まされていて、何とか説明をつけようとしては失敗し続けている。

　この時点で、彼らに働きかけても彼らが考えなどを変えることはまずない。どちらの側にも苛立ちが募ってしまう。彼らにとっては異様な状態に関して何か明白な証拠があるように見えている。だが証拠は自分の記憶の中に封じ込められている。この非常に個人的な体験は、911 事件のような広く共有されている記憶とはとても異なっている。また第 7 章「ケムトレイル陰謀論」で取り上げた「飛行機雲はすぐに消えていた」というような広く共有されている偽りの記憶とも大きく異なっている。ケムトレイル信奉者には少なくとも同じような記憶（誤った記憶だとしても）を持つ仲間がいる。一度切りの目撃は、現実であろうと幻覚であろうと、非常に個人的なものなのだ。

　とはいえ、こうした友だちと突っ込んだ話をするのは無駄ではない。「体験」に似た結果を導いた可能性のある様々な事柄を探っていくことで、経験者は「体験」が自分が思っていたのと違う可能性についての視点を実際に得ることができるかもしれない。

　踏み込みは軽く。本人はもう何度も何度も調べていて、可能性のある解釈はほ

348

とんどすべて考え、詳しく検討しつくしているかもしれないのだ。そこへ誰かがやってきて、「ただのヘリだったかもしれないぞ」とか「夢を見てたんじゃないか？」などということは、鬱病と診断された人に「元気出せよ」とか「軽く運動してみよう」と言うのに似ている。役に立たないどころか、当然のことながら，相手を怒らせるだけになる。

　だから、相手が迷っている場合、友だちに起こったことなのだと受け入れよう。あなたも相手も説明できない。未確認なのだ。

リピーター

　しょっちゅう UFO を見る人もいる。多数、それどころか数百回の目撃を報告する人もいるほどだ。多数の目撃や遭遇の動画や写真を投稿する人もいる。これは危険な兆候だ。もし、一人がそれほどの頻度で常に見るぐらいの頻度で異様な飛行物体が空を飛んでいるなら、誰もが目にしていて当然だろう。だが、ほとんどの人々はしょっちゅう UFO を見たりしてはいないし、ほとんどの UFO 体験者は、一回限りの体験を繰り返し語っているのだ。

　UFO が異界の飛行機械または、存在だと仮定すると、こうした UFO をしょっちゅう見る人を説明できる可能性は2つある。最もありそうな説明は、個人の環境に何か原因がある場合だ。長時間空を見て過ごしていれば、自然にもっと空の光を見るようになる。ドローンのテストエリアなどの近くに住んでいれば、それで説明が付く。UFO 動画が大量に投稿されているある YouTube チャンネルの動画に写っているのは、このクリエイターが住んでいるラスベガス近郊の、ただの着陸する飛行機と夜間観光ヘリコプターに見える。

　もう 1 つは，こうした人々がユニークな人だという仮説だ。UFO を知覚しやすい何かがあり、なぜかほかの人々が見えないものを見る、あるいは UFO を惹きつけるのだ。

　これは UFO 界隈では非常に人気の説だ。体験が多い人がいるのはなぜかを説明してくれるだけでなく、自分たちはユニークな存在だと感じさせてくれて、自分はほかの人々とは違う特別の存在だと感じたい人間の本能的な要求を満たしてくれるからだ。

　この説を最近広めているのは、ガリー・ノーラン博士の著作だ。ノーランは免疫学者としての業績があり、UFO 界隈での仕事もしているオンライン UFO 界で人気の人物だ。UFO 体験中に傷を負ったと話す人々の脳を研究中に「尾状突

起と被殻の間のニューロンの過剰接続」との珍しい相関関係を発見したというのが彼の主張だ。

ノーランは当初これが UFO との遭遇事件に関連した損傷かもしれないと考えたが、事件「以前」からの MRI スキャンを検討したところ、生得のものだと判断することができたという。そうなるとこれが UFO 体験を「起こした」ものではないか？ 関連していくつもの仮説が提唱された。単に直感が鋭いというのから、脳の差違によって投影された現実の影響を受けやすくなっているというのまであった。この最後の仮説は体験者の経験談が違うのかという理由もきれいに説明している。単に誤って知覚しているのではない。異なった現実の投影の異なった超正確な知覚なのだ。

こうした信念に対してはあまりできることはなく、相関関係は因果関係を示すものではないという指摘と、分析している事例数が少なすぎることを指摘するぐらいがせいぜいだ。だがこの説とこの説が人々に希望を与えていることを理解しておくのは重要だ。最近ノーランに向けて投稿されたコメントとは、このあたりの事情を描き出している。

　　ノーラン博士、近い将来、自分自身と自分の家族についてこうした情報を得られるようになるでしょうか？ COVID テストのように、尾状突起密度がわかるでしょうか？ 自分の尾錠突起が密集しているかどうかを識別し、その使い方を研究できれば素晴らしいです。

ここで彼らはノーランが「RV」（リモート・ビューイング、遠隔透視能力で現在のところ科学的根拠はない）に言及したコメント[*9]に返信し、それができれば素晴らしい、それを実験する価値があるかどうかを判別できるような脳スキャンを探していると書いている。

もちろん、因果関係もあるかもしれないが、もしそうであっても、単に人々が現実を知覚し、ときには誤って知覚する感じ方の違いであるように思われる。エイリアンを惹きつけてしまうとか、UFO が投影する現実の変動に敏感であるとかについては、もう少し現実的な根拠が必要だろう。

もし誰かが自分には特別な力があると信じている場合、説得して思いとどまらせるのは非常に難しいだろう。またしても、信じる根拠は彼らだけのものなのだ。これを告げれば、なぜあなたが簡単に信じられないかを納得してもらう一助になるだろう。そのうえで、彼らの力をもっと科学的な方法でテストしてみよう

と誘ってみよう。

情報源

　UFO は 911 や選挙不正、コロナウイルス、ケムトレイル、そして平面地球陰謀論とも違う。主流メディアなどによるファクトチェックが驚くほど少ないからだ。

　それなりの数の昔の記事や古い本はある。だが何年にもわたって様々な UFO フラップの波が押し寄せては引いていったために、ほとんどが忘れられてしまっている。いくつかのレベルの高い懐疑的な UFO 調査が行われたのも数十年前のことで、現在は主に歴史的な興味の対象となっている。

　これを書いている時点では、メディアはおおむね政府が UFO を調査しているという話を受け入れている。真実ではあるが、そもそも証拠が少なすぎて調査の積み重ねが何か重要な結果へつながることはないだろうという事実を無視している。また政府の調査は主に少数の人々の信念に基づいて行われていて、この人々は UFO はエイリアンのものだと考え、スキンウォーカー牧場に関する奇妙な主張の歴史を共有しているという事実もほとんど把握していない。

　2023 年初頭、政府調査機関は今世紀 2 つ目となる UFO 報告を発表した。記載されていた情報は、1 つ目の報告よりもさらにわずかだった。[*10] 3 か月遅れの報告書の中身は、解明された UAP のタイプのリスト以上のものはなく（ほとんどが風船）、また、報告された UAP で正体不明のものの中には異常な動きをしていたものもあるという注釈がつけられていた。未確認 UAP の多く、おそらくはほとんどが、情報不足で解明できなかっただけだろう。

　今後 1、2 年で、政府がこの調査の実情について詳しく検討していけば、大きな変化が起こるだろう。だが動きはゆっくりだろうと思われるので、解説記事を読み、事態の観測を続けることをお勧めする。

「ワシントン政府はいかに空とぶ円盤に夢中になったか」ジェイソン・コラビト （Jason Colavito）：政府の調査のスキンウォーカー牧場とポルターガイストに遡る背景の概要
https://newrepublic.com/article/162457/government-embrace-ufos-bad-science
「国防省はいかに UFO について真剣に考えるようになったか」ギデオン・ルイス –

クラウス（Gideon Lewis-Kraus）：調査の背後にいる人々のさらに詳しい実情
https://www. newyorker.com/magazine/2021/05/10/how-the-pentagon-started-taking-ufos-seriously
「軍―UFO コンプレックス」ミック・ウエスト（Mick West）**私の記事**：財政的インセンティブの文脈から見た政府の関与の歴史
https://reason. com/2022/11/15/the-military-ufo-complex/
メタバンク（Metabunk.org）：UFO 事件に興味を持つ多様な人々のグループがメタバンクを調査のためのフォーラムとして集っている。結果として、マニアックな調査と UFO 事件の解明と言えばまず行く場所になっている。解明に成功した事件も多い。チリ海軍事件、ジンバルの回転、緑の三角形、最も最近ではスターリンクの楕円飛行などがある。

次章ではデバンキングに潜む複雑さを取り上げる。

第4部

第 20 章
デバンキングに潜む複雑さ

　2017年、チャーリー・シーンが「9/11（ナインイレヴン　運命を分けた日）」という映画で主演した。シーンはそれ以前から911真相究明運動に関わっていて、これについてハリウッド・リポーター誌に質問された。シーンは次の通り答えた。

　　*私は911について、自分の考えだけでなく自分だけの意見ではないものについても多くの批判を受けてきた。私は私よりずっと賢く、ずっと経験豊富で同じような疑問を持っている人たちの意見を代弁していたのだ。……私は前に進みたいと考えている……我々が決して忘れてはいけないことは、ある程度の探求を求めている単純な物理学に基づいたいくつかの問題があることだ。[*1]*

「単純な物理学」は撞着語だ。単純な物理学など存在しない。もし単純に見えるなら、複雑なものを削って単純にしてしまっているということだ。偉大な物理学者であるリチャード・ファインマンはあるとき、磁石について「どういう仕組みですか？」と尋ねられた。彼の答えは、基本的には「教えることはできるが、君は絶対に理解できないだろう」というものだった。そして、「なぜ」理解できないのかの説明を始めた。

　　私はあなたがよく知っているものにたとえて磁石の引き合う力を説明できない。たとえば輪ゴムのように引っ張り合うと言えば、あなたを騙していることになる。磁石は輪ゴムで繋がっているわけではないのだから。すぐに手詰まりになって困ってしまうだろう。
　　そして次に、君が十分な好奇心を持っていて、なぜ輪ゴムは縮むのかと質問して、私がそれを電磁力を使って説明してしまったら、それは輪ゴムで説明しようとしていることそのものなので、君をもっとひどく騙してい

354

ることになってしまう。わかるだろう？　だから、僕はなぜ磁石はお互いにくっつくのか？　という質問にくっつくからだと答えるしかできないんだよ。[*2]

　ファインマンはここで、自分を信頼してほしいと言っている。それしか選択肢はない。なぜなら本物の磁石の物理学を理解するためには少なくともいくつかの大学の講義を受講し、さらにもっと追加の講義を受ける必要があるからだ。もっと複雑な答えもあるが、多大な努力なしでは役には立たないだろうというのだ。

　だが、この努力なしで即時の説明を要求する人々もいる。なぜ世界貿易センタービルはあのように崩壊したのか？　陰謀論者はニュートンの運動の法則を引用し、崩壊はこの法則にしたがっていない、爆発物が使用されていない限り説明できないと言う。あなたは説明してくれと言うが、残念ながら、ほかの完璧に論理的で知的な人々と同じく、彼らも答えを簡単に理解できない自分に直面する。

　ニュートンの法則は抽象的な点質量にのみ適用可能なのだと言えば、そんなのはウソだと言うだろう。そこで、あなたは点質量対剛体、連結体、弾性衝突対非弾性衝突、運動量保存対エネルギー保存、建物内の位置エネルギー対爆発物の化学エネルギー、静力対動力、垂直支持断面、そして二乗法について説明しようとする。彼らは、それは全部説明しているふりをしているだけだろうと言う。彼らは「すべての運動には等しく同じ反作用がある」という法則がビルがあんなにあっさり崩壊するはずがないということを証明していると考えているからだ。

　こういう会話は一種の試練だ。これが難しいのは、友だちがバカだからでも、十分教育を受けていないからでもない。ファインマン教授は質問者が完全な説明を理解しないだろう理由を説明したときに、質問してきた人を侮辱していたわけではなく、率直に、あなたが思っているよりも複雑なので、理解するためにはかなりの勉強をしないとならない――少なくともかなりの時間と努力が必要だと言っていたのだ。

　あなた自身もほかの人々と同じように本当には理解していないと、この難しさは最大化されてしまう。私はそもそも技術者で、物理の法則と計算についての基礎力はあるが、私ももちろん万能ではない。学校で学んだ高等数学は、ゲームの3D物理をプログラムする仕事で常用していたものを除いてほとんど忘れてしまっている。友だちが何かを理解しようとするのを助けようとするとき、我々はどこかで、なぜ何かがそうなっているのかについての自分の理解の限界に直面せざるを得なくなる。

　チャーリー・シーンは「単純な物理学」によって疑問が起こると考えている

第20章　デバンキングに潜む複雑さ　355

が、同時にこれについて彼に代わって質問をする役を、「（彼自身よりも）もっと賢くて、もっと経験のある人たち」に譲っている。だが疑問がそれほど単純なら、なぜ単純な答えがないのだろうか？ シーンは爆発物が最も良い解答だと主張する小数の「もっと賢い」人々の集団を信頼することを選んで、そのほかの疑問はもっと複雑で、重力、火事、力学、材質の物理学、さらにこの事件のかなり複雑な状況が答えに必要だと考える（もっと大多数の）集団を無視することにしたのだ。

語るな。見せよう。

　友だちが本当に理解できていない何かを説明するのに最も良い方法は、演台から脇にどいて、その何かを実演してみせることだ。たとえば地球は動いていないと考える人々は、もし地球が動いているなら、ぴょんと飛べば，別の場所に着地するだろうと言うだろう。ここでこれをデバンクするのに、偉大なる科学の大講義をする必要はない。重力、速度ベクトル、慣性などを説いても役には立たない。必要なのは、走っている電車の中でぴょんぴょん跳ねても同じ場所に着地するだろう？ と指摘することだけだ。自分で試してみるように言おう。

　「ジャンプと着陸」の問題は、実際、直感的に当たり前なことではない。私がゲーム業界にいたころ、友だちがBlastoというプレイステーション用ゲーム開発に取り組んでいたときのことを話してくれた。ゲームデザイナーの一人は、プレイヤーが動くプラットフォームからまっすぐ上にジャンプしたときに、動いているプラットフームの元の場所に着地しないようにプログラムしたいと考えていた。

　それ自体はそれほどおかしな話ではない。ゲームのキャタクターは奇妙な動きをしまくりだからだ。だが、そのデザイナーはその方がもっとリアルになると考えていたのだ。私の友だちは反対した。そして結局、賭けをすることになった。時速15マイルで路地を走るトラックの荷台に立って真っ直ぐ上にジャンプする。荷台の元の場所に着地したら、ゲームのプログラムもそうする。もしトラックが走り去って地面に落ちてしまったらゲームのプログラムもそうする。

　荷台に乗ってトラックと同じ速度で動いていた友だちは、予想通りトラックの荷台に着地した。要点を伝える最良の方法は、現実的な（少々危険ではあったが）実験だった。

　実験は私もよくやり、デバンキングの中でも楽しい作業だ。誰かに間違いを伝

えるために、ただキーボードを叩き続けるのはとても簡単だ。だが間違いを実際に見せることができれば、そちらの方が一般的にずっとうまくいく。物理学のある様相を言葉で説明しようとするのをやめよう。そして代わりに、その時間を使って良い実験をつくりあげよう。

実験は楽しく効果的だが、注意も必要だ。現実にオンラインには「間違った」陰謀論のこれが証拠だと主張する動画が数多くある。これはとくに911制御解体論に顕著だ。ある動画ではリチャード・ケイジ（911の真実を求める建築家とエンジニアたちのリーダー）がボール紙の箱を別の箱の上に落としていって、これが世界貿易センタービルの崩壊が疑わしいことを見せる実験だと主張している[*3]。

この実験で信じてしまった人も多く、自分でこの「実験」を繰り返している人もいる。だから、自分の実験の基礎になっている法則と仮定が正しいことを確認しなければならない。後悔する前に専門家に確認してもらうのはお勧めだ。

家族のデバンキング

数年前、親戚が相談のEメールを送ってきたことがあった。読んですぐにインチキだとわかった。彼女は定年退職するのを機会に自分で事業を始めたいと書いてきた。しかももう最初の一歩は踏み出していて、これは友だちや家族に自然派の製品を売る仕事に最初から参加して有利な地位を得られる素晴らしい新しい機会なのだという。

ここでは仮にベティおばさんと呼ぶが、親戚は地元のイベントで素敵な夫婦と友だちになったのだという。何度か会った後に、彼らは少しお金を稼ぐ方法に興味はないかと聞いてきた。ベティおばさんは礼儀正しく「はい」と言った。すると彼らはベティおばさんを夕食に招いて、詳しい話をしたいと言った。夕食の後、夫婦はスキンローション、歯磨き粉、シャンプーなどのサンプルがいっぱい入ったケースを出してきた。市販の製品はラウリル硫酸ナトリウム（SLS）のような危険な化学物質が入っていると話した。そしてコルゲート歯磨き粉のチューブを持ってきて成分表を読ませた（成分表にはSLSや他の科学物質が含まれていた）。それから、SLSは毒物だと証明している、政府機関の文書を見せた。

ベティおばさんは概ね自然なものが好きで、毒物には反対だったので、これは気にかかった。どうしたらいいの？　答えはこの自然派の製品を使うことだと夫婦は言った。そしてベティにSLS不使用の製品リストを見せた。すべてお手頃な値段だ。

そしてさらに、あなたは運に恵まれていた！ 製品がよく売れて手が足りないので、販売してくれる人を探していたのだ。そしてどれほど稼げるかこのグラフを見てほしい。そして自分でも売り手を見つければもっと稼げる。彼らはベティおばさんにサンプル品のケースを預けて考えてほしいと言った。

これはお馴染みのサギだ。マルチ・レベル・マーケティング（MLM）つまりマルチ商法だ。MLM はピラミッド詐欺の一種で製品の販売で稼ぐのではない。販売会員に契約を結ばせることで売り上げを増やす。会社と上位の販売会員はこうしたサンプルキットと契約料で稼ぐが、それ以外の人々は、お金をほとんど稼げない。たしかに稼ぐ人もいるが、会員契約させたがるので、まわりの人からは遠ざけられて終わることが多い。昔からある詐欺で人々を吸い込むものだ。

私は会社を調べた。また当然ながら MLM 詐欺だという苦情が溢れていた。そしていつも通り、苦情と同時に MLM は生計を立てるのに良い方法だと信じている本物の信奉者もたくさんいた。だが統計はウソをつかない。公正取引委員会によれば、MLM 参加者の 95% は最終的にはお金を失っている。[*4]

私の大好きなベティおばさんに対して、どうしたらいいだろう？ 私は彼女が頭のいい女性であることも知っていた。だが私よりも少々自然派でアロマテラピーなどが好みだった。この夫婦を好きで、彼らの気分を害するようなこともしたくないのも知っていたし、私がおばさんの新しいビジネスを批判していると感じさせたくなかった。ベティおばさんは私を尊重してくれていたのは知っているので、たぶん私の言うことは聞いてくれるだろう。だが私がこの件に関わって、おばさんが吸い込まれるのを防げる機会が限られているのも知っていた。

私は非常にゆっくり取り組むことにした。まず SLS が毒物だという主張をチェックすることにした。これはその通りだった。毒性に関しての製品安全データ表にあった。ではなぜ歯磨き粉に入っているのか？ すべての化学物質がそうだが、毒になるかどうかは、その物質自体の毒性ではなく量で決まる。たとえば食塩は大さじ 1 杯で幼児を殺せるが、我々は普通に食品に振りかけて使っている。

これをベティおばさんにわかってもらうのは、少し難しそうだったので、これから売ろうとしている製品の「ナチュラルな」成分も見てみた。おかしかったのは、こうした成分「も」毒性に関しての製品安全データ表にあって、毒性の説明があったのだ。一番使えそうだったのは、いくつかの成分が危険だという SLS よりも毒性が高いとされていたことだった。私は次の日にこのあたりを自分の判断は交えずにベティおばさんに伝えた。ただ事実を指摘したのだ。しばらくし

358

て、内容を受け止めたおばさんはサンプルケースを返却するつもりだと言った。
「ミックに教えられたからと言うわ」とおばさんが言って、二人で笑った。

　ベティおばさんはサンプルケースを夫婦に返しにいき、二人は何とか決心を変えさせようと説得にかかった。「そのミックって何を知っているというの？」と尋ね、「ただネットの悪意ある情報を読んだだけなのじゃないか？　とにかく1週間試してごらんなさいよ」と言った。だが、最後にはベティおばさんは私が話したことがおそらく正しいと気がついた。そして残念なことに、この友情は終わった。

　誰かに相手が間違っていると指摘するのは、いくつものレベルで難しくなりがちだ。相手を愛していて、自分が否定すると自分との関係、あるいは相手とほかの人との関係を傷つけるかもしれないと知っているときは、さらに難しい。そういう状況でも、いつものアドバイスは使える。効果的なコミュニケーションを続け、有用な情報を提供し、時間をかけるのだ。だが個人的な要因で複雑になることもある。

　そもそも、デバンクの価値はあるのか？　メリットとデメリットを考えてみよう。相手が信じている陰謀論は彼らにとって、そして他人にとって実際に問題を起こすレベルなのか？　超自然現象のような奇妙で非論理的なことを信じているがマイナスな影響を受けていない人は多い。それほど重要ではないことのために葛藤が起こる危険を冒したいのか？　ベティおばさんの件では陰謀論は非常に低いレベル（大企業が黙って成分に毒物を使っている）だったが、おばさんがこれを信じてしまうことによって起こる金銭的な状況は、非常に現実的でかつマイナスだった。

　もしやる価値があると決めたら、注意しつつ進めよう。密接な関係が有利に働くこともある。相手が何に反応するか知っているからだ。だが相手（配偶者、恋人、パートナー）がわかってくれて、受け入れて、支えてくれると期待していると問題が起こる。

　話し合いを建設的で前向きな態度で続けることが、とくに重要になってくる。

　相手が本当に心配しているのは何かを測り、最初に共通の理解を確立することが陰謀論の間違いと情報源の間違いを指摘することよりも優先される。効果的なデバンキングとは、得点をあげることではない。

　いよいよ間違いを指摘する段階になったら、最も中立的で論議のない事実に限定して始めよう。化粧品の成分表や、ケムトレイルなら「飛行機雲は昔から消えないものだと思う」というような主観的な話ではなく、たとえば古い時代の雲の

本のような中立的な情報に注目しよう。

　最後に自分の面倒をみよう。あなたが友だちの信念を見ていたのと同じように、友だちもあなたの信条に目を向けるかもしれない。これを忘れないように。相手はあなたに失望するかもしれない。自分の言い分を真剣に受け取っていないと受け止めて、いらつくかもしれない。攻撃と批判を始めるかもしれない。個人攻撃だと思わずに、これを会話のために使おう。うまくいかないようだったら、一回引こう。

　人間関係の重要さを性急なやりとりの危険性と比較して考えよう。誰かをウサギ穴から救出するのが個人的なものであるときは、とくに注意してゆっくりやろう。問題のある投資話をすぐにやめさせなくてはならないような場合を除いて、十分に時間をかけよう。長期戦を覚悟してほしいが、諦めてはならない。

モルゲロンズ

　モルゲロンズという言葉は人によって意味するところが変わってくる。自分がモルゲロンズを持っていると思っている人にとっては、モルゲロンズは様々な症状を持つ病気だ。最も目立つ症状は皮膚から微小な繊維が出てくるというものだ。医療専門家の大多数にとってモルゲロンズは一部の人が自分の様々な医学的な問題に付けた名前で、こうした人々は医師が自分の不調の原因を指摘できないことに不満を募らせている。患者が皮膚から繊維が出てくると確信している場合、医師はこれを妄想性寄生虫症と説明するかもしれない。

　モルゲロンズは過去100年以上記録されてきた類似の症状の最近の形態だ。この名前は2002年にメアリー・レイタオがつくった言葉だ。メアリーは自分の息子を悩ませている皮膚の状態の答えを探していた。[*5]インターネットで検索し、全米未確認皮膚寄生虫協会からいくつかの症状リストをコピーして加筆し、そしてモルゲロンズ研究財団が誕生した。

　モルゲロンズの主要な問題は、患者が自分は特定の問題を抱えていると確信しているが、しかし医師の方はそれが何かを確定できず、ある程度の精神病の関与を疑ってしまうことが多い。これが患者と医師との間に葛藤を生んでしまう。

　私はオンラインでモルゲロンズについて書くこと、そして患者と交流することに何年かを費やしてきた。これは厳密には陰謀論ではないが（患者の多くは大製薬会社の陰謀を指摘し、モルゲロンズをナノマシンとケムトレイルに関連付けるもっと過激な信念もあるが）信奉者の考え方には似た部分もある。とくに確証バイアス

がそうで、症例はすべて異なっているが、モルゲロンズで苦しんでいる人と話す
ならいくつか一般的なアドバイスもできる。

医者に任せる。 あなたはおそらく医師ではないだろう。だから、医療的なアド
バイスはしてはいけない。友だちに医師はなんと言っているかを聞いてみよう。
自分はどうしたらいいのかと聞かれたら、医師と話すように勧めよう。もし薬が
出ているなら、処方通りに服用するように勧めよう。これを責めたり、決め付け
たり、批判を交えたりせずにするようにしよう。

精神病の話は避けよう。 モルゲロンズの患者と仲違いしたければ、精神病だと
疑っていると思わせるのが早い。患者の中には精神的な問題を抱えた人がいるの
は間違いない。一方で、症状の原因は精神的なものではないかと話すのはなんの
役にも立たない。寄り添って、ある状態の結果ではないかという方向から話し、
徐々に、たとえば睡眠不足やストレスといった話に持っていこう。

繊維に注目しすぎるのはやめよう。 繊維はどこにでもあるので、皮膚の上にある
のを見つけることもある。説明はできるが、友だちは繊維が自分の不調と関係し
ているという考えに感情的に入れ込んでいる。頭ごなしに否定せずに、衣服の繊
維であることが多いようだとだけ指摘し、だがあなたも全部がそうかどうかはわ
からないと（正直に）言おう。

対症療法、緩和ケアについて話し合おう。 痒みがあるなら痒みを治療しよう。過
剰な不安があるならその不安を治療しよう。問題の原因が謎だということを受け
入れて、症状を抑えることで人生を思い切り生きられるようになることに焦点を
移そう。根本治癒が理想なのは言うまでもないが、現状でできることがあるなら
そうしよう。自分の症状について医師の見解に異論があったり、原因が不明のま
までも、症状を治療することは恥ではない。

ほかのことについて話そう。 自分がモルゲロンズだと自己診断している人々の多
くが程度の差はあっても病気不安症の傾向がある。健康問題に取り憑かれてしま
い、ネットで何時間も情報を読みふけったりしてしまう。友だちにほかのことに
ついて読んだり、やったりすることを勧めよう。気になっていることを助長する
のは避けよう。話が健康問題に戻ってしまうなら、引き込まれないようにして、
会話の方向をほかのことに向けよう。

時間をかけよう。 強い信念に関連しているほかの問題と同じように、変化には
時間がかかる。その間、何も進歩がないように感じるかもしれない。覚えておい
てほしいのは、これが徐々に積み重なっていくタイプの過程だということだ。変

化は非常にゆっくり起こることもあるし、何か月も経って突然起こることもある。変化がごく一部だったり、ごく小さかったりすることもある。

私は、自分はモルゲロンズ症患者だと思っている人たちとただ話すことで、こうしたことを学んだ。これは病気不安症[*6]やOCD[*7]（強迫性障害）の人々に対する一般的なアドバイスともよく一致する。こうしたテーマの記事を読んでみると、モルゲロンの友だちにも適用できることも多いだろう。

精神病

陰謀論を信じている人のほとんどは、精神を病んでいない。私の個人的な体験でも、最近の科学的調査でも、陰謀論者はごく普通の人々だ。

キャス・サンスティーンとエイドリアン・バーミュールは共著論文でこう述べている。

> 陰謀論は通常、どんなものであれ、非合理性や精神疾患から発生しているわけではない。発生源は非常に限られた数の（関連する）情報源という形を取っている「偏った認識」だ。陰謀論を持論とする人々は、自分が読んだり聞いたりしていることから、そう考えるのだ。[*8]

サンスティーンとバーミュールは2008年にこう書いた。そして10年後、情報源は「読み、聞き、見た」ものへと広がった。平均的な陰謀論者は、平均的なフットボールファンや平均的物理学教授と同じように精神病ではない。世界貿易センタービルが爆薬で破壊されたと信じているから、精神を病んでいるに違いないとレッテルを貼るのは大きな間違いだ。彼らは入手した限られた情報を元に、ごく常識的な理屈で考えているだけなのだ。

だがモルゲロンズと同様に、陰謀論的思考にも本物の精神的な疾患が関与していることもある。原因と合併症の両方がある。精神疾患ゆえに陰謀論を信じている人々もいれば、陰謀論を信じることで病気を悪化させている人々もいるのだ。本物の被害妄想陰謀論者を平均的な陰謀論者と区別するのは、どの程度陰謀論が彼らの個人的な生活に関与しているかの程度による。自分が陰謀論的な活動をしていることが原因で尾行されている、何かを探して家が荒らされたと信じている。周りの人たちが自分の生活を巧妙に破壊しようとしている集団ストーカーの被害者だと感じているなどだ。こういうタイプの妄想を伴う信念は、関係妄想と

いう。

　私はインターネットで精神病の可能性がある人々と時折遭遇する。ごく少数だが、実際に会ったこともある。精神病が疑われる人に対応するときには、短期間であれば疑いを持っていないように振る舞うことだ。最善を尽くして、どうなるか様子を見る。だが、どうやら本当に精神を病んでいるらしいとわかったら、すぐに陰謀論に関して関わりを持つことをやめる。

　私は医師ではないし、精神科医でもない。私はデバンカーでファクトチェッカーでコミュニケーターだ。精神的病気にしろ、身体的病気にしろ、治療法は知らない。状況を悪化させてしまう可能性もある。私があなたとインターネットでの議論を続けていたら、あなたを精神病だとはみなしていないということなので、安心してほしい。

　だが友だちが精神病の兆候を示したら、それどころか、精神科で治療を受けた方が良いと診断されたら？　関係を絶つわけにいかない場合、陰謀論が友だちの状況に影響しているとしたら、どうすればいいだろう？

　ケースバイケースだが、たぶん最も良い対応は、陰謀論の話をしないことだ。ここで問題となっているのは正しい情報を大量に提供することで修正できるような誤解でも物理学でも化学でもない。「偏った認識」でさえない。ここで問題となっているのは精神病だ。陰謀論はその結果かもしれないし、悪化させている要因かもしれない。だが、相手が取り憑かれてしまっているものについて話しても友だちの助けにはならないだろう。それよりも良き友でいよう。もっと偏りのない事柄について話そう。医師の言うことを聞くように勧めよう。陰謀論から引き離そう。時間をかけよう。それでももっと何かをしたいなら、精神医療専門家のアドバイスを求めよう。

政治的デバンキング

　政治の話題は厄介さで悪名高い。感謝祭の食卓（訳注：日本のお盆のように親戚一同が集まる）周囲に地雷原が出現する。家族と親族の和のために政治（と宗教）の話題を避けるようにアドバイスされる所以だ。

　人々が始めてしまう政治論の内容は、かなりの部分、低レベルの陰謀論だ。保守派はリベラルが陰謀を巡らして、際限なく課税し、銃を禁止して、土地を取り上げ、違法移民を合法化して選挙を不正操作しようとしていると考えている。リベラルは、保守派は金持ちをより金持ちにして、少数派が投票しにくくしてい

て、ロシアと共謀して環境科学者を黙らせようと謀っていると考えている。両サイドとも相手が誤情報と陰謀論を広めていると考えているのだ。

第5章で概要を述べたテクニックが、ここでも使えるが、いくつか改良を加える必要がある。効果的なコミュニケーション、共通の基盤の発見、敬意、本当の懸念の検証、そして欠落している情報の提供は、すべて目指すべき良い試みだ。だが、政治的な議論にはケムトレイルのような陰謀論とは異なる独特の様相がある。

第1に認知の対称性がある。911の場合のように友だちはこの話題に関連した事実をあなたよりもたくさん知っていることがとてもよくある。

間違っているのはあなたの方で、それを説明するのは自分の仕事だという強い信念を持っている。

この認知の対称性は、通常、知識の非対称性を伴っている。あなたは問題の事実に関してある考えを持つ、友だちは別の考えを持つ。二人とも通常、知識に大きな差があり、なかでもあなたは相手が何をなぜ信じているのかを理解するための知識を欠いている。このギャップを埋めないと、議論を始めるには至らない。

政治的に極端な陰謀論は多数存在する。ピザゲートのようなものから、ストーム、Qアノン、ロシアゲートまで程度ももっともらしさも様々だ。だが、こうした入り組んだ事例にいきなり飛び込んでも、行き詰まってしまうだろう。こうしたものに取り組む前に狙いを定めるべきは、最低でも陰謀論の背後にあるものを検証できるようなものだ。

たとえば、2015年11月、ドナルド・トランプ（この時は共和党の大統領候補だった）は、セルジュ・コバレスキー記者の障害をバカにしてると受け取れるようなことをした。手を奇妙な角度に曲げたまま腕を振り回し、「さて、可哀想な男がいるんだが、見たことあるだろう。『えーと、何を言ったんだっけ。えーと覚えていません』」コバレスキー記者は関節萎縮障害があり、手を自由に動かせない。トランプはコバレスキーのものまねをして、笑いものにしたように見えたのは間違いない。

横並びのトランプとコバレスキーの映像を見た多くの人は、明らかに中傷だと考えた。だが、トランプ支持者はこれは陰謀で、リベラルメディアが広めたフェイク・ニュースだ、そしてこの言いがかりはデバンク済みだと言うだろう。

そんなことがあっていいのだろうか？ これほど極端に真逆の解釈が判明した後で、会話を続けるにはいったいどうしたら？ 話が直ちに怒りの応酬にかわってしまうのもよくあることだ。リベラル派は保守派の友人がトランプの障害嘲笑

をなかったことにしようとているのに嫌悪を感じ、保守派はリベラル派の友人が盲目的にフェイク・ニュースを信じていることにうんざりするからだ。

陰謀論のデバンキングでは、私は欠落情報を提供する前に、まず共通の基盤をつくることを推奨している。政治的な議論では、この2つを1つにまとめる必要がある。情報相互共有だ。

共通の基盤をつくるためには、相手がどういう経過で意見を持つに至ったかを理解する必要があり、相手もあなたの意見の形成過程を理解する必要がある。コバレスキーの場合、保守派は障害を笑ったという言いがかりはデバンクされていると感じている。その理由は、トランプは以前、まったく同じ動きで政敵テッド・クルーズを笑うのに使っていて、クルーズに身体障害はないからだ。

反トランプ派はこれを認めるのを躊躇するかもしれない。しかし、ここで問題となっているのは、トランプの行動を許していいのかではなく、目の前のトランプ支持派がどうして状況について今のような信念を持っているのかを理解することだ。ここで情報が欠落しているのは「それはデバンク済みだ」と言われても嫌悪感で頭から否定し、障害のある記者への嘲笑は疑いの余地なく証明されていると感じてそれ以上調べもしない反トランプ派の方だ。

だが（リベラルの牙城だと考えられている）スノープスとポリティファクトの両方がこの状況に関しては、もっと含みのある見方をしている。スノープスは『議論の対象』だと言い、ポリティファクトはトランプの行動は「障害が関与しているかどうかは別にして嘲笑的」だったと言っている。これはトランプ支持者にとっては欠落情報だろう。またトランプとコバレスキーは長年に渡ってお互いに名前で呼び合う関係で、コバレスキーはトランプが自分の身体的状況を間違いなく覚えているはずだと言っているのも欠落情報だろう。

なんの加工もされていない情報は、政治の世界ではめったにない。政治家と支持者は世論を揺さぶり、選挙に勝ち、権力を手に入れ、また保持することを目的に美辞麗句を駆使する。どちら側にいるにしろ、自分が正しいと思うイデオロギーの側の情報源からのみ情報を入手していれば問題を取り巻く状況の正しい把握は難しい。

最低でも情報源を制限することで、あなたは友だちが信じるに至った原因となった話を知らずに過ごしてしまう。これを知らないと、生産性のある方向に会話を進めるために必須の共通の基盤を見つけられない。

議論でよく言われる「真実は双方の中間のどこかにあるので譲歩せよ」は、ファラシー（誤謬）だ。世界は半分が平面ではないし、飛行機の半分が毒を撒い

ているのではないし、世界貿易センタービルは半分が爆薬で制御解体されたわけではない。だが政治はこうした伝統的な陰謀論とは異なって、極端な人々ではなく、中心を形成する人々に働きかけるものだ。

　両サイドがすべての機会を利用しようとする。2016年8月のブルームスバーグの世論調査によると、有権者はコバレスキーを嘲笑したのはトランプがしたことのなかでも最悪だったと考えているとわかった。反トランプ派はこの絶好の機会に例えわずかであっても、微妙な含みは持たせないつもりなのだ。

　同様に「フェイク・ニュース」という概念はトランプ支持派の共感を呼ぶ強力な言葉になっている。リベラル系メディアがコバレスキー事件について語れば語るほど、保守系メディアは「我々がデバンク済みだ」と指摘し、それによってリベラル系メディアが偏っているという考えを支持する。

　共通基盤は真ん中あたりにはすぐには見つからない。あなたと友だちがお互いになぜ今の立場に立つようになったのかを説明しあったときに、そしてお互いに相手の知らない情報を提供し合ったときに最初の小さな共通の地盤が見つかる。お互いの情報が有効だと認め合う必要もない。そういうものがあり、それが友だちの信条の基礎になっていると知るだけでいいのだ。

　そこからはじめて本質的なファクトチェックに入っていける。が、一歩下がって、改めてもっと重要な議論を始めるのもいいだろう。一度基本的な事実について位置した見解を持つことができたなら、コバレスキー事件のような問題は、追求する価値がないかもしれないのだ。

　それよりも議論を通じて、友だちにほかの話題についてもほかの情報源を探すように促して、自分も同じようにするようにしよう。相手サイドから出てくる物語を見てみよう。また同時にもっと中立的な情報源も探そう。たとえば、自分と同じイデオロギーを持っているが、公的な場面からは引退して久しい人々だ。かって、自党の英雄だと考えていたロナルド・レーガンやJFKについて昔と考えは変わっただろうか？　とても不可能だと思えるかもしれないが、礼儀正しく、敬意を持って行動しよう。政治が二極化しているのは、政治家がそうなることを望んでいるからだ。彼らは自分の支持者が反対側へと引き寄せられて線を越えるわずかな可能性もあってほしくないのだ。感謝祭で会う親戚と実のある政治的な議論をするためには、二極化、物語、そして陰謀論に踏み込まないようにする必要がある。それよりもお互いにわかりあうことを目的に、事実を共有し、どこが似ていてどこが違うのかに注目するようにしよう。

第 21 章
デマとデバンキングの未来

　2016年の大統領選運動期間、ジェンナ・アブラムはTwitterの人気者だった。フォロワー数は7万人を超えていた[*1]。

　アブラムのアカウント @Jenn_Abrams は2014年から絶え間ない流れのように、そののちドナルド・トランプ支持者の基盤の核となっていく人々の政治傾向であるポピュリスト右派政治勢力の意見を反映するツィートの投稿を続けた。彼女の人気ツィートはドナルド・トランプ・ジュニアやケリー・アン・コンウェイ（当時のトランプの選挙担当者）などの有名人アカウントにどんどんリツィートされるようになっていった。

　問題は、ジェンナ・アブラムが実在しなかったことだ。議会の調査担当者によると、このアカウントは実はロシアの政府関係団体であるインターネット調査機関がつくったものだった。ロシアのサンクトペテルブルクに本部を置くこの機関はアメリカの力を弱め、ロシアに利するような情報と誤情報を広めるために数百人の職員を雇っていた。

　職員たちは何千という「グレイ・アウトレット」や「トロール」と呼ばれるSNSアカウントとウェブページをつくりだした。一見、平凡なアメリカ人や西欧の人間のもののように見えるが、実際に運営していたのは英語のできるロシア人やロシア人に雇われた西欧人だった。

　これは古い戦略の新しい手法だ。ロシアはかって「積極工作」と呼ばれた政治情報戦を繰り広げていた。活動的対策プログラムは様々な形でのメディア操作により、世界的な事件に影響を与えることを目指していた。起源は1920年代まで遡り、以来、様々に変化してきた。偽アカウントはこれを引き継ぐ一形態だ。

　1998年、CNNが引退したKGB少将オレグ・カルーギンにインタビューした。カルーギンはソ連情報機関の「破壊活動」の役割を説明した。

　　　ソ連の諜報活動の真髄は、情報収集ではなく、破壊活動であった。西側諸国を弱体化させる積極工作、西側社会のあらゆる種類の同盟関係、とく

に NATO にくさびを打ち込み、同盟国間に不興の種を撒き、ヨーロッパ、アジア、アフリカ、ラテンアメリカの人々にアメリカが弱く見えるようにし、そしてその結果を受け本当に戦争が起こった場合に備えて基盤を整えること、アメリカを他国民の怒りと不信感に対して、より脆弱にすること *だ。

2017年3月30日、2016年選挙におけるロシア干渉に関する上院情報委員会は、ロシアの積極工作の多様な専門家からの証言を聞いた。その中には元 FBI 特別捜査官で、国家安全保障政策研究所プログラムの上級フェローであるクリント・ワットもいた。ワットは積極工作プログラムの狙いを以下のように説明した。

一方でロシアはたしかに、自分たちの世界観や外交政策目標に共鳴する西側の候補者を推すことを望んでいるが、1回の選挙に勝つことが最終目標ではない。ロシアの積極工作は、5つの補完的な目的を追求することによって、民主主義を崩壊させることを望んでいる。

1. 民主的な統治に対する市民の信頼を弱体化させる。

2. 政治的分裂を醸成し、または拡大させる。

3. 選挙で選ばれた公務員やその組織と市民との間の信頼を劣化させる。

4. 外国の人々の間でロシアの政策課題を流行させて一般化する。

5. 一般的な不信感や混乱を、事実と虚構の境界をあいまいにすることによって醸成する。

これらの目標によって、クレムリンは民主主義を内側から崩壊させ、2つの重要な前進の証を達成することができる。

1. 欧州連合（EU）の解体

2. NATO の解体。

このプロジェクトの野望は息を呑むほどだ。NATO 解体、冷戦時代のままの旧ソ連に似た同盟国と代理人の緩衝材で安全に囲まれた「母なるロシア」に戻るというものなのだ。

ここに記された高官レベルのロシアの戦略はアメリカが同盟国の目に悪く映るようにして、そして異議と権威への不信感をアメリカ内部につくりだすことで、アメリカと NATO の強さを弱めようというものだ。その方法の一つに陰謀論を広めることがある。もし、もっと多くの人に 911 は内部犯行だった、あるいはサ

368

ンディー・フック銃撃事件がやらせだった、ケムトレイルが本当だと信じさせることができれば、この増加した人々は政府を超信じない集団となる。陰謀論が蔓延れば同盟国から見たアメリカの信頼性を損ない、国際社会での地盤が弱くなり、足下をすくわれやすくなる。

　これ自体がとてつもない陰謀論だろうと言われそうだ。ロシアが西側でケムトレイルを広めて NATO を解体しようとしているなどというのは、かなり怪しい話に聞こえるだろう。だが証拠を見てみよう。ロシア・プロパガンダ・メディアの「RT（ロシア・トゥデイ）」は911真相解明運動やほかの陰謀論に関して多数のインタビュー記事を発表してきた。リチャード・ゲイジやジェシー・ベントゥラのような真相解明運動参加者に幅広い層に届くリーチを持つメディアを提供してきたのだ。

　　　「ロシア・トゥディ」2010年3月10日：アメリカ人は911真相究明を求めて戦い続ける。[*3]

　　　リチャード・ゲイジは、1100人以上の専門家からなる「911の真実を求める建築家とエンジニアたち」の創設者である。彼らは世界貿易センタービルの崩壊を引き起こしたのは飛行機ではないと主張する。

　　　ビルは爆発物によって破壊されたのだ。1000人以上の建築家とエンジニアが、議会に対し、我々の証拠を考慮した新たな召喚権付き調査の開始を要求している。

　　　「ロシア・トゥディ」3月10日掲載のジェシー・ベントゥラ：「一部の人にとって、911で起こったことの究明は終わっていない。[*4]

　　　私は間違いなく、海軍の水中爆破部隊に4年間所属し、地獄ほど深い場所や高波の下にあるものを爆破する訓練を受けていた。私のスタッフと長い間話しあった著名な物理学者であるスティーブン・E・ジョーンズは解体用爆弾を使わない「重力による崩壊」は物理学の法則に反していると言っている。

「RT」はサンディー・フックはやらせで偽旗だ[*5]、との主張を支持するゴード

ン・ダフにしばしばインタビューしていて、定期的に軍事専門家だとして引用している。「RT」の投書欄にはケムトレイルの投書や[*6]、平面地球論の信奉者からの投書まである[*7]。

主流ニュースソースを装っているにしては、(「RT」のアメリカでの週ベースの聴者は公称800万人[*8])ずいぶんとデマを発信している。

本書を書いている現在も2016年大統領選におけるロシア影響がどれほどの大きさだったのかについては、かなりの議論が続いている。情報機関関係者たちと議員の大半はロシアから干渉があったことをほとんど疑っていないようだがSNSは行政府の一部門(訳注：トランプのホワイトハウス)からの情報供給を受けていて、そんなことはなかった、ロシアの関与の話を「空っぽなバーガー」「デバンク済み」と否定論で炎上している。もし本当にロシアのトロール部隊がこの問題についての言説を繰っていたなら、こういう否定論が出てくると予想できるだろう。

だが現在の詳細に関係なく広範囲におよぶロシアのプロパガンダと破壊工作プログラムは過去存在し、今後も存在し続けるだろう。我々は主にロシアに特有な現象だと見がちだが、これは(すでに始まっていなければ)国の大小を問わずにあらゆる国のサイバー兵器となっていくだろう。中国、パキスタン、北朝鮮、そのほかの国々と大国が使うのを目にするようになるはずだ。また米国も反応するだろう。SNSが人々が情報を取得して意見を形成するうえで果たしている卓越した役割を前提に考えると、外国の破壊工作の試みがFacebookとTwitterに向けられるのは避けられないだろう。

我々はジェンナ・アブラムのようなトロールについて知っているが、これからもっともっとたくさん目にするようになるのは、そして偽情報の未来が進んでいくのは、そして拡散する陰謀論が目指すのは、AIとボットだ。

デマボット

ボットはインターネットボットだ。金属製の腕を振りましてビービーっと話すような現実のロボットではなく、インターネットクラウドやどこかのコンピューターの中だけに存在する。人間がインターネットでするだろう簡単なことをするようにプログラムされた人工知能(AI)だ。

元々ボットが使われていたのは、ウェブページのインデックス制作や、簡単な消費者の質問への応答、株取引などの日々必ず起こる作業の代行だった。

370

人間がするには退屈すぎ、時間がかかりすぎる単純作業をするようにボットをプログラムすることもできる。こうした作業の多くは違法労働すれすれだったり、合法ラインを越えてしまったりすることもある。[9] またボットでオンライン投票に複数回答えさせて投票結果を占領することもできる。特定の YouTube 動画を「視聴」して再生回数を増やしたり、[10] iPhone ゲームをダウンロードして、チャートの上位に押し上げたりもするようにプログラムすることもできる。こうしたタイプのボットの使用はここ 20 年以上、広い範囲で記録されていて、これと戦うことが現在進行形の軍拡競争となっている。

　SNS 投稿用にプログラムされたボットも増加している。2014 年、アラスカのロシアへの返還を提唱する請願書がホワイトハウスの公式ウェブページに掲載された。当初は冗談かと思われたが、ロシアの複数のボットがこの請願に賛成票を投じ、さらに SNS にリンクを投稿して、ほかの人々にこれに賛成票を投じるように促した。[11]

　同様に 2016 年の大統領選の夜、ドナルド・トランプの勝利が確実になると「＃キャレグジット」（カリフォルニアはアメリカを脱退）というハッシュタグがトレンドに上り始めた。[12]

　一部は選挙結果に不満を表明する実在のカルフォルニア州民だったが、「＃キャレグジット」ツィートの大部分は追跡するとロシアインターネット研究機関のトロールとボットのネットワークとの関連が疑われる自動化されたアカウントによるものだった。ジェンナ・アブラムのような単独工作アカウントはメッセージを広めるうえで非常に効果的なのだが、こうしたアカウントを組織的に構築するには長い時間がかかる。ボットの軍団を使えばずっと早くある話が大流行しているように人工的に見せかけることができる。2016 年の大統領選挙に向けて、いくつもの話をこの方法で増幅するために、数千の Facebook・ボットアカウントが使われた。その後、Facebook は 1 億 2600 万人のアメリカ人がロシアのトロールを投稿し、ボット軍団がリツィートしたりシェアしたコンテンツを見たと推計している。[13]

　現状のバカなボット軍団も相応の影響力を行使しているが、間もなく次の波がやってきて置き換えられてしまうだろう。AI 搭載ボットだ。

第 21 章　デマとデバンキングの未来　371

AI　人工知能

　ゼイネップ・トゥフェクチは、TED トークの中で、ソーシャルメディアのアルゴリズムのディストピア的な未来についての次のように述べている。

　　　我々はもうプログラムは組んでいない。我々は AI を育てているが、その知性については本当には理解していない。[*14]

　私がゲームプログラミングを学んだ昔（30年前だ）、アルゴリズムがすべてだった。アルゴリズムとは画面に観えるものを生むために、コンピュータープログラムに出される一連の論理的な指示だ。ゲーム内のキャラクターがどう行動するかをプログラムすると、行動全体がゲームプログラムのコードにはめ込まれる。ある特定の動作のためだけにアルゴリズムを作成することもある。プログラマーはそのアルゴリズムを理解し、その結果も理解していた。コンピューターの速度とメモリが制限されていたために、そういう方法をとっていたのだ。

　何年かたって、コンピューターがより強力になるにつれて、我々は異なる方法に移行してきた。コードによって規定されたアルゴリズムによって動かされる AI は減り始め、データによって駆動されることが増えてきた。プログラマーはある範囲の動作を定義するために、より汎用的なアルゴリズムを書き、それにさまざまな数値（データ）を与える。やがて、そのデータ生成さえも自動化されるようになった。ゲームデザイナーが AI にある行動を「見せる」ことで、AI はその行動に最もマッチするデータを導き出すのだ。AI は人間のゲームプレーヤーを観察し、彼らのように振る舞おうとする。また、自分自身と対戦して、スキルを向上させることもできる。

　現在はゲームが発表されると（ゲーム・ディベロッパーの中央サーバーを通じて）AI を制御するデータの微調整が続き、ゲームプレーヤーが最も楽しんでいることができるようにゲーム自体の改良調整もされる。AI はゲームがもっと楽しく、もっと中毒性を持つように進化を続ける。ゲームプレーヤーが課金を続けるようにするのだ。

　Facebook、Twitter、YouTube のようなソーシャルメディア・プラットフォームではデータによって動くアルゴリズムが次に何を見せるものを決める（動画の「自動再生」の裏ではこれが次の動画を決めている）。こうしたアルゴリズムは、要

はお金のために設計されている。まずは、あなたのような（人口統計的な属性やインターネットの履歴、クッキーなどから）人が見るとアルゴリズムが想定しているコンテンツを見せることで、あなたをサイトにとどめる。次にアルゴリズムがお金を使うだろうと想定しているものを見せて、お金を使わせる。

　これらのアルゴリズムがどのように機能するのか、誰も正確には理解していない。もちろん、彼らは（多かれ少なかれ）コードを理解している。しかし、そのコードでさえ、多くの場合、複数の人間、ときには何百人もの人間によって書かれている。グーグルは2万5000人の開発者を雇用しており、彼らは1日に4万5000回もコードに大きな変更を加えている。[*15] プログラマーが一からプログラムを書き起こすことは、もうほとんどなくなってしまった。時折はアルゴリズムだけを書くこともあるが、現在のプログラミングは大きなプログラムの小さな部分で仕事をするか、そこにあるほかの人が書いたコードの記録を貼り合わせるかのどちらかになっている。

　だが新興アルゴリズムの本当の謎はデータにある。FacebookやYouTubeが次に何を見せるか判断するときに、単にあなたの閲覧履歴、信用格付け、場所、年齢のデータだけに基づいているわけではない（もちろん、あれば使うが）。現在の決定は、「すべての」ユーザーの集計データであるビッグデータに基づいている。現在アルゴリズムを動かしているデータは、数字だけでもない。アルゴリズムを動かしているのは、何百万という数字の書かれた膨大な数の行と列からなる巨大な表だ。こうした表を構成するどの独立した一部も、やや皮肉なひねりだが、技術用語では「マトリックス」と定義されている。マトリックスは、コンピューターが人々の記録のビッグデータを終わることなくかき回し続けることで、生まれて精製される。マトリックスを読める人間はいない。コンピューターに解読を手伝ってもらっても、完全に理解するには大きすぎて複雑すぎるのだ。だがコンピューターは適切なマトリックスを使って、我々に適切な動画を観せ、その結果、適切な購入をするようにできる。我々はマトリックスの中には住んでいないが、我々をコントロールしているマトリックスは存在している。

　これが、ウサギ穴と陰謀論とどう関係するというのだろう？　すべてにおいて関係している。最近はこのアルゴリズムが人々をウサギ穴に誘い込む主要ルートになっている。もうこれは大部分、起こってしまっていると言っていいが、この先もっとずっと悪化していくだろう。

　トゥフェクチはTEDトークの中で自分がYouTubeで異なったタイプのコンテンツを観ているときに起こったことを説明してくれている。彼女はまずドナル

ド・トランプの選挙演説集会から始めた。

　　私は（ドナルド・トランプの）選挙集会の一つについて書こうと思っていたので、YouTube で何回か観た。YouTube が白人至上主義者の動画を「おすすめ動画」として出してくるようになり、自動再生するようになった。動画の過激度はどんどん増していった。もし一つ見てしまえばもっと過激なのを出してきた。
　　もし、ヒラリー・クリントンやバーニー・サンダースの動画を見たら、YouTube は（左派）陰謀論動画を出してくるだろう。そこから先は坂を転がり落ちるだけだ。

　転がり落ちる先はウサギ穴の中だ。データ駆動型アルゴリズムが進化した方向は、人々により多くの動画を視聴させるには、人々を最も抵抗の少ない下り坂に向かわせることだという認識だった。人間の介入なしに、アルゴリズムは進化し、人間がスイッチを切らずに見続けるように、陰謀論動画の過激度を優しく強化する方法を完成した。アルゴリズムは（人間とは違う意味だが、それでも）人々をウサギ穴の奥底深くに導くことができるほど、より多くの収益を上げることができることを発見したため、これはより激しくなった。
　ここまでに、陰謀論者が陰謀論動画を観るのがどんなに好きかを、そしていまやこれがウサギ穴への主要ルートだというのを見てきた。彼らは長編動画を観る。そして繰り返し観る。同じような動画を探す。自分の信念が正しいと確信を抱けば抱くほど、それと同じ思想の動画を喜んで観て、さらに信念を固める。これは最良のポジティブ・フィードバック・ループだ。
　ソーシャルメディアの巨人たちは無意識のうちに人々をこのループの罠に捉えてウサギ穴に吸い込んで脱出させないように絶妙に調整されたアルゴリズムを開発し、マトリックスを開発した。友だちが一度も陰謀論に興味を持ったことがなくても、ある種の動画を信じやすい個人的な要因を持っていると、そこをアルゴリズムに突かれてしまう。だが、友だちが本当に普通の人間でも YouTube の盲目的なアルゴリズムは友だちを見いだして、弱点を探し当て、友だち専用のマトリックスをつくりだし、ちょっかいを出し始める。このサイクルは繰り返され、個人に対してもより大きなシステムとしても強化されていく。
　さらに、この種の AI の行動は我々が観察可能なものではない。アルゴリズムは一人の個人の統計データをターゲットにする。それは友だちかもしれないし、

あなたかもそれない。結果はその一人の人間のために調整されていて、ターゲットになった人間だけが、ウサギ穴に続く道にAIが撒いているパンくずを見ることができるのだ。

AIチャットボット

　もっと陰湿な操作をしてくるのはチャットボットと人工人格だ。チャットボットは文字通り人々とチャットするように設計されたボットの一種。チャットボットはもう何十年も前からある。当初は研究目的で人間のように話をさせようとしていた。その後カストマーサービスやテレマーケティングで、コールセンターでマニュアル通りの対応をしている疲れ果てた人間の代わりに、もっと役に立たないが安くて疲れを知らないボットがマニュアル通りの対応をするようになった。

　このタイプのボットはFacebook メッセンジャーを使うようになってきている。2017年、前年の合計の倍以上の10万以上のFacebook メッセンジャーボットがつくられた。

　次に間違いなくやってくる段階は、人工人格を想定し、SNSアカウントをつくってオンラインで人々とチャットしつつ、なんらかの操作をしようとするチャットボットだ。この種の操作はすでに人間（「トロール」）がやっている。コンテンツをつくってボットを使ってシェアと「いいね」を稼ぐのだが、すべてを自動化できれば桁違いに大きく効果的な作戦となるだろう。

　チャットボットは、どんどん人間らしく振る舞うようになっていく。文字ベースのチャットやSMSをして、投稿記事を書くだけでなく、声で話すのもできるようになっていく。10年もしないうちに、人工人格とビデオ通話するのも可能になるだろう。ボットは画像を合成して写真や動画を撮ることもできる。自分の人工人格の3Dモデルをつくって実際の写真や動画に自分を挿入したりもする。徐々に世界全部を合成するかもしれない。

　そうなったらどうなるか想像してほしい。インターネットのカリスマ的で説得力のある人があなたと友だちになり、信頼を得てそれからあなたの信念を極悪な方向に操作し出す。個人用アレックス・ジョーンズやデーン・ウィギントンがきわめて個人的なレベルで911やケムトレイルについて直接話しかけてくるような感じになるかもしれない。人工人格はアレックス・ジョーンズの振りをしたり、ニール・ドグラース・タイソンやイエス、アルゴリズムがあなたを動かせると探

第21章　デマとデバンキングの未来　375

り出した人物なら誰でも出してくるだろう。あなただけじゃなく、数百万人のほかの人々もまったく同時に狙われる。人工人格のフェイク人は眠ることもなく、1秒たりとも休まずに、ターゲットに望む行動をさせるためにはどこを押せばいいかを探り、ボットが望むような人間に仕立てあげていく。

これはある程度までは起こるだろう。

だが、自動ボットハルマゲドンにはならない。ボットは Twitter や Facebook のような主要なソーシャルメディア・プラットフォームにアカウントを持てるから、影響を与えられる。AI に魂を盗まれないための最も単純な防衛は、SNS のアカウントを実在の人間に限ることだ。世界はすでに、この方向に動き出している。

たとえば、実業家で大統領候補となる可能性があるマーク・キューバンは、（認証済みアカウントから）次のようにツイートしている。

> *Twitter はすべてのアカウントについて実名と実在の人物であるか確認する時期となっている。@facebook も同様で、今までよりはるかに厳しくなるときが来た。私はユーザー名がなんであるかは気にしない。しかし、個々のアカウントは一人の人間のものである必要がある。*[16]

これには問題がある。とくに圧政的な政府に支配されていて、オンラインでの匿名性が生死の問題につながるような国の場合だ。

また、なりすましも増加の一途をたどっている。ボットも「本物の」人間になろうと実在の人間の情報を探っている。だが最終的には、ソーシャルメディアを運営する会社は、ボット軍団の生き血である無料で無チェックのアカウントをなんとか封じるだろう。願わくば未来の歴史に 2020 年の前半の短期間、実在の人間と人工人格の混同があったと書かれてほしい。区別は徐々に強制的になっていくだろうが、必要なことだ。

誤情報との戦い

AI によって起こされる誤情報と陰謀論との戦いに必要な武器として、ほかに何が必要だろうか？ この流れは不可避のように思われるが、誤情報が増えるにしたがって、メディア／テクノロジー界の重鎮もこれに注目するようになってきている。

2016年当時のFacebookのCEO、マーク・ザッカーバーグはFacebookにフェイク・ニュースを投稿するトロールが大統領選に影響を与えるという考えを「頭がおかしい」と言って鼻で笑った。

> 個人的な考えだが、コンテンツのごく小さな一部でしかないFacebook上のフェイク・ニュースがどんな形にしろ選挙に影響したというのは、かなりまともではない考えだと思う。有権者は自分の生の体験に基づいて決定を下す。……ある人がそういう投票をした唯一の理由はフェイク・ニュースを見たからだと推測するのはある種の共感の欠落がある。[17]

だが2017年、ロシアのフェイク・ニュース拡散に関する内部調査のあと、彼はこの意見を後退させた。

> あれをまともではないと言ったことは見下した態度で後悔している。バカにするのは重要すぎる問題だ。[18]

FacebookはAIスパムボットと偽装コンテンツ収集者が起こす問題には以前から気がついていた。これらは西側社会を脅かす存在とはなっていなかったが元から脆弱さのある収入の流れを脅かす存在にはなっていた。

Facebookの収入の多くは広告収入だ。ボットは2つの意味で問題だった。第1にボットは人ではないのでお金を使わない。つまりFacebookにアクセスしているボットは広告を無視するが、Facebookのコストにはなっている。

もし、Facebookへのアクセスの大きな部分（10%としよう）がAIボットだったらFacebookはボットのためにサーバー代として年に1億ドル以上という大きな出費を強いられることになる。

2つ目に人々はボットが好きではない。供給される情報がくずまみれになるのは好きではない。Facebookがボットのつくりだすガラクタだらけの沼になってしまえば、Facebookを情報源として使わなくなり、そこで過ごす時間が減る。とくに教育があって、資産があり、統計上ターゲットとして望ましい広告視聴者にこれが顕著だ。

Facebookが望ましい質のユーザーを保持し続け、それによって事業に必要な収入の流れを維持するためには、そういうユーザー対する情報を望ましいレベルに保持する必要がある。

第21章　デマとデバンキングの未来　377

2017年にはFacebookを介したロシアの関与がゆっくりと認識され、政府がソーシャルメディアにおける外国のプロパガンダの拡散を本気で規制にかかるかもしれないという新たな急務も出てきた。Facebookはこれがまだ可能性で、どういう形になるかはわからないことを知っている。

自分の家をできるだけ整理整頓しておくのが最善策なのだ。この面については、内部に意見の相違もある。ニューヨークタイムズによれば、

> *Facebookにおける中心的な緊張関係は、法務・政策チームとセキュリティ・チームの対立であった。セキュリティ・チームは通常、どのように国々がサイトをチームしたかについてより多くの情報開示を求めるが、法務チームと政策チームはビジネスの必要性を優先させる。*[19]

Facebookは人々がつくっている会社だ。彼らは我々が誤った情報、偽のニュース、プロパガンダのウサギ穴に落ち続けると、社会に害を及ぼす可能性があることを認識している人間だ。それは彼らが望む世界ではないだろう。彼らはたしかに利益を動機として行動しているかもしれないが、世界が将来の世代にとってより良い場所にしたいという望みも動機の一部にはあるだろう（私は、Facebookはイルミナティ新世界秩序の延長部の一つと考える頑固な陰謀論者にとって、この段落がいかに狂気の沙汰に聞こえるかは承知しているが、もしここまで読んできてくれたなら、少なくともウサギ穴脱出の道の半ばにいることを願っている。本書をランダムに開いてここを読んだ人に嘲笑されるのは覚悟している）。

Facebookは何をしたのか？ 2017年前半までに、投稿された記事をファクトチェックするために多数の外部機関と契約した。この中にはスノープス、ファクトチェック、ポリティファクト、ABCニュース、AP通信も含まれている。こうした機関のメンバーは、Facebookでトレンドになりつつある話がわかるダッシュボードにアクセスできて、この話が論議中か否かを示すチェックボックスをクリックしてデバンキングや解説が記載されている自分たちの機関のサイトへのリンクを提供できる。[20]

ここでの問題は規模だ。著名なファクトチェッカーのチームがいるというのは原則としては良さそうに見えるが、Facebookでシェアされるリンクは数百万に及ぶ。Facebookのこうしたリンクをチェックできる人間の数は限られているので、人気のあるリンクだけがチェックされる。チェックをスタートするまでにもう数千人（あるいは数百万人の可能性もある）が見てしまっている。速報記事の場

合、本当の意味でファクトチェックが終わって、「論議中」のはんこを押せるまでは数日かかるだろう。

この検討過程は能率優先でシステム化し、AI を組み込んでずっと早い時期にトレンドになるフェイク・ニュース（陰謀論を含む）を判別させる必要がある。これは最新の研究課題だ。

Facebook はファクトチェックをするために外部機関を選び、偏向しているという非難を避けようとした。どんなタイプの人も Facebook に不信を持っている。

保守派は Facebook はリベラル偏向だと思い、リベラル派とリバタリアンは自分たちを探っている企業のスパイだと思い、陰謀論者は国民を強制収容キャンプに連行するために判別して追跡する計画の一部だと思っている。Facebook が自ら内容を取り締まるのはうまくいかないだろう。なかでもとくに陰謀論者はその性質上、大量の誤情報をシェアしては摘発されてしまうことになる。

Facebook は中立的な第三者を使おうとした。ある種のユーザーにとっては、最初から呪われているようなものだった。スノープスやファクトチェック、そしてポリティファクトなどのファクトチェッカーはすでに中立性を疑われていた。残念なことだが、Facebook がスノープスと組んだ結果は、両方ともイルミナティの手先だと暴露されていると考えている人から、お笑いぐさだと思われるのが定めだったのだ。

だがもっと広範囲の人々にとっては、Facebook の最初の努力は、不出来でも賞賛に値した。Facebook の非常に良い一歩は、すべてのファクトチェック機関が中立的な報道の歴史のある主要ニュースメディア（ABC ニュース、AP 通信）か、国際ファクトチェッキングネットワーク（IFCN）の認定メンバーだったことだ。

IFCN は、フロリダ州のセント・ピータースバーグ・タイムズ紙のオーナーでジャーナリズム学校として著名なポインスター・インスティチュートが運営している。ポインターは、2015 年 9 月にファクトチェック実践の質の向上を目指して IFCN を設立した。ポインターに認定されるためには組織は精査され、非常に厳格なチェックリストに準拠して無党派、公正、透明、公開、誠実さが確認される。IFCN の原則規定は以下のようなものだ。

1. 無党派性と公平性
2. 情報源の透明性
3. 資金調達と組織の透明性

第 21 章　デマとデバンキングの未来　379

4. 方法論の透明性
5. 公開された誠実な修正

　残念ながらFacebookは、この方法は当初の想定より複雑だったことに早々に気がついた。2017年12月、最初の内部実験後、投稿に「論議中」とフラグを立てると以前よりもっとシェアされてしまうことにつながることがわかったのだ。一種の逆噴射効果が原因だと思われた[20]。

　現在は「スノープス」や「ポリティファクト」が記事について「論争中」と、ユーザーに警戒を呼びかけるのではなく、「追加報告」があると知らせるようになった。この方法は逆噴射を防ぎ、追加報告を待つように仕向け、Facebookは微妙な意味合いまでわかる記事にリンクできるようになった。これで複雑で不確かな状況や問題についても主張をただ「デバンク」しただけではない、もっと正確な概観を提供することにつながった。この方法が最速で進化するのは間違いない。

グーグル

　フェイク・ニュースの摘出排除に興味を持つもう一つの大会社はグーグルだ。グーグルの主な収入源は、グーグル・ドット・コムの検索結果に基づいた広告だ。検索結果について、グーグルは非常に強い収益関連動機を持っていて、ユーザーが得る結果が可能な限り高品質であるようにしようとしている。

　グーグルは自動化ファクトチェックへの最初一歩を踏み出していて、情報発信者が記事への反論フラグを立てられるシステムをつくった[22]。

　それからグーグルは自動化されたアルゴリズムを使って、品質の良い反論を主張と照合しようとしている。このシステムの最初の批評によれば、これはランダムになりがちで、偏向があると受け取られる可能性があるという[23]。

　マイクロソフトのBing検索エンジンはGoogleよりも小さいが、それでも市場のかなりの割合を占めている。Microsoftは自ら、米国の検索市場シェアの33%（Bingを使用するYahooを含む）、世界市場の9%を占めていると述べている[24]。2015年、マイクロソフトの研究者であるダナ・ボイドは、データ自動化とAIの増加によって起こりつつある問題に対処するために、データおよび社会研究所を設立した[25]。現在までのところ、これは主に研究構想だ。

　同様の組織にトラスト・プロジェクトがある。これは最初に慈善家クレイグ

ニューマークの資金で設立された。ニューマークはインターネット販売プラットフォーム、クレイグズリスト（地元ベースの売買掲示板）で知られているが、ここもボット問題を抱えている。トラスト・プロジェクトは、グーグルなどが利用できる情報の質のランク付けである「信頼指標」を開発している。[*26]

指標となるのは、著者の専門知識、使用された引用と参考文献、報告方法、アウトレットのフィードバックと修正のポリシーなどだ。

こうしたプロジェクトの多くは本質的には実験的なものだ。我々はこの問題に対する最良の方法をまだ知らないが、多様多種な大規模組織がこうした問題を真剣に受け止めて、その対処のために、かなりの資源を費やそうとしているのは心強い。

もっと小規模な企業も戦いの場に飛び込んできている。巨大企業の戦いを支援することで稼げることを認識しているのだ。こうした企業は、AIによってフェイク・ニュースと誤情報を判別してフラグを立てることに焦点を定めている。そうした企業の1つがアドヴェリファイで、「フェイクランク」というものを開発している。これはトラスト・プロジェクトが手動でやっていることを自動で検出し、この結果や個々の投稿の信頼性を定量化して計測するものだ。[*27]

もう1つの会社はマシンボックスだ。AI技術開発企業で、自然言語モジュールを訓練し、フェイク・ニュースを95％の成功率で判別できるようにした。[*28]

共同設立者のアーロン・エデルは、この開発を半手動で行った。最初に本物のニュースとフェイク・ニュースを選び出してセットをつくり、AIに判別を試みさせた。個人にとっては非常に時間がかかるが、各段に良い結果を出せる方法で、AI対応ボットに対してとてもうまく展開できるだろう。

2018年3月、YouTubeのCEOスーザン・ウォシッキーは、YouTubeが実験的に人気のある陰謀論動画に「情報の手がかり」というものを自動的に追加すると発表した。[*29]

これは、ウィキペディアの該当記事の要約が直接小さなポップアップで表示されるものになるという。ウィキペディアも陰謀の一部だと考える人々に対しては、すぐに効果はないだろうが、自分では絶対に見に行かないだろう情報に触れることにはなる。代替情報がないためにウサギ穴に落ちてしまう人に対して、わずかでも滑り止めとして働く可能性はある。人々を助け出す可能性さえある。人々の視点は、知識を知れば知るほど進歩する。最初は公式の話を拒否したとしてもだ。

希望の未来

　本書を書いている 2018年の時点では誤情報の世界については勇気が持てないことが多い。改善する前に悪化するだろう。だが私はその高潮を押し返そうとする情報の惑星の主要企業の努力、とくにソーシャルメディア分野での努力に勇気づけられている。

　私はまた、もっと一般的な誤情報に対する大規模な抵抗が本書で扱った極端な陰謀論との戦いにおいて、間接的にでも有利な状況をつくってくれることに希望を抱いている。

　すべての誤情報は陰謀論だ。誤情報は常に、あなたは騙されていたという前提とともにやってきて、誤情報を提供する人々は通常あなたに対してなんらかの力を持っているからだ。ときには政治家、ときには企業、ときにはそうした人々の手先になっている科学者が誤情報の提供者となるが、その背後にはいつも必ずなんらかの陰謀があるはずだ。

　ここ数年の政治的誤情報を考えてみよう。オバマの出生地、あるいはヒラリー・クリントンの健康問題、あるいはピザ屋に巣くう児童性虐待犯罪者集団、あるいはクリントン家が暗殺した人の数、あるいはロシアの選挙への関与などを隠す陰謀があったとされた。これらの陰謀論は、それぞれあなたの信念に応じて手品のように姿を変えるのだが、なんにせよウソ陰謀論が関与している。本物の陰謀もある。

　誤情報との戦いの本質はウソ陰謀論の拡散との戦いだ。大規模な、ありふれた誤情報と悪意あるデタラメ情報を防ぐ努力も、最終的にはケムトレイルや911制御解体陰謀論のような誤った説の広がりを鈍化させることにつながる。

　より良質な政治的ファクトチェックを押し進めることは、直接、間接にニセ科学、ニセ医学、陰謀論主義の減少につながるだろう。

　自動化と AI が鍵になる。現在、デバンキングは労働集約的で同じような努力の繰り返しになりがちだ。検索エンジンで容易に見つけられる情報のデバンクをつくりだすことで、この努力を最大化できるが、人々がデバンク情報を求めていなければ、見つけることもできない。人々が公開されたフォーラムに有用な情報を投稿したとき、これがすぐに使えるようにするツールと自動システムが必要だ。

　すべきことは多い。我々はまだ誤情報を武器とした戦争の真っただ中にいる。

この戦争における AI の未来の役割については、多くの不安と期待の両方がある。我々は非常に注意深く監視していく必要がある。

結論

　本書を読むことで受け取ってほしいメッセージは多い。最初で、おそらくは最も重要なものは希望のメッセージだ。人々はウサギ穴から脱出できる。ここまでに、一度は、世界は邪悪な陰謀を謀る悪の集団によって動かされていると深く信じていたが、そこから脱出した人々の物語を読んできた。みんなが世界貿易センターは我が国の政府が仕込んだ爆発物で崩壊したと信じていた。なかには権力者が飛行機から毒をまいていると信じていた人もいたし、サンディー・フック小学校で子どもたちが殺された事件は狂言だと信じていた人もいた。世界が平らだと信じていた人までいた。

　全員がウサギ穴から脱出した。そして、こうしたことを今も信じている人は一人もいない。ウサギ穴の中で過ごした時間は、数週間から数か月、数年、数十年と異なる。

　だから、陰謀論に迷い込んで帰ってこなくなったと思われる友がいても、元気を出してほしい。この人たちにも友や家族がいて、もう戻ってこないだろうと思っていた。諦めていた友もいるし、諦めていなかった友だちもいる。脱出者の多くは友だちに救出されている。

　ここで例として取り上げた人数はごく少ないが、毎年何千人もがウサギ穴から脱出している。アメリカの人口分布は年齢による偏りが比較的少ないが、世論調査ではケムトレイルのような極端な説の支持者はいつも圧倒的に若者だ[*1]。多くの人は歳をとるにしたがって本物の知恵と人生経験を重ねることで、自然に脱出する。だがもっと早く救出することもできるし、自力では脱出できない人もいる。

　ほとんどの人は陰謀論的思考のウサギ穴から脱出できる。なぜなら、ウサギ穴に吸い込まれるのは、私やあなたのような普通の人だからだ。原則として、彼らは一般の人たちに比べてどこかおかしいわけではない。精神病だから、精神障害があるからウサギ穴に吸い込まれるわけではない。ただ、人生のある時点で何か動画を観てしまって、共鳴してしまうと吸い込まれてしまうのだ。穴の中に居続けるのは、ほかの情報源に触れられないからだ。それ以外の、関連する事実を知

384

らず、文脈を知らず、問題に対する視点を欠いていて、別の考え方を知らない。彼らに足りないこうした資源をあなたは持っていってやることができる。

友だちにこうした情報を差し入れしてやる時に最も効果的なのは、誠実に、敬意とともにすることだ。笑いものにしたり、厳しい批判をしても効果はあがらない。なぜなら人は脅かされていると感じると、拒絶するようにできているからだ。

友だちが信じていることがバカバカしいと感じても、敬意を持って合意できないと告げた方が、嘲笑よりもうまくいく。

理解は重要だ。最も影響力のあるデバンカーは、かつてウサギ穴に落ちた体験のある人々だ。友だちはあなたが本当に自分の考えを理解していると態度で見せるまでは、あなたからの批判をなんであっても拒否するかもしれない。もしもあなたがウサギ穴に落ちた体験があるならば、有利に働くし、そうでなければ、陰謀論について学べば学ぶほど有利になる。

彼らを理解するためにも、デバンキングの努力を集中させるツールとしても陰謀論者がどこに境界線を引いているかは重要だ。この境界線が引かれている場所が少し動けば視点が大きく変わり、正しい方向にゆっくりと漂っていく動きが始まる可能性がある。彼らの情報源が、新しい境界線の向こう側にあることを示すことができれば、とくにそうなるだろう。

友だちが陰謀論主義の渦から自由になるのを手助けするのは簡単ではないし、時間もかかる。どれだけ礼儀正しく取り組んでも、あなたは彼らのアイデンティティーの基本的な側面に挑みかかっているのは間違いない。押し戻されるし、あなたと戦おうとすることもあるだろう。

だが、あなたが彼らのためにしようとしていることは、たとえようもないほど価値のあることだ。陰謀論の頸木に捕らわれた友だちの心を解き放ち、現実の世界のありのままの姿を見せ、そこで生きていくように手助けする。諦めないでほしい。本書の物語は、人々を救出できることを証明している。効果的な会話を続け、役に立つ情報を提供し、時間をかければ、あなたも大切な人をウサギ穴から救出できるのだ。

結論　385

用語集

　鍵を握っているのはコミュニケーションだ。陰謀論の世界には独自の用語がある。人と議論をしているときに自分には使い慣れた言葉だが、ほかの人々は聞いたこともない用語をうっかり使ってしまいがちだ。私も10年以上デバンキングをしてきて多くの専門用語を使うようになってしまっている。また陰謀論者が独自の意味合いで使う言葉もあって、コミュニケーションが難しくなる。暗記する必要などはないが、目を通して概要を掴んでほしい。また必要なら再訪してほしい。

　911の真相（9/11 Truth）：911同時多発テロ事件の政府公式説明がある種の隠蔽を意図したものであり、本当の真相は発表されていないと信じる人々による様々な組織、グループ、書籍、動画など。世界貿易センタービルは制御爆破解体で倒壊したと信じている人々が多い。

　バーサー（Birther）：バラク・オバマはケニア生まれで出生証明書を偽造しているので、米大統領にはなれないと信じている人。これは、入門レベルの陰謀論で、ドナルド・トランプからアレックス・ジョーンズまで誰もが言い広めていた。この種の陰謀論に入れあげている人を軽蔑して言う場合もある。

　第7棟／ビルディング7（Building 7）：（WTC7に同じ）世界貿易センターを構成する47階建てのビル。北側高層棟の崩壊によって大きく損傷し、火事になった。第7棟は数時間燃え続けた後、崩壊した。ドラマチックな光景ではなく、死者もいなかったため、当初は大きな注目を集めなかった。911真相解明運動参加者は、世界貿易センターの崩壊は爆発物による制御解体だと人々に信じさせる鍵がこのビルだと考えてビルディング7を取り上げるようになり注目の的になった。

　ケムトレイル（Chemtrails）：飛行機が秘密裏に何か（おそらくは毒）を撒いているという陰謀論。ごく普通の飛行機雲を何か意図のある散布なのだと間違うのがこの陰謀論だ。この散布は気候を変える目的で行われているというのが一般的だが、いくつか他のバリエーションもり、非常に風変わりなものもある。

　陰謀論者（Conspiracist/Conspiracy theorist）：陰謀論を信じている人、または陰謀論を広めようとしている人。

陰謀論スペクトラム（Conspiracy Spectrum）：極端さに基づいて常識的にありうるものから極端なものまで並べた陰謀論の範囲。一方の端には「リー・ハーベイ・オズワルドのJFK暗殺に手を貸した人間がいる」などのわかりやすい説があり、反対側の端には「JFKはケムトレイルの秘密を暴露しようとしたので、エイリアンに殺された」のようなものがある。

陰謀論（Conspiracy Theory）：ある出来事に対する別解釈で通常、政府の指導層あるいは闇の勢力の秘密の計画に拘わるもの。しばしば軽蔑的に使われる。CIAが発明した言葉だとする説もあるが、これは誤り。

航跡雲／飛行機雲（Contrails）：飛行機の後ろに線状に発生する雲の一種。詳しくは排気航跡雲と空力航跡雲の2種類ある。排気航跡雲は高温で湿度の高いエンジンの排気が冷たい大気と混じって凝集雲をつくる。空力航跡雲では、翼の上の大気圧の低下が雲の形成を促す。遠くからはこの2つは同じように見える。両方ともケムトレイルだと間違われる。

被害者俳優（Crisis Actors）：通常は災害救助訓練、テロ対策訓練などで犠牲者の役を演じる俳優のこと。陰謀論者ボストン・マラソン爆弾事件などの被害者は実は被害者俳優だと主張する。ついには、足を切断した人が義足を着けていて、「爆弾代わりの発煙筒」が焚かれると取り外して、血糊をつけたとまで言う。

制御解体（Controlled Demolition）：爆発物や油圧装置を使った建物解体。911真相究明活動家は世界貿易センタービル群が爆発物によって破壊されたという文脈の主張で使用する。

デバンカー（Debunker）：怪しい主張を調査し、そこに含まれるウソや誤りを説明する人。バンク（bunk）は、選挙用の内容のない政治家の話を呼ぶ古い俗語で、そこから、駄法螺を意味するようになった。この手の話を解体することをデバンク、そうしたことに携わる人をデバンカーと呼ぶ。

悪情報／ディスインフォメーション（Disinformation）：故意に広められた誤った情報。通常、陰謀論者は自分の信じる説と矛盾するような証拠をこの言葉で呼ぶ。多くの陰謀論者はほとんどの普通のニュースメディアと並んでメタバンクとスノープスは悪情報だと見なしている。

偽旗（False Flag）：秘密作戦でほかの誰かが実施したとの印象を与えるように設計されたもので、第三者の行動を促す、あるいは行動の口実とする意図を含んでいるもの。たとえば911真相究明活動家は911テロは「テロとの戦争」のための口実を提供するための偽旗であったのではないかと言う。

平面地球／フラットアース（Flat Earth）：地球は平たいという説。最も異端な説な

用語集　387

ので、ほかの陰謀論の極端すぎる説の信奉者を嘲笑うときにも使われる。だが地球は平面だと信じている人も実在する。

惑星改造 / 地球工学 / ジオエンジニアリング（Geoengineering）：地球の気候の意図的な修正で、通常は地球温暖化に対抗する目的のもの。人類はすでに排気と土地利用の変化によって地球の気候を意図せずに変えている。もし CO_2 排出を止めることができないのならば、意図的に気候をほかの方法で修正し、これを対策とするのも益のあることではないかという提案がされてきている。提案の一つは火山の噴火を真似て、成層圏に太陽光線を遮る粒子を噴霧するというものだ。こうした研究はごく少数に留まっている。ケムトレイル陰謀論者は惑星改造は秘密裏に数十年続けられてきたと主張する。彼らはしばしば地球工学という言葉をケムトレイルと同義で使う。

モルゲロンズ（Morgellons）：非公式の病名。一般に自己診断される非公式の医療症状で、痒み、皮膚に口を開ける傷、皮膚上、皮膚中、傷の中に繊維が発見されるのを特徴とする。個々の症状は非常に多様だが、繊維を見つける人々は一般に衣服の繊維や毛を何かの病原体だと間違えているというのが医師の共通した見解だ。モルゲロンを自認する人々の一部には、これが政府の何らかの作戦に関連し、おそらくケムトレイルに関連していると信じている。

新真珠湾攻撃（New Pearl Harbor）：米国が第2次世界大戦に参戦するきっかけになった真珠湾攻撃の規模だという理論の出来事。陰謀論者は911テロ攻撃は、そのような出来事を起こそうとした計画の結果だと推測する。また人気のある911陰謀論映画のタイトルでもある。

NIST（米国標準技術研究所）報告（NIST Report）：多様な技術的内容の911同時多発テロ事件における第7棟を含む世界貿易センタービル崩壊の原因についての報告書。数千ページに及ぶ非常に総合的な報告書だが、911真相究明活動家の多くは報告の要約でさえ読んでおらず、これは意図的につくられた悪情報だと見なしている。

ウサギ穴（Rabbit Hole）：陰謀論世界に深く入っていくことの例え。典型的なものとしては、陰謀論者になったばかりの時は、何かが進行しているという考えに「目覚める」。自分で調べて次々と発見し続け、ウサギ穴をどんどん下っていき、はまり込んで動けなくなる。ウサギ穴に飛び込んだアリスが奇妙な新しい世界を発見する「不思議の国のアリス」からきていて、映画「マトリックス」で広まった。「赤い薬」も参照。

赤い薬（Red Pill）：赤い薬を飲むとは、陰謀論者が気づいた新しい現実に立ち

向かうと熟考の末に選択するという意味だ。精神的な目覚めと解放を意味する。これは映画「マトリックス」から来ている。映画では賢者という役回りのモーフィアスが主人公ネオに、何も知らなかった以前の日常の自分に戻る青い薬か、それとも現実に目覚めて「ウサギ穴がどこまで続いているかがわかる」赤い薬の選択を与える。陰謀論者は自分の「目覚め」を赤い薬を飲むという言葉で説明することが多い。また、動詞用法で他の人々を改宗させることを「ジョーイに赤い薬やらせて目覚めさせてやる」と使ったりもする。

サンディー・フック・デマ（Sandy Hook Hoax）：サンディー・フック小学校銃撃事件はすべてデマだったという陰謀論。死亡者は存在せず、嘆き悲しむ親達は、被害者俳優が演じたものだとする。 あるいは、銃撃事件を実行したのは傭兵部隊で、犯人だとされたアダム・ランザは濡れ衣を着せられたとする説もある。

スケプティック（Skeptic）：ここでは科学的懐疑主義者の意味で使っている。科学的エビデンスに基づいて意見を述べ、ゆえに科学的根拠のない主張に対しては懐疑的な人を指す。

シープル（Sheeple）：軽蔑的な言葉で、自分の存在に疑問を持たず、羊のように簡単にリーダーについていってしまう大衆を指す。陰謀論者は自分の信じる陰謀論を頭から信じようとしない人はシープルだと考える。検討したうえで信じない人は工作員と呼ばれる。

工作員（Shill）：報酬を得て何かを促進する人をこう呼ぶ（訳注：英語の本来の意味はサクラに近いが、日本のネットでは「工作員」を使う人が多いので、この訳語にした）陰謀論文化では陰謀論の主張を解明する人は工作員とレッテルを貼られることが多い。私（ミック・ウエスト）も活動に対して一銭も報酬を得ていないのに、過去何度もこのレッテルを貼られた。誰かに工作員というレッテルを貼るのは、議論を切り上げるのによく使われる手法だ。

噴出／スクイブ（Squibs）：スクイブは、通常は花火の一種の爆竹、または、映画で銃弾の代わりに使われる空砲を指すが、911真相究明活動家は崩壊するビルから突然建材などが噴き出す噴出現象をスクイブと呼び、制御爆破解体の証拠だと主張する。スケプティックは、こうした噴出は爆薬がなくても崩壊過程で起こると指摘している。

アルミホイルの帽子（Tinfoil Hat）：人の声を送り込んでくる電波から脳を守るというかぶり物。陰謀論者を嘲笑する言葉として広く使われている。アルミホイル帽子被るような人（Tinfoil Hatters, Tinfoilers.）とも 。

トゥルーサー（Truther）:911真相究明運動活動家、運動参加者を指す言葉。911

トゥルーサーとも。ときには陰謀論者を指す用語としても使われることがある。たとえば「サンディー・フック・トゥルーサー」のように陰謀論と組み合わせて使う。ここから、バーサー、フラーサー（平面地球論者）、ケムトレイラーなどの派生語が生まれた。

目覚める（Wake Up）：無知の至福を味わって来た人が世界の真相に気がつくこと。陰謀論者にとっては世界の仕組みを説明している一つまたは複数の陰謀論を信じ始めること。「赤い薬」参照。

気候修正（Weather Modification）：一般に局地的な人工降雨、雨雲の中に銀イオンを撒いて比較的狭い地域に雨を降らせるものを指す。ケムトレイル陰謀論者はしばしばこれを地球全域の気候修正を目指す惑星工学と混同する。また、台風・ハリケーンやジェット気流を操作するような大規模な気候修正がすでに秘密裏に行われているとする説もある。

WTC1、WTC2、WTC、など：911で崩壊した世界貿易センター（WTC）は、7棟のビルからなる複合施設だった。2棟の高層棟はそれぞれ WTC1（北棟）、WTC2（南棟）の略称で呼ばれ、第第7棟は WTC7と表記される 。

訳者あとがき

　本書はミック・ウエストの著書『Escape from the rabbit hole』2023年改訂版の翻訳である。初版は2018年で、陰謀論に魅入られてしまう人をについて、どう付き合って、現実の世界に連れ戻せばよいのかという著者の実践に基づくノウハウを解説している、私の知る限りでは、陰謀論信者を対象とした初めての救出のための手引き書だ。

　著者ミック・ウエストはインターネット上のデバンキングの拠点となっているサイト、メタバンクの主催者であり、近年再ブームを迎えているUFOとUFOを巡る陰謀論のデバンカーとして広く知られるようになっている。ミックの人となりは、本書の「私の半生」に詳しいが、ゲーム開発者として一財産築いて仕事を辞め、趣味としてデバンキングをするうちに、陰謀論を信じる人々との対話に意義を見出して、対話活動を続けてきている人物だ。

　陰謀論そのものの真偽を検証する行為をデバンキングというのだが、デバンキングから一歩踏み込んで信じ込んでいる人の考えを変えようとする人は少ない。デバンカー、日本で言うところのトンデモハンターには、「一線を越えてしまった人は、いくら正しい情報を伝えようとしても受け入れられなくなっていて、説得は無駄。彼らは現実世界には帰ってこない」という認識が共有されてしまっているのが大きな理由だ。だが、著者は、ウサギ穴（一線を越えた向こう側の世界への通路）に落ちた人も多くが脱出できていると説く。そして、自力で脱出するよりも、手を差し伸べて救出する方法が存在すると伝えたくて本書を執筆したと言うのだ。

　本書冒頭にまとめられている本書の目的は以下の通りだ。

　　陰謀論のウサギ穴を理解する。
　　陰謀論者は普通の人々だと知る。
　　陰謀論者は何を考え、なぜそう考えているのかに対して明快な理解を深める。
　　人を尊重する自然な態度を養う。
　　陰謀論者と同意できる共通の基盤を理解し、彼らの本当の心配を見つけ出す。
　　陰謀論者の信条の中の間違い、または情報が欠落している分野を見つけ出す。

訳者あとがき　391

陰謀論者を新しい情報に触れさせて、もっと事実に基づいた視点を得る手助けをする。

すべてを正直に隠し事も否定もせずに行う。

時間をかける。

　2018年の初版ではこの構成に沿って、心理学研究の説く陰謀論者の特徴についての概観、さらにこうしたアカデミックな情報をどう理解し、具体的に利用していくかという解説に続き、ケムトレイル、911、偽旗作戦、平面地球の4つのやや古いがいまだに信者のいる陰謀論を取り上げている。それぞれの陰謀論から脱出した人の体験談も提示されていて、より理解が深まるようになっている。

　2023年の改訂版ではさらに各章に2023年時点での追補が加えられ、初版発行後に急速に発展した新しい陰謀論である、選挙不正、Qアノン、コロナウイルス、UFOについての新章が追加されている。

　私が本書を手に取ったのは、米国大統領選絡みで、日本にも新たな陰謀論が流入し、今まで陰謀論に縁がなかったような人々が陰謀論に魅入られるようになったのがきっかけだった。本書の言うところの「ウサギ穴に落ち込んで陰謀論の不思議の国に行ってしまった人」とは、家族や親しい友人であっても、コミュニケーションは困難になりがちで、現実世界に留まっている方は、相手の変貌に戸惑い、主張の内容が現実離れしていればいるほど呆れてショックを受け、いくら説得しても耳を傾けない態度に、ついには怒りを爆発させてしまう。そうしたときに周囲が「一線を越えた人を説得するのは無理だ」と慰めてしまうのを見るにつけ、何とかできないのだろうかとの思いが募ったからだ。インターネット上で行き会った人や、それほど親しくない知り合いであれば、諦めて付き合いを絶ってしまうのも一つの方策かもしれない。だが家族や友人を失いかけている人にこう告げるのはあまりにも辛い。何とか不思議の国から脱出させる方法はないものだろうかと模索しているときに出合ったのが本書だった。

　実は読み始めは、自分の経験や知識が邪魔をして、なかなか先に進めなかった。救出したいと思っている我々も「一線を越えた人は帰ってこない」、「愚かな人が陰謀論にはまる」との頑固な思い込みに捕らわれているのだということを、まざまざと実感することになったのだ。だが「人は時間をかければウサギ穴から脱出できる」と力説する著者に導かれ、陰謀論信者と対話を続ける著者のポッドキャストを聞いたりするうちに、理解が進み、徐々に自分の考えも変わってきた。

「相手が誰であれ、相互理解が可能な人間同士なのだと言う認識を持ち、相手の人間性を尊重する態度を崩さずに、わずかでも共有できる部分を探し、信頼関係を築いてから相手が知らなかった情報を提供する」。本書が提供するノウハウは複雑なものではないが、愛と熱意と忍耐力を要するので、本気で失いたくない家族や友人がいる人か、誰にでも愛を持って接することができる人に限られる面はあるかも知れない。だが、とにかく怒りたくなる気持ちを抑え、著者が実践して有効だったノウハウを活用すれば、ウサギ穴を巡る状況はかなり改善するのではないだろうか。現デバンカーにもウサギ穴にはまった体験を持つ人は多く、抜け出すきっかけは小さな違和感だったとの話もよく聞く。すぐには目立った変化はなくとも、我々のアプローチが変化すれば、陰謀論を信じる人の態度にもやがてなんらかの変化が出てくるだろう。

　陰謀論別に選び抜かれた救出に有効な情報、その使い方、話の持って行き方の丁寧な解説も本書の魅力だ。ゲーム・プログラマーでネットに詳しい著者が教えてくれる情報検索法も、必要に迫られてデバンキングの世界の世界に足を踏み入れたばかりの人にはありがたい情報だろう。逆に、陰謀論を信じていて、家族にも信じてほしいと願っている人もこのメソッドを使って、陰謀論を信じない家族への説得を試みてほしい。なぜ家族が信じてくれないかが理解できるはずだ。そして、自分が信じていることには、人を説得するだけの根拠があるだろうかと考え、自分は間違っていないと確信を強めるための情報収集に加えて、批判（デバンキング）も読み、それは間違っていると冷静に指摘できれば、家族も耳を傾けてくれるかもしれない。陰謀論を信じ続けるにしても、新たな情報を知り、自分の信念が変化することで家族との会話が復活するかもしれない。

　著者が指摘する「陰謀論の対称性」という概念も重要だ。相手はバカだと思っていると、実は相手もそう思っているから、関係性が壊れてしまうのだ。双方とも特別な人間ではない。誰でもうっかりウサギ穴に落ちる。穴の中で現実と切り離され、進んでいった先で、面白い不思議の国の住人たちと出合ったアリスの体験そのものだ。彼らの不思議な考え方に巻き込まれれば、現実世界の居場所を失っていく。だが、陰謀論の国は、住人たちの機嫌を損ねれば、たちまち追放されてしまう場所でもある。現実世界に帰る場所が確保されていれば、アリスの不思議の国の「赤の女王」のような理不尽な支配者の機嫌を損ねないために、陰謀論を信じ続けなくてもよくなり、脱出がより容易になる。間違っても現実世界の住人が、彼らを追い詰めて穴に逃げ込むように仕向けてはならないというのが、私の今の気持ちだ。

訳者あとがき　393

本書のノウハウは、最近話題になったような「エビデンスで殴ってくる」と感じさせない情報提供にも使える。福島の原発事故後に、さんざん言われた「欠落モデルの欠点」と「権力勾配により啓蒙が失敗する」問題も、この「相手も自分と同じ普通の人間なのだという認識を辞して、礼儀正しく、尊敬を持って接すること」の欠落が原因だったのではないか。これができるようになれば、事実を伝えたいデバンカーに対する「傲慢で弱い者いじめをする」といったイメージが和らぐだろう。事実を広めるためには、それも大きなサポートになるはずだ。

　こうしたノウハウだけでなく、各陰謀論についてもこの分野をよく知っているはずの私にとってもなるほどと思わせる情報が多く、陰謀論への入門書としてもお勧めできる。

　初心者からベテランまで、好奇心を満たしたい人にも、知識と体験に自信がある人にもぜひ読んで欲しい一冊である。

文 末 脚 注

以下の脚注は原文をそのまま掲載する。必要に応じて AI 翻訳の DeepL などを利用すれば、概要も把握できるだろう。

プロローグ

1. "Rancho Runnamukka." Web.archive.org, https://web.archive.org /web/19990218081137/http://www.accessone.com:80/~rivero/. Accessed 6 Aug. 2017.
2. West, Mick. "Debunked: Chemtrail Plane Interior (Ballast Barrels)." Metabunk, 20 Jul. 2012, https://www.metabunk.org/debunked-Chemtrail-plane-interior-ballast -barrels.t661/. Accessed 6 Aug. 2017.

序

1. Kinetz, Erika; & International Herald Tribune. "At Archer Daniels, a bitter taste lingers." Nytimes.com, 23 Mar. 2002, https://www.nytimes.com/2002/03/23/your -money/at-archer-daniels-a-bitter-taste-lingers.html. Accessed 18 Mar. 2018.
2. *NY Daily News.* "Menendez sold his office by accepting bribes: federal prosecutor." NY Daily News, 7 Sept. 2017, http://www.nydailynews.com/news/politics/menendez-sold -office-accepting-bribes-federal-prosecutor-article-1.3476857. Accessed 21 Sept. 2017.
3. Justice Policy Institute. "Gaming The System: How The Political Strategies Of Private Prison Companies Promote Ineffective Incarceration Policies." Justicepolicy.org, 21 Jun. 2011, http://www.justicepolicy.org/uploads/justicepolicy/documents/gaming _the_system.pdf. Accessed 10 Sept. 2017.
4. "rabbit hole—Wiktionary." En.wiktionary.org, 13 Feb. 2018, https://en.wiktionary .org/wiki/rabbit_hole. Accessed 17 Feb. 2018.
5. Carroll, Lewis. *Alice's Adventures in Wonderland,*" 1865, Chapter 1 "Down the Rabbit Hole."
6. Farley, Tim. "What's The Harm?" 22 Nov. 2011, http://whatstheharm .net/. Accessed 5 Apr. 2018.
7. "Chemtrail Detox—How To Protect—Heavy Metal Detox." Chemdefense.com, https://www.chemdefense.com/Chemtrails-how-to-protect-and-detox/. Accessed 5 Apr. 2018.

文末脚注 395

8. James, Brendan. "9/11 Conspiracy Theories: Inside The Lonely Lives Of Truthers, Still Looking For Their Big Break." *International Business Times*, 11 Sept. 2015, http://www.ibtimes.com/911-conspiracy-theories-inside-lonely-lives-truthers-still -looking-their-big-break-2091474. Accessed 5 Apr. 2018.

9. Haystack. "An Anatomy of Paranoia—disinformation." disinformation, 28 Aug. 2014, http://disinfo.com/2014/08/anatomy-paranoia/. Accessed 5 Apr. 2018.

10. Douglas, K. M., & Leite, A. C. (2017). "Suspicion in the workplace: Organizational conspiracy theories and work-related outcomes." *British Journal of Psychology,* 108(3), 486–506.

11. Berdik, Chris. "How geoengineering and Harvard's David Keith became a hot topic." BostonGlobe.com, 19 Oct. 2013, https://www.bostonglobe.com/magazine/2013 /10/19/how-geoengineering-and-harvard-david-keith-became-hot-topic /JBkPRydP1Tnd86oclwJT8K/story.html. Accessed 5 Apr. 2018.

12. "bubba clinton gets angry at '9/11 heckler.'" Youtube.com, https://www.youtube .com/watch?v=O-yTh6k7p2k. Accessed 5 Apr. 2018.

13. "'False Flag' Hoaxers Claim Mass Shootings Are Staged." VICE Selects, https://www .facebook.com/VICEselects/videos/845144652340193/. Accessed 5 Apr. 2018.

14. Robb, Amanda. "Pizzagate: Anatomy of a Fake News Scandal." *Rolling Stone,* https:// www.rollingstone.com/politics/news/pizzagate-anatomy-of-a-fake-news-scandal -w511904. Accessed 5 Apr. 2018.

15. Ronson, Jon. "Timothy McVeigh—Conspirators." *The Guardian,* 5 May 2001, http:// www.theguardian.com/world/2001/may/05/mcveigh.usa. Accessed 5 Apr. 2018.

16. Salon. "Tamerlan Tsarnaev: Conspiracy theorist." *Salon,* 25 Apr. 2013, https://www .salon.com/2013/04/25/tamerlan_tsarnaev_conspiracy_theorist/. Accessed 5 Apr. 2018.

17. Oxford Dictionaries. "Definition of debunk." https://en.oxforddictionaries.com /definition/debunk. Accessed 7 Apr. 2018.

第1章

1. DeHaven-Smith, Lance. *Conspiracy Theory in America* (Kindle Locations 1885– 1887). 2013, University of Texas Press. Kindle Edition.

2. Google Books. "The Journal of Mental Science." Google Books, Page 141, https:// books.google.com/books/about/The_Journal_of_Mental_Science.html?id =VsRMAAAAYAAJ. Accessed 5 Sept. 2017.

3. West, Mick. "Debunked: The CIA invented the term 'Conspiracy Theory' in 1967 [in use for 70 years prior]." Metabunk, 29 Nov. 2012, https://www.metabunk.org /debunked-the-cia-invented-the-term-conspiracy-theory-in-1967-in-use-for-70 -years-prior.t960/. Accessed 5 Sept. 2017.

4. Graham, Howard Jay. "The 'Conspiracy Theory' of the Fourteenth Amendment." Jstor.org, http://www.jstor.org/stable/791947. Accessed 7 Apr. 2018.

5. Baum, William Chandler. "The conspiracy theory of politics of the radical right in the United States" (University of Iowa, PhD Thesis, 1960).

6. Wilcox, Walter. "The Press of the Radical Right: An Exploratory Analysis, Journalism & Mass Communication Quarterly—Walter Wilcox, 1962." Journals.sagepub.com, http://journals.sagepub.com/doi/pdf/10.1177/107769906203900202. Accessed 5 Sept. 2017.

7. Hofstadter, Richard. "The Paranoid Style in American Politics." *Harper's* magazine, https://harpers.org/archive/1964/11/the-paranoid-style-in-american-politics/. Accessed 7 Oct. 2017.

8. Dalzell, Tom; & Victor, Terry, eds. *The Concise New Partridge Dictionary of Slang and Unconventional English.* 2007, Routledge. p. 672.

第2章

1. Musgrave, Paul. "Perspective | Democracy requires trust. But Trump is making us all into conspiracy theorists." Washington Post, 7 Mar. 2017, https://www.washingtonpost.com/posteverything/wp/2017/03/07/democracy-requires-trust-but-trump-is-making-us-all-into-conspiracy-theorists/. Accessed 6 Aug. 2017.

2. Doc, Ken. "MICK WEST." INVESTIGATE 9/11, 12 Sept. 2016, https://kendoc911.wordpress.com/911-shills/mick-west/. Accessed 30 Nov. 2017.

3. Doc, Ken. "INVESTIGATE 9/11." https://kendoc911.wordpress.com/. Accessed 30 Nov. 2017.

4. Barkun, Michael. *A Culture of Conspiracy: Apocalyptic Visions in Contemporary America.* 2003, University of California Press.

5. Levis, Nicholas. "WHAT IS YOUR HOP LEVEL? Ten 9/11 Paradigms [summeroftruth.org]." Web.archive.org, 1 Apr. 2004. https://web.archive.org/web/20041030111442/http://summeroftruth.org/lihopmihopnohop.html. Accessed 7 Aug. 2017.

第3章

1. Reddit User, "DebateFlatEarth." 2017, https://goo.gl/WwdLXC.

2. Fleming, Michael David. "Mick West: Busted Internet Troll at Metabunk." https://www.michaeldavidfleming.com/mick-west-busted-internet-troll-at-metabunk/. Accessed 2 Jan. 2018.

3. Doc, Ken. "MICK WEST." Ken Doc—INVESTIGATE 9/11, 12 Sept. 2016, https://kendoc911.wordpress.com/911-shills/mick-west/. Accessed 2 Jan. 2018.

4. West, Mick. "The IT2010 Competition." Mickwest.com, 11 Jan. 2007, http://mickwest.com/2007/01/11/the-it2010-competition/. Accessed 21 Nov. 2017.

5. American Red Cross. "Blood Donor Eligibility: Blood Pressure, Pregnancy, Disease & More." http://www.redcrossblood.org/donating-blood/eligibility-requirements/eligibility-criteria-alphabetical-listing. Accessed 8 Nov. 2017.

第4章

1. Shuck, John. "The Science Behind the Collapse of the Three World Trade Center Towers on 9/11." Beta.prx.org, 9 Jun. 2017, https://beta.prx.org/stories/214113. Accessed 4 Sept. 2017.

2. Beard, Martin M. "What Happened?—My Story." Metabunk, 30 Mar. 2016, https://www.metabunk.org/martin-m-beard-what-happened-my-story.t7452/. Accessed 7 Nov. 2017.

3. WeAreChange Los Angeles. "9-11 Truth March 10-11-08 Santa Monica Part 3 FIREFIGHTERS—YouTube." Youtube.com, https://www.youtube.com/watch?v=E9lq6P9RrOg. Accessed 12 Nov. 2017.

4. Ventura, Jesse. "Abby Martin Uncovers 9/11 | Jesse Ventura Off The Grid." Youtube.com, 12 Sept 2014, https://www.youtube.com/watch?v=6yi7XMrlEiU. Accessed 12 Nov. 2017.

5. Ventura, Jesse. "Counter-Conspiracy: World Trade Center 7 | Jesse Ventura Off The Grid." Youtube.com, https://www.youtube.com/watch?v=O3IvRPGVFmk. Accessed 12 Nov. 2017.

6. Lawson, Anthony. "WTC7—This is an Orange—YouTube." Youtube.com, https://www.youtube.com/watch?v=Zv7BImVvEyk. Accessed 12 Nov. 2017.

7. Benson, Buster. "Cognitive bias cheat sheet—Better Humans." Better Humans, 1 Sept. 2016, https://betterhumans.coach.me/cognitive-bias-cheat-sheet-55a472476b18. Accessed 20 Oct. 2017.

8. Dolan, Eric W. "Studies find the need to feel unique is linked to belief in conspiracy theories." PsyPost, 8 Aug. 2017, http://www.psypost.org/2017/08/studies-find-need-feel-unique-linked-belief-conspiracy-theories-49444. Accessed 20 Oct. 2017.

9. Sloat, Sarah. "Conspiracy Theorists Have a Fundamental Cognitive Problem, Say Scientists." Inverse, 17 Oct. 2017, https://www.inverse.com/article/37463-conspiracy-beliefs-illusory-pattern-perception. Accessed 20 Oct. 2017.

10. Dolan, Eric W. "Losers are more likely to believe in conspiracy theories, study finds." PsyPost, 17 Sept. 2017, http://www.psypost.org/2017/09/losers-likely-believe-conspiracy-theories-study-finds-49694. Accessed 20 Oct. 2017.

11. Bolton, Doug. "Conspiracy theorists are more likely to be suffering from stress, study finds." *The Independent,* 11 May 2016, http://www.independent.co.uk/news/science/conspiracy-theories-stress-psychology-study-anglia-ruskin-a7023966.html. Accessed 20 Oct. 2017.

12. Levesque, Danielle. "Narcissism and low self-esteem predict conspiracy beliefs." PsyPost, 25 Feb. 2016, http://www.psypost.org/2016/02/narcissism-and-low-self-esteem-predict-conspiracy-beliefs-41253. Accessed 20 Oct. 2017.

13. Zareva, Teodora. "Conspiracy Theories: Why the More Educated Don't Believe Them." Big Think, 12 Apr. 2017, http://bigthink.com/design-for-good/how-likely-are-you-to-believe-in-conspiracy-theories-depends-on-these-factors. Accessed 29 Dec. 2017.

14. Dolan, Eric W. "Study: The personal need to eliminate uncertainty predicts belief in conspiracy theories." PsyPost, 28 Jun. 2017, http://www.psypost.org/2017/06/study -personal-need-eliminate-uncertainty-predicts-belief-conspiracy-theories-49211. Accessed 20 Oct. 2017.

15. Rivas, Anthony. "Bipartisan Anti-Vaxxers And The Weird Science Behind Conspira-cies." Medical Daily, 20 Jan. 2015, http://www.medicaldaily.com/conspiracy-theories -mostly-believed-people-far-left-right-political-spectrum-318502. Accessed 20 Oct. 2017.

16. To get this percentage you square the r value and multiply by 100.

17. IFLScience. "People Who Believe Conspiracy Theories Just Want To Be Unique, Say Psychologists." 18 Aug. 2017, http://www.iflscience.com/brain/people-who-believe -conspiracy-theories-just-want-to-be-unique-say-psychologists/. Accessed 25 Aug. 2017.

18. Dolan, Eric W. "Studies find the need to feel unique is linked to belief in conspiracy theories." PsyPost, 8 Aug. 2017, http://www.psypost.org/2017/08/studies-find-need -feel-unique-linked-belief-conspiracy-theories-49444. Accessed 25 Aug. 2017.

19. Edelson, Jack; Alduncin, Alexander; Sieja, James; & Uscinski, Joseph. "The Effect of Conspiratorial Thinking and Motivated Reasoning on Belief in Election Fraud." Political Research Quarterly 2017. http://journals.sagepub.com/doi/abs/10.1177 /1065912917721061. Accessed 21 Sept. 2017.

20. Uscinski, Joseph; Parent, Joseph; & Torres, Bethany. "Conspiracy Theories are for Los-ers." Papers.ssrn.com, 1 Aug. 2011, https://papers.ssrn.com/sol3/papers.cfm?abstract _id=1901755. Accessed 22 Sept. 2017.

21. De Keersmaecker, Jonas; & Roets, Arne. "'Fake news': Incorrect, but hard to correct. The role of cognitive ability on the impact of false information on social impres-sions." Sciencedirect.com, 7 Nov. 2017, https://www.sciencedirect.com/science /article/pii/S0160289617301617. Accessed 17 Feb. 2018.

22. Cichocka, Aleksandra; Marchlewska, Marta; & Golec de Zavala, Agnieszka. "Does Self-Love or Self-Hate Predict Conspiracy Beliefs? Narcissism, Self-Esteem, and the Endorsement of Conspiracy Theories." 2016, Journals.sagepub.com, http://journals .sagepub.com/doi/abs/10.1177/1948550615616170. Accessed 18 Feb. 2018.

23. Sunstein, Cass; & Vermeule, Adrian. "Conspiracy Theories." John M. Olin Program in Law and Economics Working Paper No. 387, 2008, http://chicagounbound .uchicago.edu/cgi/viewcontent.cgi?article=1118&context=law_and_economics.

24. "Conspiracy Road Trip: UFOs." BBC, Oct 15, 2012, https://youtube/7ByWCFX4ZQs?t =53m37s. Accessed 31 Aug. 2017.

第5章

1. Cairns, Rose. "Climates of suspicion: 'Chemtrail' conspiracy narratives and the international politics of geoengineering." Onlinelibrary.wiley.com, 25 Nov. 2014, http://onlinelibrary.wiley.com/doi/10.1111/geoj.12116/full. Accessed 7 Jan. 2018.

2. Sagan, Carl. *Demon-Haunted World: Science as a Candle in the Dark* (Kindle Locations 7218-7220). Random House Publishing Group. Kindle Edition.

3. Dunne, Carey. "My month with Chemtrails conspiracy theorists." *The Guardian,* 22 May 2017, http://www.theguardian.com/environment/2017/may/22/california -conspiracy-theorist-farmers-Chemtrails. Accessed 10 Aug. 2017.

4. Nyhan, Brendan & Reifler, Jason. "When Corrections Fail: The Persistence of Political Misperceptions." SpringerLink, 1 Jun. 2010, https://link.springer.com/article /10.1007/s11109-010-9112-2. Accessed 1 Feb. 2018.

5. Cook, John; & Lewandowsky, Stephan. *The Debunking Handbook*. Skepticalscience. com, 22 Jan. 2012, https://www.skepticalscience.com/docs/Debunking_Handbook .pdf. Accessed 1 Feb. 2018.

6. Wood, Thomas; & Porter, Ethan. "The Elusive Backfire Effect: Mass Attitudes' Steadfast Factual Adherence." Papers.ssrn.com, 31 Dec. 2017, https://papers.ssrn .com/sol3/papers.cfm?abstract_id=2819073. Accessed 1 Feb. 2018.

7. Chan, Man-pui Sally, et al. "Debunking: A Meta-Analysis of the Psychological Efficacy of Messages Countering Misinformation.—PubMed—NCBI." Ncbi.nlm.nih.gov, https://www.ncbi.nlm.nih.gov/pubmed/28895452. Accessed 1 Feb. 2018.

8. West, Mick. "Debunked: The 'short-lived' fires of WTC 1 & 2." Metabunk, 12 Jun. 2013, https://www.metabunk.org/debunked-the-short-lived-fires-of-wtc-1-2.t1771/. Accessed 17 Feb. 2018.

9. The Associated Press. "Landfill burned for weeks; property owner facing charges." Sun-Sentinel.com, 5 Dec. 2017, http://www.sun-sentinel.com/local/miami-dade/fl -reg-dade-illegal-landfill-20171205-story.html. Accessed 17 Feb. 2018.

10. Foran, Chris. "'Like looking down on hell': When a Milwaukee dump caught fire and burned for months." *Milwaukee Journal Sentinel*, 14 Nov. 2017, https://www .jsonline.com/story/life/green-sheet/2017/11/14/like-looking-down-hell-when -milwaukee-dump-caught-fire-and-burned-months/856767001/. Accessed 17 Feb. 2018.

11. Tribune Wire. "Underground fire outside St. Louis has burned since 2010, nears nuclear waste dump." chicagotribune.com, 10 Oct. 2015, http://www.chicagotribune .com/news/nationworld/midwest/ct-st-louis-underground-fire-20151010-story.html. Accessed 17 Feb. 2018.

第6章

1. Wikipedia: "McVeigh felt the need to personally reconnoiter sites of rumored conspiracies. He visited Area 51 in order to defy government restrictions on photography and went to Gulfport, Mississippi to determine the veracity of rumors about United Nations operations." https://en.wikipedia.org/wiki/Timothy_McVeigh.

第7章

1. West, Mick. "A brief history of 'Chemtrails'—Contrail Science." Contrail Science, 11 May 2007, http://contrailscience.com/a-brief-history-of-Chemtrails/. Accessed 30 Oct. 2017.

2. Izrael, Yuri, et al. "Field experiment on studying solar radiation passing through aerosol layer." SpringerLink, 1 May 2009, https://link.springer.com/article/10.3103/S106837390905001X. Accessed 30 Oct. 2017.

3. Russell, Lynn M., et al., "Eastern Pacific Emitted Aerosol Cloud Experiment (E-PEACE)." Research Profiles, http://scrippsscholars.ucsd.edu/gcroberts/content/eastern-pacific-emitted-aerosol-cloud-experiment-e-peace. Accessed 30 Oct. 2017.

4. Keith, David W.; Duren, Riley; & MacMartin, Douglas G. "Field experiments on solar geoengineering: report of a workshop exploring a representative research portfolio." PubMed Central (PMC), https://www.ncbi.nlm.nih.gov/pmc/articles/PMC4240958/. Accessed 30 Oct. 2017.

5. Dykema, John A. "Stratospheric controlled perturbation experiment: a small-scale experiment to improve understanding of the risks of solar geoengineering." Philosophical Transactions of the Royal Society of London A: Mathematical, Physical and Engineering Sciences, 28 Dec. 2014, http://rsta.royalsocietypublishing.org/content/372/2031/20140059. Accessed 30 Oct. 2017.

6. Temple, James. "Harvard scientists are gearing up for some of the first outdoor geoengineering experiments." *MIT Technology Review,* 29 Mar. 2017, https://www.technologyreview.com/s/603974/harvard-scientists-moving-ahead-on-plans-for-atmospheric-geoengineering-experiments/. Accessed 30 Oct. 2017.

7. MacMartin, Douglas G. "Geoengineering with stratospheric aerosols: What do we not know after a decade of research?" Onlinelibrary.wiley.com, 18 Nov. 2016, http://onlinelibrary.wiley.com/doi/10.1002/2016EF000418/full. Accessed 15 Feb. 2018.

8. West, Mick. "Calculator for RHi and Contrail Persistence Criteria." Metabunk, 12 Jan. 2016, https://www.metabunk.org/calculator-for-rhi-and-contrail-persistence-criteria.t7196/. Accessed 1 Nov. 2017.

9. American Meteorological Society. "Mixing cloud—AMS Glossary." Glossary.ametsoc.org, 11 Jul. 2016, http://glossary.ametsoc.org/wiki/Mixing_cloud. Accessed 1 Nov. 2017.

10. Thomas, William. "Frequently Aired Criticisms." Web.archive.org, https://web.archive.org/web/19990508091715/http://www.islandnet.com:80/~wilco/Chemtrailsfacs.htm. Accessed 19 Feb. 2018.

11. West, Mick. "Pre 1995 Persistent Contrail Archive." Metabunk, 23 Mar. 2012, https://www.metabunk.org/pre-1995-persistent-contrail-archive.t487/. Accessed 31 Oct. 2017.

12. West, Mick. "Debunking 'Contrails don't persist' with 70 years of books on clouds." YouTube, 28 Feb, 2014, https://www.youtube.com/watch?v=X72uACIN_00. Accessed 31 Oct. 2017.

文末脚注　401

13. Wigington, Dane. "High Bypass Turbofan Jet Engines, Geoengineering, And The Contrail Lie." Geoengineering Watch, 9 Sep. 2017, http://www.geoengineeringwatch .org/the-contrail-lie/. Accessed 1 Nov. 2017.

14. ibid.

15. West, Mick. "Debunked: High Bypass Turbofans do not make Contrails [actually they make more]." Metabunk, 26 Feb. 2014, https://www.metabunk.org/debunked -high-bypass-turbofans-do-not-make-contrails-actually-they-make-more.t3187/. Accessed 1 Nov. 2017.

16. Marcianò, Rosario / Tanker Enemy. "The insider: Chemtrails KC-10 sprayer air to air— The proof." https://www.youtube.com/watch?v=bSSWnXQsgOU. Accessed 29 Nov. 2017.

17. M., Tim. "The original 'KC-10 spreading Chemtrails' spoof video." Mar 12 2011, https://www.youtube.com/watch?v=t22wy4c-A-A. Accessed 29 Nov. 2017.

18. M., Tim. "KC-10 Still pics." https://www.youtube.com/watch?v=SGNyZ9PKtyI. Accessed 29 Nov. 2017.

19. Geoengineering Watch. "Smoking Gun Proof Of Atmospheric Spraying." Dec 2 2014, http://www.geoengineeringwatch.org/smoking-gun-proof-of-atmospheric-spraying/. Accessed 29 Nov. 2017.

20. Trans-Pecos WMA. "Seeding Report." Wtwma.com, 24 Aug. 2017, http://wtwma. com/Daily%20Operations/TPWMA/08242017T.pdf. Accessed 31 Aug. 2017.

21. Dick Van Dyke Show. "Cloud Seeding Mentioned on the Dick Van Dyke Show, 1965." https://www.youtube.com/watch?v=5VUaHvTiwkg. Accessed 27 Nov. 2017.

22. U.S. Air Service. Reprinted in Monthly Weather Review, July 1921, http:// contrailscience.com/files/mwr-049-07-0412c.pdf.

23. Yenne, Bill. *Inside Boeing: Building the 777.* Page 76.

24. Boeing. "Boeing 747-100 First Flight 2/2." https://youtu.be/xrDv4jX_MUs?t=58s. Accessed 29 Nov. 2017.

25. West, Mick. "'Chemtrail' Aircraft Photos." Contrail Science, 23 May 2007, http:// contrailscience.com/contrail-or-Chemtrail/. Accessed 29 Nov. 2017.

26. Legal Alliance to Stop Geoengineering. "Re: Notice of Intent to File Citizens' Suits Pursuant to Federal Clean Water Act and Federal Safe Drinking Water Act." Geoengineeringwatch.org, 25 Jul. 2016, http://www.geoengineeringwatch.org/documents /LASG%2060-Day%20Notice%20-%20web%20version.pdf. Accessed 29 Nov. 2017.

27. USGS. "Geochemistry & Mineralogy of U.S. Soils." https://mrdata.usgs.gov /soilgeochemistry/#/detail/element/13. Accessed 13 Feb. 2018.

28. CDC. "Aluminum Toxicological Profile." 16 Apr. 2013, https://www.atsdr.cdc.gov /toxprofiles/tp22-c1.pdf. Accessed 29 Nov. 2017.

29. Ibid.

30. "How to Test WATER for Aerosol Spraying Evidence." Geoengineeringwatch.org, 31 Jul. 2013, http://www.geoengineeringwatch.org/html/watertesting.html. Accessed 29 Nov. 2017.

31. West, Mick. "Wigington/West Geoengineering Debate." Metabunk, 14 Aug. 2013, https://www.metabunk.org/wigington-west-geoengineering-debate.t2211/. Accessed 15 Feb. 2018.

32. West, Mick. "Debunked: Shasta Snow and Water Aluminum Tests." Metabunk, 18 Apr. 2011, https://www.metabunk.org/posts/616/. Accessed 15 Feb. 2018.

33. Geoengineering Watch. "Extensive List of PATENTS." Aug 8, 2012, Geoengineering Watch, http://www.geoengineeringwatch.org/an-extensive-list-of-patents/. Accessed 6 Dec. 2017.

34. West, Mick. "Debunked: Patents. As Evidence of Chemtrails, Geoengineering, Existence, Operability, or Intent." Metabunk, 24 May 2014, https://www.metabunk.org /debunked-patents-as-evidence-of-Chemtrails-geoengineering-existence-operability -or-intent.t3704/. Accessed 15 Feb. 2018.

35. "USPTO Museum Opens New Exhibit Showcasing American Ingenuity." Uspto.gov, 11 Feb. 2002, https://www.uspto.gov/about-us/news-updates/uspto-museum-opens -new-exhibit-showcasing-american-ingenuity. Accessed 6 Dec. 2017.

36. LII / Legal Information Institute. "Patent." LII / Legal Information Institute, 6 Aug. 2007, https://www.law.cornell.edu/wex/patent. Accessed 6 Dec. 2017.

37. International Space Elevator Consortium, https://isec.org/. Accessed 18 Mar. 2018.

38. Walker, Jay. "Our System Is So Broken, Almost No Patented Discoveries Ever Get Used." *WIRED,* 5 Jan. 2015, https://www.wired.com/2015/01/fixing-broken-patent -system/. Accessed 6 Dec. 2017.

39. Wang, J., et al. "Performance of operational radiosonde humidity sensors." Radiometrics.com, 23 Aug 2003, http://radiometrics.com/data/uploads/2012/11 /Refsonde-GRL.pdf. Accessed 19 Feb. 2018.

40. West, Mick. "Relative Humidity at Flight Altitudes. Resources and Contrail prediction." Metabunk, 22 Oct. 2016, https://www.metabunk.org/relative -humidity-at-flight-altitudes-resources-and-contrail-prediction.t8084/. Accessed 19 Feb. 2018.

41. Agorist, Matt. "No Longer Conspiracy: CIA Admits Plans Of Aerosol Spraying For Geoengineering." MintPress News, 7 Jul. 2016, http://www.mintpressnews.com/no -longer-conspiracy-cia-admits-plans-aerosol-spraying-geoengineering/218179/. Accessed 16 Jan. 2018.

42. Brennan, John O. "Director Brennan Speaks at the Council on Foreign Relations— Central Intelligence Agency." Cia.gov, 19 Jan. 2017, https://www.cia.gov/news -information/speeches-testimony/2016-speeches-testimony/director-brennan -speaks-at-the-council-on-foreign-relations.html. Accessed 16 Jan. 2018.

第8章

1. Wittschier, Stephanie. "Die lockere Schraube." Dielockereschraube.de, 4 Nov. 2017, http://www.dielockereschraube.de/. Accessed 9 Dec. 2017.

2. "Brigitta Zuber—Chemtrails und HAARP." https://www.youtube.com/watch?v
=fY82EBzPGEs. Accessed 9 Dec. 2017.

第9章

1. Sure, Fran. "Psychology Experts Speak Out: Why is the 9/11 Evidence Difficult for
Some to Accept?" http://www1.ae911truth.org/home/645-psychology-experts-speak
-out-why-is-the-911-evidence-difficult-for-some-to-accept-.html. Accessed 15 Nov.
2017.

2. Facebook comment. Nov 17 2017, https://goo.gl/iKogPW.

3. "AE911Truth—Architects & Engineers Investigating the destruction of all three
World Trade Center skyscrapers on September 11." http://www.ae911truth.org/.
Accessed 15 Nov. 2017.

4. Gage, Richard. "Why are Architects and Engineers Re-examining the WTC Col-
lapses?" AE911Truth.org, https://web.archive.org/web/20070817205947/http://www
.ae911truth.org:80/info/4. Accessed 19 Nov. 2017.

5. Hoffman, Jim. "Hypothetical Blasting Scenario." 911research.wtc7.net, 14 Feb. 2010,
http://911research.wtc7.net/essays/thermite/blasting_scenario.html. Accessed 25 Jan.
2018.

6. http://www.ae911truth.org/signatures/ae.html.

7. West, Mick. "Debunked: AE911Truth's Analysis of Slag Residue from WTC Debris."
Metabunk, 27 Jan. 2018, https://www.metabunk.org/debunked-ae911truths-analysis
-of-slag-residue-from-wtc-debris.t9468/. Accessed 1 Feb. 2018.

8. West, Mick. "Debunked: The WTC 9/11 Angle Cut Column. [Not Thermite, Cut
Later]." Metabunk, 27 Jan. 2018, https://www.metabunk.org/debunked-the-wtc-9-11
-angle-cut-column-not-thermite-cut-later.t9469/. Accessed 1 Feb. 2018.

9. Chandler, David. "Why I Am Convinced 9/11 Was an Inside Job." Apr. 20 2014,
http://www1.ae911truth.org/en/news-section/41-articles/874-. Accessed 16 Feb. 2018.

10. West, Mick. "Molten Steel in the Debris Pile, Cool Down Time?" Metabunk, 18 Nov.
2017, https://www.metabunk.org/molten-steel-in-the-debris-pile-cool-down-time
.t9255/. Accessed 16 Feb. 2018.

11. Rivera, Michael. "The World Trade Center Demolition: An Analysis." Before Jun 22
2003, https://web.archive.org/web/20030622150344/http://whatreallyhappened.com:
80/shake2.html. Accessed 16 Feb. 2018.

12. Rivera, Michael. "Ron Brown: Evidence Of A Cover up | WHAT REALLY HAP-
PENED." Whatreallyhappened.com, http://www.whatreallyhappened.com
/RANCHO/CRASH/BROWN/brown.php. Accessed 16 Feb. 2018.

13. Mythbusters. "Episode 113—End With a Bang." Nov 12 2008.

14. Lee, R. J. Correspondence with Ron Wieck, Nmsr.org, Feb 2012, http://www.nmsr
.org/nmsr911.htm. Accessed 16 Feb. 2018.

15. West, Mick. "Making Iron Microspheres—Grinding, Impacts, Welding, Burning." Metabunk, 2 Feb. 2018, https://www.metabunk.org/making-iron-microspheres -grinding-impacts-welding-burning.t9533/. Accessed 18 Mar. 2018.

16. West, Mick. "Investigating 'Active Thermitic Material Discovered in Dust from the 9/11 WTC Catastrophe.'" Metabunk, 2 Feb. 2018, https://www.metabunk.org /investigating-active-thermitic-material-discovered-in-dust-from-the-9-11-wtc -catastrophe.t9485/. Accessed 16 Feb. 2018.

17. "World Trade Center Building 7 Demolished on 9/11? | AE911Truth." http://www1 .ae911truth.org/. Accessed 23 Jan. 2018.

18. "Dutch tv show Zembla investigates 911 theories—2006 (English subs)—Video Dailymotion." Dailymotion, 16 Apr. 2016, http://www.dailymotion.com/video/x44yy1c. Accessed 1 Feb. 2018.

19. "Danny Jowenko's old interview about the Twin Towers wtc1 & wtc2." https://www .youtube.com/watch?v=k3wwdI0XawI&t=151s. Accessed 1 Feb. 2018.

20. Newspolls.org. "Question/VAR 28." https://web.archive.org/web/20060806155035 /http://www.newspolls.org/question.php?question_id=717. Accessed 22 Jan. 2018.

21. Mckee, Craig. "Stand with us: add your name to the 'No 757 hit the Pentagon on 9/11' list!" Truth and Shadows, 11 Dec. 2017, https://truthandshadows.wordpress.com/2017 /12/11/the-no-757-hit-the-pentagon-list/. Accessed 23 Jan. 2018.

22. "Meet the AE911Truth Board of Directors." Architects and Engineers for 9/11 Truth, http://www1.ae911truth.org/home/678-meet-the-ae911truth-board-of-directors .html. Accessed 23 Jan. 2018.

23. Jenkins, Ken. "The Pentagon Plane Puzzle (preview—ver 3)." Youtube.com, https:// www.youtube.com/watch?v=YsadQzNhT-Q&feature=youtu.be. Accessed 14 Feb. 2018.

24. Mick West, et al. "Does this photo show a too-small hole in the Pentagon? [No]." Metabunk, 5 Jan. 2017, https://www.metabunk.org/does-this-photo-show-a-too -small-hole-in-the-pentagon-no.t8302/. Accessed 23 Jan. 2018.

25. Ibid.

26. "Inexperienced Pilot Recreating 9/11 Flight 77's Descending Turn into the Pentagon." Youtube.com, https://www.youtube.com/watch?v=UaOLpeTC7hY&lc =Ugw3Mvs1K4cI05CiwaR4AaABAg. Accessed 23 Jan. 2018.

27. Mlakar, Paul E., et al. *The Pentagon Building Performance Report.* Ascelibrary.org, https://ascelibrary.org/doi/book/10.1061/9780784406380. Accessed 23 Jan. 2018.

28. Ashley, Victoria, et al. "The Pentagon Event." Scholars for 9/11 Truth, 2 May 2016, http://www.scientificmethod911.org/docs/Honegger_Hypothesis_042916.pdf. Accessed 15 Feb. 2018.

29. Griffin, David Ray. *The New Pearl Harbor Revisited.* 2008, Olive Branch Press. Page 104.

30. DoD. "Transforming Department of Defense Financial Management." defense.gov, 10 Jul. 2001, http://archive.defense.gov/news/Jul2001/d20010710finmngt.pdf. Accessed 23 Jan. 2018.

31. RT. "Black Budget: US govt clueless about missing Pentagon $trillions." https://www.youtube.com/watch?v=j4dzECaBxFU. Accessed 18 Feb. 2018.

32. RT. "$21 trillion of unauthorized spending by US govt discovered by economics professor." RT International, 16 Dec. 2017, https://www.rt.com/usa/413411-trillions-dollars-missing-research/. Accessed 18 Feb. 2018.

33. NIST. "Final Reports from the NIST World Trade Center Disaster Investigation." 27 Jun. 2012, https://www.nist.gov/engineering-laboratory/final-reports-nist-world-trade-center-disaster-investigation. Accessed 19 Feb. 2018.

34. Mcallister, Terese P., et al. "Structural Fire Response and Probable Collapse Sequence of World Trade Center Building 7, Federal Building and Fire Safety Investigation of the World Trade Center Disaster (NIST NCSTAR 1-9) VOLUMES 1 and 2." NIST, 20 Nov 2008, http://ws680.nist.gov/publication/get_pdf.cfm?pub_id=861611 Accessed 19 Feb. 2018.

35. NIST. "FAQs—NIST WTC Towers Investigation." NIST, 21 Sept. 2016, https://www.nist.gov/el/faqs-nist-wtc-towers-investigation. Accessed 19 Feb. 2018.

36. NIST. "FAQs—NIST WTC 7 Investigation." NIST, 21 Sept. 2016, https://www.nist.gov/el/faqs-nist-wtc-7-investigation. Accessed 19 Feb. 2018.

37. "Vérinage Compilation—Explosiveless Demolition." https://www.youtube.com/watch?v=aYuBdR3CvY4. Accessed 19 Feb. 2018.

38. "Sounds of Demolition." Youtube.com, https://www.youtube.com/watch?v=vMpJQgbKsms. Accessed 19 Feb. 2018.

39. "9/11: WTC 7 Collapse (NIST FOIA, CBS video)." https://www.youtube.com/watch?v=nqbUkThGlCo. Accessed 19 Feb. 2018.

40. "New Detail Surface After Two Major Rock Slides At Yosemite." https://youtu.be/T-l5flDozts?t=19s Accessed 19 Feb. 2018.

41. purgatoryironworks. "For the undying 9/11 MORONIC JET FUEL ARGUMENT." https://www.youtube.com/watch?v=FzF1KySHmUA. Accessed 19 Feb. 2018.

42. National Geographic, "Evidence that steel can be weakened by a jet fuel fire." https://www.youtube.com/watch?v=N2TMVDYpp2Q&t=270s. Accessed 19 Feb. 2018.

43. Ibid.

44. "World Trade Center—Role of floor loss and buckling." https://www.youtube.com/watch?v=VGhTTUBuMYo. Accessed 19 Feb. 2018.

45. West, Mick. "Static Force vs. Dynamic force." https://www.youtube.com/watch?v=wZCFo3Lcbx8. Accessed 19 Feb. 2018.

第 10 章

1. Current, Edward, "Building 7 Explained: The Tube That Crumpled." 2011, Updated 2017. https://www.youtube.com/watch?v=4LUDXpMhkNk. Accessed 19 Feb. 2018.

2. Kruger, J. & Dunning, D. "Unskilled and unaware of it: how difficulties in recognizing one's own incompetence lead to inflated self-assessments.—PubMed—NCBI." Ncbi.nlm.nih.gov, https://www.ncbi.nlm.nih.gov/pubmed/10626367. Accessed 18 Mar. 2018.

第 11 章

1. DoD memo. "Justification for US Military Intervention in Cuba." 13 Mar. 1962, Page 5, http://nsarchive.gwu.edu/news/20010430/index.html. Accessed 3 Aug. 2017.

2. Bamford, James. *Body of Secrets: Anatony of the Ultra Secret National Security Agency.* New York: Anchor Books, 2001.

3. YouTube. "Jesse Ventura and Judge Napolitano: Operation Northwoods, 9/11, and Wikileaks." 6 Apr. 2011, https://www.youtube.com/watch?v=8sG9TaziF_Q. 1m48s. Accessed 3 Aug. 2017.

4. YouTube. "Operation Northwoods Exposed (MUST-SEE VIDEO!!)." 10 Dec. 2008, https://www.youtube.com/watch?v=Rp3P2wDKQK4. Accessed 3 Aug. 2017. (Video Clip Compilation of Ventura, Bamford and Jones on Operation Northwoods).

5. "Operation Northwoods Documents." Nsarchive.gwu.edu, 1962, http://nsarchive .gwu.edu/news/20010430/northwoods.pdf. Accessed 2 Aug. 2017.

6. "Foreign Relations of the United States, 1961–1963, Volume X, Cuba, January 1961– September 1962—Office of the Historian." 30 May 2017, https://history.state.gov /historicaldocuments/frus1961-63v10/comp1. Accessed 4 Aug. 2017.

7. "Lyndon B. Johnson: Radio and Television Report to the American People Following Renewed Aggression in the Gulf of Tonkin." 4 Aug 1964, http://www.presidency.ucsb .edu/ws/index.php?pid=26418&st=destroyer+Maddox&st1=. Accessed 4 Aug. 2017.

8. "Newly Declassified National Security Agency History Questions Early Vietnam War Communications Intelligence." Nsarchive2.gwu.edu, 22 Sept. 2017, http:// nsarchive2.gwu.edu//NSAEBB/NSAEBB132/press20051201.htm. Accessed 9 Oct. 2017.

9. Hanyok, Robert J. "Skunks, Bogies, Silent Hounds, and the Flying Fish: The Gulf of Tonkin Mystery, 2–4 August 1964." Cryptologic Quarterly, 10 Aug. 2017, http:// nsarchive2.gwu.edu//NSAEBB/NSAEBB132/relea00012.pdf. Accessed 9 Oct. 2017.

10. "LBJ Tapes on the Gulf of Tonkin Incident." Nsarchive2.gwu.edu, 22 Sept. 2017, http://nsarchive2.gwu.edu//NSAEBB/NSAEBB132/tapes.htm. Accessed 9 Oct. 2017.

11. Operation Northwoods Documents, Page 7.

12. Various. "Debunked: Sandy Hook: The Man in The Woods." Metabunk, 19 Jan. 2013, https://www.metabunk.org/debunked-sandy-hook-the-man-in-the-woods.t1077/. Accessed 6 Feb. 2018.

13. Qiu, Linda. "No, There Was Not More Than One Gunman in the Las Vegas Shooting." Nytimes.com, 4 Oct. 2017, https://www.nytimes.com/2017/10/04/us/politics/fact-check-vegas-gunman.html. Accessed 6 Feb. 2018.

14. Evon, Dan. "'Multiple Shooters' at Orlando Nightclub." Snopes.com, 13 June 2016, https://www.snopes.com/multiple-shooters-orlando-cody-agnew/. Accessed 6 Feb. 2018.

15. Howe, M. L. "The Neuroscience of Memory: Implications for the Courtroom." PubMed Central (PMC), https://www.ncbi.nlm.nih.gov/pmc/articles/PMC4183265/. Accessed 6 Feb. 2018.

16. Mendoza, Marilyn. "The Healing Power of Laughter in Death and Grief." *Psychology Today,* https://www.psychologytoday.com/blog/understanding-grief/201611/the-healing-power-laughter-in-death-and-grief. Accessed 7 Apr. 2018.

第 12 章

1. "Jet fuel can't melt steel beams" is a common refrain of 9/11 Truthers. They don't realize that it can weaken them enough so they bend and fail.

2. purgatoryironworks. "For the undying 9/11 MORONIC JET FUEL ARGUMENT." Youtube.com, https://www.youtube.com/watch?v=FzF1KySHmUA. Accessed 15 Feb. 2018.

第 13 章

1. Garwood, Christine. *Flat Earth: The History of an Infamous Idea* (pp. 343–344). 2008, St. Martin's Press. Kindle Edition.

2. "The Flat Earth Society." https://theflatearthsociety.org/. Accessed 8 Jan. 2018.

3. "Eddie Bravo Flat Earth Debate with Earth Scientist." https://www.youtube.com/watch?v=cKuhulvuEsY. Accessed 10 Jan. 2018.

4. Robotham, Samuel. *Zetetic Astronomy: Earth Not a Globe!* Google Books, https://books.google.com/books/about/Zetetic_astronomy_Earth_not_a_globe_an_e.html?id=oTUDAAAAQAAJ. Accessed 10 Jan. 2018.

5. Dubay, Eric. *The Flat Earth Conspiracy.* 2014, p. 135. Lulu.com. Kindle Edition.

6. By Pythagoras's theorem: 4,000 miles is the base of a triangle from you to under the Sun. 3,000 miles is the height. So the distance from you to the Sun is the hypotenuse. $3^2 + 4^2 = 5^2$, so it's 5,000 miles away.

7. West, Mick. "How to Verify that the Sun is a Distant Sphere, with Binoculars & Sunspots." Metabunk, 28 Apr. 2017, https://www.metabunk.org/how-to-verify-that-the-sun-is-a-distant-sphere-with-binoculars-sunspots.t8646/. Accessed 25 Jan. 2018.

第 15 章

1. "The COVID-19 vaccine does not change human DNA." (n.d.). UNICEF. Retrieved January 2, 2023, from https://www.unicef.org/montenegro/en/stories/covid-19-vaccine-does-not-change-human-dna

第 16 章

1. Merica, D. (2016, November 23). "Computer scientists urge Clinton campaign to challenge election results." CNN. https://www.cnn.com/2016/11/22/politics/hillary-clinton-challenge-results/index.html

2. Brennan Center for Justice, Jan 31, 2017, "Debunking the Voter Fraud Myth," https://www.brennancenter.org/our-work/research-reports/debunking-voter-fraud-myth

3. Mick West, "Explained: Trump's Claim Of Suspicious Early Morning Michigan Bump [It's Detroit]". Metabunk. https://www.metabunk.org/threads/.11460/#post-242782.

4. Cummings, W., & Sergent, J. (2021, January 6). By the numbers: "President Donald Trump's failed efforts to overturn the election." *USA TODAY.* https://www.usatoday.com/in-depth/news/politics/elections/2021/01/06/trumps-failed-efforts-overturn-election-numbers/4130307001/

5. Reuters Staff. (2020, November 12). Fact check: Dominion software was not used only in states where Trump is filing lawsuits. Reuters. https://www.reuters.com/article/uk-factcheck-dominion-software-trump-law/fact-check-dominion-softwarewas-notusedonlyin-states-where-trump-is-filing-lawsuits-idUSKBN27S2Z9

6. Kauffman, J., "Inside The Battle For Fulton County's Votes". 2021. WABE. https://www.wabe.org/inside-the-most-beleaguered-election-office-in-the-nation/.

7. Transcript of Trump's audio call with Georgia secretary of state. 2021, January 4. CNN. https://www.cnn.com/2021/01/03/politics/trump-brad-raffensperger-phone-call-transcript/index.html

8. Secure The Vote. (2021, October 5). Collection of Videos of Fulton counting room. https://securevotega.com/fact-check/

9. Sanger, D. E., & Perlroth, N. (2020, November 18). Trump Fires Christopher Krebs, Election Cybersecurity Official. The New York Times. https://www.nytimes.com/2020/11/17/us/politics/trump-fires-christopher-krebs.html

第 17 章

1. AP. 2022. "Moving On From Qanon? Experts Say These Tips Could Help". https://abcnews.go.com/US/wireStory/moving-qanon-experts-tips-75571453.

2. Mary Farrow. "How To Talk To Your Family About Qanon," 2021. The Pillar. https://www.pillarcatholic.com/how-to-talk-to-your-family-and-friends/.

3. "How Should You Talk To Friends And Relatives Who Believe Conspiracy Theories?" 2022. BBC News. https://www.bbc.com/news/blogs-trending-55350794.

4. Warzel, C. (2020, October 25). "How to Talk to Friends and Family Who Share Conspiracy Theories" (quoting Qanon expert Mike Rothschild). *The New York Times.* https://www.nytimes.com/2020/10/25/opinion/qanon-conspiracy-theories-family.html

5. Loxton, Daniel. "The Fringe Is Mainstream: Why Weird Beliefs Are A Normal, Central, Almost Universal Aspect Of Human Affairs." Skeptic (Altadena, CA), vol 26, no. 2, 2021, pp. 14-22., http://tiny.cc/c26zuz. Accessed 12 Sept 2022.

6. Various, "Blood Libel". Wikipedia, 2022, https://en.wikipedia.org/wiki/Blood_libel. Accessed 12 Sept 2022.

7. NISMART, 2022. Unh.Edu. https://www.unh.edu/ccrc/sites/default/files/media/2022-02/national-estimates-of-missing-children-an-overview.pdf.

8. Contera, Jessica, Dec 16, 2021, "A QAnon con: How the viral Wayfair sex trafficking lie hurt real kids" https://www.washingtonpost.com/dc-md-va/interactive/2021/wayfair-qanon-sex-trafficking-conspiracy/

第 18 章

1. Van Zee, Art. 2009. "The Promotion And Marketing Of Oxycontin: Commercial Triumph, Public Health Tragedy". American Journal Of Public Health 99 (2): 221-227. doi:10.2105/ajph.2007.131714.

2. Gorski, David. 2020. ""Masks Make You Sicker": The COVID-19 Myth That Just Won'T Die." Science-Based Medicine. https://sciencebasedmedicine.org/no-masks-do-not-make-you-sicker/.

3. Hasselgren, Per-Olof. 2020. "The Smallpox Epidemics In America In The 1700S And The Role Of The Surgeons: Lessons To Be Learned During The Global Outbreak Of COVID-19". World Journal of Surgery 44 (9): 2837-2841. doi:10.1007/s00268-020-05670-4.

4. Niederhuber, Matthew "The Fight Over Inoculation During The 1721 Boston Smallpox Epidemic." 2014. Science In The News.

5. Vaccination Resistance in Historical Perspective. (n.d.). The American Historian. Retrieved January 15, 2023, from https://www.oah.org/tah/issues/2015/august/vaccination-resistance/

6. Altman, Lawrence K., BASEBALL; Heart Disease Can Hit Even The Young, Like Kile". June 25, 2002. Nytimes.Com. https://www.nytimes.com/2002/06/25/sports/baseball-heart-disease-can-hit-even-the-young-like-kile.html

7. Check, R. F. (2021, December 23). 'Fact Check-List of '108 FIFA soccer players' is not proof of a common link between COVID-19 vaccines and athlete deaths." Reuters.

8. Statistics – Cardiac Risk in the Young. (n.d.). Retrieved December 5, 2022, from https://www.c-r-y.org.uk/statistics/

9. Xiao, X., Newman, C., Buesching, C. D., Macdonald, D. W., & Zhou, Z.-M. (2021). Animal sales from Wuhan wet markets immediately prior to the COVID-19 pandemic. Scientific Reports, 11. https://doi.org/10.1038/s41598-021-91470-2

10. Garry, R. F. (2022). The evidence remains clear: SARS-CoV-2 emerged via the wildlife trade. Proceedings of the National Academy of Sciences of the United States of America, 119(47). https://doi.org/10.1073/pnas.2214427119

第 19 章

1. "Episode 24: Nick Pope – Area 51, Ufos And Ufology". 2022. Tftrh.Com. https://www.tftrh.com/2019/09/26/episode-24-nick-pope-area-51-ufos-and-ufology/.

2. Kean, Leslie. "Groundbreaking UFO Video Just Released By Chilean Navy". 2017. Huffpost. https://www.huffpost.com/entry/groundbreaking-ufo-video-just-released-from-chilean_b_586d37bce4b014e7c72ee56b.

3. "Curated Crowdsourcing In UFO Investigations | Skeptical Inquirer". 2017. Skepticalinquirer.org. https://skepticalinquirer.org/newsletter/curated-crowdsourcing-in-ufo-investigations/.

4. Kean, et al. "Glowing Auras And 'Black Money': The Pentagon's Mysterious U.F.O. Program." Dec 16, 2017. *New York Times*. https://www.nytimes.com/2017/12/16/us/politics/pentagon-program-ufo-harry-reid.html.

5. West, Mick. Mar 13, 2022. "Gimbal UFO - A NEw analysis." https://www.youtube.com/watch?v=qsEjV8DdSbs.

6. O'Neill, J. (2021, April 15). Navy's UFO footage is best 'world has ever seen," filmmaker says. *New York Post*. https://nypost.com/2021/04/15/navys-ufo-video-is-best-world-has-ever-seen-filmmaker-says/

7. West, et al., 2021, April 8, "Pyramid" UFOs in Night Vision Footage - Maybe Bokeh.

8. Hearing on Government Investigation of UFOs. (2022, May 17). C-SPAN. https://www.c-span.org/video/?520133-1/hearing-government-investigation-ufos

9. Nolan, Garry, "Side Observation, at least 2 RV-ers…", Sept 24, 2022, Twitter. https://twitter.com/GarryPNolan/status/1573707147627503616

10. ODNI, Jan 12, 2022, 2022 Annual Report on Unidentified Aerial Phenomena.

第 20 章

1. Parker, Ryan. "Charlie Sheen on His Surprising New '9/11' Movie and Those Truther Comments." *The Hollywood Reporter*, 8 Sept. 2017, http://www.hollywoodreporter.com/news/charlie-sheen-9-11-movie-truther-comments-1036494. Accessed 11 Sept. 2017.

2. "Feynman: Magnets FUN TO IMAGINE 4—YouTube." Youtube.com, https://www.youtube.com/watch?v=wMFPe-DwULM. Accessed 19 Feb. 2018.

3. Gage, Richard. "For the undying 9/11 MORONIC STEEL = AIR ARGUMENT." https://www.youtube.com/watch?v=FvuKUmK9eB0. Accessed 7 Apr. 2018.

4. Taylor, Jon. "MLM's ABYSMAL NUMBERS." Ftc.gov, 11 Jul. 2013, https://www.ftc.gov/sites/default/files/documents/public_comments/trade-regulation-rule-disclosure-requirements-and-prohibitions-concerning-business-opportunities-ftc.r511993-00008%C2%A0/00008-57281.pdf. Accessed 6 Dec. 2017.

5. Letaio, Mary. "Mysterious Skin Disease." Medhelp.org, 21 Aug. 2002, https://www.medhelp.org/posts/Dermatology/Mysterious-Skin-Disease/show/241305. Accessed 1 Feb. 2018.

文末脚注　411

6. Jines, Anda. "10 Tips for Helping a Loved One Cope with Illness Anxiety." Hoover. associates, https://hoover.associates/archives/3761. Accessed 1 Feb. 2018.

7. Van Noppen, Barbara. "Living With Someone Who Has OCD. Guidelines for Family Members." International OCD Foundation, 25 May 2014, https://iocdf.org/expert -opinions/expert-opinion-family-guidelines/. Accessed 1 Feb. 2018.

8. Sunstein, Cass; & Vermeule, Adrian. "Conspiracy Theories." Chicagounbound .uchicago.edu, https://chicagounbound.uchicago.edu/cgi/viewcontent.cgi. Accessed 13 Feb. 2018.

第 21 章

1. Collins, Ben; & Cox, Joseph. "Jenna Abrams, Russia's Clown Troll Princess, Duped the Mainstream Media and the World." The Daily Beast, 3 Nov. 2017, https://www .thedailybeast.com/jenna-abrams-russias-clown-troll-princess-duped-the -mainstream-media-and-the-world. Accessed 12 Nov. 2017.

2. Kalugin, Oleg (interview). "CNN—Cold War Experience: Espionage." Web.archive .org, January 1998https://web.archive.org/web/20070206020316/http://www.cnn .com/SPECIALS/cold.war/episodes/21/interviews/kalugin/. Accessed 12 Nov. 2017.

3. RT International. "Americans continue to fight for 9/11 truth." RT International, https://www.rt.com/usa/americans-fight-911/. Accessed 13 Nov. 2017.

4. Ventura, Jesse. RT International. "For some, the search for what happened on 9/11 isn't over." RT International, https://www.rt.com/usa/jesse-ventura-911-truth/. Accessed 13 Nov. 2017.

5. Duff, Gordon. "America after Sandy Hook, Disarmed and Silenced." Veterans Today, 27 Jan. 2013, https://www.veteranstoday.com/2013/01/27/america-after-sandy-hook -disarmed-and-silenced/. Accessed 18 Feb. 2018.

6. Luna, Francisco. "Chemtrails y el Cambio Climático." RT en Español, 8 Dec. 2009, https://actualidad.rt.com/opinion/iluminando_conciencias/view/4639-Chemtrails-y -Cambio-Climatico. Accessed 18 Feb. 2018.

7. Gerrans, Sam. "YouTube and the art of investigation—RT Op-Edge." RT International, https://www.rt.com/op-edge/316642-youtube-art-investigation-research/. Accessed 13 Nov. 2017.

8. RT International. "RT watched by 70mn viewers weekly, half of them daily—Ipsos survey—RT World News." RT International, 10 Mar. 2016, https://www.rt.com/news /335123-rt-viewership-ipsos-study/. Accessed 3 Apr. 2018.

9. Norton. "What Is A Botnet?" 2 Apr. 2018, https://us.norton.com:80/internetsecurity -malware-what-is-a-botnet.html. Accessed 3 Apr. 2018.

10. Marciel, Miriam, et al. "Understanding the Detection of View Fraud in Video Content Portals." Arxiv.org, 7 Feb. 2016, https://arxiv.org/pdf/1507.08874.pdf. Accessed 3 Apr. 2018.

11. Gross, Grant. "Senator: Russia used 'thousands' of internet trolls during U.S. election." Computerworld, 30 Mar. 2017, https://www.computerworld.com/article/3186642 /security/senator-russia-used-thousands-of-internet-trolls-during-us-election.html. Accessed 13 Nov. 2017.

12. BBC Trending In-depth Stories On Social Media. "'Russian trolls' promoted California independence." BBC News, http://www.bbc.com/news/blogs-trending-41853131. Accessed 13 Nov. 2017.

13. BBC News. "Russia posts 'reached 126m Facebook users.'" BBC News, http://www .bbc.com/news/world-us-canada-41812369. Accessed 13 Nov. 2017.

14. Tufekci, Zeynep. "We're building a dystopia just to make people click on ads | Zeynep Tufekci." Youtube.com, https://www.youtube.com/watch?v=iFTWM7HV2UI &feature=share. Accessed 26 Nov. 2017.

15. WIRED. "Google Is 2 Billion Lines of Code—And It's All in One Place." WIRED, 16 Sept. 2015, https://www.wired.com/2015/09/google-2-billion-lines-codeand-one -place/. Accessed 4 Apr. 2018.

16. Cuban, Mark. Twitter, 28 Jan. 2018, https://twitter.com/mcuban/status /957686987229618176. Accessed 7 Feb. 2018.

17. Spangler, Todd. "Mark Zuckerberg: 'Pretty Crazy Idea' That Facebook Fake News Helped Donald Trump Win." *Variety,* 11 Nov. 2016, http://variety.com/2016/digital /news/mark-zuckerberg-facebook-donald-trump-win-1201915811/. Accessed 16 Nov. 2017.

18. Zuckerberg, Mark. "I want to respond to President Trump's tweet. . . ." Facebook .com, https://www.facebook.com/zuck/posts/10104067130714241?pnref=story. Sept 27, 2017, Accessed 18 Feb. 2018.

19. Perlroth, Nicole; Frenkel, Sheera; & Shane, Scott. "Facebook Executive Planning to Leave Company Amid Disinformation Backlash." Nytimes.com, 19 Mar. 2018, https://www.nytimes.com/2018/03/19/technology/facebook-alex-stamos.html. Accessed 19 Mar. 2018.

20. Frier, Sarah. "Facebook Stumbles With Early Effort to Stamp Out Fake News." Bloomberg.com, 30 Oct. 2017, https://www.bloomberg.com/news/articles/2017-10-30 /facebook-stumbles-with-early-effort-to-stamp-out-fake-news. Accessed 16 Nov. 2017.

21. Smith, Jeff. "Designing Against Misinformation—Facebook Design—Medium." Medium, 20 Dec. 2017, https://medium.com/facebook-design/designing-against -misinformation-e5846b3aa1e2. Accessed 15 Mar. 2018.

22. Google. "Fact Check now available in Google Search and News around the world." Google, 7 Apr. 2017, https://www.blog.google/products/search/fact-check-now -available-google-search-and-news-around-world/. Accessed 7 Feb. 2018.

23. Mckay, Tom. "Conservatives Are Now Getting Angry About Google's Fact-Checking Module." Gizmodo, 9 Jan. 2018, https://gizmodo.com/conservatives-are-now-getting-angry-about-googles-fact-1821934885. Accessed 7 Feb. 2018.

24. Mckay, Tom. "Microsoft: Bing's US Market Share Is Wildly Underestimated." Gizmodo, 19 Aug. 2017, https://gizmodo.com/microsoft-bings-us-market-share-is-wildly-underestimat-1798053061. Accessed 18 Feb. 2018.

25. Intelligence and Autonomy. "About I&A." Intelligence and Autonomy, 21 Jul. 2015, https://autonomy.datasociety.net/about/. Accessed 7 Feb. 2018.

26. Santa Clara University. "The Trust Project—Markkula Center for Applied Ethics." Scu.edu, https://www.scu.edu/ethics/focus-areas/journalism-ethics/programs/the-trust-project/. Accessed 18 Feb. 2018.

27. Snow, Jackie. "Developers are using artificial intelligence to spot fake news." *Business Insider,* 17 Dec. 2017, http://www.businessinsider.com/spotting-fake-news-with-ai-2017-12. Accessed 18 Feb. 2018.

28. Edell, Aaron. "I trained fake news detection AI with >95% accuracy, and almost went crazy." Towards Data Science, 11 Jan. 2018, https://towardsdatascience.com/i-trained-fake-news-detection-ai-with-95-accuracy-and-almost-went-crazy-d10589aa57c. Accessed 18 Feb. 2018.

29. Newton, Casey. "YouTube will add information from Wikipedia to videos about conspiracies." The Verge, 13 Mar. 2018, https://www.theverge.com/2018/3/13/17117344/youtube-information-cues-conspiracy-theories-susan-wojcicki-sxsw. Accessed 14 Mar. 2018.

結論

1. "Democrats and Republicans differ on conspiracy theory beliefs." Publicpolicypolling.com, 9 Oct. 2017, https://www.publicpolicypolling.com/wp-content/uploads/2017/09/PPP_Release_National_ConspiracyTheories_040213.pdf. Accessed 7 Apr. 2018.

索引

2016年選挙におけるロシア干渉に関する上院情報委員会 368

911の真実を求める建築家とエンジニアたち（AE911Truth）53, 99, 100, 106, 112, 119, 172, 174, 177, 182, 185, 186, 188, 189, 191-192, 194, 240, 357, 369

911の神話 110, 114, 191, 195

911陰謀論 23, 32, 51, 54, 57, 71, 82, 85, 86, 99, 108, 168, 172, 174, 184-185, 191,-192, 194, 198, 200, 202, 229, 334, 388

911真相解明運動 28, 36, 51, 54, 58, 85-86, 112, 113, 171, 369, 386

911制御解体説 71, 86, 171, 235

B.o.B（ラッパー）239

Blastoというテレビゲーム 356

CIA 15, 36, 37, 38, 39, 40, 41, 49, 56, 107, 122, 134, 155, 202, 205, 207, 208, 387

DEW（指向性エネルギー兵器）58

FAA（連邦航空局）134, 141

Facebook 19, 28, 51, 157, 165, 170, 171, 256, 305, 306, 370-380

FEMAキャンプ 109

FIFA, 突然死 323

HAARP（ハープ）10, 103, 122

IFLサイエンス 79

IHOP（意図的出来事）57

JFK 15, 25, 38, 40, 47, 49, 50, 52, 55, 56, 76, 192, 193, 201, 208, 209, 220, 221, 229, 366, 387

JFK（映画）75

KC-10捏造画像 136

KGB 134, 367

LIHOP 57, 58, 202, 203

MIHOP 57, 58

NASA 52, 53, 122, 128, 160, 238, 283

NATO 368, 369

NISMART-2 304, 305

NIST（アメリカ国立標準技術研究所）による911の調査 100

Qアノン 9, 10, 11, 33, 158, 192, 260-264, 266, 292-310, 364, 392

RT（ロシア・トゥデイ）85, 188, 369-370

SPICE実験、惑星工学 118

TWA800便 15, 179

WHO 328

WTC7（世界貿易センター第7棟）193, 386, 390

アイク／デイビッド 71, 85, 107

赤い薬 24, 166, 388-389, 390

赤と灰色の破片 181

悪霊にさいなまれる世界（本）96

アドヴェリファイ 381

アバーブ・トップ・シークレット 18, 143, 167

アブラム／ジェンナ 367, 370, 371

アメリカの陰謀論（本／デヘブン）37

アメリカの陰謀論（本／ユージンスキー）82

アメリカン航空AA77便 183-185

アメリカ政治におけるパラノイド・スタイル（本／未訳）43

アメリカ地球物理学連合 118

アメリカ陸軍航空部通信 140

アラスカ返還の嘆願書 371

アル・カイーダ 168, 215

アルペンパーラメント 162-163

アルミステリー 163

アルミニウム 化学テスト 121, 143-147, 160

アンエクスプレインド（雑誌）61, 62, 66

井形の物体 345

感謝祭の話題 363, 366

息の凝集 123, 124

池の堆積物のテスト 143-147

イスラエル 58, 168, 323

イズラエル／ユーリ 118

一般陰謀論者信念尺度（GCB）77-79

イベルメクチン 311, 327

イルマ・ラ・ドゥース（映画）128

イルミナティ 85, 324, 334, 378, 379

隕石（世界貿易センタービルの残骸）178

インターネット・アーカイブ 273-274

インターネット調査機関、ロシアの 367
陰謀論政略 38
陰謀論者は負け犬 81-82, 277
陰謀論信奉の計測（論文）76
陰謀論の映画 41
陰謀論の旅（BBCの番組）86
陰謀論の歴史 36
陰謀論文化 23, 43, 202, 299, 389
ウィアー・チェンジ・ロサンゼルス 109-111
ウィキペディア 59, 63, 64, 65, 93, 157, 273, 274, 290, 297, 310, 381
ウィギントン／デイン 132, 137, 143, 158, 240
ウィリー 15-20, 23, 29, 81-82, 86, 97, 99, 104, 131, 141, 142, 178, 254, 276, 302
ウィルコックス／ウォルター 38-39
ウェイクフィールド／アンドリュー 320
ウェイコ事件 15 41
ヴェイッチ／チャーリー 85-86
ウェイフェア 306-307
ウォーターゲイト 21, 41, 107, 108, 211
ウォーレス／アルフレッド・ラッセル 237
ウォーレン報告への批判 36-37
ウォシッキー／スーザン 381
宇宙エレベーター特許 122, 151-152
ウッド／トーマス 103
エデルソン／ジャック 81
オキシコンチン 312
オクラホマ・シティ連邦ビル爆破事件 76, 109]
オズワルド／リー・ハーベイ 25, 40, 47, 50, 55, 78, 387
汚染 94, 95, 283
オバマの出生地陰謀論 47, 81, 382, 386
ガーウッド／クリスティン 235-238
カール 196-200
懐疑バカ 171-172
海軍UFO動画 339-341
確証バイアス 75, 356
家族のデバンキング 357-360
カタリナ島、地平線で隠れる 243
語るな。見せよう。356-357

カラッチョーリ／ランス 244-245
カルーギン／オレグ 367
感情、不適切な 221-222
キーン／レスリー 336-337
消えた2兆3000億ドル 186-188
消えない航跡雲（飛行機雲）7, 47, 121-129, 133, 135-140, 154, 160, 161, 387
凝集 123-126, 157, 387
気象観測用気球 154-155
ギブソン／メル 41, 43
基本的な物理学 59, 170
逆噴射効果 102-104, 385
ギャザーズ／ハンク 320-321
キャレグジット 371
急進派右翼の報道 38
キューバ・ミサイル危機 209
キューバン／マーク 376
境界線（限界線）11, 31, 49-54, 85-86, 91, 94, 98, 109, 114, 165, 168, 184-188, 230, 385
競技場のトラック 347
狂牛病 63
共通基盤 89, 366
キワモノ 44, 46-48, 85
キング牧師／マーチン・ルター・ジュニア 23, 40
グーグル 45, 128, 156, 157, 185, 192, 194, 202, 223, 268, 269, 270, 271, 272, 273, 290, 372, 380-381
グーグル・トレンド 42, 191, 203, 238
グーグルを使う 266-267
空力航跡雲 125, 126, 135-138, 160, 387
クック／ジョン 102
雲があると雲がない 154
雲の本についての動画 129-130
グラウンドトルス（地上測定）248
グリフィン／ディビッド・レイ 175, 177, 184, 186
クルーズ・フォーラム 52
黒い煙 190
クロイツフェルト・ヤコブ病 63
クロウダー／スティーブン 281
ケアンズ／ローズ 95
ゲイジ／リチャード 119, 172, 192, 193,

369

ケイス／デイビッド 7, 156-157

月面住居の特許 151-153

ケネディー／ジョン・F、暗殺 15, 19, 31, 36, 38, 40, 47, 55, 221

ケネディー／ロバート・F 23

研究所漏洩説 323-325

現実の陰謀 45, 211

コーベル／ジェレミー 342

好意の原則／善意解釈の原理 93

工作員 23, 27, 45, 47, 49, 51, 58, 59-69, 92, 107, 110, 164, 171, 172, 232, 287, 384

公衆衛生 311, 314, 315, 317, 318, 323

高バイパス・ジェットエンジン 121, 130, 131, 132, 134, 135

ゴーファスト UFO 337-340

国防省ビル性能報告（Pentagon Building Performance Report）186

国防省ビルに突入 183

国防省ミサイル説 51, 183-186

個人的不信に基づく論議 176

子どもたち、行方不明 304-307

子どもたちを救え 303-307

コバレスキー／セルジュ 364, 365, 306

コロンブス／クリストファー 235

コンウェイ／ケリー・アン 367

混合雲 124-125, 133

ザ・ガーディアン（新聞）97

サージェント／マーク 239

サイポスト 79

サウンドリー（ユーチューブ・クリエーター）244-245

作戦／ノースウッズ 32, 100, 204, 198, 208, 210, 216, 218, 226

ザッカーバーグ／マーク 308, 377

サンスタイン／キャス 85

サンタモニカの浜 243

サンディー・フック 32, 36, 45, 48, 54, 58, 110-112, 202, 218-221, 223-227, 228-232, 384, 389, 390

シーン／チャーリー 354-356

ジェラニズム 239

シェントン／ダニエル 238

ジェンナー／エドワード 317

ジオエンジニアリング・ウォッチ 75, 120, 122, 131, 134, 135, 137, 138, 142, 143, 145-146, 148, 149, 240

事件陰謀論 48, 55-57

指向性エネルギー兵器 58

思考の技法：直観ポンプと 77 の思考術（本／既訳）93

自己封印 294

磁石、作用の仕組み 354-355

シッチン／ザカリア 107-108

湿度 123-125, 137, 154, 161, 387

ジャッキ工法による制御解体 189

ジャデジャ／ジタース 302-303

シャルリー・エブド銃撃事件 202

ジャンプと着陸 356

シュア／フラン 171

銃規制 22, 55, 83, 203, 211, 224

収容所、政府の 15, 109

自由落下 90, 176, 199

出産装置特許 150

シュテファニー 13, 32, 104, 156, 162-167, 199-200

ジュリアーニ／ルディー 286-289

障害のある記者への嘲笑 365

尖塔 179

情報源を教える 85

ジョーンズ／アレックス 15, 71, 85, 86, 193, 202, 206, 224, 228-231, 269, 302, 334, 375, 386

ジョーンズ／スティーブン 175, 176, 177, 369

ジョブス／スティーブ 311

ジョンソン／チャールズ・ケネス 237

ジョンソン大統領／リンデン・B 212-216

人工降雨（気象種まき）120, 121, 139, 140, 141, 148, 149, 155, 160, 390

人工知能 271, 370, 372-375

真珠湾 5, 6, 56, 202, 388

新真珠湾（映画）75, 90, 388

人痘接種 316-317

ジンバル UFO 337-340, 352

新聞記事データベース 40

心理学者、911 真相解明運動参加者 171

水道管の破裂 288
水平線、超えていく船 241-242
ズーバー / ブリジッタ 162
スーパーボール、2013 年の 55
スキバ / ロブ 239, 240
スクリップス海洋研究所 118
スコープ 44
スコット（UFO ビリーバー）87
スターリンク 250, 251, 347, 352
スターリング / ガブリエル 289
スティーブ 13, 31, 54, 82, 86, 104, 107-114, 165
ステラリウム 248
ストーム（陰謀論）293, 299, 307, 308
スノープス 18, 59, 223, 227, 283, 290, 365, 378-380, 387
スパルタカス（映画）128
スペクトラム、陰謀論の 11, 22, 26, 31, 39, 45-58, 78, 79, 90, 91, 106, 109, 119, 168, 229, 234, 257, 260, 328, 333, 387
すべては傍受されている―米国国家安全保障局の正体（本 / 既訳）205
スポットライト・デバンキング 97-99
セーガン / カール 96
制御爆破解体 32, 50, 51, 56, 57-60, 73, 74, 106, 168-195, 260, 386, 389
政治 28, 37, 46, 87, 275, 326, 363-366
精神病 74, 170, 225, 360, 361, 362-363, 384
静的な力対動的な力 190
製薬業界 22, 94
積極工作 367-368
切断された梁 176
ゼテティック思考 236
選挙不正陰謀論における信条に対する陰謀論的思考と動機づけされた推論の影響（論文）81
ゼンブラ 182
葬儀 221, 327
そっくりさん 222
ターミネーター（映画）128
大製薬会社 21, 47, 49, 71, 229, 312, 360
タイソン / ニール・ドグラース 239, 375
タイムスタンプ 222-223

太陽の大きさ 245-247
大量銃撃事件 201, 224-225
脱出ルート、ウサギ穴の 84-86
ダフ / ゴードン 369-370
欺されやすい傾向、陰謀論に 74-76
ダン / キャリー 97
タンカー・エネミー（ロザリオ・マルシアノ）135, 137
ダニング - クルーガー効果 75, 197
知覚の対称性 169
地球温暖化 19, 23, 27, 47, 50, 77, 116, 117, 388
血の色 221
チャンら（チャン / マン・プイサリー）104
チャンドラー / デイビッド 177, 178
「ツァイトガイスト」（映画）71-72, 74
月着陸捏造陰謀論 48
デ・キアシュマーカー / ジョナス 83
ティーパーティー（茶会党）82
ディスインフォメンタリー 326-327
ディック・ヴァンダイク・ショー、人工降雨 139
ティップトップ 301-303
低バイパス・ジェットエンジン 121, 132-134
デイビッド / ケリー 185
ティム・M（こと USAFFEKC10）136
テイラー / トラビス 343
データおよび社会研究所 380
テキーラ / ティラ 239
デネット / ダニエル 93
デバンキング・ハンドブック（本 / 未訳）102
デバンク、定義 29-30
デヘブン - スミス / ランス 37, 44
デュベイ / エリック 236, 241, 242
テラーストーム（映画）86
テルミット 58, 105, 176-181
手を洗う 315
天球 247, 248, 252
天候調整 138-140, 148, 155, 160
電磁波 311
天井用タイル、爆発物 174

418

天然痘 316-317
天の南極 247-248
トーマス / ウィリアム 117, 126-127
毒性 16, 21, 95, 321, 354, 368
特別さへの欲求 77, 78-80
溶けた鉄鋼 177-179
特許トロール 153
特許、ケムトレイル関連の 32, 122, 147-160
ドック / ケン 51, 52
突然死 33, 221, 263, 320-323, 327
トニー・ホークのプロスケーター（ゲーム）63
友だち 24-27
友だち 25
捉えにくい逆噴射効果（論文）103
トラスト・プロジェクト 380-381
トランプ / ドナルド・ジュニア（トランプ大統領）8, 9, 33, 46, 81, 142, 281-290, 301, 303, 307, 308, 309, 320, 326, 327, 364-368, 369-371, 374, 386
トンキン湾 32, 211-218, 226, 227
ナイハン / ブレンダン 102
内部に危険物 でっち上げ 142
何が悪いのか 27-28
ナノテルミット 32, 177-191. 194
ニクソン / リチャード・大統領 21, 41, 107
虹色の飛行機雲 126, 128, 136
二乗法 355
偽旗 21, 36, 201-233
ニセ票のスーツケース 267, 288, 289
ニッケル / ジョー 30
ニュートンの運動の法則 355
ニューマーク / クレイグ 376
ニューヨークタイムズ紙 UFO 記事 337, 338, 339
ニューヨークタイムズ紙（新聞）10, 34, 36, 84, 378
ニューワールド・オーダー（新世界秩序）117, 374
認識論 85, 99
ネバーソフト 63, 64, 65
脳性麻痺協会 44

ノースウッズ作戦 32, 100, 204, 206-211, 216, 217, 218, 220, 226, 227
ノーラン / ガリー 349-350
バーダー・マインホフ現象 76, 321
バウム / ウィリアム 38
バカン / マイケル 54
外れた予言 307, 310
は虫類 324
は虫類人 46, 48, 49, 85, 256,
パドック / スティーブン 201
バラストタンク 16, 18, 19, 98, 99, 104, 121, 127, 130, 141, 142, 143, 160, 276
パララックス 236, 237
ハリット / ニールズ 70, 71, 185
ハルシー / リーロイ 193
パルス・ナイトクラブ銃撃事件 202-203
ハント / ドロシー 107
バンフォード / ジェイムズ 205
ハンプトン / ジョン 237
ビアード / マーチン 3, 70-74
被害者役俳優 211, 222
飛行機雲の科学 23, 65
飛行機雲の謎〜ケムトレイルの目的と巨大企業〜（映画）110
飛行機はなかった 30, 56, 168, 184, 186
飛行訓練 64
飛行士のための雲の読み方（本）129
飛行追跡アプリ 345
ピザゲート 296, 299, 364
微小鉄球 180, 181, 194
非対称的な認識 43
ピッグス湾 208, 209
ヒドロキシクロロキン 311, 326, 327
ファインマン / リチャード 354-355
ファクトチェック・オーグ（FactCheck. org）268 290
フィル、失礼な投稿者 101, 102
封印された起訴状 308
フェイク・ニュース 83, 364, 365, 366, 377-380, 327
フェイクランク 381
フェルミュール / エイドリアン 85, 99
武漢 323, 324
不自由な認識論 85, 99

索引　419

ブッシュ／ジョージ 21, 56, 57, 82, 83, 168, 215, 256
物理法則 90, 176
フッ素 15, 38, 55
フラウド（インチキ）ウィーク グラフ, 282
ブラウン／ロン 179
ブラザートン／ロバート 76, 77, 79
プラスコ・ビル 191
フラッドライト・デバンキング 99-100
フラップ UFO 337, 351
ブラボー／エディー 241-242
プランデミック 326-327
フリーマン／ルビー 286-289
ブレナン／ジョン 惑星工学を認めている 155-156
分類学、陰謀論の 54-58
ペアレント／ジョセフ・M 82
米国土木学会報告 186
ベイシック・ラボ 143
平面地球：悪名高い思想の歴史（本／未訳）235-238
ペコス、テキサス州 138
ベル／アート 15
ペンキの破片 181
ペンタゴン（米国防省ビル）事件（報告書）186
ベントゥラ／ジェシー 42, 73, 205, 369
ボイド／ダナ 380
ポウェル／シドニー 286
ポーター／イーサン 103
ポケット・ユニバース（アプリ）248-249
ボストン・マラソン爆弾事件 10, 28, 182, 184, 185, 202, 203, 218, 219, 221, 222, 224, 227, 387
細い柱の座屈補強 190
ホッパー／ロバート 171
ボブ 13, 33, 253-257
ホプキンスビル宇宙人事件 61-62
ホフスタッター／リチャード 43
ホフマン／ジム 174, 175, 177
ポリオ・ワクチン 319
ポンチャートレイン湖 244-245, 270

マーティン／アビー 72,-74, 85, 90
マーフィー／マイケル・J 143
巻雲 123, 124, 140-141
マクベイ／ティモシー 28, 109
マクナマラ／ロバート 212-217
マザー／コットン 316-317
マシンボックス 381
マスグレイブ／ポール 46, 47
マッキー／クレイグ 185
マトリックス（映画）24, 166, 388, 389
マルチ・レベル・マーケティング 313, 358
マレーシア航空 MH17 便 202
マンダレー・ベイ・ホテル、銃撃事件 201
ミステリー・ミサイル 65
ミスバスター（怪しい伝説）179
緑のピラミッド 341-343
民主主義に対する国家犯罪（SCAD）44
メタバンク 66-67
目撃者 178, 185, 214, 219-220, 332, 337, 342, 348
モス／シェイ 287-289
モルゲロンズ 64-65, 298-312, 360-362, 368
薬品マーケティング 312
ユージンスキー／ジョセフ・E 81-82
ヨウェンコ／ダニー 182-184, 194
ライフラー／ジェイソン 102, 104
ラウール／ディディエ 326
ラウリル硫酸ナトリウム（SLS）357-358
落石 189-190
ラスベガス銃撃事件 48, 202-203
ランディ／ジェイムズ 30
ランブル 動画共有サイト 157-158
リー／R・J 180, 194
リーバイス／ニコラス 57
リチャード 104, 228-233
リベラル偏向 379
リンデル／マイク 286, 287
ルース・チェンジ 71, 74, 99-100, 182, 327, 334
礼儀正しさ 19, 64, 65, 88, 92, 101-102, 104, 192, 264, 357, 366, 385, 394

レヴァンドフスキー／スティーブン 102
レーザーポインターでパイロットを狙う
　165
レディットの情報源 309
連邦議会下院特別調査委員会、ケネ
　ディー暗殺に関する 41
ロウボサム／サミュエル 235, 236, 237,
　241-242
ローガン／ジョー 13, 67-68, 308
ローソン／アンソニー 74
ロスチャイルド／マイク 310
ロンチャン／オンソニー 78-80
若い人の心臓発作 322
惑星工学 95, 100, 116-122, 137, 143, 147-
　157, 160, 390
ワクチン疑惑 歴史 316-319
ワッツ／クリント 368

著者略歴　ミック・ウエスト

1967年生まれ　英国ウェスト・ヨークシャー出身
マンチェスター大卒後、米国に移住し、ゲームソフト会社ネバーソフトを創業。
引退後、デバンキング活動を始め、インターネットフォーラム「メタバンク」
metabunk.org を主催し、ケムトレイル、UFO などのデバンカー、科学ライターと
して活動中。mickwest.com

訳者略歴　ナカイサヤカ

1959年生まれ　中学高校時代をニューヨーク市で送る。慶応大学大学院文学研
究科修了　ASIOS（超常現象の懐疑的調査のための会）運営委員。サイエンスカ
フェスタイルの勉強集会「えるかふぇ」主催。訳書『反ワクチン運動の真実　死に
至る真実』『代替医療の光と影』（ポール・オフィット、地人書館）。現在は主に X
で情報発信中。

陰謀論からの救出法　大切な人が「ウサギ穴」にはまったら

2024年9月11日　初版1刷発行
著　者　ミック・ウェスト
訳　者　ナカイサヤカ
発行者　岡林信一
発行所　あけび書房株式会社
　　　　〒167-0054　東京都杉並区松庵 3-39-13-103
　　　　☎ 03.-5888- 4142　FAX 03-5888-4448
　　　　info@akebishobo.com　https://akebishobo.com

印刷・製本／モリモト印刷
ISBN978-4-87154-268-5　C3036

あけび書房の本

異聞シャーロック・ホークス

吉本研作著 世のシャーロッキアンたちが驚嘆し賛嘆の声が巻き起こった、正典に忠実でありながら、ホークスと異論に満ちたファン垂涎の禁断の書。

2970 円

科学と社会の両面からの提言
どうする ALPS 処理水？

岩井孝、大森真、児玉一八、小松理虔、鈴木達治郎、野口邦和、濱田武志、半杭真一著 福島第一原発廃炉に伴う ALPS 処理水の海洋放出のリスクをどう考えるか。さまざまな分野の執筆者がこの問題を科学・技術的、社会的な側面から分析し、どう解決していけばいかを提案する。

1980 円

メディア、カルト、人権、経済
現代ニッポンの大問題

阿部浩己、鈴木エイト、東郷賢、永田浩三著 テレビメディア、統一教会と政界との癒着、入管法の人権問題、経済政策といったニッポンの大問題に詳しい著者が問う。

1760 円

糞尿と森が帝国を支えた
火薬の母：硝石の大英帝国史

クレッシー, デーヴィッド・クレッシー著　加藤朗訳 戦争の本質である「物理的暴力」をもたらすのが、「火薬の母」硝石の歴史を国際政治の脈絡から紐解く。

2640 円

毎日メディアカフェの９年間の挑戦
人をつなぐ、物語をつむぐ

斗ヶ沢秀俊著 理系と文系を融合したイベント 1000 回以上を開催したメディアカフェの軌跡をまとめる
【推薦】糸井重里

2200 円

あけび書房の本

CO2削減と電力安定供給をどう両立させるか？
気候変動対策と原発・再エネ

岩井孝、歌川学、児玉一八、舘野淳、野口邦和、和田武著　ロシアの戦争でより明らかに！　エネルギー自給、原発からの撤退、残された時間がない気候変動対策の解決策。

2200 円

新型コロナからがん、放射線まで
科学リテラシーを磨くための7つの話

一ノ瀬正樹、児玉一八、小波秀雄、髙野徹、髙橋久仁子、ナカイサヤカ、名取宏著　新型コロナと戦っているのに、逆に新たな危険を振りまくニセ医学・ニセ情報が広がっています。「この薬こそ新型コロナの特効薬」、「〇〇さえ食べればコロナは防げる」などなど。一見してデマとわかるものから、科学っぽい装いをしているものまでさまざまですが、信じてしまうと命まで失いかねません。そうならないためにどうしたらいいのか、本書は分かりやすく解説。

1980 円

子どもたちのために何ができるか
福島の甲状腺検査と過剰診断

髙野徹、緑川早苗、大津留晶、菊池誠、児玉一八著　福島第一原子力発電所の事故がもたらした深刻な被害である県民健康調査による甲状腺がんの「過剰診断」。その最新の情報を提供し問題解決を提案。
【推薦】玄侑宗久　　　　　　　　　　　　　　　　　　　　　　　2200 円

忍びよるトンデモの正体
カルト・オカルト

左巻健男、鈴木エイト、藤倉善郎編　豪華執筆陣でカルト・オカルト、ニセ科学・医療を徹底的に斬る！統一教会だけにとどまらず、トンデモを信じてしまう心理、科学とオカルトとの関係、たくさんあるニセ科学の中で今も蠢いているものの実態を探る。

2200 円